A VIA DA BELEZA NA FORMAÇÃO HUMANO-CRISTÃ COM CATEQUISTA

Dados Internacionais de Catalogação na Publicação (CIP)
(Câmara Brasileira do Livro, SP, Brasil)

Ledo, Jordélio Siles
  A via da beleza na formação humano-cristã com catequista / Jordélio Siles Ledo; sob a coordenação de Waldecir Gonzaga – Petrópolis: Vozes ; Rio de Janeiro: PUC-Rio, 2023. – (Série Teologia PUC-Rio)

  Bibliografia.
  ISBN 978-85-326-6666-6 (Vozes)
  ISBN 978-85-8006-305-9 (PUC-Rio)

  1. Catecismo 2. Catequistas 3. Cristianismo 4. Espiritualidade 5. Teologia cristã 6. Vida cristã I. Título. II. Série.

23-177123   CDD-268.82

Índices para catálogo sistemático:
1. Catequistas : Formação : Missão : Preparação : Educação religiosa
268.82

Eliane de Freitas Leite – Bibliotecária – CRB 8/8415

Jordélio Siles Ledo

A VIA DA BELEZA NA FORMAÇÃO HUMANO-CRISTÃ COM CATEQUISTA

SÉRIE **TEOLOGIA PUC-RIO**

© 2023, Editora Vozes Ltda.
Rua Frei Luís, 100
25689-900 Petrópolis, RJ
www.vozes.com.br
Brasil

© Editora PUC-Rio
Rua Marquês de São Vicente, 225
Casa da Editora PUC-Rio
Gávea, Rio de Janeiro, RJ
CEP: 22451-900
Tel.: (21) 3527-1838
edpucrio@puc-rio.br
www.editora.puc-rio.br

Todos os direitos reservados. Nenhuma parte desta obra poderá ser reproduzida ou transmitida por qualquer forma e/ou quaisquer meios (eletrônico ou mecânico, incluindo fotocópia e gravação) ou arquivada em qualquer sistema ou banco de dados sem permissão escrita da editora.

CONSELHO EDITORIAL
Diretor
Volney J. Berkenbrock

Editores
Aline dos Santos Carneiro
Edrian Josué Pasini
Marilac Loraine Oleniki
Welder Lancieri Marchini

Conselheiros
Elói Dionísio Piva
Francisco Morás
Gilberto Gonçalves Garcia
Ludovico Garmus
Teobaldo Heidemann

Secretário executivo
Leonardo A.R.T. dos Santos

Editoração: Débora Spanamberg Wink
Diagramação: Raquel Nascimento
Revisão gráfica: Lorena Delduca Herédias
Capa: Editora Vozes

ISBN 978-85-326-6666-6 (Vozes)
ISBN 978-85-8006-305-9 (PUC-Rio)

Este livro foi composto e impresso pela Editora Vozes Ltda

*Aos catequistas e artistas que encontrei no caminho da beleza,
principalmente minha primeira catequista: Rozeangela Guimarães Barbosa.*

Agradecimentos

Percorrer a via da beleza é uma experiência surpreendente. O tempo é ressignificado, e a vida reencontra um novo sentido. Concluo esta pesquisa com um novo olhar sobre o meu papel na ação evangelizadora da Igreja. Visitar museus pelo mundo, o Centro Aletti, em Roma, e a Comunità di Bose, no norte da Itália; fazer retiros em mosteiros; pesquisar bibliografias numa biblioteca localizada num pedacinho da Mata Atlântica, na PUC-Rio; conhecer artistas, igrejas e basílicas; conviver com catequistas em várias realidades do Brasil e ouvi-los; visitar a arte e fazer a experiência da fruição, tudo isso torna-me um discípulo que deseja continuar contemplando o rosto da Beleza que salva o mundo. Concluir essa etapa da vida acadêmica torna-me mais humano-cristão. Encerro um ciclo da vida, tocado por uma experiência de arte e beleza, que me faz acreditar na força do espaço formativo que acolhe e educa a fé. É bom chegar aqui com o coração agradecido e pleno de alegria por ter encontrado um tesouro, pois nada há de mais belo do que sermos conquistados e surpreendidos pelo Evangelho, pelo Cristo. Assim, manifesto meus agradecimentos.

Ao meu orientador, Prof. Dr. Abimar Oliveira de Moraes, catequeta e testemunha da fé, na vivência do discipulado em formar catequistas pelo Brasil e catequetas na universidade, conduzindo pesquisas e abrindo possibilidades no meio acadêmico. Tive a grata alegria de conhecê-lo nos preparativos do Seminário Nacional de Iniciação à Vida Cristã de 2014, promovido pela Conferência Nacional dos Bispos do Brasil (CNBB), que aconteceu na paróquia Sagrada Família, em São Caetano do Sul, onde exerci por dez anos o ofício de pároco. Naquele período, tive a oportunidade de apresentar-lhe o espaço do museu, ainda em construção, e de receber do Prof. Abimar o convite para me inscrever no programa de doutorado da PUC-Rio. Demorei algum tempo para decidir, pois precisava terminar a construção do museu; mas desde aquele momento venho dialogando com o professor e sendo orientado em busca de uma melhor compreensão do meu objeto de pesquisa. Nesse caminho, contemplei a beleza, que se manifesta na amizade entre professor e aluno, entre discípulos do mesmo Mestre. Sigo com o coração agradecido ao meu orientador, por ele ter acreditado que esta pesquisa era possível.

Ao CNPq e à PUC-Rio pelo importante auxílio na realização deste trabalho.

Aos professores do Departamento de Teologia da PUC-Rio por possibilitarem uma compreensão da importância do tema da pesquisa no contexto acadêmico, enriquecendo o processo de elaboração da tese em diálogo com várias dimensões da reflexão teológica; ao Prof. Dr. Luís Fernando Ribeiro Santana, por proporcionar uma experiência da beleza no estudo da Liturgia; Prof. Dr. André, pela compreensão e pela presença da arte nos primeiros séculos da Igreja; Prof. Dr. Cesar por ampliar o olhar sobre a importância profética da arte; à Prof. Dra. Lúcia pela acolhida e pela colaboração sobre a reflexão do leigo, catequista, na vida e na missão da Igreja; ao Prof. Dr. Dom Joel Portela Amado por conduzir o caminho de purificação do projeto de pesquisa, iluminando a construção metodológica.

Aos colegas de turma por partilhas e contribuições que enriqueceram o itinerário da pesquisa.

À Prof. Dra. Wilma Steagall De Tommaso, da PUC-SP, pelas partilhas bibliográficas e conversas sobre arte e catequese. Com sua presença e seu testemunho, ajudou-me a experimentar o valor da arte no universo acadêmico.

Aos artistas sacros Cláudio Pastro (*in memoriam*) e Lúcio Américo pela presença espiritual em forma de arte. São artistas que iluminaram a construção do Museu Sagrada Família – Catequese e Arte e abriram as portas da via da beleza através de suas obras, proporcionando uma educação do olhar e uma experiência *mistagógica* como inspiração para a pesquisa. Mediante a obra de arte de cada um, consegui viver um processo interior de educação da fé no encontro com a Beleza.

Àqueles que foram presenças pontuais no processo de elaboração de um caminho de pesquisa, purificando conceitos, dando dicas bibliográficas e indicando lugares de arte, e que muito contribuíram em aspectos importantes no contexto geral da pesquisa: Arthur Paes Pierosi (diagramação), Daniel Rodrigues (levantamento fotográfico), Prof. Dr. Amed (Belas Artes), Ricardo e Tay (restauradores), Diego Muniz (maestro), Fernando Vila Franca (fotógrafo), Mauro Magliosi (arquiteto), Reni (turismo religioso) e Sandra Baldessin (revisora).

À Congregação dos Sagrados Estigmas de Nosso Senhor Jesus Cristo. Ao Superior Geral, Pe. Rubens Sodré Miranda, CSS, e à comunidade religiosa da Cúria Geral pela fraterna acolhida e pelo apoio durante a pesquisa bibliográfica feita em Roma. Aos confrades estigmatinos e colaboradores da Cúria Provincial pela presença fraterna e pela compreensão no período de realização da pesquisa: um especial agradecimento ao Pe. Marcos Paulo Rodrigues, ao Pe. Elízio Pereira da Anunciação Filho, ao Pe. Jiucinei Vandes de Jesus Cambui e ao Pe. Ésio Fernando Juncioni pela presença fraterna; ao Pe. Alberto Francisco Mariani pela valiosa colaboração na revisão e na tradução de textos, que foram fontes importantes na compreensão de conceitos durante a pesquisa.

À minha família – irmãos, irmãs, sobrinhos e meus pais, Joaquim Silva Ledo e Edilce Siles Ledo – por me introduzirem, desde o ventre materno, no caminho da beleza. Minha eterna gratidão pelo testemunho de vida e sensibilidade ao me acompanharem nesse processo, com orações e incentivo. Às minhas irmãs, Neide Siles Ledo Pina e Abenildes Ledo Silva, pela presença amiga e afetuosa nesse período da minha vida.

À Diocese de Santo André, na pessoa de Dom Pedro Carlos Cipolini e dos catequistas com quem trabalhei por um período de sete anos na Coordenação da Comissão Diocesana de Iniciação à Vida Cristã (IVC). Conviver com os catequistas foi um dado imprescindível para a elaboração da pesquisa; diante do testemunho de cada um, compreendi a beleza do discipulado. Ao Dom Nelson Westrupp, SCJ (Bispo emérito), com quem trabalhei por um bom tempo, pela acolhida e pela oportunidade em assumir a comissão diocesana, pelo valioso apoio na construção do Museu Sagrada Família, por me ajudar a contemplar a beleza de ser catequista através da sua orientação espiritual; minha gratidão.

Aos amigos do Museu Sagrada Família, educadores da fé, pela presença valiosa no itinerário de pesquisa e testemunho no processo de formação; aos membros da diretoria do Museu: Pe. Paulo Borges, CSS, Leila Foroni, Jane Rodrigues, Valdir Rodrigues e João Tarcísio Mariani, pela presença e pela colaboração durante o caminho de celebração e pesquisa.

Aos amigos e irmãos do Centro de Formação Permanente (Cefope) pela presença carinhosa e testemunho de vida no seguimento a Jesus Cristo; às irmãs do Instituto Fraternidades Evangelizadoras (Isfe) pelas orações e pelo apoio sempre presentes; a Ivanilde Sampaio, psicóloga e catequista, pela partilha positiva.

À minha primeira catequista, Rozeangela Guimarães Barbosa, por ter me iniciado na vida cristã e apontado o caminho da beleza sacramental em consonância com a "casa comum", como exercício da contemplação da beleza na pequena Ibicoara, Parque Nacional da Chapada Diamantina, interior da Bahia, e pelo apoio e pela amizade sempre presentes no itinerário da pesquisa.

Ao meu amigo e irmão no discipulado, Pe. Dr. Eduardo Calandro, com quem compartilho a alegria da fundação do Cefope; presença iluminadora no meu processo de amadurecimento nas pesquisas catequéticas e, especialmente, no caminho de discernimento na escolha da área de pesquisa, com quem compreendi que apresentar um tema de experiência pastoral no universo acadêmico exige foco, disciplina e uma atitude resiliente de quem testemunha, com amizade, aquilo que diz Dom Hélder Câmara: "Não, não pares. É graça divina começar bem. Graça maior, persistir na caminhada certa, manter o ritmo… Mas a graça das graças é não desistir, podendo ou não podendo, caindo, embora aos pedaços chegar até o fim".

Ao Pe. Wagner e ao Pe. Abimar pela importante acolhida, uma hospedagem preciosa no período de estudo, e aos colaboradores da Paróquia Santa Rita de Cássia, no centro do Rio de Janeiro, pelo apoio e pela presença carinhosa.

A Santa Rita de Cássia, a quem alimento uma especial devoção, modelo espiritual, que me ofereceu um valioso testemunho de perseverança nos caminhos da beleza, minha oração de gratidão.

A Nossa Senhora da Ternura por me acompanhar com o olhar protetor e terno, enquanto eu buscava seguir os passos da Beleza na minha pesquisa. Na contemplação do ícone que a representa, em forma de arte, tive a graça de escrever cada palavra que compõe esta tese. No exercício vital de fazer uma síntese acadêmica, procurei plasmar, como numa harmonia de vivências, o corpo da tese, que, seguindo a via da beleza, estruturou-se passo a passo sob o olhar da ternura. "A ti o louvor do silêncio" (Sl 65).

A Santíssima Trindade, coração pulsante da Beleza, fonte de comunhão e vida que se renova a cada passo, ponho-me a Vossos pés com lâmpadas nas mãos, como um peregrino agradecido que se deixou seduzir pela Eterna Beleza e, movido por um ardente desejo, por uma inquietude profunda, continua a seguir por essa via de eterno movimento, onde o barro se deixa moldar pelas mãos da Trindade, revelando a Beleza que não se cansa de amar. "Ó beleza tão antiga e tão nova!"

O presente trabalho foi realizado com apoio da Coordenação de Aperfeiçoamento de Pessoal de Nível Superior – Brasil (Capes), código de financiamento 001.

A beleza é sempre e inseparavelmente imbuída da bondade e da verdade. Portanto, contemplar a beleza suscita no ser humano sentimentos de alegria, prazer, ternura, plenitude, significado, abrindo-o ao transcendente. A via da evangelização é a via da beleza e, portanto, toda forma de beleza é a fonte da catequese.

DC 109

Lista de siglas

AM	*Antiquum Ministerium*
CD	*Christus Dominus*
CEFOPE	Centro de Formação Permanente
CELAM	Conselho Episcopal Latino-Americano
CIgC	Catecismo da Igreja Católica
CNBB	Conferência Nacional dos Bispos do Brasil
CR	Catequese Renovada
CT	*Catechesi Tradendae*
DAp	Documento de Aparecida
DC	Diretório para a Catequese
DCE	Encíclica Deus Caritas Est.
DCG	Diretório Catequético Geral
DGC	Diretório Geral para a Catequese
DGAE	Diretrizes Gerais da Ação Evangelizadora da Igreja no Brasil
DM	Documento de Medellín
DNC	Diretório Nacional de Catequese
DV	*Dei Verbum*
EG	*Evangelii Gaudium*
EN	*Evangelii Nuntiandi*
FT	*Fratelli Tutti*
FR	*Fides et Ratio*
GS	*Gaudium et Spes*
Grebicat	Grupo de Reflexão Bíblico-Catequética
IVC	Iniciação à Vida Cristã
LF	*Lumen Fidei*
LG	*Lumen Gentium*
LS	*Laudato Si'*
MM	*Mater et Magistra*

P	Documento de Puebla
PF	*Porta Fidei*
RICA	Ritual de Iniciação Cristã de Adultos
RMi	*Redemptoris Missio*
SBCat	Sociedade Brasileira de Catequetas
3ª SBC	3ª Semana Brasileira de Catequese (2009)
SC	*Sacrosanctum Concilium*
VD	*Verbum Domini*

Sumário

Prefácio, 21

Introdução, 25

Capítulo 1 | A Iniciação à Vida Cristã e a pessoa do catequista, 33

1.1. A pessoa do catequista na Igreja pós-Concílio Ecumênico Vaticano II, 33

1.1.1. O catequista e a evangelização, 36

1.1.2. Do catequista pedagogo ao *mistagogo*, 40

1.1.2.1. O catequista educador da fé, 42

1.1.2.2. O perfil pedagógico do catequista: ser, saber, saber fazer, 45

1.1.2.2.1. Fontes pedagógicas do catequista educador da fé, 51

1.1.2.2.2. A pedagogia de Deus, 51

1.1.2.2.3. A pedagogia de Jesus, 54

1.1.2.2.4. A pedagogia do Espírito Santo, 57

1.1.2.2.5. A pedagogia da Igreja, 60

1.1.3. O catequista discípulo missionário, 63

1.1.4. O catequista *mistagogo*, 67

1.1.4.1. O catequista e o exercício de um ministério, 71

1.1.4.2. O ministério na Igreja, 72

1.1.4.3. O ministério da catequese, 75

1.1.4.4. O ministério do catequista, 77

1.2. Ser catequista em tempos de mudança de época, 82

1.2.1. Uma compreensão do catequista no contexto da mudança de época, 85

1.2.2. O Itinerário de Iniciação à Vida Cristã, 87

1.2.3. Uma Igreja em saída e a Iniciação à Vida Cristã como novo paradigma, 91

1.2.4. Necessidade de ações *querigmáticas* e *mistagógicas* nestes novos tempos, 94

1.2.5. Critérios e dimensões da formação com catequista sob a luz da Iniciação à Vida Cristã, 96

1.2.6. Formação com catequista: iniciática e permanente, 99

1.2.7. Jesus Cristo, o centro da formação com catequista, 101

1.3. Espaços e projetos de formação com catequista, 104

1.3.1. O centro catequético: espaço pedagógico e didático, 106

1.3.2. Cursos de especialização em catequese, 109

1.3.3. Escola bíblico-catequética, 113

1.3.4. Centro de formação humano-cristã com catequista: o espaço da experiência e a superação do modelo escolar, 116

1.3.4.1. Espaço formativo que promova a espontaneidade e a criatividade, 119

1.3.4.2. Espaço formativo facilitador da espiritualidade do encontro, 123

1.4. Conclusão, 126

Capítulo 2 | O Museu Sagrada Família – Catequese e Arte como espaço de formação com catequista, 131

2.1. Os bens culturais da Igreja e sua contribuição na ação evangelizadora, 131

2.1.1. A noção de museu, 138

2.1.2. O museu e a sua dimensão antropológica, 142

2.1.3. O museu na cultura cristã: um espaço de amizade entre a Igreja e as artes, 147

2.1.4. Uma compreensão da arte: arte sacra e arte religiosa, 151

2.2. Museu Sagrada Família – Catequese e Arte: o itinerário de construção, 156

2.2.1. O Museu Sagrada Família – Catequese e Arte e seu contexto histórico-
-cultural-religioso, 160

2.2.2. Museu Sagrada Família – Catequese e Arte: uma casa da Iniciação à
Vida Cristã, 162

2.2.3. Museu Sagrada Família – Catequese e Arte e sua função como um
centro catequético, 165

2.2.4. Amigos do Museu: a comunidade nos processos de criação e
construção, 167

2.3. A curadoria do Museu Sagrada Família – Catequese e Arte, 172

2.3.1.. A Matriz Sagrada Família: fonte de arte e catequese, 174

2.3.2. O Museu Sagrada Família – Catequese e Arte: um espaço
cristocêntrico, 180

2.3.3. Os espaços do museu: um itinerário de Iniciação à Vida Cristã, 182

2.3.3.1. Tempo do *Querigma*: Capela dos Sagrados Estigmas de Nosso
Senhor Jesus Cristo, 186

2.3.3.2. Tempo do Catecumenato: os espaços de exposição de arte e
beleza, 189

2.3.3.2.1. Galeria Pe. Alexandre Grigolli, CSS, 192

2.3.3.2.2. Galeria Amigos do Museu, 194

2.3.3.2.3. Espaço Chuva do Advento, 196

2.3.3.2.4. Espaço de oficina de arte: Casa do Oleiro, 196

2.3.3.2.5. Oratório Santa Rita de Cássia, 197

2.3.3.2.6. Galeria Cláudio Pastro, 198

2.3.3.2.7. Memorial dos Missionários Estigmatinos, 199

2.3.3.3. Tempo da Purificação e da Iluminação, 200

2.3.3.3.1. Galeria Psicopedagogia Catequética, 200

2.3.3.3.2. Auditório Pe. Ezio Gislimberti, CSS, 204

2.3.3.3.3. Mural aos falecidos: catequistas, artistas e Amigos do Museu, 205

2.3.3.3.4. Relicário São Gaspar Bertoni, 206

2.3.3.3.5. Biblioteca São Gaspar Bertoni, 206

2.3.3.4. Tempo da *Mistagogia*, 208

2.3.3.4.1. Porta da Fé e Igreja, 209

2.3.3.4.2. A torre, 210

2.3.3.4.3. O Coro: Galeria Irmãos Gentili, o olhar para o interior da igreja, 211

2.4. Os artistas e os educadores da fé: uma presença no Museu Sagrada Família – Catequese e Arte, 214

2.4.1. Os educadores da fé: monitores do museu, 216

2.4.2. Os fotógrafos e o museu: a arte do olhar, 218

2.4.3. O Coro do Museu, 220

2.4.4. Pe. Alexandre Grigolli, idealizador da Matriz Sagrada Família, 223

2.4.5. Os irmãos Gentili, 226

2.4.6. Cláudio Pastro, 230

2.4.7. Lúcio Américo, 234

2.5. A via da beleza no itinerário de construção do Museu Sagrada Família – Catequese e Arte, 236

2.5.1. O artista como catequista da beleza, 237

2.5.2. O encontro com a arte, 240

2.5.3. A oração diante da beleza: o processo de criação, 242

2.6. Conclusão, 246

Capítulo 3 | O itinerário de formação com catequista pela via da beleza, 249

3.1. Museu Sagrada Família – Catequese e Arte: um novo paradigma de itinerário formativo com catequista mediante a via da beleza, 249

3.1.1. Necessidade de espaços e projetos de formação mediante a via da beleza, 253

3.1.2. Museu *mistagógico*: um "espaço místico" da arte que educa para a vida cristã, 256

3.1.3. O Museu Sagrada Família – Catequese e Arte: um itinerário de formação permanente com catequista, 259

3.1.4. O museu e a educação dos sentidos: o caminho da formação integral, 261

3.1.5. O museu como espaço de encontro entre catequese e liturgia, 264

3.1.6. Museu Sagrada Família – Catequese e Arte: espaço de memória e profecia, 267

3.1.7. O Museu Sagrada Família – Catequese e Arte: o espaço do *querigma*, 270

3.2. A importância da arte na formação humano-cristã com catequista, 274

3.2.1. O encontro com a arte: uma experiência que educa a fé, 277

3.2.2. Arte e espiritualidade: um apelo ao Mistério, 279

3.2.3. Arte e leitura orante: a beleza da Palavra que se faz arte, 283

3.2.4. Arte como pedagogia da presença, 286

3.2.5. A arte litúrgica como fonte de catequese, 289

3.2.6. Papa Francisco e a arte: a importância da arte no Magistério da Igreja, 292

3.3. A *via pulchritudinis*: uma resposta aos desafios da evangelização em nossos tempos, 295

3.3.1. A *via pulchritudinis* como um itinerário de formação com catequista, 298

3.3.2. A formação do catequista pela via da beleza: um novo modo de pensar, sentir e criar, 301

3.3.3. A beleza como um modo de ser de Deus: um paradigma para a formação humano-cristã com catequista, 304

3.3.4. A Beleza é uma Pessoa: Jesus Cristo como manifestação da Beleza na vida e na missão do catequista, 306

3.3.5. Experiência de fé: um caminho de totalidade espiritual pela via da beleza, 309

3.3.6. O lúdico: sinal da Beleza e expressão de espontaneidade e criatividade na formação com catequista, 313

3.3.7. O exercício da contemplação: a formação que se dá no encontro com a Beleza que se faz Imagem, 318

3.3.8. Via da beleza e o descanso: a necessidade do ócio criativo na formação com catequista, 322

3.3.9. A Beleza como expressão da comunhão na formação com catequista, 327

3.4. Dimensões práticas: o encontro com a arte e a beleza no itinerário de formação com catequista, 334

3.4.1. O caminho da beleza pela iconografia, 336

3.4.2. O caminho da beleza pela música, 339

3.4.3. O caminho da beleza pela poesia, 343

3.4.4. O caminho da beleza pelo espaço litúrgico, 347

3.4.5. O caminho da beleza em Maria, Mãe de Deus, 350

3.5. Via da beleza em tempos de crise e pandemia, 353

3.6. Conclusão, 358

Conclusão, 363

Posfácio, 369

Bibliografia, 373

Prefácio

Desde 1997, quando iniciei meus estudos em pós-graduação, venho aprofundando e defendendo a ideia de que esse é um aspecto de fundamental importância para o presente e o futuro pastoral da Igreja Católica, em especial no campo catequético. Muito me alegra ver, na pesquisa teológica nacional, outros pesquisadores tendo a mesma compreensão. Nas últimas décadas, o número de produtos intelectuais (livros, capítulos de livros, dissertações, teses, entre outros) no campo da Catequética tem crescido significativamente no Brasil. Jordélio Siles Ledo é já um dos pesquisadores que participa intensamente desse processo de produção. O presente livro é o ponto de chegada desse caminho intelectual que ele fez.

Num dos primeiros contatos pessoais que tive com Jordélio Ledo, em São Caetano do Sul, ele me levou para ver o espaço que pretendia transformar num "Museu da Catequese". A ideia era manter viva a memória da caminhada pastoral que a Igreja Católica no Brasil havia feito nesse campo. Sem abandonar a ideia original, começamos a conversar sobre a possibilidade de erigir um "Museu Catequético", isto é, um espaço formativo catequético de inspiração catecumenal que pudesse ajudar não só os interlocutores da experiência da fé mas também os próprios catequistas em seus processos formativos. Juntamente a outras pessoas, Jordélio levou adiante a obra e edificou o Museu Sagrada Família.

Pouco tempo depois, procurou-me para saber se o Museu Sagrada Família poderia ser o objeto de estudo de seu doutoramento; ao que respondi afirmativamente. Louvo o autor pela capacidade não só de identificar um objeto de estudo relevante, como também de produzir o seu próprio objeto de estudo. Creio que isso seja suficiente para garantir o ineditismo e a riqueza do livro que ora vem a público.

O autor, sem perder a atenção pastoral e pessoal que o moveu a conceber o projeto do Museu Sagrada Família, para construir o presente livro dedicou-se à pesquisa, a visitas a museus e a colóquios com artistas e especialistas para amadurecer ainda mais a sua investigação. Isso permitiu que, gradualmente, Jordélio Ledo fosse desenvolvendo e aprofundando suas convicções, que estão aqui registradas neste interessante livro sobre as relações entre catequese e arte.

Quando buscamos no atual *Diretório para a Catequese* os temas "arte/belo e beleza", encontramos exatamente trinta parágrafos dedicados diretamente ao tema, dentro de um texto que está composto de 428 parágrafos. Isso confirma não apenas a relevância do tema do presente livro, mas também o quanto a catequese, em campo católico, vem redescobrindo a importância da via da Beleza.

Desde seu início, a experiência cristã, baseada na revelação histórica de que Deus é o Criador de todas as coisas, parte do fundamento de que podemos conhecer, amar e gozar da beleza de todas as criaturas, porque o Criador, antes de tudo e de todos, conhece, ama e goza da beleza da sua criação. Tudo o que procede de Deus, toda a criação, participa de sua Beleza. Torna-se, por isso, fundamental que a catequese e os seus ministros e ministras descubram qual relação existe entre a Beleza e Deus.

Em nossa história salvífica, iremos afirmar que o Deus de Jesus Cristo nos alcançou com a sua Beleza pela via dos sentidos, através da qual percebemos o Belo em todas as suas formas de apresentação. Na experiência cristã, audição, visão, olfato, paladar e tato são atingidos e presos pela Beleza. Num primeiro momento, toca-nos a beleza das coisas criadas; depois, somos envolvidos pela Beleza última, autora de toda beleza.

Todo itinerário catequético deveria, assim, apresentar-se com um caminho da beleza à Beleza, do penúltimo ao Último, para poder reencontrar o sentido e a medida da beleza de tudo que existe na luz do fundamento de toda beleza: Deus. Nossas e nossos catequistas devem ser ajudados a experimentar como Deus e a Beleza são inseparáveis. Experimentando e propondo Deus, cada catequista experimenta e propõe a Beleza. Em contato com o que é belo neste mundo, continuamente se refere a Aquele que é a fonte e a meta de toda beleza.

Assim, a catequese deve buscar unificar, de modo incisivo, o tema de Deus e o da Beleza, destacando, sobremaneira, a força atrativa do Belo como movimento unificante do amor de Deus por todas as criaturas, em seu Cristo. A catequese se debruça sobre a via da Beleza, porque se preocupa, originária e constitutivamente, com a revelação do amor do Pai, em Cristo, pelo Espírito e o seu significado para nós. Nesse sentido, não ser possível amar senão aquilo que é belo será uma convicção constante da catequese.

Esses são alguns dos temas que Jordélio Siles Ledo busca enfrentar em sua obra. Meus parabéns ao autor, à Editora Vozes e ao Programa de Pós-Graduação em Teologia da PUC-Rio. Aos leitores e leitoras, desejo uma proveitosa leitura!

Prof. Dr. Abimar Oliveira de Moraes
Professor Associado 1 da Pontifícia Universidade Católica do Rio de Janeiro
(PUC-Rio)
Coordenador Adjunto dos Programas Acadêmicos da Área Ciências da Religião e
Teologia da CAPES
Rio de Janeiro, 22 de maio de 2023.

Introdução

Diante das constantes e profundas mudanças mundiais, urge repensar a ação evangelizadora da Igreja a partir de uma hermenêutica pastoral que se abra ao diálogo com o mundo contemporâneo. Esse diálogo tem sido cada vez mais exigente, ao se confrontar com um cenário cultural que tem sofrido mudanças vertiginosas. O fato de se conviver com transformações, que afetam, direta e indiretamente, a missão da Igreja, provoca uma constante revisão da pastoral – de modo específico, da educação da fé, dos seus objetivos e das suas estratégias –, tendo em vista responder com eficiência e eficácia aos apelos da "mudança de época".

Desde o seu início, a Igreja, por onde passou, teve diante de si a missão de ser sinal, testemunha e mediadora da presença de Deus na história. Hoje não é diferente; ela é fonte da "alegria do Evangelho" que foi acolhido e se deixa comunicar em cada geração. Como testemunha da Beleza encarnada, a Igreja, atenta aos sinais dos tempos, não se deixa calar, mergulha em sua história de fé e vida e reencontra, em si mesma, sinais das surpresas de Deus e, numa atitude de extrema beleza, reapresenta ao mundo o seu maior tesouro: a fé em Jesus Cristo.

É no diálogo com a realidade e no encontro com as "periferias existenciais" que a Igreja, "peregrina pelo mundo", procura a cada dia novas formas de anunciar o Evangelho. Esse "ardor missionário" gera uma profunda reflexão sobre os rumos da pastoral, que precisa responder aos apelos de cada momento da vida eclesial. Tocando diretamente na reflexão catequética atual, insiste-se em adotar um novo modelo, um paradigma, que aponta para uma inspiração nascida do retorno às fontes da catequese e, consequentemente, para os espaços e itinerários de formação direcionados ao catequista, que, na tradição da Igreja, mantém vivo o *Antiquum Ministerium*.

Perante a instauração de uma mudança sociocultural, com sinais profundos de avanços da cultura digital, delineando novos ambientes de evangelização e influenciando diretamente na formação humano-cristã dos atuais e dos futuros catequistas, torna-se fundamental uma abertura criativa para a busca de novos paradigmas no âmbito da formação. Nesse sentido, compete à reflexão teológico-pastoral não apenas destacar o papel do ministério do catequista como um agente valioso para a evangelização, mas também inseri-lo na prática do Itinerário de Iniciação à Vida Cristã (ou IVC) com inspiração catecumenal. Mas, acima de tudo, deve levar em conta todo o processo de mudança com afetação direta na pessoa do catequista e despertar, de modo prioritário, a necessidade da valorização da formação do educador da fé no âmbito eclesial a partir de projetos e espaços que abram o horizonte para o diálogo com a cultura que está sempre em transformação; suprindo, assim, uma deficiência na vida pastoral, que é o "improviso de catequistas".

Nesse sentido, em atenção aos "sinais dos tempos" e, consequentemente, ao novo perfil de catequista, que tem surgido na vida da Igreja, a reflexão teológico-pastoral, numa dimensão catequética, gera questionamentos que promovem o desejo de criar espaços e implantar um itinerário de formação humano-cristã com catequistas, embasado no resgate de elementos que sempre estiveram presentes na trajetória evangelizadora da Igreja.

O itinerário de IVC e a catequese permanente propõem a superação da compreensão do catequista apenas como transmissor de conteúdos, ultrapassando, assim, o conceito de uma catequese centrada somente na dimensão teórica e direcionando para uma catequese que preze pela experiência que seja litúrgica, *querigmática* e *mistagógica*. Surge, portanto, a necessidade de espaços de formação que favoreçam a experiência formativa como um processo espiritual, rompendo com a concepção conteudista.

Assim contextualizado, o espaço de formação deve propor o encontro entre catequese e liturgia, buscando um aspecto muito presente na trajetória da Igreja, que é a arte cristã. De fato, a arte é capaz de conduzir por uma via de beleza que educa a pessoa de forma integral; um espaço formativo que se revele como via da beleza evangeliza o educador da fé e o conduz a Cristo, "o Caminho, a Verdade e a Vida" (Jo 14,6).

É com os olhos fixos no Senhor que a Igreja continua o seu caminho e, passo a passo, apresenta aos homens e mulheres de hoje a "Beleza tão antiga e tão nova". Nesse sentido, no atual contexto de mudanças em várias dimensões da Igreja e da sociedade, faz-se necessário voltar a atenção para a ação evangelizadora, na tentativa de encontrar um caminho que responda aos anseios da vida cristã. A Conferência de Aparecida (2007) chamou a atenção para "recomeçar a partir de Cristo". O grande desafio que a Igreja vive é o do anúncio da mensagem do Evangelho, destacando-se, sob esse aspecto, o valor de novos espaços de evangelização, das estruturas formativas e da formação dos agentes da evangelização, que são chamados a apresentar a pessoa e a mensagem de Jesus Cristo, nesses novos tempos. Sendo assim, é urgente formar catequistas para evangelizar num mundo em constante mudança, buscando um novo paradigma de formação e de espaço formativo, centrado na via da beleza, a partir de uma dimensão pascal.

O interesse pelo tema põe o pesquisador diante de uma trajetória catequética marcada por um contínuo desejo de trazer a via da beleza para o espaço formativo. A dimensão vocacional e o vínculo como membro fundador do Centro de Formação Permanente (Cefope), da Sociedade Brasileira de Catequetas (SBCat) e como idealizador e fundador do Museu Sagrada Família – Catequese e Arte, bem como a formação em Psicodrama e História da Arte, são fatores relevantes no processo de escolha do tema da pesquisa. No aspecto da práxis pastoral, o peregrinar pelo Brasil em assessorias de catequese despertou a necessidade de criar espaços e projetos de formação em diálogo com a arte, proporcionando ao catequista um itinerário formativo humanizado, lúdico, místico e pautado na criatividade e na espontaneidade, aspectos importantes para o autoconhecimento e o aprofundamento de questões espirituais fundamentais na construção do papel do educador da fé. Ao longo dessas vivências, foi possível perceber aspectos positivos que nortearam a elaboração de livros, artigos e projetos formativos, além da construção de espaços de formação como laboratório vivencial, tendo seu fundamento em expressões artísticas. Todos esses aspectos proporcionaram experiências positivas na vida dos catequistas, despertando-os para dimensões do cuidado com o espaço formativo em sintonia com o itinerário temático a percorrer. Adotar o foco pastoral dedicado aos catequistas, principalmente na elaboração de projetos e espaços formativos inspirados na arte, conferiu ao pesquisador instrumentos para assumir esta pesquisa de doutorado na Pontifícia Universidade Católica do Rio de Janeiro. A inspiração foi a *via pulchritudinis*, a partir da dimensão catequética do Museu Sagrada Família – Catequese e Arte, que se constitui como um itinerário de formação humano-cristã com catequista pela via da beleza. O pesquisador se utiliza do termo "com catequista" com base no conceito de interlocutor, superando, assim, a ideia do catequista como destinatário no espaço e no itinerário formativo.

O presente trabalho é um estudo teológico-pastoral, tendo em vista a análise da dimensão catequética do Museu Sagrada Família – Catequese e Arte, como um itinerário apresentado em forma de espaço de arte, um caminho de beleza. O princípio fundacional é a formação com catequista a partir do Itinerário Catequético de Inspiração Catecumenal como novo paradigma para a Iniciação à Vida Cristã. Acolhendo o incentivo da Igreja, que propõe o uso da arte na sua ação evangelizadora, a pesquisa estabelece uma reflexão, apresentando o museu como um novo paradigma de espaço formativo, que se sustenta na via da beleza, como meio de transmitir a fé mediante sua capacidade de atingir o coração da pessoa, de exprimir o Mistério de Deus e da pessoa humana, sendo uma ponte para o encontro com a Beleza: Evangelho Vivo, contribuindo de forma criativa e vivencial na formação com catequista.

Inspirado e construído como um itinerário de formação com catequista, centrado na via da beleza, o museu se apresenta como uma proposta formativa na dimensão humano-cristã do catequista. Em si mesmo, é um espaço de formação e uma mensagem, que se traduz pela arquitetura, pela organização dos espaços, pela arte em suas várias expressões e pela vida litúrgica vivenciada e celebrada na Igreja Sagrada Família que é, em si, o coração do museu.

Não há a pretensão de esgotar a totalidade do conceito de museu, que ao longo dos séculos também passou por transformações. Recorda-se que a pesquisa não tem como foco tratar de uma apresentação histórica sobre a origem dos museus, nem mesmo abordar a história ou a crítica da arte, nas quais a compreensão da beleza também foi transformada a partir de parâmetros de exposições contemporâneas, bienais e do mercado de arte. Diante da abrangência e do significado da temática do museu como espaço de arte, que perpassa culturas, convém destacar que a pesquisa tem o seu foco no Museu Sagrada Família – Catequese e Arte, fruto de uma reflexão e uma ação pastoral, em vista de propor uma contribuição ao processo formativo do catequista numa realidade urbana e desafiadora, de uma Paróquia da Diocese de Santo André, no Grande ABC, na cidade de São Caetano do Sul.

O Museu Sagrada Família – Catequese e Arte consiste em um novo paradigma de espaço formativo, que, além do itinerário a percorrer, tem uma biblioteca e um auditório para pesquisas, cursos e vivências necessárias no processo formativo com catequista. Consolida-se como um itinerário formativo que "abraça" o catequista, inserindo-o num diálogo profundo, que se dá através da via da beleza, fundamentando-se numa experiência de encontro entre arte e catequese. Conduz a formação humano-cristã do catequista através da via da beleza, que se dá no espaço do *querigma*, do catecumenato, de purificação e iluminação e da *mistagogia*. Essa estrutura se fundamenta, basicamente, no Ritual de Iniciação Cristã de Adultos (RICA, 1972) e na *Iniciação à Vida Cristã: itinerário para formar discípulos missionários* (CNBB, Doc. 107).

Ter no seu centro uma igreja, uma comunidade que diariamente celebra a fé, faz do museu uma testemunha concreta de que, ao longo da história, procurou-se construir igrejas para celebrar e manter viva a fé em Jesus Cristo. A arte cristã nasce com o cristianismo e aponta o caminho da "beleza que salva o mundo". Através da arte cristã, elaborou-se um modo de educar a fé e os sentidos, proporcionando a construção de uma nova identidade. Quando a comunidade se reúne no centro do museu, que é a Igreja Matriz Sagrada Família, ela faz pulsar o coração da via da Beleza, que educa e insere no Mistério. A partir dessa experiência *querigmática* e *mistagógica*, o catequista se deixa formar por aquilo que é genuinamente cristão: a escuta da Palavra, a Eucaristia e a vivência comunitária.

O museu, concebido como um itinerário de formação com catequistas, aponta para novos espaços de formação e educação da fé. Assume para si a missão de formar e preservar, no tempo e na história, um itinerário, que precisa ser experimentado com arte e mística pela via da beleza. Desse modo, a formação com catequista deixa de ser pensada como curso, fragmentado, e torna-se uma vivência *mistagógica*, que encontra sua eficiência e sua eficácia através do encontro com Jesus Cristo, que se dá a conhecer no caminho: um caminho pela via da beleza, que leva o catequista ao mergulho no Mistério, assumindo uma identidade de discípulo missionário.

Desde o Concílio Vaticano II, a Igreja vem propondo, diante de tantas mudanças, uma renovada relação com a cultura, buscando novos caminhos que ajudem a evangelizar no mundo de hoje. A evangelização, de modo particular a catequese, é a missão principal da Igreja, o seu poder profético e missionário; nesse sentido, "toda Igreja é catequista no mundo".

Esse retorno ao tema da beleza, além de ser um apelo do Vaticano II no seu desejo de retomar a amizade com os artistas e a arte, é algo que se pode verificar no Magistério do Papa Francisco, quando diz que "é bom que toda catequese preste uma especial atenção à 'via da beleza *(via pulchritudinis)*'"[1], apontando para a ideia de que anunciar Cristo é também algo belo, não apenas justo e verdadeiro. Além disso, encontra-se no Diretório para a Catequese (DM, 2020) a ideia de que "a via da evangelização é a via da beleza e, portanto, toda forma de beleza é a fonte da catequese"[2]. Desse modo, compreende-se a importância de se pesquisar um tema que reflete, pela ótica da Teologia Pastoral, o espaço formativo como um itinerário, que se constrói e se mantém pela via da beleza.

Entende-se que revitalizar espaços existentes numa realidade paroquial e colocá-los a serviço da Iniciação à Vida Cristã é um caminho que deve ser trilhado com criatividade, tendo em vista contribuir para a evangelização. Muitas realidades eclesiais são carentes de centros de formação catequética. Mas, não obstante as dificuldades, é importante criar ambientes que possam ser espaços de estudo, convivência e educação permanente da fé; espaços capazes de traduzir, em linguagem de arte e beleza, aquilo que se crê e que precisa ser transmitido ao ser humano em todas as etapas da vida. Com esses fundamentos, construiu-se o Museu Sagrada Família – Catequese e Arte como um espaço catequético que aponta para um novo paradigma de formação.

---

1. EG 167.

2. DC 109.

Diante disso, esta pesquisa apresenta uma reflexão, a partir da literatura, da experiência em visitas a museus, igrejas e escolas de arte em alguns países e, principalmente, da vivência formativa realizada com catequistas no Museu Sagrada Família desde o início de sua construção até a finalização da obra. Reflete-se sobre a formação do catequista pela via da beleza, apontando para um novo conceito de museu; nesse caso, um museu catequético, que se constitui não apenas como espaço de arte mas também como uma materialização do itinerário catequético de formação com catequista, como resposta às necessidades de formação do catequista prevista pela implantação do itinerário próprio da Iniciação à Vida Cristã com inspiração catecumenal. Tal itinerário requer um novo perfil na formação humano-cristã do catequista; assim, o museu, como via da beleza, é uma resposta ao caminho formativo que se deve percorrer.

Será demonstrado, por meio deste trabalho, o quanto o espaço formativo constituído pela via da beleza exerce grande importância na formação com catequista, mediante a inter-relação entre três dimensões: a pessoa, o espaço e a beleza. Esses três aspectos, entrelaçados no diálogo entre arte e catequese, conduzem a uma formação integral, capaz de tocar pontos estruturantes para o perfil do catequista.

No transcorrer da pesquisa, propõe-se um estudo que aponte para o diálogo entre Teologia Pastoral, museu e arte em torno da perspectiva formativa que se dá pela via da beleza. Esse caminho de reflexão abre um diálogo que embasa concepções importantes, as quais favorecem um alargamento de conceitos, sem ter a pretensão de esgotá-los, mas sim de torná-los possíveis na construção de um novo paradigma de formação com catequista.

Na ação pastoral, percebe-se que muitos catequistas desejam uma experiência de formação que conduza a dimensões mais profundas. Buscam um processo que não apenas os forme com conteúdo a ser transmitido, mas que também os desperte para a tomada de consciência de si mesmos, levando ao encontro com o sentido da vida a partir de um caminho que se percorre com arte e beleza. Nesse sentido, visitar a arte com frequência é um modo de formar-se para o encontro com a Beleza. A Igreja apresenta a *via pulchritudinis* como um itinerário privilegiado de resposta aos anseios da ação pastoral, para atingir aqueles que encontram dificuldades no ensinamento e na vivência da fé. Assim, acredita-se na urgência de um novo espaço de formação que se constrói e se mantém pela via da beleza.

O caminho que se faz pela arte e pela beleza gera comunhão, uma relação profunda capaz de integrar todas as dimensões da vida. Perceber que a formação do catequista através da arte educa a vontade e a inteligência abre novas possibilidades de vida, indo para além da técnica ou do consumo. A formação num espaço de arte gera catequistas criativos, capazes de promover a unicidade e favorecer a comunhão, respeitando diferenças por meio de uma linguagem simbólica. Como processo educativo, a arte cria personalidades equilibradas, que geram, à sua volta, espaços belos, continuidade daquilo que é reflexo da "beleza contemplada, cativada e cativante". Assim, a arte cristã é um instrumento educativo, presente na Igreja desde sempre, com potencial para facilitar experiências mais profundas no campo da mística e da espiritualidade.

Na prática, a estrutura desta pesquisa, para além desta introdução, configura-se em três partes, apresentando o desenvolvimento da reflexão teórica e bibliográfica em diálogo com o relato da experiência de construção do Museu Sagrada Família – Catequese e Arte. Tem-se como base a hermenêutica teológico-pastoral, permeando o tripé que sustenta a pesquisa: a pessoa do catequista, o espaço formativo e o itinerário formativo pela via da beleza.

No primeiro capítulo, enfoca-se a pessoa do catequista sob a luz da Iniciação à Vida Cristã. Levando em conta o contexto da mudança de época, que aponta uma série de desafios para a formação humano-cristã do catequista, faz-se necessário acolher e assumir a atitude de uma "Igreja em saída", que possibilita a acolhida de um novo paradigma de Iniciação à Vida Cristã, a partir de uma perspectiva *querigmática* e *mistagógica*, tendo em vista um itinerário de formação que seja iniciático e permanente. Nesse caminho, surge a necessidade de compreender o catequista a partir do Concílio Ecumênico Vaticano II, pautado no conceito de educador da fé, com vistas a uma maior atuação na catequese evangelizadora como resposta aos desafios dos novos tempos. Esse caminho leva à compreensão do ministério do catequista como um *Antiquum Ministerium*, que precisa ser valorizado e implantado na vida pastoral da Igreja. Assim, aponta-se para a importância de espaços e projetos de formação humano-cristã do catequista, em todas as realidades eclesiais.

O segundo capítulo tece uma reflexão teológico-pastoral do espaço formativo com a apresentação do itinerário de construção do Museu Sagrada Família – Catequese e Arte como um espaço de formação com catequista pela via da beleza. A apresentação do museu leva à compreensão da dimensão antropológica desse espaço, que tem uma grande capacidade de trabalhar na perspectiva da memória, resgatando suas fontes na tradição da Igreja e na compreensão da necessidade humana de criar espaços para o sagrado, desenvolvendo a arte cristã (sacra ou religiosa) e, com ela, um acervo que compõe os bens culturais da Igreja, passível de ser encontrado em várias partes do mundo, como um testemunho da fé. Com esses fundamentos, torna-se possível refletir sobre o processo de construção do Museu na Paróquia Sagrada Família, em São Caetano do Sul, como resposta aos apelos da formação com catequista, a partir de uma expressão criativa, que se revela na arte. Isso dá a esse espaço um caráter formativo, teológico, litúrgico e espiritual, tendo em vista a narrativa dos seus processos de concepção e construção. Com base nesses aspectos, foram estabelecidos os parâmetros para a Curadoria do Museu, que tem seus fundamentos nos quatro tempos do itinerário catequético: Tempo do *Querigma*; Tempo do Catecumenato; Tempo da Purificação e da Iluminação e Tempo da *Mistagogia*. Há, em todo o seu percurso, a presença de artistas que, através de suas obras de arte, ajudaram a configurar um espaço formativo que aponta para a via da beleza.

O terceiro capítulo trata do itinerário de formação com catequista pela via da beleza, como marca essencial para a evangelização. Nesse sentido, apresenta o museu como um novo paradigma de projeto formativo: ele é, ao mesmo tempo, o espaço e o itinerário. Sendo assim, percebe-se a necessidade de um ambiente de formação concebido pela via da beleza; um lugar *mistagógico*, que eduque os sentidos e preserve a memória como fonte de profecia. Nesse espaço, a arte se destaca como uma dimensão importante na formação humano-cristã do catequista. O encontro do catequista com a arte educa a fé, bem como humaniza e desperta a criatividade, por meio de processos espirituais promovidos pela própria arte. De fato, a arte, na vida da Igreja, é promotora do Evangelho e construtora da identidade cristã em muitas culturas, pois caminha com a Igreja desde a sua origem. Na vivência entre o catequista e a arte, manifesta-se a via da beleza como um modo de aprofundamento teológico, que parte da experiência da Encarnação e que é assimilada no encontro com a Imagem, com a Pessoa, com o Cristo, "Beleza que salva o mundo". A via da beleza é tão significativa que se tornou um sinal de busca por vida em tempos de pandemia, através de uma vasta manifestação de arte. Assim, compreende-se que a via da beleza é uma resposta para a procura por sentido, tão latente na formação do catequista nos dias de hoje.

Por fim, percebeu-se que o museu, como um itinerário de formação humano-cristã com catequista, cumpre sua missão catequética e responde às recentes orientações da Igreja que, na Carta Apostólica, *Antiquum Ministerium*, publicada pelo Papa Francisco, aponta para a necessária qualificação dos catequistas, elevados à condição de ministros leigos. É, em si, um espaço formativo pautado no diálogo com a cultura, apresentando um paradigma de superação de estruturas formativas marcadas pela fragmentação, pela indiferença e pela prática do descartável; isso acontece a partir da *via pulchritudinis*, que se manifesta como um caminho de evangelização através da arte, favorecendo o encontro com uma Pessoa: Jesus Cristo.

Capítulo 1 | A Iniciação à Vida Cristã e a pessoa do catequista

1.1. A pessoa do catequista na Igreja pós-Concílio Ecumênico Vaticano II

Refletir sobre a pessoa do catequista não é uma tarefa fácil. Percebe-se que o catequista, ao longo da história da Igreja, exerceu e continua a exercer uma missão importante. Isso, pois "Ministério Antigo é o do catequista na Igreja. Os teólogos pensam, comumente, que se encontram os primeiros exemplos já nos escritos do Novo Testamento"[3].

A transmissão e a educação da fé para a vida cristã é uma tarefa que exige muito do catequista. Mas pensar sobre a pessoa do catequista na Igreja pós-Concílio Vaticano II (1962-1965) requer um aprofundamento da cultura e dos desafios que surgiram com as mudanças no modo de ser e fazer da pessoa, da Igreja e da sociedade.

> Não é fácil delinear a figura do catequista de que a Igreja hoje precisa. Sua tarefa, embora seja fundamentalmente a mesma através da história da Igreja, recebe acentos peculiares segundo as diversas conjunturas históricas e culturais. A função do catequista e a maneira de realizar sua missão, com efeito, não são exatamente as mesmas; num país de missão, com sua cultura própria e com destinatários cristãos; do que em uma Igreja de cristandade, com cultura em rápida evolução e com destinatários já batizados, ainda que muitas vezes afastados da fé[4].

O Concílio Vaticano II, como afirma o Papa João XXIII[5] no seu discurso de abertura, quis ser um concílio pastoral; dessa forma, trouxe grandes contribuições

---

3. AM 1.

4. V. V. A. A., Dicionário de catequética, p. 193.

5. CONCÍLIO ECUMÊNICO VATICANO II. Compêndio Vaticano II, p. 8.

para a catequese. Sendo uma resposta aos desafios do novo tempo, o Concílio não dedicou um documento específico ao catequista, mas trouxe novos paradigmas para a compreensão da pessoa do catequista na Igreja.

Considerado o maior acontecimento da Igreja no século XX, o Concílio Vaticano II possibilita entender o perfil do catequista de que a Igreja precisa, o qual deve ser determinado, particularmente, em função do horizonte cultural de um período histórico que termina e de um outro que se abre; horizonte que aponta para um novo modo de evangelizar, ajudando a iluminar a pesquisa sobre a pessoa do catequista, que está diretamente ligado à dimensão pastoral da Igreja.

> Um Concílio conscientemente pastoral parte do princípio de que a doutrina nos foi dada para ser vivida, para ser anunciada às almas (e não aos teólogos), para demonstrar sua virtude salvadora na realidade histórica; que é preciso unir a ação da inteligência à da vontade, o pensamento ao trabalho, a verdade à ação, a doutrina ao apostolado, o magistério ao ministério; que é necessário imitar a figura inefável, doce e heroica do Bom Pastor, sua missão de guia, de mestre, de guardião, de salvador; que a ciência da Igreja é enriquecida de poderes e carismas particulares para salvar as almas, isto é: conhecê-las, abeirar-se delas, instruí-las, guiá-las, servi-las, defendê-las, amá-las, santificá-las. Um Concílio conscientemente pastoral procura perceber as relações entre os valores eternos da verdade cristã e sua inserção na realidade dinâmica, hoje extremamente mutável, da vida humana tal qual é, contínua e diversamente moldada na história presente, inquieta, conturbada e fecunda [...][6].

O Concílio Vaticano II inaugura uma etapa desafiadora para toda a ação evangelizadora da Igreja. Com uma visão renovada da pessoa, da Igreja e da sociedade, dá um enfoque de responsabilidade coletiva a todos os agentes de pastoral, superando a dimensão individualista e dando a todo cristão o selo do dever catequético e missionário[7].

Num parágrafo verdadeiramente programático, o Concílio Vaticano II abre as portas para a renovação da catequese. No decreto sobre o *múnus* pastoral dos bispos, são elencados os objetivos da catequese e a preocupação com a pessoa do catequista.

> Preocupem-se para que a instrução catequética, que tem por fim tornar viva, explícita e operosa a fé ilustrada pela doutrina, seja administrada com diligente cuidado quer às crianças e adolescentes, quer aos jovens

---

6. CONCÍLIO ECUMÊNICO VATICANO II. Compêndio Vaticano II, p. 11.

7. CONCÍLIO ECUMÊNICO VATICANO II. Compêndio Vaticano II, p. 50.

e mesmo adultos; esta instrução se baseia na Sagrada Escritura, na tradição, na liturgia, no magistério e na vida da Igreja. Além disso, zelem para que os catequistas sejam perfeitamente preparados para sua missão, conheçam cabalmente a doutrina da Igreja e aprendam na teoria e na prática as leis da psicologia e as disciplinas pedagógicas. Providenciem também que se estabeleça a instituição dos catecúmenos adultos ou que ela seja melhor adaptada[8].

O século XX é caracterizado pela metodologia catequética. Até o ano de 1968, a ação evangelizadora da catequese fundamentava-se nos princípios do *Método de Munique*[9], ou método indutivo. O Concílio Vaticano II não dedicou um documento especialmente ao problema da catequese ou à pessoa do catequista. O aspecto educativo da catequese foi focalizado na declaração sobre a *Educação Cristã*[10], a formação catequética, que ilumina e fortifica a fé e nutre a vida, segundo o espírito de Cristo.

> Todos os cristãos que, pela regeneração da água e do Espírito Santo, se tornaram nova criatura, se chamam e são filhos de Deus, têm o Direito à educação cristã. Educação essa que não visa apenas a natureza da pessoa humana acima descrita, mas objetivam em primeiro lugar que os batizados sejam gradativamente introduzidos no conhecimento do mistério da salvação e se tornem de dia para dia mais cônscios do dom recebido da fé[11].

O Concílio, se não provocou um movimento, sem dúvida deu um novo impulso à caminhada da catequese e, consequentemente, à pessoa do catequista e ao lugar da Bíblia, da Igreja e da pessoa humana na catequese.

> Pode-se dizer que o Concílio, sem dúvida, trouxe consigo um modo novo de compreender a catequese e sua orientação. De certo modo, ele marca o fim de um longo período da história da catequese, no curso da idade moderna, caracterizado pelo uso preponderante dos catecismos e pela impor-

---

8. CONCÍLIO ECUMÊNICO VATICANO II. Compêndio Vaticano II, p. 411.

9. Na Alemanha houve, na década de 1920, uma virada na pedagogia catequética a partir do Congresso de Munique, em 1928, que enriqueceu o então famoso método pedagógico de Munique (de 1912): "apresentação, explicação e aplicação", com a contribuição da escola ativa (liderada por Maria de Montessori, na Itália; Edgard Quinet, na França; e Andrés Manjón, na Espanha) passando para "apresentação, exposição, atividade, aplicação". BOLAÑOS, A. R., Inquietudes Catequísticas hoy.

10. Paulo VI, na Declaração *Gravissimum Educationis* sobre a Educação Cristã, de 29 de outubro de 1965. Nessa declaração, o Concílio Ecumênico Vaticano II considerou atentamente a gravíssima importância da educação na vida da pessoa humana e a sua influência cada vez maior no progresso social do nosso tempo, dando um destaque à educação dos jovens.

11. GE 2.

tância dada à memorização das fórmulas catequéticas. O Concílio convida a reconduzir à primeira fonte da Palavra de Deus, redescoberta principalmente na Bíblia, a repensá-la tendo em vista a educação da fé como atitude existencial e global da pessoa e a recolocá-la num projeto de Igreja mais comunial e diaconal. Mas o pós-Concílio, sobretudo, é que irá desenvolver esta e outras orientações[12].

No caminhar da história da Igreja, a catequese sempre esteve presente como o modo de transmissão da fé. Podemos notar que a pessoa e a formação do catequista são alvos de uma ação iluminada e fortalecida pela renovação da catequese gerada pelo Concílio Vaticano II. Entendemos que a evangelização, de modo particular a catequese, é a missão principal da Igreja, o seu poder profético e missionário. Nesse sentido, destacamos que toda Igreja é catequista no mundo e aberta às grandes transformações. Ao longo da história, a catequese passou por mudanças significativas, principalmente após o Concílio Ecumênico Vaticano II. Justamente nesse contexto, estamos fundamentando nossa reflexão sobre a pessoa do catequista, procurando compreender o seu papel em vários momentos da evangelização.

1.1.1. O catequista e a evangelização

Refletir sobre o catequista e a evangelização significa abrir-se às mudanças que a Igreja no pós-concílio propôs, principalmente nos cenários de evangelização. Esse ir e vir da Igreja, que sempre faz memória do seu passado para compreender o presente e lançar-se no futuro, aponta para a compreensão do catequista nos cenários de evangelização. Nesse caminho, o catequista se insere nos vários contextos da vida pastoral, assumindo sua vocação e sua missão na Igreja. Afinal, toda a Igreja foi enviada a evangelizar.

> Enviada e evangelizadora, a Igreja envia também ela própria evangelizadores. É ela que coloca em seus lábios a Palavra que salva, que lhes explica a mensagem de que ela mesma é depositária, que lhes confere o mandato que ela própria recebeu e que, enfim, os envia a pregar. E a pregar, não as suas próprias pessoas ou as suas ideias pessoais, mas sim um Evangelho do qual nem eles nem ela são senhores e proprietários absolutos, para dele disporem ao seu bel-prazer, mas de que são os ministros para o transmitir com a máxima fidelidade[13].

---

12. ALBERICH, E., Catequese evangelizadora, p. 36.

13. EN 15.

36

Relacionar a pessoa do catequista e a evangelização implica perceber que esse ministério, na vida da Igreja, foi encontrando seu sentido em cada época da história cristã. Apontando as interfaces da catequese nos seus processos de evangelização, o catequista foi se moldando a partir dos conceitos de uma catequese litúrgica, cristocêntrica, orante, catecumenal, capaz de relacionar fé e vida, testemunhando, assim, uma especial vocação na Igreja.

> A vocação ao ministério da catequese nasce do sacramento do Batismo e é fortalecida pela Confirmação, Sacramentos mediante os quais o leigo participa do múnus sacerdotal, profético e régio de Cristo, além da vocação comum ao apostolado, alguns fiéis se sentem chamados por Deus a assumir a missão de catequistas na comunidade cristã, a serviço de uma catequese mais orgânica e estruturada. Esse chamado pessoal de Jesus Cristo e a relação com Ele são o verdadeiro motor da ação do catequista: "Desse amoroso conhecimento de Cristo nasce irresistível o desejo de anunciá-lo, de 'evangelizar' e de levar outros ao 'sim' da fé em Jesus Cristo" (CIgC, n.429). A Igreja suscita e discerne essa vocação divina e confere a missão de catequizar[14].

Na Exortação Apostólica *Catechesi Tradendae* (1979), o Papa João Paulo II aponta um novo horizonte que repercute na pessoa do catequista, bem como para a catequese na Igreja e no mundo. A evangelização deve ser assumida com criatividade, respondendo aos apelos de cada época.

> A catequese, aliás, foi sempre uma preocupação central do meu ministério de sacerdote e bispo. Desejo ardentemente que esta Exortação Apostólica, dirigida a toda a Igreja, corrobore a solidez da fé e da vida cristã, dê novo vigor às iniciativas que estão a ser postas em prática, estimule a criatividade – com a requerida vigilância – e contribua para difundir nas comunidades a alegria de levar ao mundo o mistério de Cristo[15].

Superando a dimensão puramente doutrinal, que marcou a catequese por alguns séculos, a catequese evangelizadora, do pós-concílio, apresenta um rosto do catequista, educador da fé, que procura ir para além da transmissão dos conhecimentos das formulações da fé, lançando-se numa ação evangelizadora encarnada, que se aproxima das questões da vida.

> Muitos catequistas se esforçaram por transmitir a doutrina dos catecismos para pessoas que não tiveram nenhum primeiro contato ou impacto com

---

14. DC 122.

15. CT 4.

a Pessoa e a mensagem salvadora de Jesus. Daí dizer-se que a evangelização precede a catequese, ou melhor, que toda e qualquer catequese deve ser evangelizadora e missionária. Essa mudança de concepção da natureza da catequese talvez seja o nosso maior desafio: hoje a catequese precisa assumir os desafios da evangelização, tanto em sua dimensão de conteúdo (isto é, o *querigma*, o anúncio essencial do Evangelho) como em sua metodologia (o testemunho direto de vida, o ardor missionário, a experiência litúrgica e celebrativa)[16].

Inspirada na eclesiologia do Vaticano II, a relação entre o catequista e a evangelização foi encontrando forma a partir da Catequese Renovada, do Diretório Nacional de Catequese (DNC), do Diretório para a Catequese (DC), das conferências e de tantos documentos e estudos. Mas, principalmente, a Conferência de Aparecida indicou o caminho do discipulado e da missão, apresentando temas como a IVC; a pessoa do catequista discípulo missionário; a relação entre comunidade e iniciação cristã; e a inspiração catecumenal de toda catequese, descortinando, assim, um horizonte para a compreensão do papel evangelizador exercido pelo catequista e apontando para uma ação catequética formadora de uma identidade que gera sentido de vida a partir do Itinerário de Iniciação à Vida Cristã.

> Assumir essa iniciação cristã exige não só uma renovação de modalidade catequética da paróquia. Propomos que o processo catequético de formação adotado pela Igreja para a iniciação cristã seja assumido em todo Continente como a maneira ordinária e indispensável de introdução na vida cristã e como a catequese básica e fundamental. Depois, virá a catequese permanente que continua o processo de amadurecimento da fé; nela se deve incorporar o discernimento vocacional e a iluminação para projetos pessoais de vida[17].

Superando uma catequese apenas de instrução, o catequista evangelizador é aquele que amplia seus horizontes para uma pedagogia da vida e da fé, revelada numa evangelização libertadora e geradora de uma nova vida em Cristo, inserindo-o nos mistérios da fé. Uma verdadeira evangelização é, acima de tudo, *querigmática* e *mistagógica*. "A ênfase querigmática e missionária da catequese nos tempos atuais favorece a conversão pastoral e, portanto, a transformação missionária da Igreja"[18].

---

16. LIMA, L. A., A catequese do Vaticano II aos nossos dias, p. 207.

17. DAp 294.

18. DC 420.

Na sua missão evangelizadora, o catequista deve ser aquele que procura viver em comunhão, exercitar uma profunda intimidade com Deus e manifestar, no seu modo de educar a fé, as verdades reveladas, não só como conteúdo mas também como um verdadeiro testemunho de vida.

> O pregador do Evangelho terá de ser, portanto, alguém que, mesmo à custa da renúncia pessoal e do sofrimento, procura sempre a verdade que há de transmitir aos outros. Ele jamais poderá trair ou dissimular a verdade, nem com a preocupação de agradar aos homens, de arrebatar ou de chocar, nem por originalidade nem por desejo de dar nas vistas. Ele não há de evitar a verdade e não há de deixar que ela se obscureça pela preguiça de a procurar, por comodidade ou por medo; não negligenciará nunca o estudo da verdade. Mas há de servi-la, generosamente sem a escravizar[19].

Busca-se, então, assumir uma evangelização que no anúncio da verdade seja humana, afetiva e próxima daqueles que buscam no Evangelho um sentido para a vida. O catequista evangelizador deve assumir o perfil humano-cristão, marcado pela ternura e pela fraternidade, como anúncio do Amor que se dá pela experiência de fé e vida.

> A obra da evangelização pressupõe no evangelizador um amor fraterno, sempre crescente, para aqueles a quem ele evangeliza. Aquele modelo de Evangelização em que o Apóstolo Paulo escrevia aos Tessalonicenses estas palavras que são para todos nós um programa: "Pela viva afeição que sentimos por vós desejávamos comunicar-vos não só a Boa Nova de Deus, mas também a nossa própria vida, tão caros vos tínheis tornado para nós." (1Tess 2, 8; Flp 1,8). E de que gênero é essa afeição? Muito maior do que aquela que pode ter um pedagogo, é a afeição de um pai, e mais ainda, a de uma mãe. É uma afeição assim que o Senhor espera de cada pregador do Evangelho e de cada edificador da Igreja[20].

Passando por várias renovações, a evangelização vê no catequista um educador da fé de fundamental importância para a vida e a missão da Igreja. Na ação evangelizadora da catequese, passo a passo, foi sendo construído um verdadeiro conceito da pessoa do catequista, principalmente após a abertura da ação do leigo como responsável pela catequese na vida de comunidades e paróquias. Assim, entende-se a catequese como ação evangelizadora no âmbito da grande missão da Igreja. Faz-se, portanto, necessário aprofundar o papel do catequista desde a sua

---

19. EN 78.

20. EN 79.

dimensão pedagógica, passando pelas várias mudanças no âmbito da catequese, até chegar ao perfil do catequista *mistagogo*, tão necessário para a evangelização nos dias de hoje.

1.1.2. Do catequista pedagogo ao *mistagogo*

O estudo sobre a pessoa do catequista nos remete, diretamente, à sua dimensão de formação como um elemento indispensável, pois são os educadores da fé, da vida em comunidade. O DNC[21] apresenta como necessidade do perfil do catequista: o ser, o saber e o saber fazer. Já o novo DC complementa essas três dimensões da pessoa do catequista, propondo a construção desse perfil numa ótica relacional, tendo sua base formativa na cultura do encontro. Assim, é possível integrar o pedagogo ao *mistagogo* na formação da identidade do catequista.

> A formação do catequista contém diversas dimensões. A mais profunda se refere a ser catequista, antes mesmo de *ter* o papel de catequista. A formação realmente o ajuda a amadurecer como pessoa, como fiel e como apóstolo. Essa dimensão é hoje também traduzida na capacidade de *saber ser com*, o que revela com identidade pessoal é sempre uma identidade relacional. Além disso, para que o catequista desempenhe suas atividades adequadamente, a formação deverá se atentar à dimensão do *saber* que implica uma dupla fidelidade: à mensagem e à pessoa no contexto em que vive. Por fim, sendo a catequese um ato comunicativo e educativo, a formação não negligenciará a dimensão do *saber fazer*[22].

Ser catequista faz parte de um caminhar da história da Igreja, ou seja, o catequista não é alguém desconectado da realidade do passado nem da do presente. O catequista tem a missão de conduzir os interlocutores ao encontro com o Mestre; por isso, tem que ser capaz de transformar e edificar os interlocutores quanto ao ato catequético; para tal, o ato catequético deve ser pedagógico e *mistagógico*, envolvente e criativo. Não se pode negar que a catequese é uma pedagogia, porém não se deve esquecer que ela se apoia nas ciências da educação e na pedagogia de Deus.

> Porém, a ciência da educação não é o único pilar sobre o qual se assentam os projetos pedagógicos da catequese, pois esta depende radicalmente da palavra divina e da pedagogia que o próprio Deus manifestou ao longo da

---

21. DNC 261.

22. DC 136.

história da salvação. Da pedagogia divina a práxis catequética recebe sua inspiração e suas linhas constitutivas[23].

O agente, para que o ato catequético aconteça, é o catequista. Como educador, assume em sua identidade o perfil de pedagogo e *mistagogo* da fé. Com isso, é preciso que toda a ação do catequista seja envolvida em uma pedagogia que se inspire no agir de Jesus Cristo e numa vida de profunda espiritualidade, que o torne, verdadeiramente, *mistagogo*, ou seja, aquele que conduz para o Mistério, que transforma pela palavra e pelo testemunho, contribuindo com a evangelização.

> Para realizar esta nova evangelização, a Igreja precisa de catequistas com olhar de fé sobre o nosso mundo, para detectar os sinais da ação do Espírito Santo e lê-los como chamados de Salvação; catequistas que creiam nos increntes e indiferentes, sabedores de que, trabalhados pelo Espírito, podem ser recuperados para a fé viva; catequistas capazes de porem-se em diálogo afetivo e cheio de humanidade com as pessoas diante das quais vão irradiar a luminosidade e bondade desse Alguém, presente no meio delas; catequistas de esperança, paciência e alegria interior, como frutos do Espírito que os habita; catequistas, enfim, comprometidos com o humano, com expressão da condescendência divina, anunciadores da salvação no meio de irmãos afastados da fé[24].

Em tempo de grandes mudanças, marcado pela cultura digital, que atinge diretamente as concepções antropológicas e sociais, período em que o individualismo encontra força nas comunidades cristãs e na sociedade, cabe ao catequista assumir a identidade de pedagogo e *mistagogo* como resposta aos desafios humanos e eclesiais que se apresentam na missão evangelizadora.

> Vivemos uma mudança de época, e seu nível mais profundo é o cultural. Dissolve-se a concepção integral do ser humano, sua relação com o mundo e com Deus; aqui está precisamente o grande erro das tendências dominantes do último século… Quem exclui Deus de seu horizonte, falsifica o conceito da realidade e só pode terminar em caminhos equivocados e com receitas destrutivas. Surge hoje, com grande força, uma sobrevalorização da subjetividade individual. Independentemente da sua forma, a liberdade e a dignidade da pessoa são reconhecidas. O individualismo enfraquece os

---

23. DGC 143.

24. V. V. A. A., Dicionário de catequética, p. 194.

vínculos comunitários e propõe uma radical transformação do tempo e do espaço, dando papel primordial à imaginação[25].

Compreende-se que, neste específico período em que a sociedade passa por transformações, mudança de época, é necessário destacar o papel do catequista como um pedagogo e *mistagogo*, assumindo uma atitude relacional, *no seu saber ser com*, através do testemunho e do anúncio de Jesus Cristo, que é sempre o mesmo: ontem, hoje e por toda a eternidade (Hb 13,8).

1.1.2.1. O catequista educador da fé

Com todo o fervilhar das renovações e transformações pedidas pelo Concílio Vaticano II, foi elaborado um Diretório[26], tendo em vista a ação evangelizadora da catequese e sua importância para a formação do povo cristão.

> Se uma política educativa adequada é fator essencial de renovação e de transformação para qualquer sociedade, pode-se afirmar que a ação catequética, enquanto educação e promoção da vida de fé, é também elemento fundamental da renovação da Igreja segundo as novas perspectivas que se abrem nos dias de hoje[27].

Os anos transcorridos no pós-Concílio Vaticano II foram muito ricos de orientações e experiências catequéticas. Desde 1971, o Diretório Catequético Geral (DCG) orientou as Igrejas particulares no longo caminho de renovação da catequese, indicando pontos de referência tanto no conteúdo, na pedagogia e nos métodos a serem empregados. Tudo isso vivido num contexto de descristianização. É neste cenário de mudanças que se redescobre, entre tantos aspectos, a catequese como educação da fé.

> Há já algum tempo, especialmente a partir do período "querigmático" do movimento catequético, e pouco a pouco foi se tornando habitual, na literatura catequética e eclesial, a denominação da catequese como "educação da fé" (ou educação para fé, ou ainda educação na fé), ou outras expressões

---

25. DAp 44.

26. É o que afirma o Decreto Conciliar *Christus Dominus*: "Elaborem-se também, tanto um Diretório especial de cura pastoral para grupos peculiares de fiéis, em razão das diversas circunstâncias de cada nação ou região, quanto um Diretório de formação catequética do povo cristão. Nele se trate dos princípios fundamentais e da organização dessa instrução, bem como da elaboração de livros sobre o assunto. Na elaboração desses Diretórios tomem-se em conta também as sugestões feitas pelas Comissões ou pelos Padres Conciliares" (CD 44).

27. ALBERICH, E., Catequese evangelizadora, p. 100.

semelhantes que contêm uma referência explícita à fé: transmissão da fé, pedagogia da fé, ensinamento da fé, itinerário de fé etc.[28].

A compreensão do catequista como educador da fé aponta para uma das tarefas da Igreja no pós-concílio, que era apresentar a doutrina na sua totalidade a partir de um método mais coerente com a mensagem cristã. Pensar a catequese como educação é percorrer um caminho de compreensão da concepção, do dinamismo e do crescimento da fé.

> No caminho da catequese, o princípio de *evangelizar educando e educar evangelizando* (DGC, n. 147; GE, n. 1-4; CT, n. 58) recorda, entre outras coisas, que a obra do catequista consiste em encontrar e mostrar os sinais da ação de Deus já presentes na vida das pessoas e, sem abrir mão deles, propor o Evangelho como força transformadora de toda a existência à qual dará pleno sentido. O acompanhamento de uma pessoa em um caminho de crescimento e conversão é necessariamente marcado pela gradualidade, uma vez que a atitude de crer implica uma descoberta progressiva do mistério de Deus e uma abertura e confiança a Ele que crescem ao longo do tempo[29].

Esses aspectos suscitam algumas perguntas: é possível educar a fé de alguém, ou educar alguém para a vida de fé?

> A catequese é educação da fé na sua totalidade existencial e na riqueza de suas dimensões. Isto quer dizer que não se justifica deter-se unilateralmente em algum aspecto particular do dinamismo da fé, como o conhecimento da verdade revelada ou a aquisição ou adoção de condutas morais, mas que é preciso alargar a própria tarefa para abranger a complexidade e a densidade da atitude de fé como resposta pessoal e total ao projeto de vida cristã, que é adesão e "seguimento" de Cristo[30].

Somente numa profunda comunhão com Cristo o catequista encontra luz e força para a assimilação da sua missão como educador da fé. A catequese, como *"educação ordenada e progressiva da fé"*[31], ilumina o conceito do catequista como educador da fé a partir da imagem de Jesus Cristo, que passou a vida ensinando.

---

28. ALBERICH, E., Catequese evangelizadora, p. 153.

29. DC 179.

30. ALBERICH, E., A Catequese na Igreja de hoje, p. 98.

31. CT 1.

Toda a vida de Cristo foi um contínuo ensinar; os seus silêncios, os seus milagres, os seus gestos, a sua oração, o seu amor pelo homem, a sua predileção pelos pequeninos e pelos pobres, a aceitação do sacrifício total na cruz pela redenção do mundo e a sua ressureição são o atuar-se da sua Palavra e o realizar-se da sua revelação[32].

No entanto, notamos que a fé de uma pessoa que abraçou a vida cristã e viveu um processo de conversão não se reduz a uma adesão à verdade dogmática, apenas; é base de um apelo pessoal de Deus; é um acontecimento que concerne à pessoa toda e lhe permite entrar no universo da aliança; é um encontro primeiro pessoal e depois comunitário com Jesus Cristo, reconhecido como o Deus que vem, que salva e que reúne.

Os catequistas se esforçam para viver e interpretar a fé cristã, a partir da realidade e das pessoas com as quais interagem. Os valores do Evangelho fornecem parâmetros para o discernimento do que é veiculado e vivido hoje. A fé cristã tem, nas Escrituras Sagradas, principalmente em Jesus Cristo, um referencial para a pessoa e a sociedade e não cessa de propô-lo... O conhecimento intelectivo da fé requer a experiência pessoal e comunitária de Deus e a caridade operativa para a mudança do mundo à luz dos valores do Reino[33].

Na catequese, é preciso propor uma educação da fé que seja libertadora, que ajude o catequizando a pensar sobre a vida, a realidade, a cultura, ou seja, uma educação da fé que ajude a pensar problematizando o conhecimento e promovendo a autonomia e a formação da consciência crítica. O catequista, compreendido como educador da fé, tem a dimensão educativa como parte integrante do seu modo de ser e agir; contudo, não pode ter a pretensão de apenas ser o educador e transmitir conteúdos; ao mesmo tempo, deve ser alguém que ajuda o catequizando a fazer a experiência de fé.

Em nossos dias, a ação catequizadora é entendida como processo educativo de amadurecimento na fé. O componente educacional faz parte de sua essência (catequese é educação na fé) e de sua finalidade (formar pessoas e comunidades eclesiais maduras na fé). Em outras palavras: a catequese tem natureza e finalidade educativas[34].

---

32. CT 9.

33. DNC 90.

34. CELAM, Manual de catequética, p. 228.

A catequese, como educação da fé, tem a missão de ajudar no processo de humanização do homem e da mulher, sonhando a busca da transformação e da conversão integral na Igreja e na sociedade.

> Quando a Igreja evangeliza e consegue a conversão do homem, também o educa, pois a salvação (dom divino e gratuito) longe de desumanizar o homem, o aperfeiçoa e enobrece; faz com que cresça em humanidade. A evangelização é, neste sentido, educação[35].

De forma sistemática, destaca-se que o traço mais significativo da pessoa do catequista é sua atitude de educar a fé dos interlocutores. Desse modo, ela assume alguns aspectos que influenciam diretamente o seu modo de agir:

> • o catequista deve aprofundar a dimensão pedagógica da catequese, pois ela é compreendida como educação;
> • o catequista precisa se abrir para pensar em uma catequese que acompanhe a pessoa ao longo da sua vida, acentuando a catequese permanente;
> • o catequista é um educador que aprofunda o conteúdo da mensagem catequética, de maneira orgânica e sistemática, com o fim de iniciar na plenitude da vida cristã[36].

Somente com mulheres e homens inseridos no contexto social do mundo é possível imaginar uma educação da fé que responda às exigências atuais da vida cristã. Aos responsáveis pela formação do catequista e demais lideranças comunitárias, é necessário que contribuam para o estímulo e o encorajamento permanente daqueles que desejam assumir sua vocação na Igreja.

1.1.2.2. O perfil pedagógico do catequista: ser, saber, saber fazer

Dentro da missão evangelizadora, o catequista é aquele que assume a identidade de pedagogo como uma das vertentes do seu papel de evangelizador: "O catequista é, também, um mestre que ensina a fé"[37]. Iluminado pela pedagogia de Deus, pela pedagogia de Jesus e pela pedagogia da Igreja, o catequista como pedagogo, no ato da educação da fé, vive uma comunhão profunda com Jesus, criando uma personalidade genuinamente cristã, aberta a realidades e culturas distintas.

---

35. P 1013.

36. OLIVEIRA, R. M., O Movimento Catequético no Brasil, p. 134.

37. DC 143.

Deus, como educador da fé, se comunica através dos acontecimentos da vida do seu povo, de forma adequada à situação pessoal e cultural de cada um, levando-o a fazer a experiência de seu mistério. Sua pedagogia parte da realidade das pessoas, acolhendo-as e respeitando-as na originalidade de sua vocação ou interpelando-as à conversão[38].

A reflexão sobre a pedagogia catequética é um tema que se desenvolveu antes do Concílio Vaticano II[39], principalmente no *Movimento Catequético*[40], mas é influenciada pelos avanços das ciências da educação e da psicologia que, após o Concílio, atingiram um grande desdobramento. Esse processo de reflexão pode ser verificado nos documentos conciliares, nos sínodos e nas conferências que aconteceram logo após o concílio; com isso, entende-se que não foi fácil para a catequese superar a fragmentação intelectualizada entre doutrina e vida. Tal superação influenciou na concepção do catequista como pedagogo, educador da fé.

Inspirado pela ação de Jesus, Mestre e Senhor, o catequista precisa assumir sua missão de pedagogo, educador da fé, tendo como fonte de sua ação a pedagogia de Deus: "O catequista necessita conhecer e integrar elementos de pedagogia na sua prática, fundamentando-a na pedagogia divina, com ênfase na pedagogia da encarnação"[41].

O catequista como pedagogo é aquele que se coloca a caminho com os seus interlocutores, ajudando no itinerário de educação e no amadurecimento da fé dentro de realidades concretas. A pedagogia, no seu conceito original, pode ajudar a compreender, com profundidade, a concepção de catequista como pedagogo a partir de duas palavras gregas: *paidós* e *agogé*, que significam, respectivamente,

---

38. DNC 139.

39. A busca ansiosa de técnicas e processos didáticos perfeitos e ideais faz a experiência dos autores balançarem entre o método psicológico e o método pedagógico, entre este e o método antropológico, entre este e o método interativo na base da utilização dos contributos das ciências humanas. Chega-se a construir um verdadeiro "labirinto de métodos" entrecruzando-se uns com os outros. Desde o século XIX, o avanço e o aperfeiçoamento das técnicas psicológicas, aplicadas à área educacional humana, sobretudo infantil, ampliavam-se e tomavam conta da *pedagogia geral*. LUSTOSA, O. de F., Catecismo católico no Brasil, p. 117.

40. Quando se fala de *Movimento Catequético*, em geral se entende um conjunto de pessoas que, com seu pensamento, suas reflexões, suas pesquisas e sua influência, determina avanços na compreensão e na atuação da catequese, de sua identidade, de seus métodos e de seus destinatários e responsáveis. Mas, ao mesmo tempo, entende-se um conjunto de ações, muitas vezes de âmbito nacional e internacional, que facilitam a veiculação e a propagação das novas ideias, tais como semanas, congressos, assembleias, comemorações etc., criando, enfim, um vasto movimento organizado que se difundiu por publicações e propagação rápida de ideias e experiências. Daí se entende como o Vaticano II foi não só a confluência mas também a expressão máxima de todos esses movimentos eclesiais. LIMA, L. A., A catequese do Vaticano II aos nossos dias, p. 54.

41. DNC 274.

"criança" e "condução" e equivalem, portanto, à condução da criança. O pedagogo, *paidagogos*, em sua origem, era o escravo ou liberto que cuidava das crianças e as acompanhava à escola, à presença do mestre, e, mais tarde, o encarregado da educação dos jovens aristocráticos. Pouco a pouco, o termo passou a indicar, em sentido figurado, a atividade própria da educação. Atualmente, esse significado, a partir de sua etimologia, está completamente abandonado. Superou-se a referência exclusiva à criança, já que, por um lado, todas as etapas da vida são suscetíveis de educação e, por outro, o caráter prático da ação de conduzir assumiu o conceito de educação.

Desse modo, o catequista é o responsável por conduzir os interlocutores ao encontro com o Mestre e desaparecer no momento oportuno, por isso sua função é pedagógica.

> A pedagogia catequética tem uma originalidade específica, pois seu objetivo é ajudar as pessoas no caminho rumo à maturidade na fé, no amor e na esperança. A fé é um dom de Deus, é uma adesão pessoal a ele. É a resposta livre da pessoa à iniciativa de Deus que se revela. Para isso, Deus se serve de pessoas, grupos, situações, acontecimentos. A Igreja é mediadora neste encontro misterioso entre Deus e a pessoa humana. E, em seu nome, os catequistas sentem a responsabilidade de serem mediadores especiais para que catecúmenos e catequizandos cheguem ao conhecimento da verdade e da salvação (1Tm 2, 4; Tt 1, 1). O amor por Jesus e pelas pessoas impulsiona o catequista a falar a outros da fé: cada catequista é como um elo na grande corrente dos que têm fé (*Catecismo*, 166); mas precisa estar entusiasmado por aquilo que crê, alegre por estar em processo de permanente conversão, disposto a fazer diferença num mundo marcado por tanta coisa contrária ao projeto de Deus[42].

A compreensão do catequista como pedagogo é imbuída de profetismo, configurando-se, em si mesma, enquanto missão sociotransformadora; tal compreensão consiste hoje num processo de discernimento permanente, relacionado às necessidades evangelizadoras do momento histórico. Necessita-se de pessoas que saibam dar uma resposta, através de uma profunda sensibilidade social, aos desafios constantes que se apresentam; pessoas que não apenas transmitam um ensinamento, mas também sintam a necessidade e saibam penetrar num caminho

---

42. DNC 146.

de formação cristã integral, realizado ao longo da vida. Para tanto, "são necessários catequistas que sejam, ao mesmo tempo, mestres, educadores e testemunhas"[43].

A partir das exigências pedagógicas da catequese, impõe-se a necessidade urgente de catequistas que tenham uma personalidade convincente e significativa em relação à sua fisionomia de pedagogo e que se fundamentem numa estrutura humano-cristã, capaz de iluminar a fé e a vida. A identidade pedagógica do catequista precisa ser compreendida, privilegiando-se a tríplice dimensão: o ser, o saber e o saber fazer, podendo ser complementada com o conceito de *saber ser com*, conforme apresenta o DC (2020). Essas dimensões da formação não devem ser desvinculadas nem consideradas independentes, pois elas se correlacionam, "sendo aspectos da unidade indivisível da pessoa"[44].

a) *O ser* – Quem exerce uma tarefa eclesial necessita estar aberto e disposto para um crescimento contínuo como pessoa, cidadão e cristão. Sua dimensão humana e de fé é a mais profunda, por consistir no seu próprio ser. É necessário zelar para que a formação favoreça o amadurecimento da dimensão humano-cristã de cada catequista. Mais do que a quantidade dos seus conhecimentos, o catequista se define hoje, antes de tudo, pelo seu "ser", por sua "espiritualidade", por seu perfil pessoal e interior[45].

> Com base numa inicial maturidade humana, o exercício da catequese, constantemente reconsiderado e avaliado, possibilita o crescimento do catequista no equilíbrio afetivo, no senso crítico, na unidade interior, na capacidade de relações e de diálogo, no espírito construtivo e no trabalho de grupo[46].

Não se pode pensar num catequista que, assumindo a missão de acompanhar o amadurecimento da fé de outros, não tenha, ele próprio, uma caminhada nessa mesma maturidade. Enquanto pedagogo que se ocupa da educação da fé, o catequista deverá ter uma séria e convincente maturidade na mesma fé, para que possa apresentar-se como testemunha dela. Necessário se faz, ainda, que o catequista mantenha um olhar libertador sobre a realidade cultural e social, a fim de que aconteça, de fato, a interação entre *fé* e *vida*[47].

> É por isso que a evangelização comporta uma mensagem explícita, adaptada às diversas situações e continuamente atualizada: sobre os direitos

---

43. DGC 237.

44. DC 137.

45. ALBERICH, E., Catequese evangelizadora, p. 348.

46. DGC 239.

47. CR 113.

e deveres de toda a pessoa humana e sobre a vida familiar, sem a qual o desabrochamento pessoal quase não é possível; sobre a vida em comum, na sociedade [...]; uma mensagem sobremaneira vigorosa nos nossos dias, ainda, sobre a libertação[48].

b) *O saber* – Nenhum catequista poderá ser mestre na fé se não se colocar no caminho do amadurecimento como pessoa e como discípulo. Só é possível apresentar a mensagem se ela for conhecida e assimilada anteriormente. Uma mensagem a ser transmitida necessita, antes, ser alimento do seu próprio agente. A identificação do discípulo com seu mestre é a melhor forma de cultivar e sustentar a consciência apostólica[49].

É preciso buscar um conhecimento amplo do ser humano em sua fé e nas convicções que o movem; conhecimento da Bíblia, da doutrina e da moral, que ajudam a perceber, nas pessoas e nos acontecimentos dos tempos, quais os sinais de Deus e como sua Palavra poderá iluminá-los. Ou seja, "essa dimensão penetrada da dupla finalidade à mensagem e à pessoa humana requer que o catequista conheça bem a mensagem que transmite e, ao mesmo tempo, o destinatário que a recebe e o contexto social em que vive"[50].

Além de uma bagagem intelectual que ultrapasse o âmbito teológico, as atuais circunstâncias exigem do catequista um conhecimento profundo e convicto da doutrina cristã, bem como das aspirações e angústias da pessoa humana, a fim de poder, com maior segurança, orientar o itinerário e acompanhar o amadurecimento da fé dos catequizandos.

c) *O saber fazer* – No complexo e atual cenário da evangelização, não é possível admitir que a catequese seja desenvolvida na improvisação e no empirismo pastoral. Toda pessoa responsável por um serviço na comunidade necessita contemplar as competências básicas e fundamentais que sua tarefa exige. Através de um processo contínuo de formação, essas competências serão desenvolvidas.

Uma formação completa torna o catequista capaz de não só conhecer a mensagem mas também de apresentá-la de maneira agradável, dinâmica, clara e convincente. O catequista exerce com eficiência o seu papel, dinamizando o seu trabalho através de uma aproximação com os interlocutores na comunidade, tendo como inspiração alguns aspectos da pedagogia divina mencionada na Sagrada Escritura: "Fui eu, contudo, quem ensinou Efraim a caminhar, eu os tomei pelos braços [...]! Com vínculos humanos eu os atraía, com laços de amor eu era para

---

48. EN 29.

49. DCG 244.

50. DGC 238.

eles como os que levantam uma criancinha contra o seu rosto, eu me inclinava para ele e o alimentava" (Os 11,3-4).

É necessário que o educador da fé tenha não só a afetividade, mas também certa familiaridade com as técnicas e a linguagem de cada tempo. Convém dar-se conta de que todo o conhecimento teológico e bíblico se torna infrutífero se o catequista não realizar, ele próprio, uma experiência pessoal com Jesus Cristo. "A partir desse nível de interioridade brota o *saber ser com*, como habilidade natural necessária à catequese entendida como ato educativo e comunicativo"[51]. É essa experiência testemunhal que faz do catequista um animador e dá eficácia à ação catequética[52].

O ato catequético necessita de metodologia dinâmica e eficaz, que ajude seus protagonistas a assimilar, compreender e fazer uma experiência da mensagem cristã. A expressão corporal, a própria experiência de fé, a forma narrativa, a simbologia e a celebração são elementos essenciais da pedagogia catequética. Ao refletir sobre o catequista pedagogo, é necessário destacar que o processo de educação da fé não é apenas pessoal; é também comunitário.

> A pedagogia catequética torna-se eficaz, à medida que a comunidade cristã se torna referência concreta e exemplar para o caminho de fé dos indivíduos. Isso ocorre se a comunidade se propõe como *fonte, lugar e meta da catequese*. Concretamente, então, a comunidade se torna lugar visível de testemunha de fé, provê a formação de seus membros, acolhe-os como família de Deus, constituindo-se ambiente vital e permanente de crescimento da fé[53].

Todo catequista deve ser um facilitador do crescimento da experiência de fé, colocando-se a serviço da Palavra, fonte principal da catequese, pois esta "há de haurir, sempre, o seu conteúdo na fonte viva da Palavra de Deus, transmitida na Tradição e na Escritura"[54]. Nenhuma pessoa pode atribuir-se a exclusividade de depositário da fé[55]; considere-se, isso sim, um instrumento que ajude a cultivar, alimentar e fazer crescer o que já existe como dom gratuito em cada ser humano.

---

51. DC 140.

52. CELAM, Manual de catequética, p. 154.

53. DGC 158.

54. CT 27.

55. DGC 244.

1.1.2.2.1. *Fontes pedagógicas do catequista educador da fé*

O estudo sobre a pessoa do catequista exige análises aprofundadas sobre a pedagogia, principalmente através da ótica teológico-pastoral. Pensar o catequista como educador da fé requer uma compreensão sobre as fontes pedagógicas que sustentam sua vida e sua missão. A pedagogia catequética é um elemento indispensável para a formação do catequista, em especial tendo em vista o *saber* e o *saber fazer* na missão evangelizadora que contempla todas as idades.

> A primeira realidade que é necessária levar em consideração nesse decisivo setor da formação é a de respeitar a pedagogia original da fé. O catequista, de fato, prepara-se com a finalidade de facilitar o crescimento de uma experiência de fé, da qual ele não é o depositário. Essa fé foi colocada por Deus no coração do homem. A tarefa do catequista é apenas a de cultivar este dom, cultivá-lo, alimentá-lo e ajudá-lo a crescer[56].

Nessa linha de pensamento, faz-se necessário apresentar, brevemente, alguns aspectos que compõem as fontes pedagógicas do catequista. Cabe lembrar que a pedagogia, em seu sentido mais amplo, exerce uma grande importância na ação do educador da fé, porque "quando se fala em pedagogia da fé não se trata simplesmente de transmitir um saber humano, mesmo o mais elevado que se queira pensar; trata-se, sim, de comunicar na sua integridade a Revelação de Deus"[57].

1.1.2.2.2. *A pedagogia de Deus*

A Palavra de Deus penetra na história de vida de cada ser humano. Deus se faz presente na história, assumindo a natureza humana; nada consegue separar Deus do encontro com a pessoa. Há, entre a pessoa e Deus, a mesma unidade de projeto que se realiza progressivamente. Seu encadeamento constitui a História da Salvação, cuja narração está na Sagrada Escritura. A Palavra de Deus e a sua pedagogia ajudam a entender como Deus age na história.

> A Sagrada Escritura apresenta Deus como educador da nossa fé. Ela revela diversos modos de interação entre Deus e seu povo: "Reconhece, pois, em teu coração que, como um homem corrige seu filho, assim te corrige o Senhor teu Deus" (Dt 8,5). Apresenta-se, também como um sábio que assume as pessoas nas condições que elas se encontram (Sl 103,3-6); liberta-as do

---

56. DGC 244.

57. CT 58.

mal e convida-as a viverem no amor afim de crescerem progressivamente na fé, até a maturidade de Cristo (Ef 4,13-15)[58].

Através da Revelação, é possível compreender a ação divina sob uma ótica pedagógica: "nela se encontram os elementos característicos capazes de levar à identificação de uma *pedagogia divina*"[59], que é fonte de inspiração para a ação da Igreja e, nesse caso, do catequista. A salvação da pessoa, que é o fim da Revelação, manifesta-se como fruto de uma original e eficaz pedagogia de Deus. "Deus mesmo, ao longo da história sagrada e principalmente no Evangelho, serviu-se de uma pedagogia que deve continuar como modelo da pedagogia da fé"[60]. Desse modo, "a Revelação é a grande obra educativa de Deus"[61] – Ele vem ao encontro do ser humano e o ama, trazendo-o para si e inserindo-o num caminho de vida plena. Deus conduz a humanidade como um educador que acolhe, escuta e corrige.

> Deus, então, ele mesmo procura guiar a humanidade de volta. Procura orientá-la, aproximá-la de si. Torna-se para seu povo com um pai ou uma mãe que ensina à criança os caminhos da vida. Torna-se um mestre ou educador, que ensina aos alunos caminhos mais adiantados em busca da verdade e da felicidade. "Como um pai educa seu filho, assim Deus educa seu povo" (Dt 8,5)[62].

Deus se revela, na plenitude dos tempos, em seu filho Jesus Cristo. Nesse agir de Deus ficam claros os fundamentos essenciais para o ser do catequista nos itinerários de educação da fé, pois, "desde o início da história da salvação, a revelação de Deus se manifesta como iniciativa de amor que se expressa em tantas atenções educativas"[63]. Aberto à experiência do encontro, o catequista dará continuidade à pedagogia divina.

> Seguindo a mesma pedagogia de Jesus, na sua Revelação do Pai, de Si mesmo como Filho e do Espírito Santo, a catequese mostrará a vida íntima de Deus, a partir das obras salvíficas em favor da humanidade. As obras de Deus revelam quem Ele é em si mesmo, enquanto o mistério do seu ser íntimo ilumina a inteligência de todas as suas obras. Analogicamente, assim sucede nas relações

---

58. DNC 138.

59. DC 157.

60. CT 58.

61. DC 157.

62. CR 43.

63. DC 157.

humanas: as pessoas mostram-se pelas suas ações e, quanto mais as conhecemos, tanto mais compreendemos suas ações[64].

O ser e o agir do catequista devem inspirar-se na pedagogia divina, tendo presente a realidade na qual está inserido, porque Deus continua a manifestar-se como presença significativa nos fatos e acontecimentos da vida de cada pessoa e da comunidade.

> Deus, como educador da fé, se comunica através dos acontecimentos da vida do seu povo, de forma adequada à situação pessoal e cultural de cada um, levando-o a fazer a experiência de seu mistério. Sua pedagogia parte da realidade das pessoas, acolhendo-as e respeitando-as na originalidade de sua vocação ou interpelando-as à conversão. No povo de Deus havia uma forma eficiente de catequese narrativa e celebrativa, que transmitia a fé e os ensinamentos do Senhor, de geração em geração, para que o povo pudesse se deixar guiar pelo seu projeto de amor (Ex 24,10; Dt 5, 2-4; Js 24,17; Is 51,1b)[65].

O catequista deve ser quem conhece os fundamentos da pedagogia divina e consegue reconhecê-los no dia a dia da vida. Uma pedagogia adequada faz-se necessária para que a educação da fé aconteça.

> Inspirando-se continuamente na pedagogia da fé, o catequista configura o seu serviço como qualificado caminho educativo, ou seja, de um lado ajuda a pessoa a se abrir à dimensão religiosa da vida, e, por outro lado, propõe o Evangelho a essa mesma pessoa, de tal maneira que ele penetre e transforme os processos de inteligência, de consciência, de liberdade e de ação, de modo a fazer da existência um dom de si a exemplo de Jesus Cristo[66].

O catequista, em sua missão de evangelizar, é motivado a compreender que Deus revela seu plano de amor e salvação gradualmente, e é através da Palavra encarnada em Jesus de Nazaré que Deus faz com que o ser humano progrida na compreensão da sua revelação. "Jesus cumpre sua missão salvífica e manifesta a pedagogia de Deus"[67]. É preciso seguir a pedagogia divina a partir da leitura dos fatos do passado e do presente, procurando educar a fé e a vida em vista da

---

64. DGC 100.

65. DNC 138.

66. DGC 147.

67. DC 159.

construção do Reino, pois "os fatos são alertas de Deus. Portas abertas do Senhor. Lugares de encontro com o projeto divino"[68].

1.1.2.2.3. A pedagogia de Jesus

Os relatos da vida de Jesus apresentam um homem simples e inserido na realidade em que vivia. Jesus não estudou em grandes escolas, não pertencia a nenhuma classe que exercesse poder na sociedade. Não obstante isso, "Jesus cuidou atentamente da formação de seus discípulos em vista da evangelização"[69]. Sua vida revela a vida do povo, agricultor, pastor, vindo da Galileia, onde a instabilidade social era muito grande. Sua pedagogia era marcada pela presença no caminho do povo.

> O próprio Jesus é o modelo dessa opção evangelizadora que nos introduz no coração do povo. Como nos faz bem vê-lo perto de todos! Se falava com alguém, fitava os seus olhos com uma profunda solicitude cheia de amor: "Jesus, fitando-o, com amor" (Mc 10,21). Vemo-lo disponível ao encontro, quando manda aproximar-se o cego do caminho (Mc 10,46-52) e quando come e bebe com os pecadores (Mc 2,16), sem se importar que o chamem de comilão e beberrão (Mt 11,19). Vemo-lo disponível quando deixa uma prostituta ungir-lhe os pés (Lc 7,36-50) ou quando recebe, de noite, Nicodemos (Jo 3, 1-15). A entrega de Jesus na cruz é o culminar desse estilo que marcou toda a sua vida[70].

Não exercia nenhum cargo. Era conhecido como carpinteiro (Lc, 13, 55). Em seu modo de ser e viver, Jesus se mostra inculturado, encarnado na vida daqueles com quem convive, e assume uma pedagogia da presença que se dá no encontro acolhedor e solidário.

> Jesus assume a condição humana para mostrar que a pessoa humana, sobretudo empobrecida e marginalizada, é lugar de encontro com Deus e que o caminho que apresenta para chegar ao Pai é possível de ser percorrido por todos nós (Jo 1, 1-14). Por isto, nasce pobre e no meio dos marginalizados (Lc 2,1-20) e passa pelas tentações que nós também passamos (Lc 4,1-13)[71].

---

68. CANSI, B., Catequese e educação da fé, p. 171.

69. DC 160.

70. EG 269.

71. ALTOÉ. A., Itinerário de Jesus, p. 7.

Jesus é o homem culto que não faz do seu conhecimento objeto de domínio e exploração. A formação do catequista precisa gerar a consciência de que os conhecimentos adquiridos devem estar a serviço do interlocutor. É preciso *ser com*. Jesus é sábio e não quer privilégios; o que ele quer é servir e gerar uma resposta de fé no seu interlocutor. "Em todos os vários meios utilizados para ensinar quem Ele era, Jesus suscitou e evocou uma resposta pessoal em seus ouvintes"[72]. A partir da pedagogia de Jesus, a formação deve preocupar-se em preparar catequistas para uma vida profética que se fundamenta na prática do amor e do serviço, como uma genuína resposta de fé.

> Na catequese, é Cristo, Verbo Encarnado e Filho de Deus, que é ensinado; todo o resto está em relação a ele; e somente Cristo ensina; todo outro que ensine, fá-lo na medida em que é seu porta-voz, permitindo a Cristo ensinar por sua boca... Todo catequista deveria poder aplicar a si mesmo a misteriosa Palavra de Jesus: "Minha doutrina não é minha, mas daquele que me enviou" (Jo 7,19)[73].

A prática de Jesus revela um homem que educa pelo olhar, pelo toque, pelo sorriso, por atitudes afetivas que o tornam próximo do seu interlocutor. Jesus é uma pessoa amadurecida no campo afetivo-emocional, seguro de si, portanto aberto ao diálogo e ao encontro com o diferente. Os Evangelhos relatam aspectos de uma pessoa de personalidade e caráter equilibrado, manso; um homem de profunda oração, amante do silêncio.

> Era de profundo e humano bom senso. Apegado à justiça, ao amor. Tinha virtudes notáveis: senso crítico, perspicácia, paciência, prontidão nas respostas; sagaz nas perguntas e muito atento à situação, às inquirições e indagações que lhe eram feitas. A maneira usada para responder era a de um mestre inteligentíssimo[74].

Pela fé em Jesus, o catequista adentra no mistério de Deus e da história. No coração desta, o Deus revelado por Jesus mergulha fundo, fazendo dela o espaço de sua manifestação e da eficácia de suas múltiplas iniciativas. Na formação com catequista, deve-se ir ao encontro da sabedoria de Jesus, que nasce da sua íntima relação com Deus.

---

72. DC 161.

73. CIgC 427.

74. CANSI, B., Catequese e educação da fé, p. 77.

A doutrina de Jesus não vem da aprendizagem humana, seja ela de que espécie for. Ela vem do contato imediato com o Pai, do diálogo "face a face", da visão daquele que repousa no seio do Pai. Ela é a palavra do Filho. Sem esta base interior, ela seria temeridade. Assim julgaram os doutores do tempo de Jesus, precisamente porque não podiam admitir este fundamento interior, o ver e o conhecer face a face[75].

A pedagogia de Jesus ajuda a guiar para aquilo que é o essencial no processo formativo do catequista. Conhecê-Lo e aproximar-se de Jesus humaniza e faz compreender que a catequese só alcançará plenamente o seu objetivo quando conduzir para a formação humano-cristã. No seu modo de ser e agir, Jesus apresenta uma pedagogia humanizadora. Jesus é humano, "tão humano como só Deus pode ser humano", dizia o Papa Leão Magno (séc. V). "Ele veio nos mostrar o caminho para quem quer ser divino: antes de tudo, ser profundamente humano" (Fl 2,6-11).

Na pedagogia de Jesus, a catequese encontra alguns traços inspiradores, que contribuem nos itinerários de educação da fé. Esses traços são elencados no Diretório Nacional de Catequese:

> a) o acolhimento às pessoas, preferencialmente aos pobres, pequenos, excluídos e pecadores (Mt 18,12-14); b) o anúncio do Reino de Deus, como a Boa Notícia da verdade, da liberdade, do amor, da justiça que dá sentido à vida (Lc 4,17-22; 17,20-21); c) o convite amoroso para viver a fé, a esperança e a caridade por meio da conversão no seu seguimento (Mc 1,15; Mt 11,28-30); d) o envio aos discípulos para semearem a Palavra em vista da transformação libertadora da sociedade (Mc 6,6b-13); e) o convite para assumirem, com radicalidade evangélica, o crescimento contínuo da fé, através do mandamento novo do amor, o princípio pedagógico fundamental (Mt 17,20; Lc 1,16; Jo 13,34; Lc 10,29-37); f) a atenção às necessidades, às situações bem concretas da vida e aos valores culturais próprios do povo, provocando reflexão para uma mudança de vida; g) a conversa simples, acessível, utilizando narrativas, comparações, parábolas e gestos, adequando-os aos seus seguidores e demais interlocutores; h) a firmeza permanente diante das tentações, das crises, da cruz, buscando a força na oração[76].

Contemplar a vida de Jesus e conhecer seus passos e atitudes favorece a compreensão da pedagogia como um processo, um caminho que se faz a cada en-

---

75. RATZINGER, J., Jesus de Nazaré, p. 25.

76. DNC 141.

contro. A educação da fé, centrada na pessoa de Jesus, parte sempre de experiências vividas por meio de cada catequista e catequizando. É no interior das relações que Jesus revela seu rosto e nos faz compreender que, para viver e educar a fé, o catequista não pode situar-se à margem da história, da vida dos seus interlocutores, mas deve encontrar nela a única possibilidade humana de vivê-la.

1.1.2.2.4. A pedagogia do Espírito Santo

Esta é uma pedagogia que propõe, diariamente, o discernimento e a atualização da educação da fé no peregrinar da catequese. "O Espírito Santo, anunciado pelo Filho antes de sua Páscoa (Jo 16,13) e prometido a todos os discípulos, é Dom e Doador de todos os dons"[77]. Provoca a superação de uma evangelização fragmentada em vista de uma nova mentalidade e visão orgânica, que converte estruturas pedagógicas adoecidas e aponta para a criatividade, como fruto do engajamento e do enraizamento em Cristo pela ação do Espírito iluminando a vida e a missão do catequista.

> Há uma vida que o Espírito suscita, há um povo a caminho, mas, depois, é como se essa vida fosse vencida por um modo de agir e se organizar, que a sufoca. É preciso, portanto, que aquele mesmo impulso que conduziu o Vaticano II volte à tona como aquele rio subterrâneo. E desta vez é preciso segui-lo plenamente, se quisermos ouvir o que "o Espírito diz à Igreja" (Ap 2,7)[78].

Na pedagogia do Espírito Santo, entende-se que o Pai e o Filho se dão a conhecer pela força e pela beleza do mesmo Espírito. É nessa relação que se pode contemplar a dinâmica pedagógica de um movimento espiritual que se inspira e se sustenta numa relação de ternura entre as pessoas. A ação do Espírito Santo em cada ser humano o impulsiona a aderir ao verdadeiro bem, à comunhão do Pai e do Filho"[79]. Compreende-se, então, que a pedagogia do Espírito é uma *pedagogia da presença*, que se apresenta como um encontro profundo e gerador de uma nova identidade.

> Deus dá Sê-nos a conhecer como mistério de amor infinito, no qual, desde toda a eternidade, o Pai exprime a sua Palavra no Espírito Santo. Por isso, o Verbo que desde o princípio está junto de Deus e é Deus, revela-nos o próprio Deus no diálogo de amor entre as Pessoas divinas e convida-nos a

---

77. DC 161.

78. RUPNIK, M. I., Segundo o Espírito, p. 22.

79. DC 162.

participar nele. Portanto, feitos à imagem e semelhança de Deus amor, só nós podemos compreender a nós mesmos no acolhimento do Verbo e na docilidade à obra do Espírito Santo. É à luz da revelação feita pelo Verbo divino que se esclarece definitivamente o enigma da condição humana[80].

Todo o agir catequético é movido pela ação do Espírito. A educação da fé como ato pedagógico e espiritual é uma ação eclesial que favorece o despertar, o crescimento e o amadurecimento da fé, que se manifesta numa atitude de total entrega nas mãos de Deus e vivência do discipulado; "por consequência, é uma obra do Espírito Santo, obra que só ele pode suscitar e manter na Igreja"[81].

A pedagogia do Espírito Santo se estrutura em alguns aspectos importantes:

1. A catequese se realiza mediante a acolhida do dom do Espírito e a docilidade do mesmo. O processo catequético não se pode apoiar apenas nas leis humanas da comunicação ou na eficácia de uma ação educativa bem-organizada, porque ele é inconcebível fora do contexto espiritual do acolhimento a um dom, a uma graça, diante da qual é essencial a atitude humilde e dócil;

2. A catequese exige um clima espiritual de oração e de contemplação. Para o peso "carnal" da palavra humana não sustentada pelo Espírito, a catequese deve ser palavra feita no Espírito, em um clima de humildade e oração e deve ser iniciação à oração e à meditação. É dentro de tal contexto que se destaca a exigência de uma profunda espiritualidade para o exercício da catequese, uma espiritualidade concebida não em sentido puramente negativo, ou como renúncia à racionalidade, mas como animação interior de uma atividade aberta à renovação no Espírito;

3. A catequese no Espírito deve ser uma palavra dita com autoridade, livre, corajosa, criativa, são as características do Espírito, que anima a Igreja e nesta recria o exercício da Palavra: "o catequista fala com a própria autoridade do Espírito de Deus. De um lado, fala com segurança, com bravura e até com audácia, porque tem consciência de que é enviado por Deus e sabe que a sua força reside em Deus. De outro lado, sente para com os homens a própria força do amor de Deus, porque a sua missão é participação neste amor[82].

Elucida-se, então, que a pedagogia do Espírito Santo aponta para elementos importantes na educação da fé: a escuta da Palavra e o anúncio da Palavra. Essa

---

80. VD 7.

81. CT 72.

82. ALBERICH, E., A catequese na Igreja de hoje, p. 72.

atitude pedagógica é o centro da ação evangelizadora do catequista. Imbuindo da força renovadora do Espírito, o catequista pode superar os desafios que o paralisam e tiram sua alegria, lançando-se em novos horizontes que se desvelam nos itinerários de educação da fé. É nesse caminho de sabedoria que o Espírito inspira a rever estruturas, aprender com a história e superar as dificuldades encontradas numa pastoral catequética de manutenção.

> Mas não temos conseguido questionar-nos sobre o que o Espírito nos quer dizer através dos eventos históricos e, simplesmente andando para a frente, procurando tapar buracos, unir paróquias, criar unidades pastorais, consolando-nos com o fato de, em alguns territórios das assim chamadas "Igrejas Jovens", as paróquias ainda florescerem, os noviciados não sofrerem declínio numérico e as escolas católicas estarem cheias. Como se não fôssemos capazes de compreender que também para nós um tempo foi assim. Como se não soubéssemos aprender a sabedoria da história[83].

A abertura pedagógica para encontrar respostas aos apelos da evangelização deve ter seus fundamentos na "pedagogia da leveza" que brota do Espírito Santo, favorece o verdadeiro anúncio da pessoa de Jesus Cristo e supera a catequese normativa e fragmentada, desconectada das questões essenciais da vida.

> A norma dá ao pelagiano a segurança de se sentir superior, de ter uma orientação exata. Nisso encontra a sua força, não na leveza do sopro do Espírito. Diante dos males e problemas da Igreja é inútil procurar soluções em conservadorismos e fundamentalismos, na restauração de condutas e formas superadas que nem sequer culturalmente têm a capacidade de ser significativas. A doutrina cristã não é um sistema fechado incapaz de gerar perguntas, dúvidas, interrogações, mas é viva, sabe inquietar, animar. Tem uma face não rígida, um corpo que move e desenvolve, tem carne macia: a doutrina cristã chama-se Jesus Cristo[84].

São muitos os aspectos que poderiam ser elencados no entendimento da pedagogia do Espírito Santo. É plena de uma fonte iluminadora, capaz de gerar na educação da fé uma abertura para a criatividade e a espontaneidade, buscando uma compreensão e um acolhimento de uma visão orgânica, integral da Igreja, da pessoa e do mundo que converge para a comunhão, razão de ser da ação evange-

---

83. RUPNIK, M. I., Segundo o Espírito, p. 23.

84. FRANCISCO, PP., Discurso no Encontro com os representantes do V Congresso Nacional da Igreja Italiana, 2015.

lizadora do Espírito. No seu profundo mistério "pedagógico", o Espírito santifica a Igreja, manifestando a beleza da comunhão, que se torna uma luz para os povos.

> Consumada, pois, a obra que o Pai confiara ao Filho realizar na terra (Jo 17,4), foi enviado o Espírito Santo no dia de Pentecostes a fim de santificar perenemente a Igreja, para que assim os crentes pudessem aproximar-se do Pai por Cristo num mesmo Espírito (Ef 2,18). Ele é o Espírito da vida ou a fonte de água que jorra para a vida eterna (Jo 4,14; 78-39). Por Ele o Pai vivifica os homens mortos pelo pecado, até que em Cristo ressuscite seus corpos mortais (Rom 8,10-11). O Espírito habita na Igreja e nos corações dos fiéis como num templo (1Cor 3,16; 6,9). Neles ora e dá testemunho de que são filhos adotivos (Gál 4,6; Rom 8,15-16 e 26). Leva a Igreja ao conhecimento da verdade total (Jo 16,13). Unifica-a na comunhão e no mistério. Dota-a e dirige-a mediante os diversos dons hierárquicos e carismáticos. E adorna-a com seus frutos (Ef 4,11-12; 1 Cor 12,4; Gál 5,22). Pela força do Evangelho ele rejuvenesce a Igreja, renova-a perpetuamente e leva-a à união consumada com seu Esposo. Pois o Espírito e a Esposa dizem ao Senhor Jesus: "vem" (Apoc 22,17). Desta maneira aparece a Igreja toda como "o povo reunido na unidade do Pai e do Filho e do Espírito Santo"[85].

A compreensão da pedagogia do Espírito, que se dá de maneira nova na vida e na missão da Igreja, aponta para caminhos de atualização e reinterpretação da educação da fé. Educar a fé é uma ação dinâmica que se atualiza a cada dia, acompanhando os acontecimentos da história sob a ação do Espírito Santo, que traz sempre um novo vigor para a pedagogia da Igreja.

1.1.2.2.5. A pedagogia da Igreja

O estudo sobre a pedagogia da Igreja é indispensável na compreensão da educação da fé. A Igreja é *Mãe e Mestra* que gera e educa a vida dos filhos e filhas, frutos da ação do Pai, do Filho e do Espírito Santo, produzindo um patrimônio precioso de práticas e ensinamentos catequéticos que constituem a cultura da fé.

> Mãe e mestra de todos os povos, a Igreja Universal foi fundada por Jesus Cristo, a fim de que todos, vindos no seu seio e no seu amor, através dos séculos, encontrem plenitude de vida mais elevada e penhor seguro de salvação. A esta Igreja, "coluna e fundamento da verdade" (1Tm 3,15), o seu Fundador santíssimo confiou uma dupla missão: de gerar filhos,

---

85. LG 4.

e de os educar e dirigir, orientando, com solicitude materna, a vida dos indivíduos e dos povos, cuja alta dignidade ela sempre desveladamente respeitou e defendeu[86].

Em sua pedagogia, a Igreja sempre se ocupou da educação da fé. Ao longo da história, procurou formas de evangelizar que atendessem aos anseios dos homens e mulheres que desejavam seguir Jesus Cristo. "Os relatos do Evangelho atestam as características da relação educativa de Jesus e inspiram a ação pedagógica da Igreja"[87]. Aberta aos sinais dos tempos, após o Concílio Vaticano II, procurou rever seus métodos e linguagens no ato de catequizar. Essa nova pedagogia é fruto de uma nova evangelização e tem se apoiado em vários temas: a relação entre fé e vida, inculturação, dimensão sociotransformadora, comunicação, novas tecnologias e, atualmente, questões ambientais, a partir de uma preocupação com a vida no planeta, casa comum. Tudo isso, procurando realizar uma pedagogia da fé conforme as idades, pois "o Evangelho não se destina a pessoa abstrata, mas a cada *pessoa*"[88]. Assim, é preciso uma atenção aos anseios da pessoa concreta, levando em conta sua condição existencial em cada etapa da vida.

> Nós, como Igreja, a partir da pedagogia divina, devemos entrar em diálogo com a sociedade hodierna, acercar-nos dela e falar-lhe, com vistas à conversão de homens e mulheres que têm sede de Deus. Na lógica deste princípio, a ação pedagógica aparece como força de um amor que continua apesar de tudo, que se renova na paciência; devemos, acima de tudo, respeitar as etapas de cada pessoa. Toda ação educativa que queimar as etapas, irá ao fracasso[89].

Diante de tantas demandas que afetam o modo de ser e viver, a Igreja sempre se preocupou em encontrar uma forma de evangelizar. Em sua pedagogia, a Igreja nos faz entender que educação da fé não acontece sozinha e isolada, mas em comunhão. Como um sinal visível de Jesus Cristo entre nós, a Igreja, presente em todos os continentes do mundo, envolvida por várias culturas e línguas, é educadora da vida e da fé do seu povo, buscando sempre no Pai, no Filho e no Espírito Santo a inspiração do seu ato catequético.

> A Igreja age pela força e ação do Espírito Santo. O Espírito Santo é o princípio inspirador de toda atividade catequética. Ele é o "Mestre interior" que, no segredo da consciência e do coração, faz compreender as palavras e os

---

86. MM 1.

87. DC 164.

88. DC 224.

89. CALANDRO, E.; LEDO, J. S., Roteiro de formação com catequistas, p. 86.

gestos salvíficos de Jesus. Esta é a dimensão espiritual da catequese que, enquanto ação eclesial em favor do crescimento da fé, é obra do Espírito Santo, obra que somente Ele pode suscitar e alimentar na Igreja[90].

A pedagogia da Igreja se alimenta da Palavra, do magistério e da tradição viva, procurando atuar na educação da fé de um povo e, assim, apresentando o sentido permanente que cada pessoa ou grupo intenta percorrer no seu ato de conhecer, amar e seguir Jesus Cristo.

> A Igreja produziu, ao longo dos séculos, um incomensurável tesouro de pedagogia da fé: antes de mais nada o testemunho de catequistas e de santos. Uma variedade de vias e de formas originais de comunicação religiosa, como o catecumenato, os Catecismos, os itinerários de vida cristã: um precioso patrimônio de ensinamentos catequéticos, de cultura da fé, de instituições e de serviços da catequese. Todos estes aspectos fazem a história da catequese e entram, a pleno título, na memória da comunidade e na praxe do catequista[91].

Na sua pedagogia, a Igreja ensina que a catequese é educação da fé que se dá numa totalidade existencial, integrada, e que deve, pela força do Espírito, superar todo tipo de fragmentação que adoece os processos de aprofundamento da fé.

> Com efeito, a fé cresce quando é vivida como experiência de um amor recebido e é comunicada como experiência de graça e de alegria. A fé torna-nos fecundos, porque alarga o coração com a esperança e permite oferecer um testemunho que é capaz de gerar: de fato, abre o coração e a mente dos ouvintes para acolherem o convite do Senhor a aderir à sua Palavra a fim de se tornarem seus discípulos[92].

A Igreja, em seu modo de educar, precisa ver, ouvir, acolher, sentir e enviar, trazendo para o seu interior uma visão orgânica da educação da fé, imbuída de leveza e criatividade.

> A vida da Igreja é um campo imenso de criatividade e de boa vontade. A riqueza do espírito humano manifesta-se nesse imenso mosaico que é a Igreja, em que os homens e mulheres foram capazes de aspirar a conhecer e amar a Deus segundo suas circunstâncias particulares[93].

---

90. DNC 142.

91. DGC 141.

92. PF 7.

93. V. V. A. A., Dicionário de catequética, p. 588.

Pela educação da fé, a Igreja proporciona o encontro com uma Pessoa. Nesse encontro, é possível abrir-se para a experiência de vida cristã. Seguir Jesus Cristo como discípulo missionário é o fruto dessa educação que aponta para o verdadeiro sentido da vida. A pedagogia da fé, revelada no peregrinar da Igreja, é uma via segura e dinâmica, que procura se ajustar a cada tempo, proporcionando uma educação, que ilumina a vida de todos que aspiram acolher a fé cristã, na vivência do discipulado e da missão.

1.1.3. O catequista discípulo[94] missionário

O catequista é aquele que na Igreja tem a missão de fazer ecoar a Boa Nova, assumindo a vocação de discípulo missionário. O tema do discipulado e da missão foi assumido, com profundidade, em muitos momentos da caminhada da Igreja após o Concílio Vaticano II. De modo especial, é na Conferência de Aparecida que se encontra, com maior clareza, o tema do discipulado na catequese. Nesse aspecto, o catequista assume características específicas de sua função laical e de sua espiritualidade própria na missão da Igreja; "os reconhecemos e animamos a continuarem o compromisso que adquiriram no batismo e na confirmação"[95]. Por isso, sua formação abrange dimensões que o fazem viver o processo do discipulado missionário no seguimento a Jesus Cristo, como resultado da sua adesão à fé.

A vocação ao discipulado missionário é con-vocação à comunhão em sua Igreja. Não há discipulado sem comunhão. Diante da tentação, muito presente na cultura atual, de ser cristãos sem Igreja e das novas buscas espirituais individualistas, afirmamos que a fé em Jesus Cristo nos chegou através da comunidade eclesial e ela "nos dá uma família, a família universal de Deus na Igreja Católica. A fé nos liberta do isolamento do eu, porque nos conduz à comunhão". Isso significa que uma dimensão constitutiva do acontecimento cristão é o fato de pertencer a uma comunidade concreta na qual podemos viver uma experiência permanente de discipulado e de comunhão com os sucessores dos Apóstolos e com o Papa[96].

---

94. A reflexão sobre o discipulado nos remete para o Antigo Testamento. Foi uma prática no judaísmo e em diversas manifestações religiosas de povos e culturas. Um mestre com discípulos. A novidade em Jesus Cristo reside na nova prática: não é o discípulo que escolhe o mestre, mas o Mestre que escolhe os discípulos; e, ainda mais, os discípulos não são escolhidos para seguir uma doutrina, uma filosofia de vida, mas para seguir alguém, Jesus Cristo. CNBB, Terceira Semana Brasileira de Catequese, p. 174.

95. DAp 211.

96. DAp 156.

O catequista, como educador da fé, deve assumir a postura de discípulo dentro da comunidade. A cada dia é convidado a seguir os passos do Mestre, e sob a orientação Deste aprende, estuda e vive. Ao ser responsável em transmitir a mensagem Dele, o catequista tem que seguir o caminho com olhos, ouvidos, boca, pés e mãos de discípulo. Tornar-se discípulo é um processo, é algo que acontece na medida em que se caminha com o Mestre.

> Discípulo é alguém chamado por Jesus Cristo para com ele conviver, participar de sua Vida, unir-se à sua Pessoa e aderir à sua missão, colaborando com ela. Entrega, assim, sua liberdade a Jesus, Caminho, Verdade e Vida; assume o estilo de vida do próprio Jesus, a saber, um amor incondicional, solidário, acolhedor até a doação da própria vida, e compartilha do destino do Mestre de Nazaré. [...]. Esta missão é, por consequência, parte integrante da identidade cristã[97].

A palavra "discípulo" remete a um seguidor, isto é, àquele que se vincula a uma pessoa, não apenas de modo intelectual, mas também de modo afetivo e vital, a ponto de assumir até seu estilo de vida. Discípulo é aquele que recebe o ensino de alguém. Aquele que aprende. É aquele que segue uma Pessoa. Para que o catequista adote a identidade de discípulo, é fundamental que assuma, para si, o dinamismo da vida cristã, superando, em primeiro lugar, o egoísmo, o individualismo e a indiferença, estilos de vida muito presentes nos dias de hoje. Tornar-se discípulo é sair de si, abandonar-se, envolver-se com a pessoa de Jesus.

> Seguir Jesus e ser discípulo são duas expressões usadas para designar a totalidade e a abrangência da vida cristã, que se caracteriza pela relação do cristão com Deus Pai, por meio de Jesus Cristo, na força do seu Espírito. Seguimento e discipulado se entrelaçam reciprocamente e se fundem num horizonte comum, ambos identificados pela ação de caminhar ou seguir, sendo, em geral, usados indistintamente e como sinônimos[98].

Para se fazer da formação de catequistas um caminho de discipulado que leve em conta a realidade atual, é indispensável superar a ideia de formação fragmentada, estática, excludente e desconectada da realidade. Faz-se necessário que todo o itinerário de formação recupere o significado profundo da vida cristã a partir de experiências e vivências de fé que favoreçam a construção do ser cristão, discípulo, seguidor em sua plenitude. A formação que leva ao discipulado precisa ser planejada, organizada e sistemática. Trata-se, portanto, de uma verdadeira

---

97. DGAE (2008-2010) 57.

98. BARRIOS, T. H., El seguimiento del Señor del primer al segundo testamento, p. 96.

mudança na metodologia da formação, tendo como objetivos conduzir ao seguimento e formar a identidade cristã.

> O seguimento é a melhor forma de explicitar a identidade cristã. O próprio Jesus ensinou que no seu seguimento consiste a identidade cristã de quem aderiu à pessoa dele na História e de quem crer nele depois da ressurreição. É no seguimento e no processo de discipulado que vai sendo construída a identidade cristã. Estabelece-se, assim, entre seguimento de Jesus e a identidade cristã uma relação íntima e profunda. O seguimento se transforma em caminho insubstituível para, simultaneamente, reconhecer Jesus e construir a identidade cristã[99].

É a identificação com o Mestre Jesus que caracteriza a pessoa do catequista no caminho do discipulado. Quando Jesus chama, orienta e mostra os primeiros passos, convive, partilha e confere uma missão a cada um (Mt 28,19-20). A partir do momento que o discípulo assume que foi enviado, torna-se um missionário. Cria um profundo vínculo de amizade com o Mestre, ao ponto de deixar tudo e segui-Lo.

> Ao longo daqueles três anos, Jesus acompanhava os discípulos. Ele era o amigo (Jo 15,15) que convivia com eles, comia com eles, andava com eles, se alegrava com eles, sofria com eles. Era através desta convivência que eles se formavam. Muitos pequenos gestos refletem o testemunho de vida com que Jesus marcava presença na vida dos discípulos e das discípulas: o seu jeito de ser e de conviver, de relacionar-se com as pessoas e de acolher o povo que vinha falar com ele. Era a maneira dEle dar forma humana à sua experiência de Deus como Pai[100].

O caminho para se tornar um discípulo missionário de Jesus passa por um dinamismo surpreendente, que conduz ao mistério de uma relação que revela o Mestre e gera o discípulo. O seguimento é fruto de uma aproximação apaixonada. "Por isso, todo discípulo é missionário, pois Jesus o faz partícipe de sua missão, ao mesmo tempo em que o vincula a Ele como amigo e irmão"[101].

Esse caminho é marcado por acontecimentos que definem o itinerário do "vir-a-ser" do discípulo, passando por várias etapas: o encontro pessoal com a Pessoa de Jesus Cristo, a conversão, fruto desse encontro, o discipulado. O fortalecimento da caminhada pela comunhão e pela participação faz com que o cate-

---

99. CNBB, 3ª SBC, p. 171.

100. CNBB, 3ª SBC, p. 140.

101. DAp 144.

quista discípulo abrace a missão como um critério inseparável da sua identidade com o Mestre[102]. É ao longo de toda a vida que se constrói a identidade de discípulo, vivendo o dinamismo de um encontro que se renova a cada dia. É a partir dessa experiência que o catequista compreende e conhece Jesus Cristo.

> É no caminhar, na persistência, na busca, nas motivações, nas descobertas que a pessoa vai se encontrando com Jesus Cristo, com a comunidade e com a missão. É importante o primeiro passo: o Kerigma, o encontro entusiasmante com Jesus Cristo. Mas é preciso caminhar para o segundo passo: a conversão, o seguimento, a persistência, o aprofundamento. Mas não pode parar por aí. O caminho é para um terceiro passo. O discípulo missionário, o engajamento, a transformação da realidade, a sua inserção nas profissões, na família, no mundo do trabalho, da política, e aí permear com os valores do Evangelho, da ética e da cidadania[103].

Ser catequista discípulo missionário implica, igualmente, perseverar nas tribulações (Lc 22,28). O catequista discípulo deve estar preparado para enfrentar novas provas e até inimigos, não tanto os exteriores, mas sim os interiores. O seguidor de Jesus opta, sempre, pelo bem, apesar da imensidade aparente ou real do mal. É relevante despertar e alimentar o cordeiro, e não o lobo, que costuma habitar nosso interior. Finalmente, a tarefa mais difícil: o discípulo é aquele que está disposto a dar a vida pelo Mestre (Jo 15,13). Nenhuma dificuldade será capaz de fazer um catequista discípulo missionário voltar atrás, desanimar ou desistir de sua importante – e nem sempre fácil – missão.

> Aqui a catequese tem uma longa mas urgente missão. Catequese é caminho para o discipulado. Há muita gente deixando Jerusalém e caminhando para Emaús, tristes, desiludidos, abatidos, sofridos, machucados, desencantados, perdidos, quer entre adultos, jovens, crianças, idosos, nas periferias, nos centros urbanos, nos condomínios e prédios, no campo, na universidade. Poucos têm possibilidade de encontrar um caminhante, um catequista, um/a evangelizador/a que se aproxima, escuta, explica, aquece o coração e mente, sinaliza para o rito gestual de Jesus de partir o pão e o reconhecer no caminho e ajudar a fazer a mesma experiência dos discípulos de Emaús[104].

Assumir a identidade de discípulo missionário é, para o catequista, um exercício de fé e vida que a Igreja propõe nos itinerários de educação da fé. Eleger

---

102. DAp 278.

103. CNBB, 3ª SBC, p. 166.

104. CNBB, 3ª SBC, p. 166.

o discipulado e a missão como meta faz com que o catequista desenvolva atitudes fundamentais que o distinguem em sua ação catequética na comunidade. Nesse modo de ser e agir, manifesta atitudes de discípulo na caridade apostólica, no zelo pelo anúncio de tornar Cristo conhecido e testemunhado; no serviço, caracterizado pela humildade, fundamento da perfeição cristã; na confiança em si e em Deus, prestando serviço e reconhecendo a própria finitude e sua dependência de Deus; na virtude da mansidão que se espelha na mansidão do próprio Jesus de Nazaré (Mt 11,29). Entende-se que é pela experiência de discípulo missionário que o catequista consegue chegar à dimensão mais profunda do seu ser, que é tornar-se um catequista *mistagogo*.

1.1.4. O catequista *mistagogo*

O catequista discípulo missionário, educador da fé, recebe da Igreja a missão de conduzir os seus interlocutores, em qualquer fase da vida, proporcionando um encontro pessoal com Jesus Cristo, centro da vida e da ação do catequista. Para assumir uma identidade *mistagógica*, precisa exercitar uma espiritualidade encarnada, bem como participar da vida litúrgica da Igreja e educar para ela. Catequese e liturgia precisam caminhar juntas, porque a liturgia tem dimensão catequética, e a catequese tem dimensões litúrgicas.

> A catequese, pois, deve estar a serviço de uma participação ativa, consciente e autêntica, na liturgia da Igreja: não só ilustrando o significado dos ritos, mas educando os fiéis para a oração, o agradecimento, a penitência, o pedido confiante, o senso comunitário, a linguagem simbólica, todas essas coisas necessárias a uma verdadeira vida litúrgica[105].

É na experiência de um encontro profundo com o Mestre que o catequista desenvolve a identidade *mistagógica* e espiritual no exercício do seu ministério. O encontro que se dá numa dinâmica *mistagógica* é essencial para o amadurecimento espiritual do catequista. Sem um encontro com o Senhor, a missão do catequista é vazia, ausente de sentido humano-cristão, pois, "no início do ser cristão, não há uma decisão ética ou uma grande ideia, mas o encontro com um acontecimento, com uma Pessoa que dá à vida um novo horizonte e, desta forma, o rumo decisivo"[106].

---

105. DCG 25.

106. DCE 96.

A mudança de época insere o catequista em múltiplos desafios. Sendo assim, mudar atitudes e posturas é uma exigência iminente. É preciso romper com a indiferença que mata a possibilidade de um verdadeiro encontro com Jesus no âmbito pessoal e comunitário. Diante de tantos desafios, faz-se necessário pensar a identidade do catequista como um *mistagogo*, aquele que fez, facilita e conduz o encontro dos interlocutores com Jesus Cristo, origem de sua missão. Pensar o catequista como *mistagogo* é ter Jesus Cristo no centro da catequese.

> Deseja-se acentuar, antes de mais nada, que no centro da catequese encontramos essencialmente uma Pessoa: a Pessoa de Jesus de Nazaré, "Filho único do Pai, cheio de graça e de verdade" (Jo,1-14), que sofreu e morreu por nós, e que agora, ressuscitado, vive conosco para sempre. Este mesmo Jesus que é "o Caminho, a Verdade e a Vida" (Jo, 14,6); e a vida cristã consiste em seguir a Cristo, *sequela Christi*. O objeto essencial e primordial da catequese, pois, para empregar uma expressão que São Paulo gosta de usar e que é frequente na teologia contemporânea, é "o Mistério de Cristo". Catequizar é, de certa maneira, levar alguém a perscrutar este Mistério em todas as suas dimensões: "expor à luz, diante de todos, qual seja a disposição divina, o Mistério... compreender, com todos os santos, qual seja a largura, o comprimento, a altura e a profundidade... conhecer a caridade de Cristo, que ultrapassa qualquer conhecimento... (e entrar em) toda a plenitude de Deus" (Ef 3,9.18s). Quer dizer: é procurar desvendar na Pessoa de Cristo todo o desígnio eterno de Deus que nela se realiza. E procurar compreender o significado dos gestos e das palavras de Cristo e dos sinais por Ele realizados, pois eles ocultam e revelam ao mesmo tempo o seu Mistério. Neste sentido, a finalidade definitiva da catequese é a de fazer que alguém se ponha, não apenas em contato, mas em comunhão, em intimidade com Jesus Cristo: somente Ele pode levar ao amor do Pai no Espírito e fazer-nos participar na vida da Santíssima Trindade. No centro da catequese encontramos essencialmente uma Pessoa[107].

Um dos objetivos que marcam a ação catequética é colocar o catequista diante do Mestre. Jesus é a figura central na formação dos catequistas. Em sua vida estão o conteúdo e o método dessa formação: "Paginando os Evangelhos descobrimos ângulos que devem fazer parte da Formação Integral e integradora

---

107. CT 5.

da Educação da fé das comunidades. Jesus é a figura central, o modelo perfeito de um roteiro de formação global da fé, da esperança e da caridade"[108].

A formação do catequista precisa desenvolver aspectos importantes da vida de Jesus. Não se pode exigir que o catequista seja perfeito como Cristo. É preciso apresentar Jesus como aquele que educa na fé a partir de práticas concretas que se manifestam na sua vida. "Nesse sentido, é preciso que toda a pedagogia catequética esteja envolvida em uma mística, na qual o catequista é o *mistagogo*, aquele que conduz para o mistério, que transforma pela palavra e pelo testemunho"[109].

A dimensão *mistagógica* do catequista revela seu verdadeiro sentido na medida em que procura, encontra e permanece com Jesus Cristo, seguindo seus passos. Na vida do Mestre, educador da fé, identificam-se posturas que revelam sua relação profunda com os interlocutores. Jesus percebe em profundidade os problemas íntimos, pessoais e existenciais, numa atitude de profunda atenção a todos os que se aproximam. São vários os exemplos presentes em sua prática de vida: o encontro com a samaritana (Jo 4,1-42), a mulher com hemorragia (Mt 9, 18-22) e tantos outros que revelam sua íntima relação com o próximo.

> O seguimento e conversão a Cristo exigem a experiência da convivência fraterna. O próximo é caminho aberto para Deus Trindade e Comunhão. O exemplo mais acabado da vida fraterna é Jesus e os Apóstolos. A comunidade apostólica é modelo no perdão, no relacionamento entre pessoas, entre o Mestre e seus discípulos[110].

O catequista *mistagogo* tem, por vocação, conduzir ao *Mistério*. Ele é, portanto, facilitador de um processo profundo de encontro com o Mistério da fé. A expressão *mysterium* é assim apresentada por O. Casel:

> [...] não significa tão somente um ensinamento escondido e misterioso das coisas divinas [...]. Na linguagem paulina, mysterium significa, acima de tudo, uma ação divina, o cumprimento de um desejo eterno de Deus por uma ação que procede da eternidade de Deus, a qual se realiza no tempo e no mundo e tem fim último o próprio Eterno. Este mysterium pode ser enunciado na única palavra Christus, designando ao mesmo tempo a pessoa do Salvador e seu Corpo místico, que é a Igreja[111].

---

108. CANSI, B., Catequese e educação da fé, p. 70.

109. CALANDRO, E.; LEDO, J. S., Roteiro de formação com catequistas, p. 15.

110. CANSI, B., Catequese e educação da fé, p. 71.

111. CASEL, O., O mistério do culto no cristianismo, p. 22.

O termo "mistagógico" vem entrelaçado com a expressão "Iniciação Cristã". Para se referir a esta, os padres da Igreja utilizaram os termos *Mistério*[112], *mistagogia* e *mistagogo*. Por um lado, a *mistagogia* é vista como processo que conduz ao *Mistério* que, na Iniciação à Vida Cristã, é o próprio Cristo. A *mistagogia* tem, por outro lado, um componente social, pois supõe que alguém ou um grupo conduza o neófito para o *Mistério*[113].

O processo de iniciação à vida cristã se dará nos diversos campos da evangelização e, sobretudo, como caminho de maturação da fé. Esse itinerário há que conduzir o interlocutor à experiência da fé em Jesus Cristo. Por isso, o catequista precisa assumir a identidade de *mistagogo*. Isso é, tem missão dupla: transmitir o ensinamento e conduzir ao Mistério da fé.

> Quanto mais sagrada é uma ação, tanto mais ela introduz na vida da divindade segundo a fé dos participantes, tanto mais o homem tem cuidado de expô-la diante dos olhos do mundo profano... Assim sendo, tanto na antiguidade quanto no cristianismo, as mais profundas e complexas ações sagradas assumem o nome e o caráter de mistérios; através de uma santa iniciação o homem fica capacitado para se aproximar dos mistérios mais elevados, mais altos, para entrar em união mística com a divindade e para encontrar nela a salvação que permanece até a eternidade[114].

Entender o catequista como *mistagogo* é um caminho longo, que exige mudança de paradigmas e a implantação do Itinerário de Iniciação à Vida Cristã em toda a vida eclesial. Assim, o catequista será motivado a fazer uma experiência *mistagógica*, assumindo a identidade de discípulo missionário.

> O discípulo missionário precisa ser ajudado a tornar-se um místico, um contemplativo dos mistérios de Deus. O objetivo dessa mística é a restauração da totalidade, em meio à fragmentação dos tempos atuais, é reencontrar um centro de equilíbrio, mesmo nas horas de dor e de violência[115].

O resultado dessa experiência será a autocompreensão humana como ser religioso que anseia pelo Eterno, ou seja, está aberto a uma realidade transcendente. Desse modo, preparado para exercer o ministério de catequista, vivendo numa relação de total presença diante de Cristo, através de uma catequese orante e litúr-

---

112. *Mysterion* vem da língua grega, do verbo *mue,w[myein]*, que significa "cerrar os lábios", "fechar a boca", "manter segredo", "*iniciar* ao mistério". Ser iniciado é vislumbrar com o segredo *do* mistério.

113. TABORDA, F., Nas fontes da vida cristã, p. 32.

114. V. V. A. A., Dicionário de catequética, p. 761.

115. MORAES, A. O. de; CALANDRO, E. A., A Iniciação à Vida Cristã a partir de Aparecida, p. 15.

gica. Essa presença, afirma a teologia cristã, é a condição oferecida gratuitamente para que se possa optar pela abertura ao infinito, ao Mistério.

1.1.4.1. O catequista e o exercício de um ministério

Antes de adentrar, em específico, o tema do ministério do catequista, é preciso que se compreenda o termo "catequese", pois é a partir dessa compreensão que se poderá avançar na questão do catequista como agente específico do ato catequético. A catequese não significa, como geralmente se pensa, a organização catequética, nem a ciência catequética, tampouco a catequese dirigida apenas às crianças; refere-se, em geral, à ação de catequizar em seu conjunto.

> Catequese é, portanto, formação orgânica, é mais que um ensino: é um aprendizado de toda a vida cristã, "Uma iniciação cristã integral" que favorece um autêntico seguimento de Cristo, centrado em sua pessoa. Trata-se, com efeito, da educação para o conhecimento e para a vida de fé, de tal modo que todo o homem, nas suas experiências mais profundas, se sinta fecundado pela Palavra de Deus[116].

Desde meados da década de 1960, tornou-se clássica a expressão: "Todo ato da Igreja é portador de catequese!" Entende-se, portanto, que todas as ações eclesiais – proféticas, litúrgicas e testemunhais, que contribuem para amadurecer a vida cristã – são educadoras da fé. Nessa perspectiva, passa a ser cada vez mais importante o papel do catequista, não só pelo fato de ensinar, mas também pelo testemunho de vida e pelos sinais da fé cristã que manifesta na vida da comunidade. "O Povo de Deus participa também do múnus profético de Cristo, pela difusão do seu testemunho, especialmente por uma vida de fé e de caridade"[117].

O próprio Papa João Paulo II também o indica, quando diz que "toda atividade da Igreja tem dimensão catequética"[118], uma capacidade para educar na fé. Não obstante, essa dimensão atribui-se, sempre de maneira especial, às ações vinculadas ao ministério da Palavra, as quais se designam com expressões como "pregação", "anúncio missionário", "catequese", "homilia" e "ensinamento teológico". Nesse sentido, deseja-se apresentar o catequista como o ministro da Palavra, aquele que é portador da Palavra de Deus; por isso, é necessário compreendê-lo como aquele que exerce um ministério na Igreja.

---

116. DGC 67.

117. LG 12a.

118. CT 49.

Desde os seus primórdios, a comunidade cristã conheceu uma forma difusa de ministerialidade, concretizada no serviço de homens e mulheres que, obedientes à ação do Espírito Santo, dedicaram a sua vida à edificação da Igreja. Os carismas, que o Espírito nunca deixou de difundir nos batizados, tomaram, em certos momentos, uma forma visível e palpável de serviço à comunidade cristã nas suas múltiplas expressões, chegando ao ponto de serem reconhecidos como uma diaconia indispensável para a comunidade[119].

Aprofundar o Ministério da Catequese significa compreender amplamente a ação evangelizadora da Igreja. Dessa forma, é mais do que necessário insistir nas bases e fazer ecoar para que esse ministério aconteça, de forma efetiva, nas comunidades. A catequese é o mais sublime e necessário dos ministérios da Igreja, na medida em que atua para que ela tenha vigor e seja a luz do mundo e o fermento na massa (Mt 5,13-14). É preciso voltar às fontes da fé, fazendo memória da ação evangelizadora das primeiras comunidades. Não existe Igreja se não tiver catequese; "A Igreja quis reconhecer esse serviço como expressão concreta do carisma pessoal, que tanto favoreceu o exercício da sua missão evangelizadora"[120]. É esse ministério que sustenta a Igreja desde os primórdios, e com ele se mantém viva a tradição de educar a fé em todas as gerações, missão de Jesus Cristo confiada aos catequistas que desejam exercer esse ministério, como um serviço que renova e revigora a Igreja em todas as dimensões da sua ação evangelizadora.

1.1.4.2. O ministério na Igreja

Ao se tratar do tema dos ministérios na Igreja, percebe-se ser esse um assunto amplo que deve ser compreendido a partir da diaconia, do serviço. As palavras "ministros" e "ministério", decalcadas no latim da Vulgata, correspondem ao grego *diakonos* e *diakonia*[121]. Em meio a tantas mudanças que marcam o caminhar

---

119. AM 2.

120. AM 02.

121. Estes dois termos não pertencem à linguagem religiosa dos Setenta, que os emprega, raramente, em sentido profano (Est 1,10; 6,1-5). Na Vulgata, *minister* traduz o hebraico *mesaret* (Ex 24,13: Josué servidor de Moisés), que pode designar os sacerdotes, ministros do culto (Is 61,6; Ez 44,11). Entretanto, desde o Primeiro Testamento, o fato do ministério religioso exercido no povo de Deus pelos titulares de certas funções sagradas é coisa bem atestada: os Reis, os Profetas, os depositários do Sacerdócio são servos de Deus que exercem uma mediação entre Ele e o seu povo. Assim, São Paulo dirá que Moisés era ministro da Primeira Aliança (1Cor 3,7-9). No Novo Testamento, Cristo é o único mediador entre Deus e os homens e mulheres, o único sacerdote que oferece o sacrifício da salvação, o portador único da revelação, porque ele é a Palavra feita carne. Mas na Igreja que ele fundou se exerce um ministério de novo gênero, que está a serviço da sua Palavra e da sua graça. CALANDRO, E.; LEDO, J., A Catequese edificadora da Igreja, p. 25.

histórico da humanidade, é cada vez mais urgente a necessidade de se compreender e valorizar o ministério na Igreja, de forma especial o ministério do catequista, tendo em vista a formação daqueles que acolhem a mensagem cristã.

Jesus ensinou seus seguidores a considerar a sua função como um serviço: os chefes das nações querem ser considerados benfeitores e senhores; mas eles, a seu exemplo, deverão se fazer servidores, *diáconos*, de todos (Mc 10, 42ss). São servos dele, e é a esse título que lhes promete entrar com ele na glória do Pai (Jo 12,26).

A vocação de Paulo ao apostolado (Rm 1,1) é também um chamado ao ministério (1Tm 1,12; 2Cor 4,1) que Paulo se esforça, depois, por desempenhar dignamente (At 20,24) e graças ao qual leva a salvação aos pagãos (At 21,19). Consciente de ser, assim, ministro de Deus (2Cor 6,3ss) e ministro de Cristo, ele sente vivamente a grandeza dessa função superior à do próprio Moisés, por ser um serviço da nova Aliança, da justiça, do Espírito, da reconciliação, do Evangelho (Cl 1,23; Ef 3,7) da Igreja (Cl 1,25).

No entanto, o ministério na Igreja nascente em muito consegue transcender o exercido no apostolado propriamente dito. A palavra *diakonia* se aplica, antes de tudo, a serviços materiais necessários à comunidade, como o serviço das mesas (At 6,1.4; Lc 10.40) e a coleta para os pobres de Jerusalém (At 11,29; 12,25; Rm 15,31; 1Cor 16,15; 2Cor 8,4; 9,1-12).

Diante do exposto, entende-se que há, na Igreja, *diversidade de ministérios* (1Cor 12,5), pois "o Espírito diversifica seus carismas visando à obra do ministério" (Ef 4,12). Todo serviço dessa espécie deve ser realizado sob a influência do Espírito (1Cor 12,7), como um mandato recebido de Deus (1Pd 4,11). Resta ver em que consistem esses serviços. As listas de carismas dadas nas epístolas põem sempre em primeiro lugar as funções relativas à Palavra de Deus (apóstolo, profeta, doutor, evangelista), o que não exclui a existência de cargos propriamente pastorais, expressamente mencionados pela epístola aos Efésios (Ef 4,11).

Na Igreja sempre houve e haverá variedades de funções e tarefas que recebem o nome de ministérios. O ministério deve ser entendido como um mandato ao serviço de uma comunidade, de um povo. A origem dos ministérios eclesiais está na ordem que Jesus comunicou a seus discípulos: "Ide, pois, fazer discípulos entre todas as nações, e batizai-os em nome do Pai, do Filho e do Espírito Santo" (Mt 28, 19), para servir aos homens e às mulheres na comunidade. Ministério, portanto, é um carisma em forma de serviço, reconhecido pela Igreja. É um compromisso dado pela Igreja aos fiéis que desejam servir, com responsabilidade, a missão que lhes é confiada. O ministério do catequista não pode ser confundido com poder, não é prêmio nem superioridade, não é título, mas é *diakonia*, isto é, serviço que, suscitado e sustentado pelo Deus Amor, que há de ser vivido na simplicidade e na gratuidade à Igreja.

A Igreja reconhece que, no conjunto de ministérios e serviços com os quais ela realiza a sua missão evangelizadora, ocupa lugar destacado o ministério da catequese:

> A catequese é, em primeiro lugar, uma *ação eclesial*: a Igreja transmite a fé que ela mesma vive e o catequista é um porta-voz da comunidade e não de uma doutrina pessoal (*CR* 145). Ela transmite o tesouro da fé (*traditio*) que, uma vez recebido, vivido e crescido no coração do catequizando, enriquece a própria Igreja (*redditio*). Ela, ao transmitir a fé, gera filhos pela ação do Espírito Santo e os educa maternalmente (*DGC* 78-79). A catequese faz parte do ministério da Palavra e do profetismo eclesial. O catequista é um autêntico profeta, pois pronuncia a Palavra de Deus, na força do Espírito Santo. Fiel à pedagogia divina, a catequese ilumina e revela o sentido da vida[122].

Considerando o ministério da Palavra em seu conjunto, vê-se, portanto, como na época patrística foram privilegiadas já três formas principais desse ministério: o *anúncio* aos não crentes, a *catequese* aos candidatos ao batismo e a *didaqué*[123] aos convertidos.

> A tarefa que se propõe aos seguidores de Cristo é a de suscitar novos discípulos, pessoas que adiram à notícia do Reino sem reparos e condições. A missão tem que passar por dois canais: o batismo em nome do Pai, do Filho e do Espírito Santo, e a instrução/catequese destinada a orientar a vida do novo discípulo. Assim, pois, o ministério da Palavra é exercido em três passos. Em primeiro lugar, no anúncio da mensagem evangélica que leva à fé, uma vez superadas a dúvida e os medos. Em segundo lugar, na ação batismal, sacramental, que é a culminação daquele anúncio à medida que o integra e o eleva a uma vida de comunhão com as três pessoas divinas. Finalmente, o ministério da Palavra passa, pela exortação constante, a dar os frutos do Reino, que são o resultado concreto de guardar as palavras do Senhor[124].

Sendo assim, é possível conceber o ministério na Igreja como algo vital para o anúncio do Evangelho, que faz despertar novas funções diante da diversi-

---

122. DNC 39.

123. DIDAQUÉ, O catecismo dos primeiros cristãos para as comunidades de hoje, p. 5.

124. V. V. A. A., Dicionário de catequética, p. 747.

dade de dons e carismas que se manifestam na vida das comunidades dos discípulos de Jesus Cristo.

1.1.4.3. O ministério da catequese

Sendo a catequese uma experiência tão antiga como a Igreja, ela ocupa um lugar de prioridade que envolve o testemunho da Igreja sobre si mesma, nas várias fases da sua história e das transformações culturais. A leitura histórica ajuda a compreender esse ministério tão necessário para a vida eclesial. "O ministério da catequese ocupa um lugar de relevo no conjunto dos ministérios da Igreja particular"[125].

Na caminhada da Igreja, a catequese sempre esteve presente na educação da fé como um ministério exercido pelo clero ou por leigas e leigos engajados na comunidade.

> A Igreja faz parte da história. Ela está situada no contexto social, econômico, político, cultural e religioso, marcado atualmente pela globalização neoliberal de mercado e pelo pluralismo. Em nossa complexa realidade brasileira, predomina uma matriz cultural cristã. O mandato missionário de Jesus (Mc 16,15-16; Lc 24,47; At 2,38) coloca cada discípulo e a Igreja, em qualquer lugar, como sal, luz e fermento (Mt 5,13-15; Mc 9,50; Lc 14,34-35; 1Cor 5,7-8). A catequese, como ministério da Igreja, leva em conta as situações específicas de cada lugar e as condições próprias de cada grupo de catequizandos[126].

O ministério da catequese é um serviço único que deve ser assumido com responsabilidade, entusiasmo e amor, de forma conjunta por leigos(as), religiosos(as), presbíteros, diáconos e bispos na comunhão eclesial, pois é um serviço oficial realizado em nome da Igreja[127]. Dessa forma, deve ser oferecido todo o suporte necessário, pedagógico e metodológico, viabilizando os recursos essenciais para fazer acontecer a ação do ministério da catequese.

Ministério, portanto, é um serviço da Igreja, um serviço que exige muita responsabilidade e competência. Na Igreja há muitos ministérios. São Paulo (1Cor 12,4-11) afirma que há vários tipos de ministérios dados por Deus para o bem comum de todo o povo do Senhor. "Os catequistas servem a este ministério

---

125. DNC 232.

126. DNC 59.

127. DNC 245.

e agem em nome da Igreja"[128]. O ministério da catequese nasce e cresce dentro de uma comunidade eclesial e a partir da necessidade de preparar os cristãos para dar uma resposta de qualidade ao seguimento de Jesus. Paulo, catequista e servidor da Igreja, aconselha: "Temos, porém, dons diferentes segundo a graça que nos foi dada, seja a profecia, de acordo com a fé, seja o ministério, para servir. Se for o dom de ensinar, que ensine; se for o dom de exortar, que exorte. Se o de distribuir esmolas, faça-o com simplicidade. Se o de presidir, presida com zelo. Se o de exercer misericórdia, que o faça com alegria" (Rm 12,6-8).

O ministério da catequese deve ser compreendido como um serviço que se oferece no processo de educação da fé, no caminho que uma pessoa percorre ao longo da sua vida na comunidade cristã. "Tal processo procurará unir: fé e vida; dimensão pessoal e comunitária; instrução doutrinária e educação integral; conversão a Deus e atuação transformadora da realidade; celebração dos mistérios e caminhada com o povo"[129].

A catequese deve ser entendida como um ministério. Em seu sentido original, "catequizar", *catá-ekhéi*, significa "fazer ressoar aos ouvidos"; no Novo Testamento, a catequese significa formar, instruir, ensinar de viva voz ou, ainda, ressoar a Palavra de Deus. Para que esse ressoar aconteça de forma integrada, envolvendo a pessoa num processo de crescimento vivencial da fé, é preciso que tudo seja assumido por alguém que se sinta atraído por Jesus Cristo e que viva o seu batismo como um verdadeiro discípulo missionário. A Igreja precisa, portanto, do catequista.

> O verdadeiro catequista tem a convicção (mística) de que é *profeta* hoje, comunicando a Palavra de Deus com seu dinamismo e eficácia, na força do Espírito Santo. A Bíblia é considerada o *livro da fé* e, por isso mesmo, o *texto principal* da catequese. O princípio da interação fé e vida, aplicado à leitura da Bíblia, gera um tipo de leitura vital e orante da Palavra de Deus[130].

A catequese é um serviço eclesial essencial para a formação e o crescimento da Igreja. Sem uma catequese eficiente, não se têm pessoas maduras na vida da comunidade eclesial e da sociedade; por isso, existe a necessidade de uma catequese de Iniciação à Vida Cristã e de uma catequese que seja permanente, capaz de acompanhar a pessoa em todas as fases da vida. "A catequese é um desses mo-

---

128. DNC 234.

129. CR 29.

130. DNC 13e.

mentos muito importantes, por certo no processo total da evangelização"[131]. A catequese de iniciação configura-se à conversão a Cristo, dando a primeira fundamentação a essa primeira adesão. Partindo desse princípio, a catequese tem a finalidade de aprofundar o primeiro anúncio do Evangelho: levar o catequizando a conhecer, acolher, celebrar e vivenciar o Mistério de Deus, manifestado em Jesus Cristo, que revela o Pai e envia o Espírito Santo.

1.1.4.4. O ministério do catequista

A missão catequética, exercida pelo catequista, é um ministério realizado em nome da Igreja. "O Ministério Antigo é o de Catequista na Igreja"[132]. Nesse caso, o catequista não deve agir segundo seus desejos e ideias pessoais, mas sim de acordo com as orientações da Igreja. Quem fala em nome da Igreja deve também ser reconhecido por ela. Nas palavras do Papa João Paulo II:

> Mesmo com a multiplicação dos serviços eclesiais e extraeclesiais, o ministério dos catequistas permanece ainda necessário e tem características peculiares: os catequistas são agentes especializados, testemunhas diretas, evangelizadores insubstituíveis, que representam a força basilar das comunidades cristãs[133].

Sabe-se que "são milhares de mulheres, homens, jovens, anciãos e adolescentes que descobrem na experiência de fé, e na inserção na comunidade, a vocação de catequista"[134]. Para que um ministério possa dar muitos frutos, é necessário formação, oração e planejamento. O improviso não dá certo. Improvisar catequistas sem dar-lhes devido acompanhamento e formação é irresponsabilidade que provoca "acidentes na fé". "O perfil do catequista é um ideal a ser conquistado, olhando para Jesus, modelo de Mestre, de servidor e de catequista. Sendo fiel a esse modelo, é importante desenvolver as diversas dimensões: ser, saber e saber fazer em comunidade"[135].

Para realizar a evangelização, sendo testemunha do Reino Deus no mundo, a Igreja necessita de catequistas com um olhar de fé e capazes de dialogar com as múltiplas culturas, para detectar os sinais da ação do Espírito Santo e lê-los como chamados de salvação; catequistas capazes do verdadeiro diálogo afetivo,

---

131. CT 18-19.

132. AM 01.

133. RMi 73.

134. DNC 242.

135. DGC 238.

como testemunhas de humanidade, com as pessoas diante das quais vão irradiar a luminosidade e a bondade de Cristo através do encontro fraterno; catequistas da esperança, que anunciam a alegria do Evangelho em comunhão com a Igreja e a transformação missionária que ela abraçou, exercendo com fidelidade sua missão. É preciso haver consciência de que "fidelidade ao passado e responsabilidade pelo presente são condições indispensáveis para que a Igreja possa desempenhar a sua missão no mundo"[136].

A reflexão sobre o ministério do catequista, *Antiquum Ministerium* (2021), ocupa destaque no Magistério da Igreja, de modo especial no pontificado do Papa Francisco, que, buscando valorizar o papel do leigo, institui o Ministério Laical de Catequista como uma resposta à realidade pastoral da Igreja. Em comunhão com os bispos, presbíteros e religiosos(as) que já exercem um importante papel na catequese, em vista de revigorar a missão dos catequistas, recorda que "despertar o entusiasmo pessoal de cada batizado e reavivar a consciência de ser chamado a desempenhar a sua missão na comunidade requer a escuta da voz do Espírito que nunca deixa faltar a sua presença fecunda"[137]. Ele confirma, assim, o papel do catequista na vida e na missão da Igreja e acena para a elaboração de um itinerário formativo que responda aos anseios dos catequistas no exercício do ministério.

> Convido, pois, as Conferências Episcopais a tornarem realidade o Ministério de Catequista, estabelecendo o *iter* formativo necessário e os critérios normativos para o acesso a ele, encontrando as formas mais coerentes para o serviço que estas pessoas serão chamadas a desempenhar em conformidade com tudo o que foi expresso por esta Carta Apostólica[138].

O ministério do catequista é fundamental na ação evangelizadora da Igreja, pois o catequista é um educador da fé por excelência, que utiliza a pedagogia divina e outros recursos das ciências humanas, como a psicopedagogia catequética, para evangelizar. Ele também é sensível às várias realidades do catequizando em seu desenvolvimento integral na vida da comunidade eclesial, dedicando tempo ao estudo, à oração e ao trabalho. A Igreja do Brasil compreende a importância desse tema e sempre avançou na reflexão de instituir o ministério do catequista.

> A Igreja no Brasil presta um serviço importantíssimo no campo da catequese. Este serviço nos últimos tempos tem-se expandido e qualificado como

---

136. AM 5.

137. AM 5.

138. AM 9.

nunca. Diante disso, sentiu-se a necessidade de se refletir a teologia dos ministérios, mas detidamente sobre o "ministério da catequese", as várias modalidades de "ministério de catequista" e, mais precisamente, sobre o ministério "instituído" de catequista. Não se propõe aqui nada de inédito, estranho ou extraordinário. Simplesmente se reflete sobre o que está aí, às vezes saltando aos olhos, muitas vezes oculto debaixo de nossas práticas, em outras pedindo para ganhar contornos novos, quem sabe mais profundos e mais claros[139].

Com a renovação da catequese e sua compreensão mais ampla, ela deixou de ser uma tarefa apenas de algumas "pessoas isoladas" e tornou-se missão de toda a Igreja. Desse modo, torna-se necessário, a cada dia, no planejamento pastoral, refletir e aprofundar esse jeito de reconhecer os catequistas pelo ministério vivido na Igreja.

No exercício do ministério, o catequista deve ser motivado a assumir uma postura equilibrada, de profunda oração, que cultiva uma espiritualidade a partir da realidade do cotidiano e que prima pela formação, buscando construir comunidade no testemunho de comunhão. Ao assumir esse ministério, o catequista precisa acolher um estilo de vida profundamente cristão, tornando-se uma pessoa de maturidade humana, com reconhecido equilíbrio psicológico e espiritual[140].

O ministério do catequista é uma vocação e uma missão de alguém que se sentiu chamado por Deus na comunidade, a partir da vivência do seu batismo, para viver a sua vocação de serviço, testemunho e ensino, manifestando a alegria de anunciar o Evangelho.

> O catequista, no entanto, é uma pessoa que ama viver e se sente realizada. Assume seu chamado com entusiasmo e como realização de sua vocação batismal. Compromete sua vida em benefício de mais vida para o seu próximo. "Ser catequista é assumir corajosamente o Batismo e vivenciá-lo na comunidade cristã. É mergulhar em Jesus e proclamar o Reinado de Deus, convidando a uma pertença filial à Igreja. O processo formativo ajudará a amadurecer como pessoa, como cristão e cristã e como apóstolo e apóstola"[141].

Hoje, o que mais se necessita na ação pastoral é de pessoas equilibradas, integradas no âmbito afetivo, espiritual e eclesial. O catequista, no exercício do seu ministério, deve ter essa maturidade humano-cristã, pois lida diretamente

---

139. CNBB, Ministério de catequista, p. 13.

140. DNC 263-264.

141. DNC 262.

com pessoas que, na maioria das vezes, estão fazendo a experiência de iniciação à vida de fé e precisam de um testemunho seguro, que desperte o encantamento pelo discipulado. Por isso, tem de ser uma pessoa psicologicamente equilibrada, capaz de trabalhar em grupo, assumindo um papel de liderança com criatividade e responsabilidade, sendo capaz de ouvir e acolher o outro nas suas diferenças.

> Convém que, ao ministério instituído de Catequista, sejam chamados homens e mulheres de fé profunda e maturidade humana, que tenham uma participação ativa na vida da comunidade cristã, sejam capazes de acolhimento, generosidade e vida de comunhão fraterna, recebam a devida formação bíblica, teológica, pastoral e pedagógica, para ser solícitos comunicadores da verdade da fé, e tenham já uma madura experiência prévia de catequese. Requer-se que sejam colaboradores fiéis dos presbíteros e diáconos, disponíveis para exercer o ministério onde for necessário e animados por verdadeiro entusiasmo apostólico[142].

O catequista precisa encontrar meios para desenvolver uma espiritualidade profunda de adesão a Jesus Cristo e à Igreja, testemunhando com sua vida o compromisso com o Mestre. Deve ser uma pessoa de oração pessoal e participação litúrgica e que alimente sua vida com a Palavra de Deus e a Eucaristia, na vivência da comunidade.

> O catequista coloca-se na escola do Mestre e faz com Ele uma experiência de vida e de fé. Alimenta-se das inspirações do Espírito Santo para transmitir a mensagem com coragem, entusiasmo e ardor. "Que eles te conheçam a ti, o único Deus verdadeiro, e aquele que enviastes, Jesus Cristo" (Jo 17, 3). Nutre-se da Palavra, da vida de oração, da Eucaristia e da devoção mariana. Falará mais pelo exemplo do que pelas palavras que profere (CR 146). A verdadeira formação alimenta a espiritualidade do próprio catequista, de maneira que sua ação nasça do testemunho de sua própria vida[143].

O catequista é alguém que, em tudo, conduz-se para Deus e que tem um olhar sobre a realidade a partir da proposta cristã. Sem exageros e dicotomias, sabe guiar os seus interlocutores para a experiência com Jesus Cristo. Com esse olhar conseguirá, sobretudo, apresentar a relação do Evangelho Encarnado com as realidades da vida cotidiana; será capaz de compreender que Deus se manifesta e se faz presente na realidade em que se está inserido.

---

142. AM 8.

143. DNC 264.

Descobre o rosto de Deus nas pessoas, nos pobres, na comunidade, no gesto de justiça e partilha e nas realidades do mundo. A fé, no seu conjunto, deve enraizar-se na experiência humana, sem permanecer na pessoa como algo postiço ou isolado. O conhecimento da fé é significativo, ilumina a existência e dialoga com a cultura; na liturgia, a vida pessoal é uma oferta espiritual; a moral evangélica assume e eleva os valores humanos; a oração é aberta aos problemas pessoais e sociais[144].

Acima de tudo, é preciso ter a consciência de que, ao exercer esse ministério, o catequista o faz como discípulo de Jesus Cristo – "ser discípulo é dom destinado a crescer"[145]. Como discípulo, o catequista é agente direto do ato catequético; deve ter na boca a Palavra de Deus e exercer a função de acompanhar por um caminho de fé que leve o seu interlocutor até seu verdadeiro Mestre, para desaparecer no momento oportuno e deixar que o encontro se realize no terreno da fé.

Como portador da mensagem evangélica, o catequista não exerce seu ministério sozinho, mas em comunhão com a Igreja e com o grupo de catequistas, que expressa o caráter comunitário da tarefa catequética. É com o grupo que ele revê suas ações, planeja, aprofunda os conteúdos, reza e celebra o caminho percorrido. O catequista precisa ser uma pessoa que valoriza e respeita a individualidade, construindo comunhão através de uma madura compreensão do seu papel eclesial.

O catequista cultiva amizades, presta atenção nas pessoas, está atento a pequenos gestos que alimentam relacionamentos positivos. A delicadeza diária, simples, também é um anúncio do amor de Deus, através da consideração dos sentimentos das pessoas. A comunicação autenticamente evangélica supõe uma experiência de vida na fé e de fé, capaz de chegar ao coração daquele a quem se catequiza[146].

O catequista é o grande responsável pela educação da fé nos dias de hoje, uma vez que isso, na maioria das vezes, não está acontecendo dentro da realidade familiar e cultural; por isso, o ministério do catequista é tão importante para a vida da Igreja. "De fato, é um serviço estável prestado à Igreja local de acordo com as exigências pastorais identificadas pelo Ordinário do lugar"[147]. Ao assumir esse serviço, "desempenhado de maneira laical como exige a própria natureza do

---

144. DNC 265.

145. DAp 291.

146. DNC 268.

147. AM 8.

ministério"[148], o catequista é visto "como educador da fé das pessoas e comunidades, numa metodologia que inclua, sob forma de processo permanente por etapas sucessivas, a conversão, a fé em Cristo, a vida em comunidade, a vida sacramental e o compromisso apostólico"[149]. Assim, a vivência do ministério deve ser cada vez mais valorizada, para que a Igreja atinja o objetivo de educar a fé, formando para o discipulado e a missão. É nessa direção que se pode conseguir, de alguma maneira, responder aos anseios de todos aqueles que, neste período de mudança de época, buscam conhecer, amar e seguir Jesus Cristo.

1.2. Ser catequista em tempos de mudança de época

Desde o Concílio Ecumênico Vaticano II até os dias de hoje, o catequista tem experimentado várias mudanças que afetaram e afetam diretamente o seu modo de ser e agir no contexto da evangelização. "A mudança de época traz para o centro da cena a figura da secularização, através da qual a dimensão religiosa se individualizou"[150]. Cada uma cria, a seu modo, a religião que deseja. Contudo, é necessário que o catequista compreenda e se perceba nesse período de mudanças, para continuar a exercer sua missão trilhando novos caminhos.

> As épocas de mudança referem-se à transformação que acontece em determinados aspectos da vida, aspectos que, em termos quantitativos, até podem ser muitos, e, em termos de importância para a vida, significativos. Permanecem, contudo, inalterados os critérios de julgamento, os valores mais profundos. Já as mudanças de época trazem não apenas elementos novos para a vida, como também atingem os critérios de julgamento[151].

Na V Conferência em Aparecida (2007), a Igreja da América Latina e do Caribe traçou suas linhas de ação, buscando respostas e elaborando perguntas para que a evangelização, em tempos de mudança de época e épocas de mudança, aconteça de modo eficiente e eficaz. O documento conclusivo trouxe propostas desafiadoras, ajudando a interpretar os desafios como oportunidades para o anúncio de Jesus Cristo num profundo diálogo com as novas culturas. A mudança de época não paralisou a evangelização, mas provocou a Igreja a recomeçar a partir de Cristo.

---

148. AM 8.

149. P 1007.

150. CNBB, 3ª SBC, p. 53.

151. CNBB, 3ª SBC, p. 46.

Entre tantos desafios, talvez o maior deles esteja ligado diretamente ao catequista, quando se constata a negação da cultura cristã nas novas organizações sociais, uma espécie de *exculturação*, em que as referências ético-existenciais já não são inspiradas no princípio do Evangelho. Percebe-se, portanto, um grande desafio para a educação da fé.

> Aparecida é, pois, um convite a assumirmos, de modo inequívoco, o fato de estarmos em tempo de pluralismo cultural e religioso, em que o cristianismo sai do centro da cena, deixando de ser o eixo articulador da totalidade da vida. Esta questão da ruptura entre evangelho e cultura se torna urgente e mesmo prioritária, na medida em que, durante séculos, a integração entre ambos tem representado um dos mais significativos eixos da ação evangelizadora. A novidade consiste no fato de que os vínculos entre o Evangelho e a(s) cultura(s) do Continente tendem a fenecer cada vez mais. Esta ruptura é, para a América Latina, uma realidade nova. A principal consequência está no fato de que os mecanismos culturais que, durante séculos, garantiram a transmissão da fé já não são mais capazes de fazê-lo, pelo menos na intensidade de antes. Embora o termo não seja mencionado em Aparecida, pode-se dizer que estamos em tempos de exculturação. Esta expressão tem sido utilizada para o catolicismo na Europa, onde a Igreja vem deixando de ser uma referência implícita ou um padrão de comportamento para a vida de pessoas e grupos. Aparecida nos ensina a não restringir o olhar, no sentido de que a exculturação é realidade somente europeia. Num mundo globalizado, o Oceano Atlântico não é barreira para a mudança de época[152].

A proposta da Conferência de Aparecida ilumina a ação evangelizadora a serviço dos pobres, dos menos favorecidos, em busca de uma evangelização que atenda aos anseios do homem e da mulher por inteiro, na sua integralidade, uma ação pastoral que integre vida e fé como caminho para uma ação missionária eficiente e eficaz. Essas conclusões vêm iluminando o Magistério da Igreja. Assim, surgem a cada tempo, diante do catequista, mudanças que o estimulam a assumir uma atitude de saída em vista da missão de educar a fé.

> Naquele "ide" de Jesus, estão presentes os cenários e os desafios sempre novos da missão evangelizadora da Igreja, e hoje todos são chamados a esta nova "saída" missionária. Cada cristão e cada comunidade há de discernir qual é o caminho que o Senhor lhe pede, mas todos somos convidados a

---

152. AMADO, J. P., Mudança de época e conversão pastoral, p. 4.

aceitar este chamado: sair da própria comodidade e ter a coragem de alcançar todas as periferias que precisam da luz do Evangelho[153].

Nesse longo caminho, o catequista foi estimulado a responder aos anseios de cada época, assumindo no seu ser a identidade de educador da fé, sociotransformador, comunicador, inculturado, discípulo missionário, informatizado e *mistagogo*. Essas e tantas outras dimensões foram e são necessárias na formação do ser do catequista, respondendo ao movimento e às transformações da ação catequética, de forma profética e missionária, em cada época da caminhada da Igreja e da sociedade.

> A humanidade vive hoje uma fase nova da sua história, na qual profundas e rápidas transformações se estendem progressivamente em toda a terra. Provocadas pela inteligência e atividade criadora do homem, elas reincidem sobre o mesmo homem, sobre os seus juízos e desejos individuais e coletivos, sobre os seus modos de pensar e agir, tanto em relação às coisas como às pessoas. De tal modo que podemos já falar duma verdadeira transformação social e cultural, que se reflete também na vida religiosa[154].

Sensível aos novos tempos, tendo que responder aos anseios da humanidade em tempos de pandemia, crise econômica e isolamento social, a Igreja é chamada, a partir de Cristo, a continuar sua missão no mundo. "A relação entre o Evangelho e a cultura sempre desafiou a vida da Igreja"[155]. Este momento da história se abre para novos tempos, culturas e realidades que cobram da catequese posturas que também sejam novas; exigem, de toda a Igreja e suas pastorais, despir-se de uma prática tradicional, antiga, que ajudou muito no passado, mas que agora não consegue responder com eficiência e eficácia. Contudo, "na situação atual, marcada por uma grande distância entre a fé e a cultura, é urgente repensar o trabalho de evangelização com novas categorias e novas linguagens que ressaltem a dimensão missionária"[156]. Nesse sentido, o catequista deve ser uma pessoa inserida no seu tempo, capaz de perceber que a sociedade vive numa constante mudança, ampliando a compreensão sobre si mesmo no ambiente eclesial.

---

153. EG 20.

154. GS 4.

155. DC 44.

156. DC 44.

1.2.1. Uma compreensão do catequista no contexto da mudança de época

Neste tempo em que se vivem transformações tão rápidas, numa crescente cultura digital, é preciso entender o que a mudança de época representa para o ser, o saber e o saber fazer do catequista. Refletir sobre esse assunto ajuda a compreender que um itinerário de Iniciação à Vida Cristã, ou a catequese permanente, que favorece o encontro da pessoa com Jesus Cristo, como resposta à rapidez com que se vive as transformações atuais, ressignifica escolhas e atitudes, apontando um novo modo de ser e viver a vocação do catequista. "A história se acelerou e as próprias mudanças se tornam vertiginosas, visto que se comunicam com grande velocidade a todos os cantos do planeta", configurando uma mudança de época, mais que uma época de mudanças[157].

A mudança de época aponta para a compreensão do ser do catequista. Nota-se que nem sempre é possível ao catequista acompanhar as mudanças. Vivem-se mudanças aceleradas, e muitas vezes agressivas, ao ponto de mexer profundamente com as estruturas humanas e eclesiais, provocando no catequista uma série de crises que o fazem parar ou avançar na estrada da catequese. Muitos se deixam conduzir pelos impactos das mudanças sem dedicar tempo ao planejamento pastoral, assumindo modismos no seu agir catequético, e acabam se perdendo no modo de ser catequista.

> O que antes era certeza, até bem pouco tempo, servindo como referência para viver, [mostra-se] insuficiente para responder a situações novas, "deixando as pessoas estressadas ou desnorteadas". Mudanças de época são, de fato, tempos desnorteadores, pois afetam os critérios de compreensão, os valores mais profundos, a partir dos quais se afirmam identidades e se estabelecem ações e relações[158].

Com a desconstrução que a mudança de época apresenta, surgem questionamentos sobre o modo ser e viver dos indivíduos. Como ser catequista e educar a fé em cenários humanos e culturais que mudam de forma tão acelerada? Com a atenção a diferentes situações da vida das pessoas, torna-se necessário que a catequese e o catequista percorram numerosos caminhos com espontaneidade e criatividade, para alcançar a totalidade dos seus interlocutores, fazendo com que a fé cristã seja assumida como um projeto de vida, onde se pode encontrar segurança e sentido em meio a tantas mudanças.

---

157. DGAE (2008-2010) 13.

158. DGAE (2011-2015) 19-20.

Essa mudança de época se limita em introduzir novos elementos para a vida, mas atingem a interpretação da existência, pois fazem referência "aos valores a partir dos quais a realidade, seja ela qual for, é assumida, avaliada e enfrentada". Esta mudança epocal tem impactos sobre a realidade, impondo novos desafios para a catequese[159].

A partir do contexto da mudança de época, a formação do catequista deve promover a consciência de que ele é responsável pelo perfil que deseja assumir no seu papel de educador da fé. Além disso, será protagonista da sua formação, um acompanhante do seu processo permanente de aprendizagem, na medida em que assumir dentro de si, da sua história, a vida de Jesus. Assumir a vida cristã como projeto de vida é um caminho seguro, que garante ao catequista ferramentas para lidar com as mudanças superando o individualismo e a indiferença que põem em risco o seu modo de ser catequista. Abrindo-se a uma experiência espiritual, ele consegue ter a vida de Jesus dentro de si.

Depois da Páscoa, surge uma terceira dimensão, fruto da fé na ressurreição e da ação do Espírito na vida das pessoas. Trata-se da experiência pessoal da presença de Jesus ressuscitado, que levava os primeiros cristãos a dizer: "Vivo, mas já não sou eu, é Cristo que vive em mim" (Gl 2,20). Eles procuravam refazer em suas vidas a mesma caminhada de Jesus que tinha morrido em defesa da vida e foi ressuscitado pelo poder de Deus (Fl 3,10-11). Isto exige de nós uma espiritualidade de entrega contínua, alimentada na oração[160].

O catequista, uma vez inserido na vida cristã, assume para si a missão de educar a fé, não como algo isolado, pois a catequese não quer ser um trabalho fragmentado, estanque, mas parte essencial do agir pastoral e missionário da comunidade cristã. Nesse sentido, destaca-se o significado do ser do catequista, como uma resposta à mudança de época, que o faz sentir-se corresponsável pelo processo evangelizador na Igreja.

No Brasil, a tarefa da catequese é assumida por centenas de catequistas, diretamente envolvidos na educação da fé do nosso povo. A quase totalidade é de leigos(as); os demais, religiosos(as), seminaristas e sacerdotes. A partir desse cenário, cabe a responsabilidade de qualificar os catequistas, dando-lhes responsabilidade e competência para assumir a Iniciação à Vida Cristã, como um itinerário que educa para o discipulado e a missão, dentro de uma perspectiva

---

159. CNBB, Itinerário Catequético, p. 21.

160. CNBB, 3ª SBC, p. 127.

mistagógica e litúrgica; além de ser uma resposta aos anseios dos interlocutores, que buscam um sentido para viver em um cenário de constante mudança. O fim disso é que a catequese possa ser cada vez mais eficiente e eficaz, conduzindo a um compromisso transformador na Igreja e na sociedade.

1.2.2. O Itinerário de Iniciação à Vida Cristã

A Iniciação à Vida Cristã tem sido uma prioridade na vida da Igreja. Após o Concílio Vaticano II, pode-se perceber uma caminhada expressiva no campo bíblico-catequético. É cada vez mais urgente implantar, nas paróquias e dioceses, o Itinerário da IVC como um novo projeto com o objetivo de inserir nos mistérios da fé e formar discípulos missionários de Jesus Cristo.

> A Vida Cristã é um projeto de vida. Para nós, "o projeto". E, por isso, ela requer um processo de passos de aproximação, mediante os quais a pessoa aprende e se deixa envolver pelo mistério amoroso do Pai, pelo Filho, no Espírito Santo. Seu agir será outro, passando a um novo modo de vida no campo pessoal, comunitário e social. E isto é realizado por meio de símbolos, ritos, celebrações, tempos e etapas. O Ritual da Iniciação Cristã de Adultos (RICA) condensa todos estes elementos[161].

O Itinerário de Iniciação à Vida Cristã e a catequese permanente são fatores importantes para a educação da fé. Trata-se, pois, de retomar a grande prática da iniciação cristã como *processo* profundo de mergulho na vida de fé, processo que implica muitos agentes de pastoral; dentro desse processo, a catequese não apenas realiza mudanças metodológicas, mas também reveste-se de um verdadeiro e novo paradigma. Esse caminho favorece, como fonte de inspiração, a retomada de práticas que já foram vividas em outros momentos da história da Igreja.

> A partir do segundo século, a Igreja, aos poucos, estruturou um processo para a iniciação de novos membros a uma nova identidade, como cristãos inseridos na comunidade eclesial, prontos a celebrar a fé e assumir a missão. Tal processo de iniciação, mais tarde, foi denominado Catecumenato. Sua finalidade era possibilitar, por meio de um itinerário específico de iniciação, a preparação, prioritariamente de pessoas adultas que tinham manifestado o desejo de assumir a "fé da Igreja". Elas aceitavam entrar e prosseguir por um caminho bem articulado de aperfeiçoamento do propósito de conversão celebrado na recepção dos "sacramentos da iniciação cristã" (banho

---

161. IVC 5.

batismal, unção pós-batismal e primeira participação na Ceia do Senhor). Era um caminho que acolhia a Salvação de Deus e se expressava na vida da comunidade. Para isso, ao longo do itinerário catecumenal, havia uma série de ensinamentos, um conjunto de práticas litúrgicas (imposição das mãos, exorcismos, entregas simbólicas etc.) e, de modo especial, uma séria demonstração de vida cristã, através da participação na vida da comunidade. Essa instituição eclesial de tipo pastoral-litúrgico foi se aperfeiçoando até meados do século IV. Foi um processo que entrou em lenta decadência, a partir do século V, até desaparecer por completo entre os séculos VI e VII[162].

A Iniciação à Vida Cristã, como necessidade da ação evangelizadora em vista de dar um novo vigor ao ambiente eclesial, gera muitas inquietações na prática dos catequistas, que sempre pensaram a catequese apenas em vista do sacramento, e não do seguimento. Questiona também o modo como se está educando na fé e propõe uma catequese que parta do *querigma* como o primeiro passo para se introduzir uma pessoa no itinerário, para que possa conhecer e seguir Jesus Cristo[163]. Desse modo, a IVC vem consolidar a caminhada da catequese ao longo da história e apontar luzes, gerando um novo ardor na prática evangelizadora dos catequistas.

> Propomos que o processo catequético de formação adotado pela Igreja para a iniciação cristã seja assumido em todo o Continente como a maneira ordinária e indispensável de introdução na vida cristã e como a catequese básica e fundamental. Depois, virá a catequese permanente que continua o processo de amadurecimento da fé, na qual se deve incorporar um discernimento vocacional e a iluminação para projetos pessoais de vida[164].

Refletir e propor o Itinerário de Iniciação à Vida Cristã como um novo paradigma põe a Igreja diante do desafio que é a formação do catequista e da comunidade. No entanto, precisa-se pensar em iniciar os catequistas nesse processo, pois não se faz autoiniciação, é necessário um itinerário a partir do qual o catequista possa fazer a íntima experiência com Jesus Cristo.

> Sabemos que o processo de Iniciação à Vida Cristã requer novas disposições pastorais. São necessárias perseverança, docilidade à voz do Espírito, sensibilidade aos sinais dos tempos, escolhas corajosas e paciência, pois se trata de um novo paradigma. Foi este o caminho percorrido por evangelizadores

---

162. IVC 42.

163. DAp 286 -288.

164. DAp 294.

como Paulo, os primeiros cristãos e muitos missionários. Foi este o modo pelo qual lançaram os fundamentos de uma fé que atravessou séculos[165].

A IVC como caminho para o discipulado traz presente a necessidade do encontro pessoal com Jesus Cristo e, consequentemente, o seguimento e a missão: todo discípulo é missionário. O discípulo missionário será atuante e desenvolverá a missão nos vários âmbitos da sociedade, pois assume para si uma identidade, um projeto de vida que o torna aberto às necessidades e aos desafios da realidade. O itinerário se fundamenta na inspiração catecumenal, resgatando o profundo diálogo entre catequese e liturgia, organizando-se em tempos e etapas, respondendo aos anseios da pessoa em cada fase da vida, Isso, porque "não se pode esquecer que cada fase da vida está exposta a desafios específicos e deve enfrentar as dinâmicas sempre novas da vocação cristã"[166].

Muitos têm sido os passos na implantação da IVC, com o objetivo de dar um novo impulso à catequese como serviço eclesial e como caminho para o discipulado: intensificar a formação catequética dos catequistas; incentivar a instituição do ministério da catequese; cultivar e intensificar a dimensão litúrgica e missionária da catequese; impulsionar o estudo das Sagradas Escrituras e dar ênfase à catequese de adultos e à catequese de inspiração catecumenal.

É preciso ter a coragem da transformação e da mudança na ação catequética, tendo consciência de que tudo é um processo, um caminho que se percorre; pois "uma comunidade que *assume a iniciação cristã* renova sua vida comunitária e desperta seu caráter missionário. Isso requer novas atitudes pastorais por parte dos bispos, presbíteros, pessoas consagradas e agentes de pastoral"[167].

A Iniciação à Vida Cristã é um processo pelo qual alguém é incorporado ao Mistério de Cristo Jesus; é algo que se propõe viver por toda a vida; é uma proposta que vai além da catequese e do estudo e que se completa com ações litúrgicas que possibilitam conhecer, celebrar e viver os conteúdos da fé. A catequese é o período mais longo do processo pelo qual alguém é iniciado à fé cristã. Teologicamente falando, a verdadeira iniciação se dá na celebração dos sacramentos do batismo, da crisma e da eucaristia, mas o que se sugere, atualmente, é a vivência de um itinerário que garanta uma formação intensa e integral, vinculada a ritos, símbolos e sinais que conduzam aos mistérios da fé no seguimento a Jesus Cristo.

---

165. IVC 9.

166. DC 224.

167. DAp 291.

Sentimos a urgência de desenvolver em nossas comunidades um processo de iniciação na vida cristã que comece pelo *querigma* e que, guiado pela Palavra de Deus, conduza a um encontro pessoal, cada vez maior, com Jesus Cristo, perfeito Deus e perfeito homem, experimentado como plenitude da humanidade e que leve à conversão, ao seguimento em uma comunidade eclesial e a um amadurecimento de fé na prática dos sacramentos, do serviço e da missão[168].

No entanto, a expressão "Iniciação à Vida Cristã" passou a significar todo o processo pelo qual se conduz a pessoa ao verdadeiro sentido da fé recebida no sacramento. Por isso, pensar em itinerários de IVC com inspiração catecumenal é algo que exige do catequista, e de toda a Igreja, o conhecimento do caminho percorrido e a coragem de mudar as estruturas e de instaurar um novo jeito de educar a fé, a partir do *querigma*, em vista do encontro com a pessoa de Jesus.

Como se vê, a primeira característica importante é o encontro com a pessoa de Jesus Cristo, mediante o anúncio do querigma que desperta e encanta o interlocutor; a segunda está relacionada com o processo de humanização daquele que, encontrando Jesus, compreende-se, sempre mais, como humano; a terceira é o seguimento dos ensinamentos e práticas do Mestre. Dessas três, como consequência, derivam a quarta, que é a comunhão eclesial e social, e a quinta, que é o testemunho e a missão[169].

Mais do que instruir, o catequista precisa formar a consciência dos interlocutores e fortalecer-lhes o ato de fé. É preciso que, no itinerário, os conteúdos da catequese se aproximem da vida dos catequistas e dos interlocutores, pois só assim atingem o coração e conduzem a um relacionamento de acolhida com a pessoa de Jesus Cristo.

Entrar num novo projeto de vida, religioso ou não, requer um processo de passos sucessivos de aproximação. Religiões fazem isso num processo que mescla vivência, conhecimento e celebração. A pessoa aprende, mas também se deixa envolver pelo clima do mistério e passa a agir de outro modo no campo pessoal, comunitário e social, alegremente comprometida com um projeto de vida envolvida pelo amor de Deus[170].

---

168. DAp 289.

169. MORAES, A. O. de; CALANDRO, E. A., A Iniciação à Vida Cristã a partir de Aparecida, p. 5.

170. IVC 12.

A educação da fé que tem em vista a aplicação da Iniciação à Vida Cristã com inspiração catecumenal precisa propor uma nova fisionomia ao catequista, superando a postura tradicional, escolar e apenas intelectual e fazendo surgir um catequista que seja litúrgico, orante, *mistagogo*, espontâneo, criativo e evangelizador. Para que isso de fato aconteça, é fundamental que o catequista passe pela experiência da IVC de tal forma, que esta nova proposta não seja algo distante de sua prática de fé e corresponda aos anseios mais profundos do seu coração de educador.

> Ao retornar hoje sobre a mesma iniciação à vida cristã, estamos nos dedicando a um dos temas mais desafiadores da nossa ação evangelizadora. Como levar as pessoas a um contato vivo e pessoal com Jesus Cristo, como fazê-las mergulhar nas riquezas do Evangelho, como iniciá-las verdadeiramente e eficazmente na vida da comunidade cristã e fazê-las participar da vida divina, cuja expressão maior são os sacramentos da iniciação? Como formar verdadeiros discípulos-missionários de Jesus?[171].

Diante dos novos desafios, é importante a criação de um projeto pastoral corajoso, que se inspire nas experiências das primeiras comunidades cristãs, numa perspectiva de evangelização que se fundamenta nos itinerários de IVC. Esse é um tema que se coloca dentro da preocupação missionária que perpassa, hoje, toda a Igreja. Mais do que ocupar-se em oferecer os sacramentos, é necessário formar catequistas que ajudem na condução de itinerários de educação da fé, para o discipulado e a missão.

1.2.3. Uma Igreja em saída e a Iniciação à Vida Cristã como novo paradigma

A partir dos apelos da Igreja, que procura colocar-se a caminho no anúncio do Evangelho, é preciso abraçar novos paradigmas, abrindo-se ao "movimento de saída", como bem nos exorta o Papa Francisco. Nessa atitude cabe a postura do anúncio *querigmático* em vista de uma experiência de fé que seja *mistagógica*, favorecendo o movimento de saída que abre novas possibilidades na Iniciação à Vida Cristã.

> A Igreja em "saída" é a comunidade de discípulos missionários que "primeireiam", que se envolvem, que acompanham, que frutificam e festejam. *Primeireiam* – desculpem o neologismo –, tomam a iniciativa! A comunidade missionária experimenta que o Senhor tomou a iniciativa, precedeu-a

---

171. IVC 2.

no amor (1Jo 4,10), e, por isso, ela sabe ir à frente, tomar a iniciativa sem medo, ir ao encontro, procurar os afastados e chegar às encruzilhadas dos caminhos para convidar os excluídos... Os evangelizadores contraem assim o "cheiro de ovelha", e as ovelhas escutam sua voz. Em seguida, a comunidade evangelizadora dispõe-se a "acompanhar". Acompanha a humanidade em todos os seus processos, por mais duros e demorados que sejam[172].

Assumir a postura de mudar o caminho, a direção, faz com que a Iniciação à Vida Cristã se torne uma fonte de vida para a Igreja; através dela se pode gerar uma identidade cristã comprometida em testemunhar a fé em Jesus Cristo, não só com palavras mas também com o modo de existir, de ser e fazer, nos vários ambientes e fases da vida. A Iniciação à Vida Cristã como um novo paradigma é uma luz que brilha, apontando novos rumos para a educação da fé, um novo caminho para uma Igreja em *saída*.

Quando se fala de paradigma, pensamos em algo mais do que modelo; mudar modelos, muitas vezes, significa mudar métodos ou formas de fazer catequese, o que não altera sua natureza. O conceito de paradigma significa mudanças radicais, que tocam a própria substância ou estrutura da catequese. Não se trata só de alterar metodologias, ou alguma maquiagem no modelo atual[173].

Ao assumir um novo paradigma, fica cada vez mais claro que a educação da fé se inicia pelo primeiro anúncio, *querigma*, e se prolonga por toda a vida. Por isso, é preciso pensar um itinerário que acompanhe a formação dos discípulos missionários, bem como dos catequistas, superando, assim, uma catequese meramente sacramental ou apenas iniciática. Faz-se necessária a continuidade da formação do discípulo missionário que, ao se colocar numa atitude de saída, com constância procura aprofundar os conteúdos da fé cristã através da vida litúrgica, do estudo e da vivência em comunidade, procurando uma verdadeira experiência com o Mistério.

O mandato missionário do Senhor inclui o apelo ao crescimento da fé, quando diz: "ensinando-os a cumprir tudo quando vos tenho mandado" (Mt 28,20). Daqui se vê claramente que o primeiro anúncio deve desencadear também um caminho de formação e amadurecimento. A evangelização procura também o crescimento, o que implica tomar muito a sério em cada pessoa o projeto que Deus tem para ela. Cada ser humano precisa

---

172. EG 24.

173. LIMA, L. A., A catequese do Vaticano II aos nossos dias, p. 220.

sempre mais de Cristo, e a evangelização não deveria deixar que alguém se contente com pouco, mas possa dizer com plena verdade: "Já não sou eu que vivo, mas é Cristo que vive em mim" (Gl 2,20)[174].

Diante desses desafios, não se questiona o conteúdo da catequese, mas sim como a mensagem está sendo anunciada. É preciso entender e acolher a atitude de *saída*, assumindo a Iniciação à Vida Cristã em todas as realidades da Igreja e revendo métodos e posturas que a impedem de avançar. A Igreja discípula missionária insiste na necessidade urgente de assumir o *processo iniciático* na evangelização: "Ou educamos na fé, colocando as pessoas realmente em contato com Jesus Cristo convidando-as para seu seguimento, ou não cumpriremos nossa missão evangelizadora"[175].

É importante ter a coragem de transformar a ação catequética, tendo consciência que tudo é um processo. Toda reflexão sobre o tema da Iniciação à Vida Cristã numa Igreja em *saída* deve provocar uma conversão pessoal e comunitária na vida de todos os membros. A Igreja em *saída* acolhe e dinamiza o novo paradigma com base na leitura histórica e com o desejo de responder aos anseios de cada pessoa em tempos de crise e de mudanças tão rápidas, como as vividas atualmente. Nas incertezas de um novo tempo, é preciso apoiar-se numa certeza que contribua para o contato com o Mistério. A Iniciação à Vida Cristã, é, portanto, um caminho seguro, que favorece o encontro pessoal com Jesus Cristo.

> Tal paradigma precisa ser construído sobre uma compressão ampla de catequese, entendida mais como proclamação e vivência do Evangelho do que uma ação pastoral de um grupo eclesial específico. Nesse novo paradigma a catequese está à serviço da Iniciação à Vida Cristã[176].

O desafio de implantar um novo paradigma é exigente, pois rompe, de certa maneira, com um modo de iniciação que se consolidou por séculos e respondeu aos anseios de um período da história, mas encontra fragilidades diante de uma mudança de época. Faz-se necessário e urgente assumir um novo paradigma, integrando aspectos que envolvem o anúncio, a acolhida, a vivência no Mistério e o aprofundamento da fé cristã em todas as fases da vida.

---

174. EG 160.

175. DAp 287.

176. IVC 245.

1.2.4. Necessidade de ações *querigmáticas* e *mistagógicas* nestes novos tempos

A vivência do Itinerário de Iniciação à Vida Cristã deve gerar, na Igreja e de modo especial na missão do catequista, uma abertura para a espontaneidade e a criatividade no ato de evangelizar. Imbuído por uma experiência *querigmática* e *mistagógica*, cabe ao catequista buscar ações que favoreçam o aprofundamento dessas dimensões, procurando respostas para atender aos anseios da mudança de época e do modo como se educa a fé, começando, sempre, a partir de Jesus Cristo.

> Esta é a razão pela qual cresce o incentivo à iniciação à vida cristã, grande desafio que questiona a fundo a maneira como estamos educando na fé e como estamos alimentando a experiência cristã. Trata-se, portanto, de desenvolver em nossas comunidades um processo de iniciação à vida cristã que conduza a um encontro pessoal, cada vez maior, com Jesus Cristo, atitude que deve ser assumida em todo o continente latino-americano e, portanto, também no Brasil. Este é um dos mais urgentes sentidos do termo missão em nossos dias. É o desafio de anunciar Jesus Cristo, começando a partir dele, sem dar nada como pressuposto ou descontado. É preciso ajudar as pessoas a conhecer Jesus Cristo, fascinar-se por Ele e optar por segui-lo[177].

Formar catequistas dentro dessa proposta torna-se um desafio para toda a Igreja. Como poderão conduzir um processo de iniciação se não passaram por tal experiência? Os itinerários de Iniciação à Vida Cristã para a formação de discípulos-missionários exigem do catequista uma nova postura. O Magistério da Igreja vem fazendo o apelo à prática da IVC como processo profundo de mergulho no Mistério.

> Neste sentido, a Igreja necessita de catequistas imbuídos de profundo sentido religioso, com experiência madura da fé e com forte sentido de Deus. Uma vez que "a missão primordial da Igreja é anunciar Deus e ser testemunha dele diante do mundo" (DGC 23), o catequista deve ser capaz de dar testemunho de sua fé em Deus, de responder à inquietude mais profunda do coração humano, muitas vezes não consciente: a sede de absoluto aninhada nele. Somente um catequista assim devolverá ao ser humano o sentido profundo da vida e lhe fará experimentar o caminho da verdadeira felicidade[178].

---

177. DGAE (2011-2015) 40.

178. V. V. A. A., Dicionário catequético, p. 195.

A formação que se estrutura no *querigma* e na *mistagogia* exige um itinerário que proporcione ao catequista uma identidade capaz de testemunhar a fé nos novos cenários do contexto atual.

> A Igreja precisa, hoje, de catequistas que, junto à fé profunda, mantenham-se firmes em sua identidade cristã e eclesial. Vivemos, com efeito, num mundo marcado pelo pluralismo de formas de pensar, de critérios morais, de critérios de estilos de vida diferentes. A uniformidade cultural passou. No meio de tal pluralismo ideológico e axiológico, a Igreja necessita de catequistas que se sintam firmes em suas convicções cristãs, e que sejam capazes de educar as crianças, os jovens e adultos para que saibam confessar a sua fé, e dar a razão de sua esperança, por estar acordados nas verdades essenciais da fé, em convicções sérias e nos valores evangélicos fundamentais. Hoje, se pede aos catequistas, antes de mais nada, que saibam educar testemunhas no meio de um mundo onde o relativismo ético ganhou terreno[179].

A educação da fé, que aponta para novas necessidades, pede uma abertura para a experiência; o itinerário regido pelo *querigma* e pela *mistagogia* não se sustenta sem uma vivência de fé profunda. Na medida em que se conhece a experiência, fica cada vez mais clara a ideia de um itinerário *mistagógico*, que procura introduzir catequistas, catequizandos e catecúmenos nos mistérios da fé. Essa inserção se dá concretamente através de celebrações e da catequese.

> Essa dimensão orante, celebrativa e litúrgica da catequese, à qual se acrescentam também outros símbolos e sinais (inclusive a arte cristã), é a *mistagogia*, caminho que realiza uma verdadeira iniciação à vida cristã. A palavra *mistagogia* significa "conduzir ao mistério", assim como "pedagogia" significa "conduzir, guiar a criança". Portanto, a missão do verdadeiro catequista, mais do que pedagogo, é sobretudo *mistagógica*. Ele é mais um *mistagogo* do que pedagogo [...], sua missão é mais de iniciação do que de puro ensino, embora este seja também importante[180].

Tendo assumido o paradigma que se sustenta no *querigma* e na *mistagogia*, o catequista cria atitudes no seu modo de ser, saber e saber fazer. Nessa proposta, pode-se manifestar a alegria do primeiro anúncio, que se deve renovar em cada encontro: tudo tem seu início e seu fim na pessoa de Jesus Cristo, o centro de tudo aquilo que se realiza. Na experiência que envolve o Mistério, entende-se que existe algo que ultrapassa a realidade cotidiana e toca a existência

---

179. V. V. A. A., Dicionário catequético, p. 194.

180. LIMA, L. A., A catequese do Vaticano II aos nossos dias, p. 221.

de modo profundo. Justamente essa experiência sustenta e mantém as atitudes na ação catequética nestes novos tempos, apontando critérios para o itinerário de formação com catequista.

1.2.5. Critérios e dimensões da formação com catequista sob a luz da Iniciação à Vida Cristã

Dos evangelizadores exige-se preparo, qualificação, atualização e envolvimento com o Mestre. Faz-se necessária uma mudança de paradigma, a fim de apresentar uma resposta convincente às questões existentes no processo formativo, levando em conta as realidades que marcam a vida dos catequistas.

> Na formação integral catequética é preciso estar muito atento aos problemas pessoais e íntimos. Os problemas dos educandos. Cada pessoa tem seu mundo peculiar. É lá que acontece o encontro com Deus, o "sim" ao amor de Deus e do próximo. E é necessário que este terreno esteja apto à catequese[181].

Nesse contexto, a formação catequética de mulheres e homens "é *prioridade absoluta*"[182]. Os últimos documentos da Igreja estimulam a formação inicial e permanente de seus agentes, num grave apelo a toda a Igreja: "Qualquer atividade pastoral que não conte, para sua realização, com pessoas realmente formadas e preparadas coloca em risco sua qualidade"[183].

A Igreja do Brasil, ao traçar as diretrizes de sua ação evangelizadora, faz uma afirmação convincente, indicando aspectos importantes que devem nortear a formação do catequista.

> A formação dos discípulos missionários precisa articular fé e vida e integrar cinco aspectos fundamentais: o encontro com Jesus Cristo; a conversão; o discipulado; a comunhão; a missão. O processo formativo se constitui no alimento da vida cristã e precisa estar voltado para a missão, que se concretiza em vida plena, em Jesus Cristo, para todos, em especial para os pobres. A formação não se reduz a cursos, pois integra a vivência comunitária, a participação em celebrações e encontros, a interação com os meios de co-

---

181. CANSI, B., Catequese e educação da fé, p. ٧١.

182. DGC 234.

183. DGC 234.

municação, a inserção nas diferentes atividades pastorais e espaços de capacitação, movimentos e associações[184].

A formação do catequista precisa, cada vez mais, atrair o foco da atenção na vida e na missão da Igreja na atualidade; "no início do cristianismo, a formação, vivida de forma experiencial, girava em torno do encontro vital com Jesus Cristo, anunciado com autenticidade e testemunhado com a vida"[185]. Sem uma boa formação, a evangelização corre o risco de não fazer ecoar, de modo eficiente e eficaz, a mensagem do Evangelho. É preciso que, hoje, toda a Igreja assuma a formação do catequista como uma prioridade.

Com base no Diretório Nacional de Catequese, podem-se relacionar alguns objetivos, a fim de que aspectos importantes da formação com catequistas sejam alcançados:

a. Favorecer o crescimento e a realização pessoal a cada catequista, na acolhida da proposta e do chamado de Deus, e na pertença a uma comunidade concreta;

b. Capacitar os anunciadores do Evangelho para que o façam com convicção e autenticidade, transformando-se em fermento no meio da sociedade em que vivem;

c. Tornar cada catequista, além de verdadeiros pedagogos, *mistagogos* da fé (que introduzem o catequizando no mistério Pascal), dando-lhes condições para encaminhar outras pessoas à compreensão e vivência do mistério Pascal;

d. Buscar uma clara identidade e maturidade cristãs, apresentando a fé como conhecimento e seguimento de uma pessoa: Jesus Cristo;

e. Saber ouvir e compreender as aspirações humanas dos catequizandos adultos, jovens, adolescentes e crianças a fim de que a mensagem possa ser inculturada[186].

A catequese propõe apresentar a mensagem cristã e resgatar, para cada pessoa, sua identidade e seu sentido de vida. Um dos grandes objetivos da formação com catequista é fornecer um aprofundamento da identidade humano-cristã, sabendo que "formar o catequista significa: fornecer-lhe a aquisição de uma verdadeira competência e habilitá-lo no campo em que irá atuar, desenvolver o senso da fé e aprofundar o conhecimento da doutrina eclesial"[187].

---

184. DGAE (2011-2015) 91.

185. DC 130.

186. DNC 254.

187. FERREIRA, N. C., Adultos na fé, p. 31.

A formação do catequista alcançará seus objetivos ao possibilitar uma nova vida ao educador da fé – uma vida marcada pela experiência *mistagógica*, comunitária e missionária. Essa vida será um sinal de que a formação é fruto de uma experiência de fé, ou seja, centrada na pessoa de Jesus Cristo.

> Tanto a convivência comunitária estável ao redor de Jesus e a missão itinerante através dos povoados da Galileia, as duas dimensões fazem parte do mesmo processo de formação. Uma não exclui a outra. Pelo contrário! Elas se completam mutuamente. Uma sem a outra, não se realiza, pois a missão consiste em reconstruir a vida em comunidade[188].

É na experiência comunitária que Jesus revela seu perfil humano que encanta e atrai tantas pessoas. Jesus é aquele que educa através do serviço. Para Ele, ser servo é muito mais digno do que ser servido (Mc 9, 33-37). Educar a fé é libertar, é apontar caminhos de plenitude e respeito pela pessoa em todas as dimensões da vida.

A formação do catequista deve pautar-se mediante a atitude de Jesus, para que favoreça a sinceridade e a autenticidade. É preciso que o catequista traga, em sua vida, virtudes que o identifiquem com o Mestre. Por exemplo, a mentira e a hipocrisia devem ser criticadas e superadas pelo exercício do domínio da verdade e pela união da pessoa em seus aspectos internos e externos. Mais do que nunca, precisa-se de uma catequese que parta da experiência, uma catequese afetiva e litúrgica. Para tanto, é necessário que o catequista conheça e se inspire nos vários gestos de Jesus: imposição das mãos, beijo, abraço, alegria, amizade, visitas e conversas delongadas.

> A catequese está descobrindo o valor do carinho e da afetividade também como elementos integrantes e integradores da Educação da Fé e do equilíbrio dos educandos, mestres e escolas. A Igreja é chamada a desenvolver e praticar mais a pastoral da afetividade, da verdadeira amizade e acolhida... A catequese é convidada a desenvolver a educação para a meiguice e a ternura, especialmente para com os fracos[189].

Ao pensar a formação do catequista, é preciso compreender que a fé para nada serve se não incidir na totalidade das relações humanas. Ela é, afinal, uma forma de ser e agir, uma maneira de visualizar e compreender a existência humana na multiplicidade de suas manifestações, expressões e perspectivas. Desse

---

188. MESTERS, F. C.; OROFINO, F., Jesus Mestre: A experiência do encontro pessoal com Jesus *apud* CNBB, 3ª SBC, p. 126.

189. CANSI, B., Catequese e educação da fé, p. 77.

modo, deve-se propor uma formação iniciática e permanente para os catequistas, conduzida pelo estilo *mistagógico*.

1.2.6. Formação com catequista: iniciática e permanente

Para se chegar à finalidade de ser catequista *mistagogo*, discípulo missionário, é necessário aprimorar a formação iniciática e permanente, centrada no encontro com a pessoa de Jesus e anunciada pelo testemunho. É através de um itinerário de formação *mistagógica* que se cria uma identidade própria; esse é o intuito que se quer realizar a partir do conhecimento e da experiência efetivada no encontro com Jesus.

A fim de cultivar o perfil de discípulo missionário, o catequista precisa ser pessoa convertida e engajada, pois, assumir um ministério na comunidade não implica causa e consciência próprias, mas uma resposta ao chamado, em vista da missão evangelizadora da Igreja.

> O catequista, ao realizar sua missão, vai compreendendo e conhecendo as dimensões de ser chamado pelo Senhor e enviado pela Igreja que, por sua vez, continua a missão de Jesus, que revelou por excelência o Plano de Amor do Pai, dando a vida por todos. Jesus é a própria revelação[190].

A formação é um itinerário necessário para a construção da identidade do educador da fé, responsável pela práxis catequética. As transformações vividas no âmbito social e eclesial se apresentam como novos desafios para a evangelização, como um tempo oportuno para se refletir a necessidade da formação do catequista. "A mudança da realidade leva, igualmente, a mudar o modo de levar a cabo a ação evangelizadora. Instrumentos e métodos de um determinado tempo podem se apresentar inadequados em outro tempo"[191].

A partir das recentes orientações da Igreja do Brasil, o que mais se tem refletido é sobre a necessidade de formação para o cristão. De modo especial, o Diretório Nacional de Catequese insiste na formação adequada para o catequista, posicionando-se contra todo tipo de improvisação. A formação se faz necessária, para que haja uma organização do ato catequético exercido na Igreja.

> É interessante perceber que o termo formação vem do verbo "formar", tão comum em nosso vocabulário, mas de uma profundidade bíblico-teológica muito significativa. Etimologicamente falando, o verbo vem da raiz

---

190. RATZINGER, J., Jesus de Nazaré, p. 10.

191. DGAE (2011-2015) 25.

hebraica [yatsar], literalmente "formar", "modelar", "projetar", "planejar", "organizar" e "configurar". Ele aparece na Escritura com sinônimos de *bará*, "criar", e *asa* "fazer". Sua ênfase catequética fundamental é a de moldar o agente envolvido ou de dar-lhe forma. É utilizado tanto para designar a ação divina quanto a ação humana. Encontramos outras expressões relativas ao termo, como: desenvolver, instruir, educar, preparar-se, ensinar, progredir[192].

Na missão evangelizadora, o catequista necessita de uma formação aprimorada, não apenas em vista dele mesmo e dos catequizandos, mas em particular também em vista do bem de toda a Igreja. Uma catequese de qualidade é consequência de uma verdadeira evangelização, e isso só é possível com agentes bem-preparados. Favorecer uma formação iniciática e permanente com catequistas é um modo de superar o improviso na catequese. "É um desafio que devemos encarar com decisão, com coragem e criatividade, visto que em muitas partes a iniciação cristã tem sido pobre e fragmentada"[193].

Para que a formação aconteça em sua plenitude, é necessário que o catequista tenha uma fé profunda, seja dotado de uma identidade eclesial decidida e cultive uma sensibilidade social responsável. Precisa destacar-se pela maturidade humano-cristã e apostólica, bem como distinguir-se pela formação e pela capacidade catequética para responder às perguntas que o mundo contemporâneo faz e exige na missão a ser desempenhada[194].

> Na perspectiva da nova evangelização convém ter muito presente que "se a catequese é uma das tarefas primordiais da Igreja" (CT n. 1), os catequistas necessitam de boa formação não só para eles mesmos e em função dos catequizandos, mas também para toda a Igreja, porque a evangelização autêntica depende, em boa medida, da qualidade da catequese; e não é possível uma boa catequese sem catequistas bem-preparados[195].

A formação inicial e permanente do catequista é uma prática fundamental na Igreja, pois necessita abranger as diferentes dimensões da pessoa humana, tornando-se, aos poucos, uma formação integral. É uma formação que precisa ser planejada e vivenciada no âmbito eclesial, "pois o catequista é, antes de mais

---

192. HARRIS, L.; ARCHER, G.; WALTKE, B. (ed.), Dicionário Internacional de Teologia do Antigo Testamento, p. 648.

193. DAp 287.

194. DGC 237-238.

195. V. V. A. A., Dicionário de catequética, p. 533.

nada, membro da Igreja, testemunha da fé e enviado por ela para anunciar a mensagem evangelizadora"[196].

O próprio contexto exige e desafia a Igreja a uma constante avaliação na maneira de educar a fé e, consequentemente, no modo de pensar e realizar a formação do catequista. A implantação de um novo paradigma, proposto pelo Itinerário de Iniciação à Vida Cristã, gera um questionamento no modo de formar os catequistas. Não se pode pensar a formação apenas através de conteúdo; devem ser consideradas também experiências e vivências que envolvam a liturgia e a catequese. "É imperativo elaborar uma educação da fé que forje uma identidade cristã sólida, com uma consciência lúcida de ser discípulos e missionários de Jesus Cristo na comunidade"[197].

A formação inicial e permanente com catequista se pauta no processo de educação através do qual mulheres e homens se preparam para apresentar a mensagem central da catequese, que é a pessoa e o ensinamento de Jesus Cristo. Assumem, então, uma postura espiritual, *mistagógica* e vivencial, procurando conhecer os caminhos que ele traçou para aqueles que o querem seguir. Esse processo formativo capacita, da mesma maneira, para que o ministério tenha sempre um cunho profético, a tal ponto que o catequista possa encaminhar os interlocutores a exercerem seu protagonismo na história, pelo seguimento a Jesus, dentro do contexto em que vivem. "A formação do catequista compreende diversas dimensões. A mais profunda se refere ao próprio ser do catequista, à sua dimensão humana e cristã. A formação, de fato, deve ajudá-lo a amadurecer, antes de tudo, como pessoa, como fiel e como apóstolo"[198].

1.2.7. Jesus Cristo, o centro da formação com catequista

A fonte inspiradora e o centro da formação com catequista é Jesus Cristo. É ele que convida "Vinde e vede" (Jo 1,39) e propõe maior profundidade e audácia no compromisso: "Avancem para águas mais profundas e lancem as redes para a pesca" (Lc 5,4). É ele mesmo que se apresenta como mestre, educador e servidor: "Se, portanto, eu, o Mestre e o Senhor, vos lavei os pés, também deveis lavar-vos os pés uns aos outros" (Jo 13,14).

> Jesus era o modelo a ser recriado na vida do discípulo ou da discípula (Jo 13,13-15). A convivência diária com o mestre permitia um confronto

---

196. CELAM, III Semana Latino-Americana de Catequese, n. 69.

197. CELAM, III Semana Latino-Americana de Catequese, n. 70.

198. DGC 238.

constante. Nesta "escola de Jesus" só se ensinava uma única matéria: o Reino! E este Reino se reconhecia na vida e na prática do Mestre. Isto exige de nós leitura e meditação constantes do Evangelho para olharmos no espelho da vida de Jesus[199].

Jesus percorreu aldeias ensinando, pregando o Evangelho e curando. Multidões o seguiam para serem curadas (Mt 4, 23-25). Propôs um caminho de felicidade e chamou discípulos pobres e trabalhadores para o seguirem, caminharem com ele e compartilharem de sua missão (Lc 6, 12-16).

> *"Seguir Jesus"* era o termo que fazia parte do sistema educativo da época. Indicava o relacionamento do discípulo com o mestre. O relacionamento mestre-discípulo é diferente do relacionamento professor-aluno. Os alunos assistem às aulas do professor sobre uma determinada matéria, mas não convivem com ele. Os discípulos "seguem" o mestre e se formam na convivência diária com ele, dentro do mesmo estilo de vida[200].

A liberdade de seguimento, o amor vivenciado e a entrega gratuita da própria vida são critérios de reconhecimento do discípulo. A prática do bem e da justiça e a partilha de bens são atitudes que revelam o grau de discipulado. Ser discípulo de Jesus é vocação. É um chamado que exige resposta com a própria vida. Quando se fala em vocação, entende-se, de um lado, um chamado especial de Deus e, de outro, uma resposta livre da pessoa. Vocação não é algo que o ser humano inventou ou descobriu.

> A palavra vocação vem do latim *"vocatio"* e significa: ação de chamar. É um chamado dirigido à consciência mais profunda de cada pessoa [...], é um convite, um apelo forte de Deus às pessoas através dos acontecimentos da história para assumirem uma importante missão de construir o projeto do Pai[201].

Jesus, em sua prática de vida, revela que ser catequista é vocação e missão. É dom de Deus, que requer uma resposta e um compromisso. Ser vocacionado para algum ministério dentro da Igreja é consequência e realização da vocação batismal, mergulho na missão profética de Jesus Cristo. "Poder colaborar com Ele, além de consolar, acalmar e confirmar na esperança, é fonte de grande alegria, porque o Senhor de toda a criação escolhe ter suas criaturas como colaborado-

---

199. CNBB, 3ª SBC, p. 127.

200. CNBB, 3ª SBC, p. 126.

201. BIERNASKI, Côn. A. *et al.*, Ensayos de reflexión catequístico-pastoral e investigación catequética, p. 12.

ras"[202]. O catequista é, sempre, um enviado de Deus pela comunidade, pois é em nome dela que realiza sua missão. Como educador da fé, apresenta a mensagem da Boa Nova em todas as realidades humanas.

> A vocação dos discípulos é um acontecimento da oração; eles são, por assim dizer, gerados na oração, na intimidade com o Pai. Assim, a vocação dos doze alcança um profundo sentido teológico que vai muito mais além do que seja simplesmente funcional: a sua vocação vem do diálogo do Filho com o Pai e está nele ancorada. É a partir daqui que é preciso entender a palavra de Jesus: "Rezai ao Senhor da messe para que mande trabalhadores para a sua messe" (Mt 9,38); os trabalhadores da messe de Deus não podem simplesmente ser procurados como faz um empreiteiro que procura o seu pessoal: eles devem ser de Deus implorados e por Ele mesmo escolhidos para este serviço[203].

Jesus acolhe fraternalmente os apóstolos. Convivem a partilha e os problemas juntos. Com eles, Jesus aprende e ensina. Corrigem-se uns aos outros, fazem revisão de vida, descansam juntos, mas Jesus lhes dá uma tarefa importante: anunciar o Reino de Deus aos povos (Mt 10, 1-42). Ser seguidor de Jesus Cristo é receber uma missão e cumpri-la. Cada um é enviado a fazer discípulos e batizar. O envio é um ato pelo qual o mestre garante a sustentação do Reino, de sua pregação, seu testemunho, dizendo-lhes: "Ide pelo mundo e pregai o Evangelho" (Mc 16,15-20).

Toda a Igreja precisa estar convicta e decidida para organizar e dar sustento aos ministérios existentes. Jesus é, para o catequista, a figura central no itinerário de formação. Sua prática e sua experiência na formação dos doze continua sendo modelo e referência permanentes. Em vista de uma catequese *mistagógica* que propõe o encontro com o Mistério, é preciso motivar, chamar e, consequentemente, planejar um roteiro formativo que apresente Jesus como formador, como mestre que educa, envia e sai de cena, deixando que o discípulo continue a missão. Desse modo, compreende-se que a formação do catequista exerce grande importância na Igreja e, portanto, precisa de espaços e projetos adequados para tal.

---

202. DC 427.

203. RATZINGER, J., Jesus de Nazaré, p. 154.

1.3. Espaços e projetos de formação com catequista

Pensar a formação com catequista exige traçar alguns passos que norteiem a ação formativa. Diante das necessidades da ação evangelizadora, é preciso criar itinerários formativos e investir em espaços e projetos de formação com catequistas. Nas relações formativas edificantes, a formação se dá dentro de um campo marcado pela transparência e pela inteireza do ser. Pensar nos itinerários de formação é preocupar-se em criar um espaço que conduza à plenitude do ser do catequista. Sendo assim, "a Coordenação busca predispor uma oferta formativa que responda às dimensões do *ser*, do *saber ser com*, do *saber fazer*, evitando acentuar indevidamente uma dimensão em detrimento das outras"[204]. Os espaços e projetos formativos oferecem ao catequista um *lugar de fala*, um ponto de partida que favorece o seu reconhecimento no meio eclesial.

No Magistério da Igreja, é possível encontrar uma série de documentos que tratam do tema da formação com catequista. O Irmão Nery, grande expoente da catequese no Brasil, apresenta um enfoque significativo no aspecto da formação em um dos seus trabalhos. Nesse caso, destacam-se alguns pontos que são pertinentes ao se tratar de espaços e projetos de formação com catequista:

> a) É preciso, em primeiro lugar, cuidar da formação pessoal de cada catequista como critério básico, a fim de que ele possa amadurecer cada vez mais na fé, na esperança e na solidariedade, através do engajamento na comunidade local. Catequista com sólida formação na vida cristã e comprometido com Deus e com o próximo, já está a caminho para se tornar um(a) verdadeiro(a) educador(a) da fé. Sua participação no grupo de catequistas já é uma excelente ajuda no processo de crescimento pessoal e comunitário, pois o estar juntos, planejar, refletir e rezar unidos; estudar a Palavra de Deus, os documentos da Igreja, celebrar com a assembleia reunida e, ainda, apoiar-se mutuamente, contribui para a autoestima e o amadurecimento de toda liderança cristã.
>
> b) Como segundo ponto dessa formação de catequistas, motive-se todo catequista para que aprenda, na teoria e na prática, o processo específico da ação catequética: conteúdos, metodologia, evitando no máximo o estilo escolar, pois se trata de um encontro especial, isto é, um encontro com a mensagem e com a pessoa de Jesus Cristo. Busca-se priorizar a fraternidade, a comunhão com Deus e a meditação da sua Palavra. Conteúdos precisam ser apresentados e aprofundados a partir do coração,

---

204. DC 425.

do amor, da afetividade e da fé, evitando-se a mera imitação de uma disciplina escolar.

c) É necessário animar e desencadear um processo participativo e uma espiritualidade missionária, como terceiro destaque na formação de catequistas. Significa buscar mediações para entrar em comunhão com Deus, em fraternidade com os catequizandos para saborear a Palavra de Deus, celebrar as maravilhas do Criador e aprender mensagens de vida. É de fundamental importância ligar, pelo coração, a experiência, o saber intelectual, o comportamento e a união pessoal e comunitária com o Senhor.

d) Os catequistas precisam ter em sua paróquia um espaço e material de apoio à sua disposição, a fim de que seu ministério seja exercido com maior eficácia através da leitura, possibilidade de consultas, textos e uma pequena biblioteca que os instrumentalize pedagogicamente na ação catequética. Importa ter humildade para buscar esses apoios, pois é um risco tentar dar o que não se tem, ficando só em falas simplificadas sobre os fatos ou sobre questões fundamentais da fé. Igualmente, o apoio financeiro precisa se fazer presente, dando suporte aos gastos que venham a ocorrer na dinâmica da formação continuada. Este quarto ponto em destaque necessita, ainda, de muita consciência da parte de párocos, diáconos e lideranças numa paróquia e/ou comunidade.

e) Coloca-se um quinto destaque indispensável para as dioceses e paróquias que primam pela formação de seus catequistas. É critério básico que exista, em cada diocese, uma Escola de Formação de Catequistas, atendendo à urgência de uma formação com adultos. Sobre o assunto, nos diz o documento Catequese Renovada: "É na direção dos adultos que a evangelização e a catequese devem orientar seus melhores agentes […]. Urge que os adultos façam uma opção mais decisiva e coerente pelo Senhor e sua causa, ultrapassando a fé intimista e desencarnada. Os adultos, num processo de amadurecimento e vivência na comunidade, criarão, sem dúvida, fundamentais condições para a educação da fé das crianças e jovens, na família, na escola, nos meios de comunicação social e na própria comunidade eclesial"[205].

A formação do catequista deve ser permanente, proporcionando uma abertura para novas experiências de fé e vida. Não pode ser uma mera adaptação da pessoa às estruturas da Igreja. Formar catequistas, para os dias de hoje, não significa apenas capacitá-los para reproduzir conteúdo; requer um projeto que seja marcado por experiências de fé, através de um itinerário catequético-litúrgico.

---

205. IRMÃO NERY, A catequese e as conferências do episcopado da América Latina e do Caribe, n. 45.

Uma formação de qualidade abrange criação e renovação da própria cultura formativa no âmbito eclesial, envolvendo o catequista em todos as dimensões da vida, de forma espontânea e criativa. A educação que conduz à adesão ao projeto de vida, Jesus Cristo, deve ser contínua e progressiva, e o tornar-se catequista, discípulo missionário, é algo que se prolonga por toda a existência e abre possibilidades para novas experiências no encontro com realidades culturais. Não é uma formação fechada em si mesma, mas sim sempre aberta ao diálogo, sociotransformadora. "Aquele jeito de só vermos por nossos ângulos, dentro de nossas razões, nossas dores, e com indisponibilidade para as diferenças, nos impede de crescer"[206].

Os espaços e projetos de formação com catequista encontram novos caminhos quando dialogam com a realidade: proporcionando vivências que relacionam conteúdo com as experiências diárias, assumindo uma postura teórico-vivencial marcada, genuinamente, por uma experiência de fé e vida e incentivando um processo educativo envolvente e participativo, onde se constrói o conhecimento por meio do compartilhamento de histórias de vida. Sendo assim, não se pode ignorar que é na comunidade cristã que emergem os caminhos que norteiam a formação do catequista. "É nela que os catequistas experimentam a própria vocação e alimentam constantemente a própria sensibilidade apostólica"[207]. Sob esse aspecto, convém criar nas comunidades eclesiais centros catequéticos que, além de proporcionarem o estudo, sejam um ponto de convergência, um lugar de encontro e partilha da vida e da missão de educar a fé.

1.3.1. O centro catequético: espaço pedagógico e didático

O itinerário de formação com catequista não pode ser um ato isolado, individual e marcado pelo improviso de uma "boa vontade". É preciso que a Igreja, em todas as instâncias, assuma a formação do catequista sem medir esforços, criando ambientes que favoreçam a realização do itinerário formativo, como um projeto de responsabilidade de toda a comunidade. O educador da fé educa para a vida cristã, que encontra na experiência comunitária sua finalidade.

> A Igreja, neste século XX que caminha para o fim, é convidada por Deus e pelos acontecimentos – são apelos da parte de Deus – a renovar sua confiança na ação catequética como tarefa absolutamente primordial da sua missão. Ela é chamada a consagrar à catequese seus melhores recursos de

---

206. CNBB, Catequistas para a catequese com adultos, p. 26.

207. DGC 264.

homens e de energias, sem poupar esforços, fadigas e meios materiais, para melhor organizá-la e para formar um pessoal qualificado. Não se trata de um simples cálculo humano, mas de uma atitude de fé[208].

No contexto atual, tem-se notado um crescente número de espaços formativos, sinal visível de uma tomada de consciência de dioceses e paróquias que apoiam, com todas as suas forças, a construção de centros catequéticos e projetos de formação. Nesse sentido, compreende-se que os centros para formação têm como funções

> [...] tanto a de fornecer aos catequistas uma formação fundamental e permanente quanto a de prover uma formação especializada para os responsáveis e os coordenadores da catequese de acordo com as decisões e necessidades da Igreja particular[209].

A paróquia, como *casa da Iniciação à Vida Cristã*, precisa criar, cada vez mais, espaços formativos para os catequistas, e não somente para os catequizandos.

> Se queremos que as paróquias sejam centros de irradiação missionária em seus próprios territórios, elas devem ser também lugares de formação permanente. Isso exige que se organizem nelas várias instâncias formativas que assegurem o acompanhamento e o amadurecimento de todos os agentes pastorais e dos leigos inseridos no mundo. As paróquias vizinhas também podem unir esforços nesse sentido, sem desperdiçar as ofertas formativas da Diocese e da Conferência Episcopal[210].

O centro catequético é um projeto que se atualiza num espaço destinado ao conhecimento pedagógico e didático da catequese, que se realiza como experiência de fé viva e celebrada no encontro fraterno. Rompendo com estruturas escolares, o centro catequético deve ser, em sua natureza, um ambiente *mistagógico*. O valor da formação na vida do catequista não está naquilo que ele faz, mas sim nos motivos que o levam a atuar, a viver seu discipulado como *mistagogo*, numa íntima relação com o Mestre. Esse espaço deve extrapolar uma função instrumental e didática e se apresentar como meio pedagógico, espiritual, facilitador da recuperação da inteireza da pessoa e da missão do catequista a partir de experiências autênticas de fé. Deve promover uma iniciação *mistagógica* na vida do catequista.

---

208. CT 5.

209. DC 425.

210. DAp 306.

Outra característica da catequese, que se desenvolveu nas últimas décadas, é a iniciação *mistagógica*, que significa essencialmente duas coisas: as necessárias progressividades da experiência formativa na qual intervém toda a comunidade e uma renovada valorização dos sinais litúrgicos da iniciação cristã. Muitos manuais e planificações ainda não se deixaram interpelar pela necessidade de uma renovação *mistagógica*, que poderia assumir formas muito diferentes de acordo com o discernimento de cada comunidade educativa. O encontro catequético é um anúncio da Palavra e está centrado nela, mas precisa sempre de uma ambientação adequada e uma motivação atraente, do uso de símbolos eloquentes, da sua inserção num amplo processo de crescimento e da integração de todas as dimensões da pessoa num caminho comunitário de escuta e resposta[211].

A estrutura do centro catequético, sua organização e seu material didático devem falar por si só; ele precisa trazer em si os símbolos da fé; e o ambiente deve influenciar na formação e no modo de pensar a fé e a vida em comunidade. Não se pode conceber o centro catequético dentro de uma estrutura puramente escolar, negando a vida litúrgica e celebrativa e a convivência comunitária. Ambientes fechados, sujos e desorganizados podem prejudicar o modo como os catequistas conceberão os seus encontros catequéticos. Mesmo nas comunidades mais pobres, o centro catequético pode ser adaptado à realidade, como é possível observar em vários ambientes eclesiais. A natureza e a finalidade do centro catequético não estão associadas a estruturas robustas e requintadas, mas sim à simplicidade da sua essência, que é a formação inicial e permanente do catequista. O centro catequético é um projeto formativo e deve ser em si um ambiente da experiência, um "laboratório" que eduque para a partilha, o silêncio, a alegria, o encontro fraterno, a criatividade e a espontaneidade, proporcionando uma formação permanente.

A orientação didática da "formação permanente": mais que fornecer conhecimentos e habilidades, a formação deve tornar as pessoas capazes de autoformação e de autoaprendizagem, capazes portanto de "aprender a aprender", com relativa autonomia e criatividade: o objetivo ou a meta ideal é aquela segundo a qual os catequistas deveriam ser os protagonistas de sua aprendizagem, colocando a formação sob o signo da criatividade, e não apenas da mera assimilação de regras externas[212].

---

211. EG 166.

212. ALBERICH, E., *Catequese evangelizadora*, p. 358.

Nesse ambiente formativo, o catequista educa os sentidos, assumindo, cada vez mais, uma identidade pedagógica e *mistagógica* no seu modo de *ser com, saber com* e *saber fazer*. Para que o centro catequético cumpra sua função, precisa promover a formação integral do catequista, sendo um verdadeiro espaço de formação humano-cristã.

> Os espaços para catequese são lugares por meio dos quais a comunidade exprime sua forma de evangelizar. No atual contexto social e cultural, faz--se oportuna uma reflexão sobre a especificidade dos lugares da catequese como instrumento de anúncio e de educação às relações humanas[213].

O centro catequético, como lugar de formação integral, é um espaço pedagógico e didático onde acontece a ação formativa. Esse espaço, que segue um método no seu modo de educação da fé, precisa introduzir o catequista no tema do itinerário formativo. O ambiente precisa falar, dialogar com o catequista. Trata-se, também, de uma didática que se aprende pela experiência, despertando no catequista o desejo de continuar sua formação, buscando novas especializações.

1.3.2. Cursos de especialização em catequese

Uma adequada formação precisa zelar, seriamente, pela vida cristã como um todo. "Na ação catequética não somente é necessário formar bem os catequistas, mas também promover, com excelência apostólica e acadêmica, formadores de catequistas"[214]. É de fundamental importância que a diocese escolha e prepare bem os responsáveis que irão aprofundar os temas de formação, levando em conta a espiritualidade, a metodologia, o conteúdo e, sobretudo, sua prática pastoral e seu amadurecimento humano-cristão.

> Uma formação catequética de nível superior, à qual podem aceder também sacerdotes, religiosos e leigos, é de vital importância para a catequese. Para tanto, renovam-se os votos de que "sejam incrementados ou criados institutos superiores de pastoral catequética, com o objetivo de preparar catequistas que sejam aptos a dirigir a catequese em âmbito diocesano ou no âmbito das atividades desempenhadas pelas congregações religiosas. Estes institutos superiores poderão ser de caráter nacional ou internacional. Eles deverão ser impostados como institutos universitários, no que concerne à organização dos estudos, à duração dos cursos e às condições de admissão".

---

213. DC 222.

214. CELAM, III Semana Latino-Americana de Catequese, n. 96.

Além da formação daqueles que deverão assumir responsabilidades de direção na catequese, estes institutos prepararão os docentes de catequética para os Seminários, as casas de formação ou as Escolas para catequistas. Tais Institutos se dedicarão igualmente a promover a correspondente pesquisa catequética[215].

O formador precisa ser pessoa de testemunho na comunidade eclesial e ter condições de criar um processo de reflexão e aprofundamento na ação catequética. Todo catequista e/ou formador de catequistas que fizer um processo de Iniciação à Vida Cristã e continuar a viver uma educação permanente poderá ajudar outros a percorrerem esse mesmo caminho: "O que vimos e ouvimos vos anunciamos para que estejais também em comunhão conosco" (1Jo 1,3). A formação, que propõe uma especialização, é uma oportunidade que favorece toda a Igreja, pois a cada dia se percebe a necessidade de pessoas formadas na área da catequética.

> Em campo diocesano e interdiocesano, é muito conveniente que se tome consciência da necessidade de formar pessoas nesse específico nível superior, assim como se tem o cuidado de fazer em relação às demais atividades eclesiais ou para o ensino de outras disciplinas[216].

Percebe-se que, nos últimos anos, está crescendo a procura por cursos na área da catequese ou da pedagogia catequética. A Comissão de Animação Bíblico-Catequética da Conferência Nacional dos Bispos do Brasil (CNBB) tem estimulado a criação de cursos de especialização, buscando capacitar ainda mais os catequistas do Brasil. Nessa perspectiva, apresenta subsídios e linhas de ação para a Iniciação à Vida Cristã e a formação permanente dos catequistas.

> Como acontece em toda Igreja, a Conferência Episcopal Brasileira, e depois as dioceses, conforme a disposição do DGC, dão as principais orientações e linhas de ação da prática catequética, da formação de catequistas e sobre a seleção de subsídios para a catequese que, por sua vez, se realiza nas paróquias. Quase todas possuem seu coordenador diocesano com uma equipe de animação. Nas paróquias, os párocos em geral dão atenção e acompanham seus catequistas, porém há um expressivo número deles que, por diversos motivos, não se fazem presentes nem dão o devido apoio à catequese. Uma multidão imensa de catequistas leigos(as) (fala-se de 700 a 800 mil) trabalha na educação de adultos, jovens, adolescentes e crianças, todos em

---

215. DGC 251.

216. DGC 252.

regime de voluntariado, com grande dedicação e zelo, embora muitas vezes falte formação específica[217].

Existe muito interesse por parte de dioceses e regiões episcopais em investir na formação do catequista, oferecendo cursos de especialização no âmbito universitário. Um dos primeiros cursos que surgiram no Brasil, e que exerceu grande destaque, foi o de Especialização em Pedagogia Catequética, promovido pela Diocese de Goiás, vinculado à Pontifícia Universidade Católica de Goiás. Esse curso teve em Dom Eugênio Rixen grande apoio e estímulo, agregando professores e alunos de várias regiões do Brasil. Com base no site da CNBB, é possível citar alguns desses cursos que se tornaram realidade em várias partes do país:

- Curso de Pós-Graduação Lato Sensu – Especialização em Catequese – Iniciação à vida cristã (Faculdade Católica de Santa Catarina);
- Curso de Pós-Graduação Lato Sensu – Especialização em Catequese (Unisal – Salesianos, em São Paulo);
- Curso de Pós-Graduação Lato Sensu – Especialização em Catequética (PUC-Minas, em Belo Horizonte, Minas Gerais – Regional Leste 2);
- Curso de Pós-Graduação Lato Sensu – Especialização em Pedagogia Catequética (PUC-Goiás e Diocese de Goiás);
- Curso de Pós-Graduação Lato Sensu – Especialização em Catequese e Liturgia (Instituto de Estudos Superiores do Maranhão – Faculdade Católica, em São Luís, Maranhão);
- Curso de Pós-Graduação Lato Sensu – Especialização em Pedagogia Catequética (Faculdade João Paulo II [Fajopa] e Diocese de Dourados, em Mato Grosso do Sul);
- Curso de Pós-Graduação Lato Sensu – Especialização em Catequese (Faculdade Católica do Mato Grosso);
- Curso de Pós-Graduação Lato Sensu – Especialização Pedagogia Catequética (Faculdade Católica de Fortaleza, Ceará);
- Curso de Pós-Graduação Lato Sensu – Especialização em Catequese (Faculdade Vicentina, em Curitiba, Paraná);
- Curso de Pós-Graduação Lato Sensu – Especialização em Catequese (Faculdade Dehoniana, em Taubaté, São Paulo)[218].

---

217. LIMA, L. A., A catequese do Vaticano II aos nossos dias, p. 240.

218. Site formativo da Comissão para a Animação Bíblico-Catequética da CNBB. Disponível em: www.catequesedobrasil.org.br. Acesso em: 20 maio 2020.

A especialização em Catequese tem favorecido o crescimento na área de pesquisa e na formação de catequistas, principalmente em regiões mais empobrecidas. Mas não se pode fazer esses cursos sem seguir alguns critérios importantes, que inspiram o uso das ciências na formação do catequista, como se apresenta no Diretório Geral para a Catequese:

> Tais Critérios são:
>
> a. O respeito pela autonomia das ciências: "(a Igreja) afirma a legítima autonomia da cultura humana e particularmente das ciências".
>
> b. O discernimento evangélico das diferentes tendências ou escolas psicológicas, sociológicas e pedagógicas: seus valores e os seus limites.
>
> c. Os estudos das ciências humanas, na formação do catequista, não é uma finalidade em si própria. A tomada de consciência da situação existencial, psicológica e cultural e social do homem se obtém com os olhos voltados para a fé na qual se deve educá-lo.
>
> d. A teologia e as ciências humanas, na formação dos catequistas, devem se fecundar reciprocamente. Por conseguinte, é preciso evitar que estas ciências se convertam na única norma para a pedagogia da fé, prescindindo dos critérios teológicos que derivam da própria pedagogia da fé. São disciplinas fundamentais e necessárias, todavia, sempre a serviço de uma ação evangelizadora que não é apenas humana[219].

O caminho de formação adotado por muitas instituições é, para a Igreja do Brasil, uma expressão de grande valor. Um grande fruto desse processo foi a criação da Sociedade Brasileira de Catequetas. Através da SBCat, com o apoio da CNBB, é possível congregar especialistas em catequese, favorecendo o crescimento acadêmico e a publicação de textos nessa área pastoral, além de ser um ponto de convergência, partilha e celebração da missão que cada membro exerce. A formação do catequista alcança várias instâncias; não se pode deixar de elencar outras iniciativas, principalmente as escolas catequéticas existentes em várias dioceses e paróquias.

---

219. DGC 243.

1.3.3. Escola bíblico-catequética[220]

O tema da formação perpassa por vários segmentos da Igreja e da sociedade. A todo instante, grupos se reúnem em busca de espaços que ajudem na formação integral da pessoa. Sendo assim, a formação do catequista assume uma importância para a vida e a missão da Igreja; deve se preocupar com todas as dimensões da vida, proporcionando uma maior integração da pessoa em vista da *práxis* catequética. Formar o catequista é uma missão que requer da Igreja atenção especial. "A formação de bons catequistas é o desafio número um da Igreja no Brasil de hoje. São importantes as escolas catequéticas tão insistentemente solicitadas pelos catequistas e recomendadas pelo magistério"[221].

Sendo a catequese na Igreja uma prioridade, deve-se aumentar a convicção de que a formação do catequista é algo que exige investimento e dedicação de todos os responsáveis pela evangelização. Investir na formação do catequista é um modo de assegurar que a mensagem do Evangelho seja anunciada de maneira eficiente e eficaz. Sem a devida formação, a catequese corre o risco de ter sua qualidade comprometida.

> Os instrumentos de trabalho não podem ser verdadeiramente eficazes se não forem utilizados por catequistas bem-formados. Para tanto, a preocupação com a atualização dos textos e com a melhor organização da catequese não deve fazer esquecer a necessidade de uma adequada formação dos catequistas[222].

É urgente que se faça um projeto pastoral, criando espaços de formação que despertem no catequista o interesse de formar-se para formar. A missão, que a ele foi confiada, encontra seu sentido na medida em que o catequista se prepara e aprofunda os conteúdos da fé num espaço onde aconteçam a orientação, o acolhimento e a obtenção do conhecimento daquilo que se precisa aprender e viver. Assim, destaca-se a importância da escola bíblico-catequética.

---

220. O termo "escola" não é visto, aqui, na ótica da educação da fé e de líderes de pastoral, a partir da chave comum da escola formal, seja da educação básica, seja do ensino superior, acadêmico. Aliás, as escolas atuais desvirtuaram o sentido original grego de *skolé*, que tem um significado amplo e abrangente de "parque de diversão para aprender". Tivemos sérias discussões sobre a possibilidade de substituir a nomenclatura "escola", por ser um termo que carrega marcas de uma metodologia arcaica e não coerente com o que propomos. Mas, como já temos uma longa tradição com essa terminologia, optamos por manter a expressão, mas pelo subtítulo deixar claro que consiste em um processo pedagógico vivencial e catecumenal, com uma metodologia essencialmente participativa. CNBB, Escolas Bíblico-Catequéticas, n. 35.

221. CR 149.

222. DGC 234.

Esta escolas têm a finalidade de propor uma formação catequética orgânica e sistemática, de caráter básico e fundamental. Ao longo de um período suficientemente prolongado, promovem-se as dimensões mais especificamente catequéticas da formação: a mensagem cristã, o conhecimento do homem e do contexto sociocultural e a pedagogia da fé. As vantagens dessa formação orgânica são notáveis no que concerne:

• À sua sistematicidade, tratando-se de uma formação menos absorvida pela dimensão imediata da ação;

• À sua qualidade, assegurada por formadores especializados;

• À integração com os catequistas de outras comunidades, o que alimenta a comunhão eclesial[223].

Ao planejar a formação do catequista, é essencial levar em conta o modo de pensar, sentir e ser de cada um. É indispensável que a pessoa do catequista seja a prioridade do projeto formativo, proporcionando-se uma transformação no seu modo de ser e agir. Ainda, é imprescindível que a formação valorize o catequista como um ser de relações, aberto ao novo, disposto a aprender e transmitir o que aprendeu.

A escola bíblico-catequética oferece um itinerário formativo; este deve ser vivido como um processo sistemático que favorece o amadurecimento da pessoa do catequista. O modelo inspirador da escola deve ser a pessoa de Jesus: é em sua pedagogia e sua metodologia que estão as fontes da formação que norteiam a vida do catequista.

A Igreja encontra o ponto de referência mais claro e seguro para qualquer processo formativo na comunicação feita pelos evangelistas, cada qual com diversos matizes e acentos, do testemunho do Mestre, de suas palavras, de seus gestos e de suas ações, enquanto se entregou inteiramente à sua "escola de formação". Convém, pois, tomarmos esta escola de cerca de três anos como ponto de partida e como referência principal na formação dos catequistas, a partir da pedagogia de Jesus[224].

A escola bíblico-catequética deve levar em conta a experiência e os problemas da vida de cada catequista a partir da corresponsabilidade, da partilha e da liberdade. O itinerário formativo atingirá seu objetivo na medida em que favorecer o protagonismo no processo de formação. Para isso, faz-se necessário

---

223. CNBB, Escolas Bíblico-Catequéticas, n. 35.

224. CELAM, Manual de catequética, p. 133.

organizar um sistema formativo que veja o catequista como sujeito, interlocutor e protagonista.

> A formação deve ter o cuidado de não somente desenvolver a capacitação didática e técnica do catequista, mas também, e, principalmente sua vivência pessoal e comunitária da fé e seu compromisso com a transformação do mundo, a fim de que a atuação do catequista, nunca esteja separada do testemunho de vida[225].

Desde 1993, o Grupo de Reflexão Bíblico-Catequética (GREBICAT) da CNBB vem realizando reflexões com pessoas responsáveis pelas escolas bíblico--catequéticas no âmbito diocesano e regional, com o objetivo de repensar a formação dos catequistas a partir de princípios, critérios, conteúdos e linhas metodológicas que facilitem o processo permanente da educação da fé.

> O documento *Catequese Renovada* indica a formação permanente como necessidade fundamental. Nas diversas instâncias de catequese – paróquia, diocese, regional e nacional – deve haver projetos e ações que motivem os catequistas a assumirem um processo permanente de formação[226].

Sendo a formação uma necessidade permanente na vida da Igreja e, de modo especial, na vida do catequista, é importante adotar critérios que levem em conta um projeto pedagógico sistemático. As escolas bíblico-catequéticas só encontrarão o seu devido valor se estiverem apoiadas em planos que contemplem os vários eixos relacionados à catequese.

> As escolas catequéticas não são minicursos de Teologia. Elas têm um caráter específico e, por isso, seus conteúdos devem girar em torno dos eixos: bíblico-catequético, litúrgico-catequético, teológico-catequético e metodológico-catequético, e definir os conteúdos de cada eixo a partir dos aspectos relacionados à catequese[227].

Contudo, nota-se que o conceito "escola" tem sido questionado por vários organismos e pesquisadores de catequese. Tendo em vista a mudança de paradigma, em que a catequese está a serviço da Iniciação à Vida Cristã e assume o modelo que se estrutura em catequese e liturgia, vem tomando cada vez mais força a ideia de alterar o termo "escola" para a expressão "itinerário de formação com catequista" – itinerários formativos que sejam *querigmáticos* e *mistagógicos*,

---

225. CR 150.

226. DNC 257.

227. CNBB, Escolas Bíblico-Catequéticas, n. 36.

rompendo com o modelo e a estrutura escolares. Tal proposta se fundamenta também na modificação de linguagem necessária para que se implante um novo paradigma catequético. Se os catequistas frequentam escola, poderão reproduzir modelos escolares já ultrapassados, que não correspondem à catequese de inspiração catecumenal.

> A própria formação dos catequistas precisa ser conduzida por este modelo catecumenal para que, uma vez convertidos e evangelizados, convertam-se eles mesmos em discípulos e missionários. Esta formação através do processo da experiência catecumenal será enriquecida se os próprios catequistas conhecerem e aprenderem a estrutura pastoral do RICA e a assumirem como um processo de Iniciação Cristã integral. Este processo começa a partir do anúncio *querigmático* e da conversão, conduz à vida comunitária, à Eucaristia na comunidade adulta e à ação de presença e transformação no mundo[228].

O papel do catequista, nesse processo, é ser animador e mediador no itinerário de formação. Na escola bíblico-catequética, sua postura não pode ser passiva. Como educador da fé, é também protagonista na formação. Em Jesus Cristo, o catequista se inspira, aprendendo com o mestre a educar a fé do catequizando e formando-se a cada dia. Investir na formação do catequista requer, de todos os agentes, responsáveis diretos pela Igreja particular e párocos, os melhores recursos e uma contínua atualização em vista de uma formação de qualidade.

1.3.4. Centro de formação humano-cristã com catequista: o espaço da experiência e a superação do modelo escolar

Ao assumir a Iniciação à Vida Cristã como um novo paradigma de educação da fé, surgem novos desafios que precisam ser encarados com serenidade. Um deles é o espaço de formação do catequista, que, sabe-se, contribui para a formação na medida em que suas estruturas se correlacionam com o modelo pedagógico a ser adotado no itinerário formativo. A superação do modelo escolar é um tema basilar na criação de novos espaços. É preciso criar ambientes que favoreçam a formação humano-cristã do catequista a partir do lúdico, do belo e do místico.

Não se pode apenas criticar o modelo escolar que por muito tempo serviu e atendeu às necessidades da formação sem apresentar novas propostas. Vive-se em

---

228. CELAM, III Semana Latino-Americana de Catequese, n. 73.

um tempo que pede urgência na ação e adesão a um novo paradigma de educação da fé. É o momento de abandonar o modelo escolar centrado no conteúdo e determinante dos espaços formativos e assumir, com espírito criativo, a novidade de ambientes formativos que apontam para itinerários *querigmáticos* e *mistagógicos*. O espaço de formação deve ser humanizador, pautado na cultura do encontro, capaz de ajudar o catequista a ser especialista em humanidade.

É necessário que o catequista em formação conheça o ser humano em profundidade e compreenda as diversas etapas que compõem o seu desenvolvimento; em cada uma delas, há diferentes exigências vitais que devem ser satisfeitas. Portanto, o catequista deve conhecer:

a. Seus catequizandos como pessoas: como são, como vivem, as inquietações, dificuldades e sonhos que possuem culturalmente.

b. Suas características diferenciadas, em cada uma das etapas.

c. As atitudes e habilidades necessárias para se relacionar melhor com o ser humano em cada uma dessas etapas.

d. As necessidades do ser humano em cada etapa para respeitá-las e o ajudar a satisfazê-las.

e. As pessoas em situações diversas, às quais se oferece a catequese, como os portadores de deficiência, os marginalizados sociais e aquelas que são próprias de nossa cultura latino-americana: camponeses, indígenas, afrodescendentes[229].

Em tempos de mudança de época, em que os valores se confundem, a vida humana é testada a cada dia. O que está em alta é o ser humano desintegrado e fragmentado, necessitado de um encontro pessoal e iluminador e de uma espiritualidade que dê sentido à sua existência. Sob esse aspecto, a urgência em assumir um novo paradigma na formação do catequista contribui para resgatar o sentido da vida humano-cristã, como resposta a modelos formativos rígidos e, muitas vezes, influenciados por um sistema econômico e social excludente, distante da referência inicial apresentada por Jesus, cujo foco é a formação humana integral.

Enquanto alguns fariseus e doutores da Lei se preocupavam em preparar o aluno ao modo escolar, ligado ao rigor do legalismo, Jesus se dedica à formação humana integral. Daí a importância de compreender que a relação que Jesus estabelece entre o mestre e o discípulo não está ligada ao estudo dentro

---

229. CELAM, III Semana Latino-Americana de Catequese, n. 90.

de um tempo de preparação, mas de um contato pessoal e de uma verdadeira participação de um na vida do outro, o que constitui um serviço[230].

Para que a catequese *mistagógica* aconteça de forma integral na vida dos interlocutores, precisa-se, urgentemente, investir na formação humano-cristã dos catequistas, que são os responsáveis diretos do ato catequético. Já no século II, as primeiras comunidades cristãs estavam preocupadas com o processo iniciático dos novos membros da comunidade. O valor do Mistério de Cristo e da Igreja era experimentado e depois explicado numa vivência marcada pelo rito, através de uma catequese *mistagógica*, que inicia rumo a esse Mistério. O rito, ao envolver a pessoa por inteiro, marca mais profundamente do que a simples instrução e interioriza o que foi aprendido e proclamado, realçando a dimensão de compromisso.

> Recordamos que o caminho de formação do cristão, na tradição mais antiga da Igreja, teve sempre caráter de experiência, na qual era determinante o encontro vivo e persuasivo com Cristo, anunciado por autênticas testemunhas. Trata-se de uma experiência que introduz o cristão numa profunda e feliz celebração dos sacramentos, com toda a riqueza de seus sinais. Desse modo, a vida vem se transformando progressivamente pelos santos mistérios que se celebram, capacitando o cristão a transformar o mundo. Isso é o que se chama catequese mistagógica[231].

Na formação humano-cristã dos catequistas, é urgente o cultivo de uma espiritualidade bíblica. O Papa Bento XVI, na Exortação Apostólica Pós-Sinodal *Verbum Domini*, acentua a necessidade de uma interiorização do texto sagrado, que é uma verdadeira e própria espiritualidade bíblica.

> Neste momento, desejo principalmente sublinhar que a catequese tem de ser impregnada e embebida de pensamento, espírito e atitudes bíblicas e evangélicas, mediante um contato assíduo com os próprios textos sagrados; e recordar que a catequese será tanto mais rica e eficaz quanto mais ler os textos com a inteligência e o coração da Igreja e quanto mais se inspirar na reflexão e na vida bimilenária da mesma Igreja. Por isso, deve-se encorajar o conhecimento das figuras, acontecimentos e expressões fundamentais do texto sagrado; com tal finalidade, pode ser útil a *memorização* inteligente de algumas passagens bíblicas particularmente expressivas dos mistérios cristãos[232].

---

230. CNBB, 3ª SBC, p. 7.

231. DAp 290.

232. VD 74.

118

Desde o documento Catequese Renovada, com a proposta da interação fé e vida, a catequese tem se preocupado com os destinatários como interlocutores, ou seja, com aqueles que são agentes, protagonistas da ação da catequese. Nestes novos tempos, destaca-se, com vigor, o interlocutor como agente. O catequista é alguém responsável por ajudar o catequizando em todas as dimensões da vida, num processo dialogal.

Nenhuma metodologia dispensa a pessoa do catequista no processo da catequese. A alma de todo método está no carisma do catequista, na sua sólida espiritualidade, na sua abertura para a cultura do encontro, em seu transparente testemunho de vida, no seu amor aos catequizandos e na sua competência quanto ao conteúdo, ao método e à linguagem. O catequista é um mediador que facilita a comunicação entre os catequizandos e o Mistério da fé, as pessoas entre si e com a comunidade.

Faz-se necessário enfatizar a necessidade de espaços e projetos formativos que promovam a formação humano-cristã do catequista, de modo integral e orgânico, superando todo tipo de estrutura rígida e fragmentada. Itinerários formativos que favoreçam o encontro com o verdadeiro sentido da vida, Jesus Cristo, possibilitam a abertura para a espontaneidade e a criatividade como sinal de uma formação que se dá no universo da cultura do encontro.

1.3.4.1. Espaço formativo que promova a espontaneidade e a criatividade

A Igreja sempre evangelizou. Não se pode pensar na evangelização só com palavras; o Evangelho cria e recria a vida. É preciso rever, a cada dia, o modo de evangelizar e apresentar a mensagem evangelizadora na catequese. Sem dúvida, necessita-se o uso, de modo razoável, dos métodos modernos, para que a mensagem seja transmitida. Por isso, precisa-se de catequistas espontâneos e criativos, que criem métodos de ação e cuidem do ambiente do encontro, evitando a escolarização. A diferença de um catequista no encontro da catequese está na sua espontaneidade e na sua criatividade, bem como na sua abertura para o diálogo, facilitando o contato do discípulo com o Mestre.

Vive-se, nos últimos tempos, um turbilhão de inovações e mudanças no que diz respeito à sociedade e aos avanços da tecnologia e das relações virtuais, predominantes na cultura digital. Nota-se que muitos catequistas na Igreja estão preocupados com essas transformações e abertos a elas, buscando um novo modo, através de atos criativos, para anunciar a mensagem do Evangelho ao homem e à mulher de hoje. A espontaneidade e a criatividade, como fruto de uma experiência espiritual, litúrgica e comunitária, introduzem nos itinerários de educação da fé uma maneira inovadora de encarar a pessoa, o interlocutor. Esse paradigma contemporâneo enriquece os espaços e projetos de formação por meio de uma catequese lúdica, afetiva e *mistagógica*, rompendo com modelos culturais e formativos que já não respondem aos anseios dos catequistas e catequizandos nos dias de hoje.

Na teoria moreniana[233], a espontaneidade, a criatividade e a conserva cultural são três elementos interdependentes.

> É difícil definir espontaneidade, mas isto não nos impede de perguntar qual é o seu significado. Uma fonte importante de informações são as experiências da vida subjetiva, pessoal do indivíduo. Descobri o homem espontâneo pela primeira vez com a idade de quatro anos, quando tentei brincar de Deus, caí e quebrei meu braço direito. Descobri-o novamente quando, aos dezessete anos, fiquei à frente de um grupo de pessoas... Novamente descobri o homem espontâneo quando comecei a dirigir sessões de "role playing" e de psicodrama... toda vez que trabalhei com grupos, senti que deveria fazê-lo dentro do aqui e do agora e que qualquer ensaio não seria apenas antiético como também desleal e, em última instância, também antiterapêutico... A última vez que de novo deparei-me com o homem espontâneo foi quando comecei a trabalhar com as inversões de papel de nosso filho Jonathan[234].

A espontaneidade e a criatividade se manifestam em todas as fases da vida, a cada tempo e a seu modo, como resposta, fruto da experiência com o Mistério. Ser catequista espontâneo e criativo é libertar-se ou revelar-se diante dos apelos do momento, do novo paradigma catequético. É viver o aqui e o agora, aberto a todas as dimensões da vida, numa íntima relação com Deus e com o mundo. "A catequese, ressonância da Páscoa no coração humano, convida incessantemente a sair de si para encontrar o vivente, aquele que dá a vida em plenitude"[235].

---

233. Jacob Levy Moreno nasceu em 6 de maio de 1889, em Bucareste, na Romênia. De origem judaica (sefardim), sua família veio da Península Ibérica e radicou-se na Romênia, na época da Inquisição. Transferido com a família para Viena (Áustria), Moreno diplomou-se em medicina no ano de 1917. Além da medicina e do teatro, dedicou-se ao estudo da filosofia, da sociologia e da religião. A partir dessa formação, começou a moldar aquilo que mais tarde seria sua grande criação: *o psicodrama*. A ligação com a dimensão religiosa desde cedo constituiu base fundamental do pensamento moreniano. Ainda jovem, com um grupo de amigos fundou um movimento que chamou de "Religião do Encontro". Moreno transferiu-se em 1925 para os Estados Unidos, período no qual se voltou para a ciência, buscando novos interlocutores. Sempre defendeu a proposta de que o ser humano precisa se libertar e levar uma vida mais espontânea e criativa.

234. MORENO, J. L., Fundamentos do Psicodrama, p. 153.

235. DC 426.

As conservas culturais presentes nos espaços e estruturas formativas dos catequistas são muitas e estão em várias realidades eclesiais: é o produto cristalizado daquilo que foi bom para uma época, num primeiro momento; uma ação criadora. Ao trabalhar a recuperação da espontaneidade e da criatividade, precisa-se criar espaços formativos que promovam uma convivência mais saudável com a conserva cultural, presentes no antigo modelo de formação, não querendo ignorá-la completamente, mas possibilitando, pela criatividade, a geração de respostas novas às situações da vida presente.

A palavra "espontaneidade" deriva do latim *sponte*, que significa "livre vontade". Esse conceito traz uma grande contribuição para a formação do catequista. A Igreja precisa de catequistas imbuídos de um espírito espontâneo e criativo, mergulhados na realidade em que vivem; capazes de distinguir formas de espontaneidade, que pode ser um impulso, uma aquisição cultural, uma criação de livre expressão da personalidade e, por fim, uma resposta nova e adequada a uma determinada situação. O catequista só se torna espontâneo e criativo quando, preenchido por uma liberdade espiritual e missionária, arrisca-se em novos projetos de evangelização.

A criatividade é a síntese dialética entre a conserva cultural e a espontaneidade, assim como o surgimento do novo, em determinados tempo e espaço. A experiência com o Mistério favorece a liberação da espontaneidade para, em seguida, a pessoa ser capaz de expressar a criatividade.

> Espontaneidade e criatividade não são nem processos idênticos nem similares. São categorias diferentes, apesar de estrategicamente unidas. A espontaneidade pode entrar no indivíduo dotado de criatividade e evocar resposta. Nasceram muito mais *Miquelângelos* do que o que pintou obras de arte. A espontaneidade e a criatividade são, assim, categorias de ordem diferente; a criatividade pertence à categoria de substância – é a arqui-substância – enquanto a espontaneidade pertence à categoria dos catalisadores – é o arqui-catalisador[236].

Ser catequista é uma missão que se deve exercer com espontaneidade e criatividade. Ao reconhecer as posturas pedagógicas e *mistagógicas* dos primeiros catequistas da Igreja, percebe-se uma grande abertura aos apelos dos interlocutores e aos sinais da realidade. No processo e no ambiente formativo, é preciso que o catequista inale espontaneidade, assumindo uma postura positiva e resiliente. "Se,

---

236. MORENO, J. L., Quem sobreviverá?, p. 147.

no processo de inspiração, se desenvolverem venenos, tensões e conflitos, estes são removidos pela espontaneidade"[237].

A renovação dos projetos e espaços formativos só acontece quando se permite ser espontâneo e criativo. Assumir essa identidade abrange a coragem de voltar às fontes da educação da fé. Nota-se um grande avanço, no que tange ao método na catequese, com a interação entre fé e vida à luz da Catequese Renovada (1983). Nestes novos tempos, começa-se uma outra fase no caminhar da catequese, sem abandonar o que já foi vivido e experimentado; é momento da catequese de Iniciação à Vida Cristã com inspiração catecumenal, que precisa ser implantada com criatividade e profetismo[238].

Quando o catequista recupera sua liberdade ou luta por ela, reafirma sua essência, ou seja, a espontaneidade e a criatividade. A postura espontânea e criativa diante da vida revela, na ação do catequista, o rosto de um Deus próximo, que cria e recria a cada dia. Quanto mais espontâneo e criativo, mais o catequista se torna pleno na fé, livre e profundamente conectado aos sinais dos tempos; aberto ao conhecimento de si, do próximo e de Deus; capaz de dar sentido à sua história e criar linguagens e métodos que favoreçam o anúncio do Evangelho em todas as realidades humanas. A postura criativa do catequista é um sinal visível da relação íntima que mantém com a pessoa de Jesus Cristo, com a Igreja e com o mundo.

> O catequista, como os profetas guiados pelo Espírito, pronuncia uma palavra corajosa, criativa, segura, pois tem consciência de ser enviado por Deus e sabe que sua força reside em Deus, uma vez que está agindo em comunhão com a comunidade. Diante dessa grave missão, o catequista precisa de sólida formação, humildade, senso de responsabilidade, espiritualidade e inserção na comunidade[239].

O espaço e o projeto formativos devem ser facilitadores do espírito criativo. O catequista que se abre à espontaneidade e à criatividade precisa estar disposto a acolher as transformações da realidade com serenidade, e contribuir para as mudanças na implantação do itinerário catequético nos ambientes eclesiais. Assumir uma postura criativa no ato de evangelizar é considerar uma nova forma de ser e agir, é modificar métodos já estabelecidos, é transcender, metamorfosear, ir além. Só assim se pode chegar ao coração da pessoa e formar discípulos missionários abertos à espiritualidade do encontro.

---

237. MORENO, J. L., O teatro da espontaneidade, p. 99.

238. IVC 95.

239. DNC 148c.

1.3.4.2. Espaço formativo facilitador da espiritualidade do encontro

O catequista deve ser alguém preenchido de profunda espiritualidade, disposto a viver a dinâmica do constante *vir a ser*. Por isso, um dos temas centrais da sua formação é a espiritualidade, que nasce de um encontro verdadeiro com Jesus Cristo.

> A espiritualidade brota da vida em Cristo, que se alimenta na ação litúrgica e se expressa a partir da própria atividade do educador da fé, da mística daquele que está a serviço da Palavra de Deus. É uma espiritualidade bíblica, litúrgica, cristológica, trinitária, eclesial, mariana e encarnada na realidade do povo[240].

A espiritualidade ajuda o catequista a ter maior intimidade com Deus, a crescer no seguimento de Jesus como seu discípulo e a viver com coerência seu projeto de vida cristã.

> O catequista coloca-se na escola do Mestre e faz com Ele uma experiência de vida e de fé. Alimenta-se das inspirações do Espírito Santo para transmitir a mensagem com coragem, entusiasmo e ardor. "Que eles te conheçam a ti, o único Deus verdadeiro, e aquele que enviaste: Jesus Cristo" (Jo 17,3). Nutre-se da Palavra, da vida de oração, da Eucaristia e da devoção mariana. Falará mais pelo exemplo do que pelas palavras que profere (*CR* 146). A verdadeira formação alimenta a espiritualidade do próprio catequista, de maneira que sua ação nasça do testemunho de sua própria vida[241].

Inúmeras vezes, a espiritualidade foi confundida com um *espiritualismo*, quando se pretende negar sua relação com a totalidade da pessoa humana, ou quando é entendida como práticas devocionais externas, sem nenhuma incidência com a vida concreta dos homens e das mulheres.

> Espiritualidade não é a tradução romântica de um misticismo fantasioso ou de uma imaginação religiosa exacerbada, solta no mundo para exasperá-lo, inquietá-lo ou excitá-lo. Espiritualidade é uma teologia dinâmica. Espiritualidade é o que fazemos em razão do que afirmamos acreditar[242].

A proposta de um espaço formativo que favoreça o amadurecimento espiritual do catequista deve partir de uma preocupação com a *mistagogia* do processo.

---

240. DNC 13.

241. DNC 264.

242. CHITTISTER. J., Fogo sob as cinzas, p. 119.

Não se pode pensar em encontros e espaços formativos apenas na perspectiva doutrinária. Deve-se pensar também em encontros preenchidos de mensagem, que favoreçam uma aproximação com o sentido da vida, a partir de uma espiritualidade encarnada. No âmbito da espiritualidade, a mensagem é comunicação de algo importante. Papa João Paulo II afirmou, enfaticamente:

> Quem diz mensagem diz algo mais que doutrina. Quantas doutrinas de fato jamais chegaram a ser mensagem. A mensagem não se limita a propor ideias: ela exige uma resposta, pois é interpelação entre pessoas, entre aquele que propõe e aquele que responde. A mensagem é vida[243].

Por isso, é necessário haver, entre os temas centrais da formação do catequista, uma espiritualidade do encontro, com uma mensagem que transforma vidas, fruto das buscas e inquietudes do coração.

> Tarde te amei, beleza tão antiga e tão nova, tarde te amei! Tu estavas dentro de mim e eu te buscava fora de mim [...] Brilhaste e resplandeceste diante de mim, e expulsaste dos meus olhos a cegueira. Exalaste o teu Espírito e aspirei o teu perfume, e desejei-te. Saboreei-te, e agora tenho fome e sede de ti. Tocaste-me e abrasei-me na tua paz[244].

Só a partir da disposição da pessoa para a busca de Deus é possível a espiritualidade do encontro. A procura, o desejo, a indagação por Deus está em todos nós. Falar em espiritualidade é falar no empenho em descobrir a realidade de Deus no coração da vida, do mundo e da história. "O homem só pode corresponder à relação com Deus, da qual ele se tornou participante, se ele, na medida de suas forças, à medida de cada dia, atualiza Deus no mundo"[245].

A espiritualidade do encontro deve partir de uma relação profunda, que nasce no interior do catequista; este se abre para o diálogo com o outro e encontra sua plenitude na relação com Deus. A genuína espiritualidade cristã é fruto desse movimento espiritual. A formação do catequista se torna *mistagógica* quando proporciona, a partir de experiências, o encontro do catequista com o seu eu mais profundo, tornando-o aberto para o encontro com a Palavra de Deus e a comunidade.

Dialogar com Deus, que faz sua morada nas pessoas e que mora, ao mesmo tempo, numa luz inacessível, é um ponto de partida para amadurecer a espiritualidade do catequista, já que é uma das palavras-chave do nosso tempo, muitas vezes incompreendida em seu sentido pleno.

---

243. DNC 97.

244. AGOSTINHO, Confissões, p. 27.

245. BUBER, M., Eu Tu, p. 132.

Terá futuro somente uma espiritualidade que não seja evasiva e dualista. Uma espiritualidade capaz de libertar-se do individualismo, do dualismo, da pura e simples projeção ultraterrena da vida e do sobrenaturalismo. O futuro pertence àquela espiritualidade personalizada, experiencial, histórica, libertadora e comunitária. Somente uma espiritualidade que seja de unidade e criativa, que saiba fazer uma síntese na unidade dialética, recuperando os valores da espiritualidade popular, escutando as sagradas escrituras e a história, abrindo-se às exigências dos tempos atuais poderá resistir aos desafios do mundo de hoje. Aquelas que não caminharem por essa estrada estarão condenadas a ser experiências de pura "massagem espiritual". E, quando uma espiritualidade se torna "exercício de massagem espiritual", ela, aos poucos, deixa de ser estimulante. Desaparecerá quando as dores humanas encontrarem alternativas, outras "massagens" que se apresentarem como melhores e mais eficientes para aquele momento[246].

O catequista tem uma tarefa específica e indispensável no processo de educação da fé, pois acompanha o interlocutor e facilita o encontro com a pessoa de Jesus Cristo. Como, então, o catequista pode dialogar com o catequizando? Como esse diálogo poderá proporcionar o encontro com Deus? O diálogo vai além das palavras, porque a pessoa, como ela é, entra nessa comunicação. No diálogo, duas pessoas se doam; "diálogo" significa interação entre dois, e pode bem revelar o sentido último da vida, que é o Deus escondido.

Na relação com Deus, a exclusividade absoluta e a inclusividade absoluta se identificam. Aquele que entra na relação absoluta não se preocupa com nada mais isolado, nem com coisas ou entes nem com a terra ou com o céu, pois tudo está incluído na relação. Entrar na relação pura não significa prescindir de tudo, mas sim ver tudo no TU. Não é renunciar ao mundo, mas sim proporcionar-lhe fundamentação[247].

Nessa relação, o catequista deve conhecer-se bem. Ter clareza sobre sua identidade pessoal e social. Deve também saber que a sua última identidade está, sempre, com Cristo, escondida em Deus (Cl 3,3), e é definitivamente assumida por Ele; precisa ter grande respeito à pessoa do outro. A pessoa está habitada por Deus; Deus sempre mora na pessoa, e esta merece respeito. A maneira de dialogar deve ser sincera. Não devemos querer puxar o diálogo para nossa própria vanta-

---

246. BUBER, M., Eu Tu, p. 13.
247. BUBER, M., Eu Tu, p. 91.

gem ou entrar já com um resultado preestabelecido. Isso seria um pseudodiálogo, sem a abertura necessária.

A espiritualidade, na vida do catequista, é a chave e o segredo que imprimem vigor, ânimo e firmeza. Sem ela, a pessoa não resiste; desiste facilmente, recua e abandona uma experiência que é essencial para a vida: o encontro. Tendo uma sólida espiritualidade, o catequista se lançará no mistério enigmático do encontro que transforma. Onde houver profunda espiritualidade, haverá vitalidade e coragem para a experiência do encontro. A espiritualidade do encontro é capaz de libertar da tentação do individualismo e ajudar o catequista a integrar-se plenamente na vida da comunidade, assumindo a *mistagogia* como um modo de viver e educar a fé.

1.4. Conclusão

A formação com catequista continua sendo um grande desafio para a ação evangelizadora da Igreja. Aprofundar esse tema é um modo de perceber o quanto os catequistas que estão em atividade enfrentam desafios no seu cotidiano para a assimilação e a implantação do Itinerário de Iniciação à Vida Cristã. Um dos motivos é que essa geração de catequistas não foi formada nos moldes da inspiração catecumenal, ainda são fruto do modelo de catequese sacramental e precisam assimilar um novo paradigma, tendo como foco a formação de discípulos missionários. Mesmo com o surgimento de muitos cursos, ainda se constata um outro problema, que é a ausência de centros e projetos de formação permanente com catequistas, que favoreçam a experiência de um modelo pedagógico, *querigmático* e *mistagógico* e que formem de modo integral, associando-se à dimensão humano-cristã.

A Iniciação à Vida Cristã aponta para um novo paradigma em vista da formação com catequista e de espaços que eduquem de modo integral. Ao pensar na formação, não se pode esquecer que existem leigos e leigas que desejam assumir esse papel na comunidade e não o fazem, porque foram privados do estudo, a começar pela educação básica escolar; ainda assim, são verdadeiras testemunhas do Evangelho e ensinam com a própria vida, assumindo a identidade de discípulo missionário. É prioridade, na vida e na missão da Igreja, formar catequistas que exerçam seu ministério a serviço da IVC e da formação permanente.

É necessário criar um ambiente formativo que preze pela solidariedade e pela comunhão fraterna, como valor fundamental para a formação humano-cristã do catequista. É próprio do itinerário formativo promover uma mudança de linguagem e métodos, com base na inspiração catecumenal. Os itinerários e espaços de formação devem despertar no catequista a consciência da dignidade humana, de uma fé que deve ser assumida como identidade, projeto de vida, bem como a corresponsabilidade em fazer do processo formativo uma escola de humanidade, de discípulos missionários, a fim de que a todos seja proporcionada "vida em abundância" (Jo 10,10).

Para exercer bem o seu ministério, o catequista precisa de formação permanente. A formação catequética é um longo caminho a ser percorrido por meio de conhecimento e de práticas iluminadas pela reflexão bíblico-teológica e metodológica, capazes de favorecer a maturidade humana, cristã e apostólica dos catequistas. "Por isso, a verdadeira formação alimenta, sobretudo, a espiritualidade do próprio catequista, de maneira que sua ação nasça, na verdade do testemunho de sua própria vida"[248].

É importante compreender que este momento histórico, marcado predominantemente pela cultura digital, com seus valores e contravalores, desafios e mudanças, exige dos evangelizadores testemunho, qualificação e atualização. Por esse motivo, a formação com catequista precisa seguir um planejamento à luz dos objetivos, finalidades e critérios do Diretório Nacional de Catequese[249], para que aconteça uma formação adequada e eficaz, pois "a catequese, em qualquer ambiente, precisa de pessoas que buscam preparação e estejam dispostas a aprender sempre mais, para dar um testemunho convincente de fé"[250].

O Espírito, que conduz a Igreja em sua missão, suscita continuamente vocações para a evangelização. A uns chama ao ministério episcopal e presbiteral, cujas funções são, precisamente, a educação da fé. A outros chama à vida consagrada para realizar, desde essa vocação, tarefas evangelizadoras muito variadas. Muitos deles são chamados a trabalhar na catequese. Alguns deles recebem da Igreja o encargo concreto de catequizar. Todos esses agentes estão a serviço do "ministério da catequese"[251], que é o ministério fundamental em toda a Igreja particular.

A missão catequética é exercida em nome da Igreja, o que significa que o catequista deve seguir as orientações dela. O catequista, ao receber o ministério, assume o compromisso que a Igreja lhe confere, tornando-se responsável pela missão de evangelizar. "Este ministério possui um forte valor vocacional,

---

248. DGC 239.

249. DNC 254-260.

250. DNC 267.

251. CT 13.

que requer o devido discernimento por parte do Bispo e se evidencia com o Rito de instituição"[252].

A formação do catequista é, atualmente, uma das tarefas mais urgentes da ação evangelizadora, pois "o catequista é, de certo modo, o intérprete da Igreja junto aos catequizandos"[253]. "Qualquer atividade pastoral que não conte para sua realização com pessoas realmente formadas e preparadas, coloca em risco a sua qualidade"[254]. Portanto, o objetivo principal da formação do catequista é o de prepará-lo para comunicar a mensagem cristã àqueles que desejam entregar-se a Jesus Cristo e viver como discípulos missionários.

A formação humano-cristã do catequista tem seus fundamentos na pessoa de Jesus Cristo. Jesus, com seu olhar perceptivo e atento para a escuta do coração humano, como um bom catequista, aponta caminhos para a formação do educador da fé. Jesus educa com afeto e ternura, acolhe e ouve a pessoa. Inspirada em Jesus, a formação do catequista deve sugerir uma catequese afetiva, de ternura, promovendo o seguimento ao Mestre. A formação tem a finalidade, portanto, de tornar o catequista o mais capacitado possível para realizar sua missão e "é um longo caminho a ser percorrido, através de conhecimentos, de práticas iluminadas pela reflexão bíblico-teológica, pedagógica, metodológica"[255]. A formação, de fato, deve ajudá-lo a amadurecer, inicialmente, como pessoa, como fiel e como discípulo missionário e tende a fazer do catequista um "educador do homem e da vida do homem"[256].

Nota-se que nosso desejo de refletir sobre o espaço formativo e o itinerário de formação é um modo de superar a improvisação nos processos de construção da identidade do catequista. Um educador da fé, que conduz sua ação pautado em improvisos, compromete a eficácia da ação evangelizadora. Por isso, a pesquisa se propõe a destacar que "o local destinado à catequese e à formação dos fiéis não se improvisa; deve ser um espaço simples e adequado a essa importante missão"[257].

Somente com mulheres e homens inseridos no contexto social, abertos ao diálogo com as culturas, é possível imaginar uma educação da fé que responda às exigências atuais da vida cristã. Os responsáveis pela formação dos catequistas e demais lideranças comunitárias necessitam contribuir nesse sentido, favo-

---

252. AM 8.

253. DGC 234.

254. DGC 35.

255. DNC 256.

256. DGC 238.

257. IVC 185.

recendo o estímulo e o encorajamento permanentes. A formação deve ser integral, em um processo gradativo, respeitando o estado de vida da pessoa. Sabe-se que a totalidade do ser humano não se constitui apenas em uma dimensão, mas nos seus diversos aspectos – ontológico, psíquico e espiritual –, que influenciam fortemente sua vida.

No transcorrer desta reflexão, pôde-se notar que é preciso continuar aprofundando o tema, pois não há como pensar num catequista que, tendo a missão de mediar o encontro do interlocutor com Jesus Cristo e acompanhar o amadurecimento da fé, não tenha, ele próprio, uma caminhada rumo a essa maturidade. Crescer no equilíbrio afetivo, no senso crítico, na unidade interior e na capacidade de diálogo, estabelecer boas relações e fazer a experiência do encontro são frutos de um processo constantemente reconsiderado e avaliado.

A conclusão deste primeiro capítulo aponta para a necessidade imediata de se criar espaços de formação e itinerários formativos, assumindo novos paradigmas na educação da fé, de tal modo que se favoreça o encontro do catequista com Jesus Cristo e que se alimente a identidade de discípulo missionário. A Iniciação à Vida Cristã é uma urgência que precisa ser assumida, com atenção, em benefício do catequista e dos espaços de formação, pois, para ser mediador da experiência catequética, é fundamental realizá-la na vida, assumindo a missão de discípulo; são essenciais ambientes que favoreçam a experiência, uma vivência da fé pautada na *mistagogia*. É fato que o ambiente educa e insere o catequista nos temas do Itinerário de Iniciação à Vida Cristã, bem como contribui para o conhecimento dos símbolos da fé através de uma formação litúrgico-catequética e através da arte que introduz na via da beleza.

Contudo, os novos tempos da evangelização pedem mudança de paradigma, que abra as portas da criatividade encarnada na missão de formar catequistas com base na inspiração catecumenal. Criar espaços de formação é um desafio que se insere no diálogo com a arte através da via da beleza. Só se consegue formar catequistas que sejam *mistagogos* na medida em que o encontro com a beleza lhes for proporcionado. Assim, no âmbito cultural, existem os museus como espaços de arte, embora muito distantes da realidade dos catequistas. Diante dessa constatação, na reflexão a seguir, será possível observar um caminho viável, capaz de ajudar a superar esse desafio.

A partir do relato de uma experiência, é possível notar que, no engajamento paroquial e diocesano, assumindo-se a formação com catequista, surgiu a inspiração de utilizar ambientes ociosos da paróquia Sagrada Família, em São Caetano do Sul, para construir um museu, pensado como um espaço de formação. Toda a sua arquitetura foi inspirada no Itinerário de Iniciação à Vida Cristã, e é isso que apresentamos no próximo capítulo: o Museu Sagrada Família como um novo paradigma de espaço formativo com catequista, lugar da experiência com o belo e o místico, centrado na compreensão do caminho da beleza, na *via pulchritudinis*. Não se pode mediar o encontro com o Mestre se esse encontro não for concretizado primeiramente, pois "conhecer a Jesus Cristo pela fé é nossa alegria; segui-lo é uma graça, e transmitir este tesouro aos demais é uma tarefa que só o Senhor nos confiou ao nos chamar e nos escolher"[258].

---

258. DAp 18.

Capítulo 2 | O Museu Sagrada Família – Catequese e Arte como espaço de formação com catequista

2.1. Os bens culturais da Igreja e sua contribuição na ação evangelizadora

Por onde passou, a Igreja criou espaços e obras de arte e beleza para educar e testemunhar sua fé: "desde os tempos mais antigos, [ela] compreendeu a importância dos bens culturais no cumprimento da sua missão"[259]. "Reconheceu o valor que a representação material tem para a transmissão da fé"[260]. A arte, que nasceu com o cristianismo, tornou-se uma valiosa fonte de evangelização. A partir de um longo caminho, a Igreja foi aumentando o seu patrimônio artístico entre culturas e civilizações.

A *pax constantiniana*[261] fez com que a Igreja visse aumentar progressivamente ao longo dos séculos seu patrimônio, acrescentando às esmolas e ofertas as doações e legados. Outro tanto foi o produto do seu labor e da atividade artística de seus filhos que, motivados por razões de ordem prática, estética e religiosa, imprimiram nas obras de suas mãos, juntamente com o seu gênio e perícia, as marcas do reino de Deus já presente entre nós, gerando um vasto e complexo patrimônio cultural, que se expressa, identifica e,

---

259. COMISSÃO PONTIFÍCIA PARA OS BENS CULTURAIS DA IGREJA, Carta circular sobre a necessidade e urgência da inventariação e catalogação dos bens culturais da Igreja, p. 16.

260. CNBB, Orientações para adequação litúrgica, restauração e conservação das Igrejas, n. 120.

261. Sancionada pela carta de Constantino e Licínio ao governador da Bitínia, em 313 d.C., tradicionalmente chamada Édito de Milão.

não raro, se confunde com a própria presença da Igreja entre as culturas e civilizações, como manifestação da evangelização[262].

Desse modo, atingiu os mais altos níveis de expressão artística, construindo um tesouro, um legado de arte e cultura que, em sua ação evangelizadora, favoreceu a educação cristã de gerações. "Em virtude do seu valor pastoral, o patrimônio histórico-artístico é direcionado à animação do povo de Deus. Ele beneficia a educação da fé e o crescimento do sentido de pertença dos fiéis à própria comunidade"[263]. A importância desse patrimônio, como expressão de arte e testemunho de fé, foi tema de muitos momentos na história da Igreja.

> Da importância dada pela Igreja às obras de arte são válidos testemunhos as pinturas das catacumbas, o esplendor das Igrejas e o valor dos objetos sagrados. O *Liber Pontificalis* e os Inventários conservados no Arquivo Secreto Vaticano documentam o permanente cuidado dos Papas em ornar as igrejas e como objetos de arte fossem, bem cedo, considerados patrimônio para cuidar com atenção.

> Em época antiga, uma primeira intervenção por parte do Magistério Papal sobre o reconhecimento do valor da arte sacra acontece por obra do Papa Gregório Magno (590-604). Ele argumenta o uso das imagens enquanto úteis para fixar a memória da história cristã e para suscitar aquele sentimento de arrependimento que leva o fiel à adoração; mas, sobretudo, constituem o instrumento com o qual se pode ensinar aos iletrados os acontecimentos narrados na Escritura. Para concluir a luta iconoclasta, que preocupou por muitos decênios a Igreja do Oriente, com notáveis repercussões no Ocidente, e aditar os critérios da iconografia cristã foi, pois, o Concílio de Niceia II (787).

> Por toda a Idade Média é sabido como as Ordens Monásticas (especialmente os Beneditinos) e as Ordens Mendicantes cultivaram uma grande atenção relativa aos bens artísticos, chegando a caracterizar o seu estilo e a emanar normas que, por vezes, passaram a fazer parte das próprias regras religiosas[264].

---

262. ZANI, R. M., O Direito Canônico e o patrimônio cultural da Igreja, p. 91.

263. COMISSÃO PONTIFÍCIA PARA OS BENS CULTURAIS DA IGREJA, Carta circular sobre a necessidade e urgência da inventariação e catalogação dos bens culturais da Igreja, p. 32.

264. COMISSÃO PONTIFÍCIA PARA OS BENS CULTURAIS DA IGREJA, Carta circular sobre a necessidade e urgência da inventariação e catalogação dos bens culturais da Igreja, p. 17.

"O patrimônio cultural é, em geral, definido como o conjunto de bens que constitui um testemunho material possuidor de valor de civilização"[265]. Nesse breve olhar histórico, destaca-se que aconteceram Concílios a fim de tratar sobre o assunto, favorecendo o surgimento de numerosas intervenções normativas para a custódia dos bens artísticos e históricos da Igreja.

> Não apenas os Pontífices, mas também os Concílios Ecumênicos se ocuparam da tutela dos bens culturais. A esse respeito, podem ser recordados o Concílio de Constantinopla IV (869-870) e o Concílio de Lion (1727). Em particular o Concílio de Trento, além de reafirmar com um decreto a sua posição contra a iconoclastia, acrescentou um elemento novo e assaz importante, isto é, o apelo feito aos bispos de instruir os fiéis sobre o significado e sobre a utilidade das imagens sacras para a vida cristã e a obrigação de submeter toda imagem "incomum" ao juízo do bispo competente.

> Em 28 de outubro de 1534, o Papa Paulo III nomeou pela primeira vez um comissário para a conservação dos bens culturais antigos. Em tempos mais recentes, um quirógrafo do Papa Pio VII, datado de 1 de outubro de 1802, incluiu entre os bens a serem conservados, além daqueles antigos, também todos aqueles de outras épocas da história. Baseando-se nessas indicações, em 7 de abril de 1820, o Carmelengo Cardeal Pacca decretou a inventariação de todos os bens culturais em Roma e no Estado Pontifício. [...] Esse edito, que serviu de base e de inspiração para as leis sobre as "belas artes" em não poucas nações europeias dos séculos XIX e XX, pela primeira vez, dispôs a redação do inventário[266].

O conhecimento de decisões tomadas nesse processo ajuda a perceber o interesse da Igreja por salvaguardar os bens culturais. Além desses, e tantos outros fatos, convém lembrar que posturas mais recentes surgem a partir do Concílio Vaticano II, através da *Sacrosanctum Concilium*, ao tratar da arte sacra. Desde a reforma litúrgica e as mudanças e urgências na ação evangelizadora, tem-se a necessidade de formar equipes de especialistas para cuidar desse patrimônio histórico e artístico, como fonte salutar de memória, testemunho e catequese: uma verdadeira fonte de formação humano-cristã. Ainda, numa perspectiva histórica, pode-se recordar o seguinte:

---

265. CNBB, Orientações para adequação litúrgica, restauração e conservação das Igrejas, n. 118.

266. COMISSÃO PONTIFÍCIA PARA OS BENS CULTURAIS DA IGREJA, Carta circular sobre a necessidade e urgência da inventariação e catalogação dos bens culturais da Igreja, p. 18.

Em 1982, era criado o Pontifício Conselho da Cultura.

Revisto o Código do Direito Canônico, novamente, diversos cânones cuidam dos bens preciosos ou artísticos, da edificação da Igreja, de sua conservação e restauração, [...]. Mais ainda, o Santo Padre João Paulo II, pela Constituição Apostólica *Pastor Bonus*, de 1988, cria a Pontifícia Comissão para a Conservação do Patrimônio Artístico e Histórico da Igreja [...].

Visando a uma mesma amplitude de atuação, em 1993, a mesma Comissão é transformada, pelo Motu Próprio *Inde a Pontificatus Nostri Initio*, na Pontifícia Comissão para os Bens Culturais da Igreja. Essa Comissão publicou inúmeras orientações, como: As bibliotecas eclesiásticas na missão da Igreja (1994); A função pastoral dos arquivos eclesiásticos (1997); Para uma pastoral da cultura (1999); Necessidade e urgência da inventariação e catalogação do patrimônio cultural da Igreja (1999); A função pastoral dos museus eclesiásticos (2001); todas da mais alta importância em ordem a auxiliar a preservação do patrimônio eclesiástico.

A *Sacrosanctum Concilium*, como já vimos, recomenda que em cada diocese haja uma Comissão Diocesana de Arte Sacra.

O *Documento-base sobre Arte Sacra*, da CNBB, especifica diversos aspectos de nosso patrimônio histórico-artístico, sua formação e atribuições, além de normas práticas para a Comissão e os presbíteros [...][267].

Esse zelo pelo patrimônio artístico e histórico favorece a compreensão do valioso tesouro artístico da Igreja, como fruto da criatividade de muitas pessoas que, na vivência cristã, através de doações e sacrifícios, fizeram da expressão artística um modo de professar a fé, seguindo, assim, a via da beleza.

O tesouro artístico de inspiração cristã dá dignidade ao território e constitui uma herança espiritual para as futuras gerações. Ele é reconhecido como meio principal de enculturação da fé no mundo contemporâneo, porque a via da beleza abre às dimensões profundas do espírito e a via da arte de inspiração cristã instrui tanto os fiéis como os não crentes. Sobretudo no âmbito da celebração dos divinos mistérios, os bens culturais contribuem para abrir as mentes dos homens a Deus e fazer resplandecer de dignidade, decoro e beleza os sinais e símbolos das realidades espirituais[268].

---

267. MENEZES, I. P. de, Bens Culturais da Igreja, p. 16.

268. COMISSÃO PONTIFÍCIA PARA OS BENS CULTURAIS DA IGREJA, Carta circular sobre a necessidade e urgência da inventariação e catalogação dos bens culturais da Igreja, p. 32.

Na perspectiva da educação da fé, são notáveis as importantes iniciativas que encontraram nas artes, em suas mais variadas formas de expressão, um caminho eficiente e eficaz para a evangelização, favorecendo o surgimento de um vasto acervo.

> O cristianismo se caracteriza pelo anúncio do Evangelho, no *hic et nunc* de cada geração, e pela fidelidade à Tradição. Ao longo de sua história, "a Igreja empregou os recursos das diversas culturas para difundir e explicar a mensagem de Cristo". Como consequência, "a fé tende por natureza a se expressar em formas artísticas e em testemunhos históricos que possuem uma intrínseca força evangelizadora e um valor cultural perante os quais a Igreja deve prestar a máxima atenção". Por esse motivo, especialmente nos países de antiga e, inclusive, já nos de recente evangelização, tem-se acumulado um abundante patrimônio de bens culturais, caracterizados por um valor particular, no âmbito de sua finalidade eclesial[269].

Por meio da arte, a Igreja criou uma fonte catequética de narrativas bíblicas, uma Bíblia de imagens, rica em detalhes, cores e beleza, preservando e transmitindo a mensagem essencial da fé cristã. Com isso, conseguiu evangelizar os que não tinham acesso à escrita, transmitindo a mensagem do Evangelho através da imagem e da linguagem simbólica presentes na vida litúrgica. "Fazem parte dessa caminhada o conhecer e o usar corretamente os sinais da fé que as tradições bíblicas e patrística deram à Igreja"[270]. Desde a sua origem, a Igreja compreendeu a importância dos bens culturais, fruto da sua fé, sendo perseverante e criativa na atualização da linguagem, para evangelizar a cultura, pois, "a evangelização da cultura exige alcançar o coração da própria cultura"[271].

Mas, diante de tantas transformações, que imprimiram uma identidade na ação evangelizadora da Igreja, nota-se uma grande abertura para a construção de espaços como museus e comissões especializadas, em vista de testemunhar a fé e preservar a cultura cristã.

> A necessidade, por um lado, de preservar as obras de arte retiradas do culto e, por outro, de atender ao complexo âmbito do cultural obrigou a estabelecer museus e criar comissões de música e arte sacra de caráter permanente que adquirissem, conservassem, restaurassem, pesquisassem, comunicas-

---

269. COMISSÃO PONTIFÍCIA PARA OS BENS CULTURAIS DA IGREJA, Carta circular sobre a função pastoral dos museus eclesiásticos, p. 11.

270. CNBB, Orientações para adequação litúrgica, restauração e conservação das Igrejas, n. 141.

271. DC 43.

sem e exibissem, para fins de estudo, educação e contemplação, conjuntos e coleções de valor histórico, artístico, científico e técnico, ou de qualquer outra natureza cultural[272].

No percurso teológico, histórico e cultural, as obras de arte na Igreja sempre foram construídas em vista da liturgia. "A organização do espaço das igrejas é uma enorme responsabilidade pastoral"[273]. Como obras de arte, o investimento nessa dimensão tinha suas fontes numa arte a serviço do sagrado, uma arte sacra ou religiosa. Por isso, hoje, muitos espaços precisam ser preservados; alguns se perderam e mudaram totalmente sua característica; outros, por fatores históricos e eclesiais, assumiram características de museu.

> Tornou-se comum, quando o edifício já perdeu o uso para o qual foi construído, buscar dar-lhe uma nova destinação, já que sabemos ser o uso a melhor maneira de conservação de uma edificação. Por outro lado, conhecemos a orientação dada pela Igreja de que edifícios que perderam sua utilização não devem ser abandonados, tornando-se ruínas, mas também não devem ter destino muito diverso do espaço sagrado que abrigavam. Essa é uma questão que diz respeito a nosso tempo e ao patrimônio histórico e artístico da Igreja, e que por isso não pode deixar de ser abordada[274].

Após o Concílio Vaticano II, com as novas orientações litúrgicas, muitas igrejas tiveram que se adaptar. Nesse processo, por uma compreensão errônea, muita coisa se perdeu. Não obstante isso, a vida eclesial passou por mudanças provocadas pela própria transformação da cultura em várias esferas, atingindo diretamente certos espaços e estruturas da Igreja. Em alguns casos, boa parte dos espaços que perderam seu uso para fins litúrgicos ou educacionais, bem como antigos conventos e seminários, transformaram-se em museus de arte sacra, preservando um acervo importante para a cultura cristã.

Diante desse imenso acervo, a Igreja assumiu para si a missão de criar espaços de preservação. Os museus passaram a fazer parte da vida eclesial pela importância que a arte exerce na vida cristã, não somente a arte sacra como também outras expressões artísticas da vida cultural da Igreja.

> O âmbito a que nos referimos é constituído não só pela arte sacra (arquitetura, pintura, escultura, mosaico, música, decoração e todas as artes relativas ao ambiente e à celebração da liturgia e do culto), mas também pelas

---

272. ZANI, R. M., O Direito Canônico e o patrimônio cultural da Igreja, p. 104.

273. CNBB, Orientações para adequação litúrgica, restauração e conservação das Igrejas, n. 142.

274. MENEZES, I. P. de, Bens culturais da Igreja, p. 56.

bibliotecas, pelos arquivos e museus, muitos dos quais estão surgindo hoje ou vão sendo renovados e atualizados com uma explícita qualificação eclesial. A promoção e a cura de todos esses âmbitos devem considerar-se como serviços de grande valor oferecidos pela comunidade cristã, que guarda, assim, uma parte importante do patrimônio cultural[275].

Percebe-se portanto que, na ação evangelizadora e no modo de se organizar como instituição, a Igreja procurou desenvolver uma educação cristã, apoiando-se em várias formas de expressão artística. Com isso, foi construindo o seu "repertório cultural", que lhe proporcionou um "lugar de fala" em várias realidades geográficas e humanas. Sabe-se que o crescimento da população, o surgimento de cidades e o desenvolvimento industrial e tecnológico provocaram uma mudança de comportamento social, que atingiu e continua atingindo a cultura cristã, a ponto de fazer com que a Igreja atualize sua linguagem a partir do retorno às fontes da sua fé. Em determinado momento, a Igreja percebeu que a pregação e o acesso a obras escritas não eram suficientes. Antes da imprensa, nem todos podiam ter acesso aos livros. Contudo, hoje, em meio às relações virtuais, a evangelização se vê diante de um desafio, que exige novos métodos e criatividade, para que possa se fazer presente na cultura digital. Nesse período pós-conciliar, a Igreja, do ponto de vista da sua práxis pastoral, está passando por uma transformação que deverá produzir significativas modificações em seu ser e agir[276].

Desde o Concílio Vaticano II, a Igreja vem se convencendo sobre a necessidade de diálogo com as mais variadas expressões de arte; nesse contexto, os museus se tornam um espaço adequado para o diálogo e o desdobramento de inúmeras maneiras de expressar da fé cristã. Nota-se que não só os espaços e as expressões de arte clássicas, mas também a arte contemporânea no seu modo de ser, têm dado sua contribuição para o diálogo com os temas da fé cristã nas novas culturas. É o que pode observar em vários museus, exposições e Igrejas.

> A síntese entre Evangelho e cultura torna-se ainda mais explícita nalgumas repartições e quase "materializada" noutras obras: penso nos sarcófagos do museu Pio-cristão, ou nos túmulos das Necrópoles na Via Triunfal, que este ano viu duplicar a sua área dedicada a museu, ou à excepcional coleção etnológica de proveniência missionária. O Museu mostra, verdadeiramente, um entrelaçamento contínuo de Cristianismo com cultura, fé

---

275. PONTIFÍCIA COMISSÃO PARA A CONSERVAÇÃO DO PATRIMÔNIO DAS ARTES E HISTÓRIAS, A formação dos futuros presbíteros e os bens culturais da Igreja.

276. CNBB, Itinerário Catequético, p. 30.

e arte, divino e humano. A Capela Sistina constitui, a este propósito, um vértice insuperável[277].

Os espaços educam a fé e podem favorecer a ação evangelizadora da Igreja. Esta precisa criar, cada vez mais, espaços de arte e beleza; não pode haver recuo ou abandono de um tema que se encontra na sua "corrente sanguínea", pois a arte cristã nasceu com o cristianismo. É preciso superar o medo de encontrar e utilizar novos símbolos, novas formas de arte, novas linguagens, mesmo aquelas que parecem pouco interessantes a quem evangeliza ou aos curadores dos museus. Desse modo, faz-se necessário aprofundar o conceito de museu, como instituição de arte e espaço de formação.

2.1.1. A noção de museu

Diante do tema abordado, pode-se perguntar de onde surge a ideia de museu e o que ele significa para a cultura cristã. Existem muitas tipologias, de acordo com o acervo desse espaço, tais como: museu etnográfico, museu de arte sacra, museu de arte moderna, museu da Bíblia, museu da ciência, museu do futebol, museu de imagem e som; enfim, vários temas podem configurar o motivo da existência de dado museu, bem como sua identidade. Na sua ampla diversidade, é um local que proporciona a mais elevada ideia sobre a pessoa humana a partir dos vários ciclos da história.

> Eles são janelas, portas e portais; elos poéticos entre a memória e o esquecimento, entre o eu e o outro; elos políticos entre o sim e o não, entre o indivíduo e a sociedade. Tudo o que é humano tem espaço nos museus. Eles são bons para exercitar pensamentos, tocar afetos, estimular ações, inspirações e intuições[278].

A intenção aqui é apresentar um conceito que se paute na instância da formação, isto é, museu como espaço de formação com catequista, onde se procura desenvolver uma curadoria centrada no Itinerário de Iniciação à Vida Cristã. Para bem compreender esse paradigma de museu, convém analisar o conceito a partir da sua origem.

> A palavra Museu vem do termo grego *Museion*, templo das musas. Os latinos denominavam *Museum* ao gabinete ou sala de trabalho dos homens de letras e ciências. Ptolomeu I, soberano do Egito, deu esse nome à parte

---

277. BENTO XVI, PP., Discurso do Papa Bento XVI aos dirigentes e funcionários dos Museus do Vaticano.

278. CHAGAS, M. de S.; STORINO, C. M. P., Os museus são bons para pensar, sentir e agir, n. 3, p. 6.

do seu palácio, em Alexandria, onde se reuniam os sábios e filósofos mais célebres do seu tempo. Foi esse o primeiro estabelecimento cultural que recebeu o título de Museu. As coleções de quadros, de esculturas, de objetos de arte e de relíquias preciosas datam da Grécia Antiga e de Roma. Na Idade Média, elas existiram nos mosteiros e igrejas. No Renascimento, nos palácios dos soberanos e grandes senhores. Nenhuma teve a designação de Museu. A primeira coleção que recebeu essa denominação foi a do Louvre, na França, aberta ao público em 1750. Depois, a palavra Museu tornou-se habitual para designar coleções de qualquer natureza (públicas ou particulares), e até há bem pouco tempo, o museu destinava-se apenas a abrigar e conservar coleções: era sua única finalidade[279].

Com o avançar da história e a criação de museus, a pergunta sobre a utilidade deles dá espaço à concepção de museu como um cenário vivo, humanizado e humanizador, capaz de provocar ideias e conceitos que rompem paradigmas. Como não é uma "instituição necessária", se comparado a escolas e hospitais, por exemplo, cabe ao museu reafirmar sua existência.

O Museu deve, então, reafirmar continuamente seu próprio direito de existência, seja quanto ao sistema da cultura, seja àquele da sociedade. Dado que não está em discussão só o modo, mas também o sentido da sua presença no mundo de hoje, dificilmente pode ser entendido caso se separem a teoria e a prática: sem uma delas se reduz a distribuição de serviços; sem a outra, a puro sistema de objetos[280].

A partir das novas concepções, pode-se compreender que o museu é um espaço dinâmico, vivo, que procura dialogar com o contexto em que está inserido. Ao pensar em museu, muitas vezes se fundamenta na ideia dos salões de exposições com quadros nas paredes. Mesmo sendo esse um conceito correto, já que é um modo de fazer sua curadoria, convém recordar que nem toda obra de arte foi feita com a finalidade de exposição. Nesse caso, é necessário aprofundar o conceito de museu, partindo da obra de arte, pois cada uma traz em si uma narrativa associada à sua origem de criação.

Um quadro parece bem distante quando pende emoldurado e envidraçado de uma parede. E em nossos museus é proibido – muito apropriadamente – tocar nos objetos expostos. Contudo, originalmente eram feitos para serem tocados e manipulados, eram motivo de barganha, de querela, de

---

279. COSTA, E. P., Princípios básicos da museologia, p. 8.

280. CLARELLI, M. V. M., Il Museo nel Mondo Contemporaneo, p. 13.

preocupação. Lembremos, também, que cada uma das suas características resultava da decisão pessoal do artista; que este podia ter meditado sobre elas e decidido alterá-las repetidas vezes, que talvez tivesse hesitado entre deixar aquela árvore ao fundo ou pintá-la de novo na frente, que podia ter se sentido satisfeito com uma pincelada feliz criando um súbito e inesperado brilho numa nuvem iluminada pelo sol, e que relutantemente incluiu essa ou aquela figura por insistência de um comprador. Pois, a maioria das pinturas e esculturas que hoje se alinham ao longo das paredes dos nossos museus e galerias não se destinava a ser exibida como Arte. Foram feitas para uma ocasião definida e um propósito determinado que habitava a mente do artista quando pôs mãos à obra[281].

O estudo e a reflexão sobre essa entidade da cultura que é o museu permitem compreendê-lo, entre tantos aspectos, como um espaço que pode proporcionar uma educação dos sentidos e outras experiências. Contudo, pode-se considerá-lo, abstratamente:

> Primeiro de tudo, como objeto de estudo, mediante a História das disciplinas, que se ocupam com ele, portanto, como fenômeno cultural, por meio da análise do processo de "musealização" e, enfim, como estrutura social, a partir da última definição que lhe foi dada pelo ICOM, Conselho Internacional dos Museus. O objetivo é demonstrar que a noção de Museu não é unívoca e que essa Instituição, tão difundida hoje no Ocidente, é um produto relativamente recente. O Museu não é uma forma de "colecionismo" público, mas um modo de intervir a respeito do aspecto do mundo, que se limita, continuamente, com as utopias, seja porque se propõe fazer durar os próprios objetos como a si mesmo para sempre, seja porque procura conciliar opostas exigências da presente geração e das futuras. Do ponto de vista cultural, ele é um sistema de relações, tendencialmente conflitantes, determinadas por dois processos de exagero; outro, em subtraí-las, parcialmente, ou totalmente, da propriedade privada. Do ponto de vista social, o Museu é uma estrutura maleável, que se adapta de acordo com as mudanças das circunstâncias, mas, exatamente por isso, está sempre à beira de se deformar[282].

Ao apresentar o museu como um espaço de arte, que se constitui a partir do itinerário de formação com catequista, deseja-se testemunhar que, no cristianis-

---

281. GOMBRICH, E. H., A História da Arte, p. 32.

282. CLARELLI, M. V. M., Il Museo nel Mondo Contemporaneo, p. 13.

mo, a arte e a fé caminharam juntas, sem contradição. As manifestações artísticas sempre proporcionaram um clima apropriado para as inspirações da fé; uma via de educação da fé pela experiência, capaz de gerar discípulos e testemunhas históricos; tanto quanto a fé cristã. A Igreja, sabiamente, tornou-se um centro cultural vivo, em que o passado artístico se converteu em fonte de memória e pesquisa, inspirando ações do presente e do futuro. Na arte em exposição é possível encontrar um catecismo vivo.

Considerando-se o exposto, surge o desafio de apresentar o museu a partir de um novo paradigma, em que sua curadoria se ocupe não apenas em expor obras de arte, mas também em favorecer um encontro com as verdades da fé, sendo aberto ao diálogo com todos. Essa é uma das grandes responsabilidades de um museu que se propõe a educar com base em uma curadoria embasada na vida cristã. Como exemplo disso, pode-se retomar um trecho do discurso do Papa Bento XVI aos funcionários dos museus do Vaticano.

> Tudo isto faz refletir sobre a extraordinária responsabilidade que investe esta instituição sob o ponto de vista da mensagem cristã. Vem à mente a frase que o Papa Bento XIV, em meados do séc. XVIII, mandou inscrever na entrada deste Museu Cristão, para declarar a sua finalidade: *"Ad augendum Urbis splendorem et asserendam Religionis veritatem"*, "Para promover o esplendor de Roma e afirmar a verdade da Religião cristã". A abordagem da verdade cristã mediada pela expressão artística ou histórico-cultural tem uma oportunidade a mais de falar à inteligência e à sensibilidade de pessoas que não pertencem à Igreja católica e, por vezes, podem ter em relação a ela preconceitos e desconfiança. Quem visita os Museus do Vaticano têm a oportunidade de se "imergir" num concentrado de "teologia por imagens", entrando neste santuário de arte e de fé[283].

O museu precisa ser um espaço de diálogo aberto às várias formas de arte. É preciso superar o conceito de museu apenas como lugar de exposição ou de guardar "coisas velhas"; ele pode ser, para quem deseja investir na formação humano-cristã do catequista, a casa do encontro entre arte e fé, um espaço vivo. "Os artistas de hoje não veem os museus como repletos de arte morta, mas como opções artísticas vivas. O museu é um campo disponível para constantes reorganizações"[284]. Sendo um lugar de formação, é o espaço da pessoa e abre para a dimensão antropológica como um dos principais fundamentos da sua existência na cultura.

---

283. BENTO XVI. Discurso do Papa Bento XVI aos dirigentes e funcionários dos Museus do Vaticano.

284. RAMOS, A. D. (org.)., Sobre o ofício do curador, p. 43.

2.1.2. O museu e a sua dimensão antropológica

O estudo, a educação e a experiência ética ou estética são aspectos do museu. É um espaço que, à sua maneira, põe o ser humano em contato consigo mesmo, diante da vida e da morte, e o insere no diálogo com o presente, o passado e o futuro, gerando uma tomada de consciência sobre o sentido da vida, diante da arte e da beleza.

Pensar em sua dimensão antropológica é, de algum modo, ir ao princípio, à origem dos espaços de arte da humanidade. Compreender o museu em seu significado mais profundo, a partir da relação com as culturas, é perguntar-se sobre a necessidade que move gerações a construir museus, criar coleções, realizar exposições e organizar arquivos históricos e espaços de formação.

Muitas são as perguntas que se pode fazer sobre si mesmo, o sentido da vida e da morte, o mundo, a guerra, Deus e a fé que se professa. Esses e tantos outros temas podem mover a humanidade nos momentos mais distintos da história. Criar museus, que preservam e revelam dados importantes sobre nossa maneira de viver e morrer, é de algum modo lutar contra o esquecimento e a finitude e eternizar acontecimentos e obras de arte que, em algum momento, exerceram um significado, guardando em si uma dimensão simbólica, própria da natureza humana.

> Entre os mais diferentes grupos culturais e sociais há uma nítida necessidade e uma notável vontade de memória, de patrimônio e de museu. Esse fenômeno social não é uma exclusividade do mundo contemporâneo, ainda que no mundo contemporâneo ele tenha grande visibilidade. A essas necessidades e vontades não corresponde automaticamente a garantia dos direitos à memória, ao patrimônio e ao museu. O exercício desses direitos de cidadania precisa ser conquistado, afirmado e reafirmado cotidianamente[285].

Um dado antropológico que pode mover a criação de museus é, justamente, a capacidade humana de investigar, pesquisar, refletir e admirar, buscando verdades sobre si, a criação e a fé.

> Porém, para estar em condições de chegar à verdade do homem e apreciá-la justamente, não basta libertar-se dos pressupostos e pôr-se na condição de *epoché*; há ainda uma outra disposição positiva que se chama *admiração*. Tem essa disposição aquele que se aproxima do homem com espírito novo, com o sentido da surpresa, de estupor, de encanto, como que vê uma coisa

---

285. CHAGAS, M. de S.; STORINO, C. M. P., Os museus são bons para pensar, sentir e agir, p. 6.

pela primeira vez. As crianças, que olham as coisas pela primeira vez, estão sempre cheias de admiração: admiram aquilo que veem e ficam encantadas a observar[286].

O encantamento e a admiração criam no ser humano a necessidade de espaços contemplativos, espaços de arte, que com constância favoreçam o exercício intelectual, espiritual e afetivo, fruto da admiração. O museu é o lugar da admiração; embora haja quem, de modo simplório, julgue ser lugar de coisas velhas, coisas do passado, coisas mortas, paradas no tempo. Ao visitar um museu, muitos se enganam ao serem sutilmente tocados por uma experiência de admiração, que remete a memórias e fatos. Rompem preconceitos e descobrem que o museu é vivo; a arte é viva. Ele tem a capacidade de pôr em evidência não apenas a obra de arte mas também a pessoa que o visita. É um espaço de estudo e de relações.

> A antropologia dos museus como campo específico de estudos e pesquisas surge nesse novo contexto onde o desafio consiste, de um lado, em repensar o lugar do museu, em especial do museu antropológico e/ou etnográfico, e, de outro lado, em refletir de um ponto de vista antropológico sobre o lugar da forma "museu" nas relações sociais e na produção da diversidade cultural no contemporâneo. Uma extensa literatura vem sendo produzida sobre o tema, sinalizando um crescimento significativo da potência dos museus como lugares de estudos, pesquisas e difusão do conhecimento antropológico. Paralelamente, temos assistido a um crescimento do campo da museologia e do patrimônio como um campo de estudos onde não têm sido poucos os antropólogos a se aventurarem em novas e relevantes reflexões. Somando-se a tudo isso, observa-se a entrada massiva de agentes sociais que veem nos museus e nos patrimônios lugares de interlocução e diálogo para a construção de políticas públicas, de afirmação e luta por direitos culturais e congêneres e de relações de interculturalidade. Não é exagero dizer que, de "coisas do passado", os museus passaram a ser, hoje, lugares de muitas novidades, perplexidades e projetos de futuro para aqueles que acreditam nas práticas da diversidade cultural como importantes patrimônios da espécie humana[287].

O museu é o espaço do resgate histórico e da preservação de bens materiais e imateriais; um lugar "sagrado", onde a pessoa pode se reconhecer ou se estranhar em algum momento da sua existência. A partir do desenvolvimento de pesquisas,

---

286. MONDIN, B., O homem, quem é ele?, p. 20.

287. MACIEL, M. E.; ABREU, R., Antropologia dos museus, p. 12.

é possível observar, em vários países e culturas, o surgimento de museus temáticos, que expressam a seu modo arquiteturas peculiares e uma série de dados antropológicos que favorecem o conhecimento e a preservação dos diferentes modos de existir; destacamos, principalmente, os que se referem a elementos da fé e da religião como expressão da sua relação com o Transcendente.

> A cultura material tem sido um dos focos da antropologia desde os primórdios. No contexto dos pioneiros, coletar objetos em pesquisa de campo configurava uma maneira de atestar ou de exibir a prova material viva dos grupos estudados e de suas diferentes culturas... Com a regulação do trânsito dos objetos a partir de agências nacionais e internacionais e, sobretudo, com o desenvolvimento de uma área de estudos e de práticas museológicas, a antropologia beneficiou-se com a criação de departamentos antropológicos mais especializados ou de museus especialmente criados para colecionamento, guarda, pesquisa, difusão e exibição de acervos construídos com base em pesquisas de campo. Todo esse longo processo gerou uma riqueza de propostas museológicas e um conjunto não menos rico de acervos sobre culturas pesquisadas. O campo dos museus que têm em sua base e em suas propostas de colecionamento a ação e a pesquisa de antropólogos é hoje vasto e altamente diversificado, incluindo diferentes temáticas, entre as quais a indígena, a urbana, a de gênero, a da diversidade religiosa, a de diferenças regionais e locais, a de expressões artísticas. Soma-se a essa diversificação o surgimento recente de museus propostos por diferentes povos que passaram a assumir o protagonismo de suas ações e projetos no campo museológico, antropológico e político. Surgiram assim, no final do século XX, museus indígenas, museus de gênero, museus de povos quilombolas ou associados a projetos decoloniais. Outra novidade foram as parcerias crescentes entre antropólogos, museólogos e remanescentes dos povos pesquisados, cujos acervos se encontram preservados em reservas técnicas de instituições museológicas consolidadas[288].

Quando se pensa a dimensão antropológica do museu, é necessário considerar o aspecto da narrativa, principalmente em tempos atuais, marcados por um excesso de informação. Esse excesso pode ser enfadonho e deprimente, pois não deixa espaço para o vazio criativo. Em muitos casos, traz irritação e até depressão. A informação é, sempre, uma notícia que, para ser atual, precisa ser rápida, urgente; depois, perde o encanto e o interesse. O museu, como espaço de

---

288. MACIEL, M. E.; ABREU, R., Antropologia dos museus, p. 10.

humanização e de formação, deve assumir uma identidade narrativa, enquanto arte que requer ser alimentada mediante a comunicação humana, além de favorecer a integração das várias dimensões da pessoa, porque uma narrativa, mesmo com o passar do tempo, não se torna enfadonha, já que se atualiza no tempo e no espaço.

> A narrativa, que durante tanto tempo floresceu num meio de artesão – no campo, no mar e na cidade –, é ela própria, num certo sentido, uma forma artesanal de comunicação. Ela não está interessada em transmitir o "puro em si" da coisa narrada como uma informação ou um relatório. Ela mergulha a coisa na vida do narrador para em seguida retirá-la dele. Assim se imprime na narrativa a marca do narrador, como a mão do oleiro na argila do vaso. Os narradores gostam de começar sua história com uma descrição das circunstâncias em que foram informados dos fatos que vão contar a seguir, a menos que prefiram atribuir essa história a uma experiência autobiográfica[289].

O ponto de partida no espaço do museu é sempre o humano, à procura do seu eu mais profundo e de respostas que só serão encontradas no nível da transcendência. Entrar nesse movimento de busca e encontro faz surgir no museu respostas que se transformam em arte. Aqui, cabe lembrar que o museu é o espaço da arte, espaço que põe em evidência a pertença recíproca entre arte e o homem, como explicita a seguinte asserção: "talvez todos nós ainda labutemos para alcançar a verdadeira estatura do homem e a verdadeira estatura da arte, porque um homem só é homem se pode pertencer à arte, e a arte só é arte se pode contar com um homem que a cultive"[290].

É desse modo que a arte concede ao homem um valor espiritual, proporcionando-lhe uma experiência com o Transcendente. O museu é uma entidade cultural facilitadora dessa relação na qual uma pessoa consegue transcender sua vida biológica, possibilitando que esse sujeito materialize algo que é fruto de uma experiência com o Mistério e revelando uma profunda comunhão entre arte e o ser humano.

> Vendo o homem e vendo a arte precisamos voltar os olhos para o seu co-pertencer, porque separar o homem da sua expressão espiritual significa reduzi-lo à condição animal, do mesmo modo que separar a arte do homem

---

289. BENJAMIN, W., Obras escolhidas v. I, p. 7.

290. GALIMBERTI, U., Rastros do sagrado, p. 185.

significa fazê-la revolver-se no reino do espírito, esquecendo o material em que a arte, como o homem, assumem forma e figura[291].

Essas são respostas que não são fechadas em si mesmas, mas que apontam, sempre, para além daquilo que se vê; tornam-se algo que acontece com a experiência. Nesse ambiente, o que se deve buscar é uma aliança, uma comunhão do humano com o divino. O museu não deve ser concebido como espaço de luta dos poderes, e sim como o espaço do encontro, da relação, da ternura, onde um revela ao outro a sua face e a sua imagem e, juntos, constroem a imagem da verdadeira vida cristã.

> Com frequência pensou-se que para exaltar "o divino" seria necessário sacrificar "o humano". As religiões, muitas vezes, seguiram este caminho. E, em geral, há milhares de anos pensa-se que, para encontrar "o divino", seja preciso dominar, submeter e derrotar o "humano". Daí por que o tema sobre Deus nem sempre tenha sido as melhores relações com as aspirações, as apetências e os anseios humanos[292].

O museu procura evidenciar que o ser humano, no seu processo de humanização, desenvolve sua capacidade simbólica a ponto de construir formas de expressão, como manifestações de arte.

> Dito com mais clareza: nós humanos somos humanos porque possuímos uma capacidade simbólica e somos capazes de expressar nossas experiências simbólicas, coisa a qual não têm acesso o resto dos viventes. Com toda razão, e por isso mesmo, sublinhou-se que apesar de um prolongado e paciente estímulo, os símios não conseguiram, até agora, pintar imagens que um observador objetivo possa aceitar como representações. Coisa que não me surpreende. O traço de umas linhas desenhadas numa superfície ou gravadas sobre um osso ou um marfim com intenção figurativa foi um acontecimento de enorme magnitude intelectual na história humana, similar a muitos dos grandes descobrimentos científicos[293].

A compreensão do museu e sua dimensão antropológica são temas correlatos, amplos e inesgotáveis, mas se faz necessário destacar um aspecto importante, que torna a pessoa, plenamente, humana: a comunicação simbólica. Através dela, a fé cristã se manifesta no encontro entre catequese e liturgia, pro-

---

291. GALIMBERTI, U., Rastros do sagrado, p. 186.

292. CASTILLO, J. M., A humanidade de Jesus, p. 9.

293. CASTILLO, J. M., A humanidade de Jesus, p. 21.

porcionando uma relação profunda de amadurecimento da fé e, em consequência disso, a vivência do discipulado. Contudo, existem outros aspectos sobre o museu que precisam ser abordados, em especial o museu na tradição cristã como fonte de arte e cultura.

2.1.3. O museu na cultura cristã: um espaço de amizade entre a Igreja e as artes

A cultura supera fronteiras, espaços, limites geográficos, o tempo e a história. Somente através dela o sujeito pode ter uma vida, verdadeiramente, humana. Com a inculturação da fé, a Igreja, no seu peregrinar, "se enriqueceu com novas expressões e valores, manifestando e celebrando cada vez mais e melhor o mistério de Cristo"[294]. A cada momento, a Igreja é impulsionada na direção do desafio de evangelizar a cultura a partir do diálogo. "Uma fé que não se torna cultura é uma fé que não é plenamente acolhida nem inteiramente vivida"[295]. No entanto, no encontro com diversas realidades, numa cultura que muda a todo instante, percebe-se que o patrimônio cultural da Igreja "se vê confrontado com a cultura atual que apresenta luzes e sombras"[296].

Na arte, pode-se encontrar o modo como os cristãos dialogaram com o mundo em vários períodos da história. Ela é a linguagem religiosa do ser humano, linguagem esta que, incansavelmente, abriu-se ao diálogo com o Transcendente e com uma variedade de culturas. Existe uma profunda ligação entre arte e cultura cristã, na medida em que a arte tem importância em relação à liturgia, lembrando que é pelo rito que a comunidade cristã assimila um modo fundamental da encarnação da fé. A arte exerce a função essencial de penetrar na cultura e manifestar os princípios da fé cristã. De fato, a fé alimentou a vida e a cultura de muitos povos.

Na cultura cristã, a arte trata do ser humano em sua relação com Deus, com a criação, com o bem e o mal, com o céu e o inferno, com a vida e a morte; entre tantos outros temas, narra o encontro com a Beleza, Jesus Cristo. Desse modo, os cristãos sempre valorizaram as artes e os artistas.

Foi justamente nos mosteiros que a arte e as ciências se desenvolveram, favorecendo o crescimento de uma cultura cristã. Na narrativa histórica dessa cultura, nota-se que sempre houve uma valorização da arte, que enalteceu o trabalho cotidiano muito além das meras expectativas de produção. Estando o tempo todo

---

294. DAp 479.

295. JOÃO PAULO II, PP., Discurso do Papa João Paulo II aos participantes do I Congresso Nacional do Movimento Eclesial de Empenho Cultural.

296. DAp 479.

presente nos ambientes da missão evangelizadora da Igreja, favoreceu, em cada época, uma resposta aos anseios pela Beleza.

Numa leitura da expansão da cultura cristã pelo mundo, pode-se perceber que a arte acompanhou todos os momentos da evangelização: sempre que os interesses pessoais geravam divisões, a arte exercia uma função humano-espiritual e se manifestava como um ponto de convergência, ultrapassando fronteiras e propondo identificação e unidade entre os povos. Não ignorando as dificuldades dos processos de construção de uma identidade cristã através da cultura, é possível elencar a participação da arte em períodos importantes da história eclesial: a arte bizantina na formação do oriente cristão; a arte românica na formação europeia; e a arte barroca na formação latino-americana. Aqui, não se nega o fato de que em geral esse é um processo difícil, tamanha a diversidade cultural e artística que se encontra nos vários povos. Assim, é possível compreender que promover uma "cultura do encontro" visa construir uma verdadeira cultura cristã.

O olhar sobre o museu na cultura cristã ajuda a constatar que nenhuma religião desenvolveu e investiu tanto na arte como o cristianismo. Por onde a Igreja passou, deixou marcas da sua fé em monumentos, igrejas, pinturas, costumes. A fé cristã tornou-se cultura, a ponto de imprimir um modo de viver e organizar a sociedade em muitas regiões. Acredita-se que a arte foi uma das expressões mais utilizadas no agir da Igreja, pois é uma linguagem universal, assimilada e elaborada na cultura cristã; onde está a Igreja, ali está a arte.

Quando se pensa em museu, muitas vezes prevalece a ideia de espaços cheios de pinturas e esculturas. Com o passar do tempo, os museus adotaram o conceito expresso na frase "menos é mais". Depois de mudanças na história humana, incluindo guerras e pandemias, a concepção de museu começou a ser ressignificada; seguidamente optando por espaços vazios, eles apresentam suas propostas educativas, colocando no centro o próprio visitante. Assim, compreende-se que em cada época, pautando-se em diferentes conceitos de curadoria, surge também para as obras de arte uma nova função, que nem sempre é habitar os museus.

> A função da pintura e da escultura, no futuro, já não será mais a de encher museus. Haverá uma demanda, tanto pública como privada; e as salas, os salões, os estádios, as piscinas, as universidades, os aeroportos, os teatros, terão pinturas e esculturas que lhes comporão o caráter. As artes visuais provavelmente não se desenvolverão de acordo com um estilo uniforme, tal como tem ocorrido nos períodos anteriores de dominação de classe: a ideia de que a presença de um estilo uniforme é que caracteriza uma cultura pode vir a ser reconhecida como superada. Mais provavelmente, será uma ampla variedade de estilos que constituirá a nova característica de uma cultura

pertencente a uma época na qual as nações se terão fundido, novas sínteses terão destruído as fixações estáticas e particularistas e o mundo terá prescindido de um centro dominante, quer se trate de um centro de classe ou de nação[297].

Mesmo com a secularização que se observa nos últimos períodos da história, a arte, de modo geral, principalmente no mundo ocidental, não conseguiu se libertar por completo das raízes cristãs. As várias expressões de arte contempladas na contemporaneidade transgridem a cultura religiosa e se afastam dela; algumas vezes, em forma de provocação, procuram tomar outros rumos, mas não conseguem se desvencilhar de todo. Não se trata de afirmar que uma arte é inferior ou superior, criando um juízo de valor, mas sim destacar a influência de uma cultura que ultrapassou gerações e imprimiu um modo de expressar através da arte em várias épocas da história. Um grande risco há quando as instituições de arte e educação fomentam uma cultura que coloca em perigo a dignidade da vida humana. Por isso, convém que, "aproveitando as experiências dos Centros de Fé e Cultura ou Centros Culturais Católicos, [tratemos] de criar ou dinamizar os grupos de diálogo entre a Igreja e os formadores de opinião dos diversos campos"[298].

Um museu que convide ao diálogo e procure "neutralizar a cultura de morte com a cultura cristã da solidariedade é imperativo que diz respeito a todos nós"[299]. Para a cultura cristã, o museu se manifesta como um espaço capaz de promover relações geradoras de vida, despertando o olhar para as dimensões de arte e beleza, sempre em favor da evangelização.

> [...] no entanto, o anúncio do Evangelho não pode prescindir da cultura atual. Esta deve ser conhecida, avaliada e, em certo sentido, assumida pela Igreja, com linguagem compreendida por nossos contemporâneos. Somente assim a fé cristã poderá aparecer como realidade pertinente e significativa de salvação. Mas essa mesma fé deverá gerar modelos culturais alternativos para a sociedade atual. Os cristãos, com os talentos que receberam, talentos apropriados, deverão ser criativos em seus campos de atuação: o mundo da cultura, da política, da opinião pública, da arte e da ciência[300].

Diante desse tema, é preciso compreender que a presença do museu na cultura cristã tem um grande valor, pois, além de ser um espaço formativo, é um

---

297. FISCHER, E., A necessidade da arte, p. 251.

298. DAp 498.

299. DAp 480.

300. DAp 480.

lugar de preservação e conservação histórica de elementos importantes, para se manter uma cultura cristã. Pensando em museu como espaço catequético, por exemplo, entende-se que é um ambiente salutar para retomar a amizade da Igreja com os artistas; para a catequese, essa retomada deve ser um sinal de esperança em tempos de mudança de época. A cultura cristã, através do museu, abre a possibilidade de diálogo e testemunho da fé no universo cultural contemporâneo. O museu pode ser compreendido, portanto, como um espaço de amizade entre a Igreja e as artes.

> É grandemente necessário reconhecer, porém, que, até o século XVIII, os estilos artísticos nasceram e se desenvolveram no âmbito de uma cultura marcada pelo cristianismo, sem um particular contraste de tipo "ideológico" com a fé. Somente a partir de 1800 se percebe, pela primeira vez, o surgir de correntes artísticas fora do âmbito eclesial e, quase sempre, em contraste com a visão da fé. Esta realidade histórica não espalha a não ser o divórcio bem-consolidado entre fé e razão no interior da cultura ocidental, divórcio que vinha sendo criado com o advento do Iluminismo. É exatamente a partir dessa virada de época, existente até hoje, que é possível entender a intenção do Concílio Ecumênico Vaticano II: iniciar um processo de reconciliação com o mundo da Arte, de tal modo que se possa retomar a antiga amizade entre Igreja e as Artes, que havia dado tantos insignes frutos no decorrer dos séculos[301].

A reflexão a respeito da importância do museu para a cultura cristã abre horizontes e acena para espaços de evangelização, a partir de uma criatividade que brota da espiritualidade. Renovar uma amizade com as artes faz com que a evangelização encontre novas linguagens para atingir o coração da cultura contemporânea, abrindo as portas do museu, não só para trazer as artes mas também para se colocar em saída; levar a arte às "periferias existenciais"; expor a obra de arte nas ruas, nos muros, nas comunidades; e propor um diálogo com grupos e pessoas, através da imagem artística, traçando caminhos que alimentem a amizade com a pessoa no seu contexto de vida.

O museu, sob esse aspecto, precisa exercer uma função de educador e propor um encontro com o ser humano em sua dimensão transcendental e comunitária. Como ser de relação, a pessoa se vê diante da busca do sentido da vida, que exige uma opção fundamental e a leva a equilibrar a tensão entre finito e infinito. O museu, como "casa do encontro" e espaço da amizade, é um lugar

---

301. ESTIVILL, D., La Chiesa e l'arte secondo il Concilio Ecumenico Vaticano II, p. 41.

de humanização que favorece uma relação integral com Deus a partir do encontro com seus interlocutores, pois a vida que se pauta na fé cristã desenvolve na pessoa uma abertura para a dimensão fraterna. Nessa direção, o museu é, acima de tudo, uma vida partilhada, nem sempre de modo completo, mas a partir de fragmentos artísticos e antropológicos, que remetem à ideia de o quanto é grande a relação entre homem e Deus, em Jesus Cristo. Essa partilha acontece através de uma comunicação simbólica, capaz de dar sentido à vida humana, promovendo a identidade do museu a partir da cultura cristã, que encontra na amizade entre a Igreja e as artes um caminho de evangelização.

2.1.4. Uma compreensão da arte: arte sacra e arte religiosa

A Igreja concebe a arte como manifestação do espírito humano. A arte é, a seu modo, a capacidade do homem de transformar a matéria através de uma ação criativa, que revela algo mais profundo, e de transferir para a matéria algo que está no universo abstrato. Ela abraça princípios fundamentais, como a forma, compreendida como o modo de se relacionar com aquilo que nos envolve, e a criatividade, que evoca a imaginação e a criação de símbolos, constituindo, assim, uma linguagem preenchida de significados. Por isso, num âmbito geral, "a função da arte não é transmitir sentimentos do artista, mas estimular modificações a nível dos sentimentos de quem contempla a obra de arte"[302].

Para E. H. Gombrich, um grande historiador da arte, o que se denomina "obra de arte" não é fruto de uma atividade misteriosa, e sim um objeto feito por seres humanos, para seres humanos, pois

> [...] a maioria das pinturas e esculturas que hoje se alinham ao longo das paredes dos nossos museus e galerias não se destinava a ser exibida como Arte. Foram feitas para uma ocasião definida e um propósito determinado que habitava a mente do artista quando pôs mãos à obra[303].

A arte, de algum modo, exerce a função de transmitir conhecimento e transformar a pessoa através de uma relação que se pode chamar de experiência estética, fruto de um encontro profundo com determinada expressão artística.

> A arte tem assim uma função que poderíamos chamar de conhecimento, de "aprendizagem". Seu domínio é o do não racional, do indizível, da sensibilidade: domínio sem fronteiras nítidas, muito diferente do mundo da ciência,

---

302. READ, H., A educação pela arte, p. 79.

303. GOMBRICH, E. H., A história da arte, p. 32.

da lógica, da teoria. Domínio fecundo, pois nosso contato com a arte nos transforma. Porque o objeto artístico traz em si, habilmente organizados, os meios de despertar em nós, em nossas emoções e razão, reações culturalmente ricas, que aguçam os instrumentos dos quais nos servimos para apreender o mundo que nos rodeia. Entre a complexidade do mundo e a complexidade da arte existe uma grande afinidade[304].

Essa concepção retoma a referência ao caráter humano da arte e à noção de expressão de uma série de aspectos humanos, aos quais o autor acrescenta a relação do indivíduo com o mundo que o rodeia e do universo interno com o universo externo ao ser humano. Aqui, encontra-se também a ideia de habilidade para a construção de meios de aguçar o indivíduo para a apreensão do mundo. E isso sugere a necessidade de técnicas e conhecimentos por parte daqueles que produzem arte. Esta é uma manifestação criativa, que se dá como resposta a uma experiência interior vivida pelo homem, podendo ser compreendida como um ato de transcendência. É possível afirmar, então, que uma obra de arte é fruto da capacidade criativa do ser humano, que se interroga diante da realidade visível e tenta descobrir o sentido profundo e comunicá-lo através da linguagem das formas, das cores, dos sons[305].

Quando se adentra no tema da arte, é preciso recordar que através dela, seja a arte em geral, seja a arte cristã, o homem busca uma forma de superar o seu eu por meio de uma experiência de comunhão.

> O desejo do homem de se desenvolver e completar indica que ele é mais do que um indivíduo. Sente que só pode atingir a plenitude se se apoderar das experiências alheias que potencialmente lhe concernem, que poderiam ser dele. E o que o homem sente como potencialmente seu inclui tudo aquilo de que a humanidade, como um todo, é capaz. A arte é o meio indispensável para essa união do indivíduo com o todo; reflete a infinita capacidade humana para a associação, para a circulação de experiências e ideais[306].

Em vista de uma experiência significante na vida humana, a arte, em sua função, promove a integração, a comunhão da pessoa com o cosmo; estimula, recria, desperta em cada pessoa um novo modo de fazer uma experiência, que conduz à plenitude daquilo que ainda se busca ser; aponta para processos de construção, de transformação; liberta e insere numa dimensão lúdica, proporcionando

---

304. COLI, J., O que é Arte, p. 109.

305. BENTO XVI, PP., Audiência geral.

306. FISCHER, E., A necessidade da arte, p. 13.

uma comunhão criativa. Essa experiência pode ser notada desde os primórdios da humanidade.

> A presença da arte na história pode ser identificada nas manifestações de conhecimento, onde o homem utilizava o desenho como forma de linguagem. Já no tempo das cavernas os primatas desenhavam como caçavam, quantas pessoas tinha na caverna. Desde o começo da humanidade o ser humano era e é um ser criativo, nascendo com essa habilidade, a qual pode ser desenvolvida através do meio em que vive, independente da cultura e do desenvolvimento interno de seu ser, assim explorando e estimulando sua criatividade em seu cotidiano[307].

Sendo a arte algo tão marcante na história humana, ela está presente na vida da Igreja de duas maneiras: arte religiosa e arte sacra. Ambas não têm o mesmo significado, pois uma obra pode ser produzida sob inspiração divina, mas não ser voltada para o culto. A arte sacra se refere às obras de arte destinadas à liturgia e ao culto religioso. A reflexão sobre arte sacra e arte religiosa se encontra em vários autores que, de algum modo, procuram fazer essa distinção. Mas também são conceitos que podem ser contemplados quando se fala em arte litúrgica ou arte cristã. Convém afirmar, nesta elucidação de conceitos, que a arte sacra se associa diretamente com o conteúdo da fé, de modo objetivo, mediante raízes litúrgicas e teológicas muito claras.

> Mas permanece uma diferença entre arte sacra (de referência litúrgica, dedicada ao espaço próprio da Igreja) e a arte religiosa em geral. Não existe espaço na arte sacra para a arbitrariedade pura. Formas artísticas que negam o *Logos* nas coisas e fixam a atenção do homem sobre a aparência sensível, não são conciliáveis com o sentido da imagem na Igreja. Da subjetividade isolada não pode nascer nenhuma arte sacra. Ela pressupõe, justamente, o sujeito, interiormente formado para a Igreja e aberto para o "nós". Somente assim a arte torna visível a fé comum e fala de novo ao coração do fiel. A liberdade da arte que deve existir no âmbito estritamente mais circunscrito da arte sacra, não coincide com a arbitrariedade. Ela se desenvolve sob os critérios aos quais se acenou nos primeiros quatro pontos dessa reflexão conclusiva, que constituem uma tentativa de resumir as constantes da tradição figurativa nutrida pela fé. Sem fé não existe arte adequada à liturgia. A arte sacra se encontra somente pelo imperativo da Segunda Carta aos Coríntios: olhando para o Senhor, nós "refletimos como um espelho a glória

---

307. SANS, P. T. C., Pedagogia do desenho infantil, p. 57.

do Senhor e, na mesma imagem, somos transformados, de glória em glória, pelo Espírito do Senhor" (3,18)[308].

Nas reflexões sobre a Igreja e a arte, denota-se um profundo interesse presente no ideário do Concílio Vaticano II.

> [O Concílio] Vê a arte, sim, como manifestação do espírito humano, mas, sobretudo, do ponto de vista da Igreja, ou seja, segundo uma visão de fé e, mais precisamente, em relação à celebração cultural da fé. Somente a partir deste ângulo particular, do qual a Igreja vê a Arte, se pode compreender a distinção, explicitamente colocada em relevo, entre Arte sacra e Arte religiosa. Isso merece uma atenta reflexão. [...] Então, seria possível tentar responder à pergunta: em que consiste o específico da Arte sacra. A especificidade não pode se encontrar no sujeito, que é comum tanto na Arte sacra como naquela religiosa, mas no direcionamento da primeira aos mistérios celebrados na Liturgia, direcionamento que se manifesta nas escolhas iconográficas e iconológicas. Assim, por exemplo, enquanto uma obra de Arte religiosa se propõe apresentar, normalmente, cenas inspiradas na História da Salvação, na vida dos Santos, ou ainda, na vida da Igreja, com uma finalidade mais catequética ou de comunicação, a Arte sacra, por sua vez, mesmo tendo análogo ou até idêntico sujeito iconográfico, exatamente porque está concebida em vista de sua inserção na celebração litúrgica com o propósito de elevar o espírito rumo à contemplação, prefigura uma série de elementos particulares que devem ser interpretados em referência aos mistérios celebrados[309].

A arte sacra, ou arte em geral, deve superar a ideia de comercialização. Em sua plenitude de expressão, não pode ser produzida ou deixar-se afetar para atender gostos comerciais. Algo bem comum nos dias de hoje é adentrar nesse caminho, que põe em questão a essência da arte como dom, fruto da gratuidade de uma relação interior, e compreende-a puramente pela ótica comercial, dissecando sua dimensão mais profunda.

> O que significa tudo isso na prática? A arte não pode ser "produzida" como se comissionam e se produzem aparelhos técnicos. Ela é sempre um dom. A inspiração não a pode decidir, deve recebê-la gratuitamente. Uma renovação da arte na fé não pode ser conseguida nem com o dinheiro, nem com comissões. Ela pressupõe antes de tudo o dom de um novo modo de ver.

---

308. RATZINGER, J., Teologia da liturgia, p. 113.

309. ESTIVILL, D., La Chiesa e l'arte secondo il Concilio Ecumenico Vaticano II, p. 27.

Deveremos então considerar uma coisa digna de todo esforço, o objetivo de recuperar uma fé capaz de ver. Onde essa fé exista, também a arte encontrará a justa expressão[310].

A arte sacra diferencia-se por ser imanente ao culto sagrado. Sua intenção é despertar nos fiéis emoções puras e singelas, revelar-lhes a visão do Paraíso ainda na Terra, um lampejo da perfeição. Mas essas obras sacras, distintas das cristãs em geral, não devem chocar quem as vê, nem ferir suscetibilidades e muito menos criar controvérsias ou questionar dogmas e conceitos religiosos. É uma arte que serve à liturgia.

Pela ótica da fé, podem-se encontrar muitas manifestações de arte que não seguem padrões estéticos pré-definidos; tais expressões são fruto de uma experiência encarnada em realidades distantes dos estudos acadêmicos. São obras nem sempre encontradas nos museus ou salões de exposição. É uma criação chamada de arte popular, com forte característica devocional. Mas, como manifestação da fé, exerce valor extraordinário na ação evangelizadora da Igreja. É arte, e como tal, fala ao coração de pessoas e culturas, sendo uma verdadeira testemunha e fonte de fé.

> A fé só é adequadamente professada, entendida e vivida quando penetra profundamente no substrato cultural de um povo. Desse modo aparece toda a importância da cultura para a evangelização, pois a salvação trazida por Jesus Cristo deve ser luz e força para todos os anseios, para as situações alegres ou sofridas e para as questões presentes nas respectivas culturas dos povos. O encontro da fé com as culturas as purifica, permite que desenvolvam suas virtualidades, enriquece-as, pois todas elas procuram em última instância a verdade, que é Cristo (Jo 14,6)[311].

Diante de um tema amplo, que é a conceituação da arte no universo religioso, no caso arte cristã (arte sacra e arte religiosa), percebe-se que a característica peculiar que as define é sua manifestação de fé. O universo artístico é rico em significados e estilos, pois a arte manifesta a beleza criativa presente no interior da humanidade, que busca, de várias maneiras, relacionar-se com o mundo e com algo que está para além de si mesma e só pode ser encontrado numa profunda experiência espiritual. Nesse caso, a arte está relacionada com a transcendência. Por fim, deve-se compreendê-la como uma manifestação de fé capaz de revelar a diversidade de talentos que, nas mais variadas culturas, procuram o caminho da

---

310. RATZINGER, J., Teologia da liturgia, p. 113.

311. DAp 477.

beleza, para adentrar no universo sagrado do Mistério, agindo como verdadeira educadora da fé.

2.2. Museu Sagrada Família – Catequese e Arte: o itinerário de construção

São muitos os apelos da Igreja que, peregrina pelo mundo, deseja continuar sua missão de anunciar o Evangelho. "A evangelização é dever da Igreja"[312]. É nesse apelo e na busca por novos areópagos[313], como espaços de formação com catequista e diálogo com a cultura, que se inspirou a construção do Museu Sagrada Família – Catequese e Arte, na Paróquia Sagrada Família, na cidade de São Caetano do Sul, estado de São Paulo. Assim, acompanhando a formação dos catequistas na Diocese de Santo André, percebeu-se a necessidade de um espaço formativo através da via da arte e da beleza.

Antes de iniciar o projeto de construção do Museu, foi necessário passar pela experiência de encontro com a realidade pastoral, histórica, arquitetônica e artística da Matriz Sagrada Família: pesquisar fotografias e registros que narram a presença dos Missionários Estigmatinos naquela cidade e, consequentemente, os motivos pelos quais se construiu uma igreja naquele estilo. Além disso, foi essencial compreender a importância da matriz no desenvolvimento urbano, assim como sua forte influência no centro da cidade e na vida das pessoas que a frequentam ou passam por ela vez ou outra. Esses e tantos outros motivos são fatores que justificam o processo de construção do museu. Tal aprofundamento na realidade foi fundamental para o entendimento daquilo que se construiu em vista da evangelização: especificamente, como um itinerário de formação com catequista pela via da beleza.

Fundamentando-se em conceitos e reflexões sobre museu e arte, bem como nos desafios que envolvem a formação do catequista, é preciso focar o tema do museu e compreender, a partir da leitura de um processo de criação, o seu real sentido para a evangelização. O Museu Sagrada Família – Catequese e Arte tem sua inspiração no amor pela arte e pela catequese e se fundamenta na pesquisa, na publicação de livros e nas assessorias de cursos visando à formação com catequista, bem como no diálogo com modalidades da formação dos educadores da fé em várias realidades do Brasil. A partir desse itinerário de vida pastoral, ouvindo e convivendo com centenas de catequistas, surge um grande desafio: como formar

---

312. EG 111.

313. DAp 491.

catequistas que atuem na Iniciação à Vida Cristã de inspiração catecumenal, com base em uma experiência que forme discípulos missionários? "A Igreja, a partir do Vaticano II, propõe a experiência catecumenal, a ser adaptada com características adequadas ao nosso tempo"[314]. Assim, o interesse que moveu a construção do museu voltou-se para o espaço formativo, em vista de um projeto de formação que seja humano-cristão.

Diante da mudança de paradigma, é preciso criar ambientes e projetos formativos que favoreçam ao catequista um itinerário de formação e a passagem pela experiência litúrgico-catequética, e não apenas pela transmissão de conteúdo; um espaço que seja cenário de experiências que possam tocar o coração do catequista. Com esse objetivo, uniram-se dois aspectos importantes para a criação do museu: o primeiro é a paixão pela catequese focada na formação com catequista; e o segundo é o amor pela arte. Esses dois elementos associados ao exercício do ofício de pároco na Paróquia Sagrada Família, em São Caetano do Sul, por um período de dez anos, favoreceram um aprofundamento acerca da estrutura arquitetônica da Matriz Sagrada Família, fazendo-se um intenso estudo de espaços, arquitetura, tijolos e pinturas parietais.

Mais instigante ainda foi criar um projeto formativo através de uma profunda experiência de encontro com a arte, interpretando a beleza da matriz e, de certo modo, assimilando a importância da arte a serviço da Igreja, no processo de formação com catequista. Nesse campo, percebeu-se a grandeza da arte para a liturgia e a transmissão da fé. Catequese, arte e liturgia caminham juntas na formação humano-cristã do catequista, tendo o museu como morada, onde esses temas se entrelaçam numa grande expressão artística.

Percorrer esse itinerário exigiu estudo, pesquisa e diálogos incansáveis com arquitetos, artistas, liturgistas, catequetas, catequistas, historiadores e paroquianos, procurando preservar a liberdade criativa como processo espiritual e zelando pela curadoria e pelo roteiro formativo, que se revela como a alma do museu. Foi necessário trilhar um caminho, manter o foco – no caso, a via da beleza inspirada no Itinerário de Iniciação à Vida Cristã, proposto pela Igreja. Esse foco ajudou a "limpar a obra", conduzir o museu ao essencial e evitar exageros, primando-se pela objetividade e libertando-se de uma prática que, em vários contextos da Igreja, tem afetado a catequese e a liturgia.

> Talvez, em âmbito artístico, aconteça algo semelhante àquele que se verifica na Liturgia. De fato, hoje, muitas vezes, percebemos, facilmente, que muitos abusos litúrgicos estão radicados num excesso de protagonismo por parte

---

314. IVC 117.

do celebrante; mas, sobretudo, encontram uma atenuante na imprecisão das rubricas. Analogamente, no campo artístico, durante o pós-concílio, muitas aberrações, na Arquitetura das igrejas, assim como na decoração das mesmas, e na iconografia sacra, estão enraizadas não somente sobre a reinvindicação da liberdade criativa, mas, principalmente, sobre a falta de uma normativa a esse respeito[315].

Por esse caminho, nasceu e se desenvolveu a ideia de adequar, restaurar e construir os espaços que, no seu conjunto arquitetônico, compõem o Museu Sagrada Família – Catequese e Arte, tendo como objetivo ser um itinerário de formação que apresente e insira o catequista na via da beleza. Essa proposta gerou muitos debates e críticas e, várias vezes, numa atitude resiliente, a superação do desejo de desistir. Construir uma obra dessa natureza exige de quem o faz um constante retorno ao espírito criativo, o qual se fundamenta no permanente exercício espiritual diante da Beleza que o seduziu: "Tu me seduziste, Iahweh, e eu me deixei seduzir; tu te tornaste forte demais para mim, tu me dominaste" (Jr 20, 7).

Defender a ideia de um museu como um espaço de formação com catequista é apresentar um paradigma que não foi compreendido totalmente no primeiro momento e cuja assimilação, por parte de quem não acompanha essa reflexão, levará um bom tempo. Construir um museu mediante esse foco é uma questão que gerou incômodos e incertezas na apreensão do conceito, principalmente porque não há nas comunidades, entre os padres, religiosos e catequistas, o hábito de frequentar museus. Muitos ainda alimentam a ideia, preconceituosa, de que eles seriam lugar de "coisa velha".

> Pensar em museu, fazer museu e visitar museus são ações desconectadas em sua ordem de grandeza, mas entrelaçadas teoricamente como reflexo de inquietação. O nível de precipitação indagativo coloca-se como ponto focal: o que leva uma sociedade, uma coletividade ou um indivíduo a frequentar ou a desconhecer um museu?[316]

Durante as experiências de construção, elaboração do conceito, diálogo com a comunidade e autoridades competentes, como se pode verificar em cartas e mensagens do arquivo do museu, foi possível perceber que, entre outros aspectos, a curadoria do museu, na perspectiva da interação entre catequese e arte, é uma abordagem não apenas relevante para o registro de uma memória do passado, assunto tão importante na vida da comunidade de predominância idosa, mas tam-

---

315. ESTIVILL, D., La chiesa e l'arte secondo il Concilio Ecumenico Vaticano II, p. 81.

316. CASTRO, A. L. S. de, O Museu do sagrado ao segredo, p. 25.

bém constitutivo de fenômenos culturais fundamentais para o diálogo formativo no mundo contemporâneo; algo salutar para a cultura cristã que, nas últimas décadas, tem procurado renovar o seu vínculo com artistas e a arte contemporânea.

Nesse sentido, durante a construção do museu, procurou-se manter um diálogo com a imprensa local, levando o processo para outras instâncias da sociedade. De algum modo, o Museu Sagrada Família quer testemunhar a amizade existente entre a Igreja e as artes, tema abordado no Concílio Vaticano II, que foi, e precisa continuar sendo, uma fonte de educação e testemunho da fé; amizade esta que deve ser assimilada e vivida pelos catequistas e por toda a comunidade cristã.

> A amizade entre a Igreja e as Artes remonta aos primórdios da história eclesiástica, desde quando, superando um primeiro momento de desconfiança, por causa da proibição veterotestamentária de mostrar o divino em figuras, e a necessidade de se separar do mundo pagão, a comunidade cristã, primeiro, e a hierarquia, depois, viram não só a compatibilidade, mas também a essencial conaturalidade entre a Arte e a mensagem evangélica. Essa amizade está documentada por meio de um rico testemunho de obras, que assinalam, de modo contínuo, com altos e baixos, a história da Igreja até poder falar de uma verdadeira e real "História das Artes da Igreja". Prova disso é o fato que o número de obras de Arte, lá onde o Evangelho foi anunciado, é, altamente, consistente, e é, na maior parte, de caráter religioso[317].

O museu, além de seguir um projeto de curadoria nos seus processos criativo e formativo, abriu amplos horizontes no debate sobre o lugar da arte na formação com catequista e sobre a importância de um museu catequético no contexto eclesial. Desse modo, o Museu Sagrada Família – Catequese e Arte é uma contribuição para a formação do catequista e para a educação da fé em todas as etapas da vida, estando embasado nos fundamentos de uma catequese *querigmática* e *mistagógica*, que abre suas portas para um ambiente formativo inspirado e construído sob o alicerce da Iniciação à Vida Cristã de inspiração catecumenal, como um itinerário de formação de discípulos missionários.

Assim, o "canteiro de obras" foi uma excelente ocasião para experimentar os encontros, desencontros, angústias, inquietações, medos, decepções, tristezas e alegrias. São vivências e sentimentos que acompanharam o processo criativo na transformação de um projeto formativo em espaço físico que, em suas estruturas, traduz, em imagem e ambiente de experiência, os tempos e etapas do Itinerário de Iniciação à Vida Cristã. Esse caminho de criação sempre levou em conta o con-

---

317. ESTIVILL, D., La Chiesa e l'arte secondo il Concilio Ecumenico Vaticano II, p. 34.

texto histórico, cultural e religioso da comunidade, procurando possibilitar uma educação do olhar e favorecendo o encontro com a Beleza.

2.2.1. O Museu Sagrada Família – Catequese e Arte e seu contexto histórico-cultural-religioso

A fundação e a organização de um museu, para que cumpra sua funções de espaço de formar e evangelizar com uma característica eclesiástica, precisa se fundamentar em três dimensões: eclesiológica, teológica e espiritual[318]. Assim, o museu assume uma característica pastoral, abrindo-se para as perspectivas de ação que compõem os desafios da evangelização em cada espaço e lugar. Sua originalidade e sua eficácia pastoral se dá na medida em que constrói uma relação profunda com determinada realidade pastoral, como resposta ao contexto em que está inserido e de que é parte integrante. Nesse sentido, durante o processo de criação do museu, foi necessário estudar o contexto histórico, cultural e religioso que envolve a Matriz Sagrada Família e o museu como expansão da área arquitetônica, artística e formativa.

Cada ser humano é, de certo modo, um desconhecido para si mesmo. Por isso, era relevante levantar dados históricos[319] que facilitassem a compreensão do Museu Sagrada Família como espaço de diálogo entre catequese e arte, através de um itinerário que proporcionasse o encontro com o eu mais profundo, com o outro, com Deus e com o mundo. Ao proporcionar esse encontro, o museu assume a característica de um espaço sociotransformador.

Para isso, é preciso sair da esfera tradicional da simples reflexão sobre a arte e a história de uma igreja ou um lugar, fundamentada num saudosismo. Faz-se necessário ir além, em vista de uma atualização histórica e religiosa, que responda aos anseios do mundo contemporâneo. Assim, desde o início da construção, o museu, como espaço catequético, propôs um diálogo que promoveu uma inversão de papéis, ao purificar o olhar da comunidade a partir da compreensão relacional entre arte e catequese, e não de si mesmo, como espaço físico. Amadurecendo o nosso conceito de museu, foi possível gerar um processo de reflexão em vários setores da comunidade.

---

318. COMISSÃO PONTIFÍCIA PARA OS BENS CULTURAIS DA IGREJA, Carta circular sobre a função pastoral dos museus eclesiásticos, p. 14.

319. Muitas pesquisas históricas foram feitas no livro de tombo da paróquia, nos arquivos da Província Santa Cruz – Padres Estigmatinos, no Pró-Memória da cidade de São Caetano do Sul e nas publicações do sociólogo e historiador José de Souza Martins, professor da USP que, através de escritos e visitas ao museu no período da construção, relatou fatos históricos da vida do povo de São Caetano do Sul, muitos deles ocorridos em torno da Matriz Sagrada Família.

O Museu Sagrada Família – Catequese e Arte se situa na cidade de São Caetano do Sul, no ABC Paulista. Essa cidade, no século XVII, era apenas uma fazenda dos Beneditinos, tendo a sede nos arredores da pequena Igreja de São Caetano que, após a construção da Matriz Sagrada Família, passou a ser reconhecida pela comunidade como Matriz Velha, localizada no Bairro Fundação. Com o passar dos anos, a região foi passando por grandes transformações, desde a produção de vinhos e tijolos, com grandes olarias, até a indústria automobilística e o comércio. Hoje, é considerada uma das cidades com o maior Índice de Desenvolvimento Humano do Brasil. Marcada por uma colonização predominantemente italiana, São Caetano do Sul criou suas raízes históricas e culturais, estando envolvida por uma religiosidade católica que se manifestou na construção de igrejas, em grupos marianos e nas celebrações religiosas, que ainda influenciam a vida cultural da cidade.

Nesse contexto, recordamos a construção da Matriz Sagrada Família, a "Matriz Nova", como é conhecida por muitos: uma grande igreja situada no centro da cidade e que passou a ser o cenário de importantes celebrações, casamentos e eventos culturais, como apresentação de orquestras e corais. Essa construção é um marco da presença dos Missionários Estigmatinos que trabalham na cidade desde 1923. A Matriz Sagrada Família, com seu estilo românico basilical, feita com tijolos de barro produzidos nas olarias da cidade, foi inaugurada em 6 de junho de 1937. Assim, para marcar e comemorar essa data tão significativa na vida da paróquia e da cidade, após três anos de oração e pesquisa, iniciou-se a construção do Museu Sagrada Família – Catequese e Arte, em 6 de junho de 2012, ano da comemoração dos 75 anos de bênção e inauguração da matriz.

Nos dias de hoje, diante dos desafios para a evangelização, o museu é, de certo modo, uma resposta criativa na construção de novos espaços de evangelização. A cidade de São Caetano do Sul tem uma grande população de idosos; para esse grupo, o museu é lugar de memória afetiva. Mas não se pode deixar de registrar que o museu está no centro da cidade, por onde passam centenas de pessoas, próximo à estação de trem e ônibus, entre prédios, escolas, universidades e lojas comerciais, e faz divisa com grandes cidades, como São Paulo, Santo André e São Bernardo. É um valioso espaço de diálogo com o homem contemporâneo, que vive as inquietações dos centros urbanos e caminha à procura de um lugar onde possa ser visto não como massa, mas como pessoa. Atendendo a essa perspectiva, o museu é uma porta que se abre não apenas para catequistas e paroquianos, mas também para uma diversidade de pessoas que anseiam por um lugar que favoreça o silêncio, o descanso e o encontro consigo mesmas; por um espaço que proporcione o descanso do olhar pela via da beleza; por um ambiente para participar do diálogo entre educação da fé e arte, sendo tocado e acolhido como membro da casa da Iniciação à Vida Cristã.

2.2.2. Museu Sagrada Família – Catequese e Arte: uma casa da Iniciação à Vida Cristã

O museu, compreendido como casa da iniciação, propõe-se a redescobrir e atualizar, na vida e na missão do catequista, um paradigma de educação da fé que, em muitos momentos do magistério eclesial, apoiou-se nos bens culturais da igreja, inspirando, assim, um novo modelo de formação no vasto mundo cristão. "Cada tempo e cada lugar têm um modo característico para apresentar Jesus Cristo, e suscitar nos corações um seguimento apaixonado não a algo, mas à sua Pessoa"[320]. A prática de iniciar na vida cristã sempre foi permeada por expressões de arte e beleza, que se manifestaram através da vida litúrgica, da arquitetura, da pintura, da literatura, da música, enfim, de uma vasta expressão artística que, em cada época e lugar, contribuiu para o Itinerário de Iniciação à Vida Cristã. Assim, o museu que contorna a Matriz Sagrada Família ilumina, agindo como uma espécie de holofote e conduzindo o olhar para a compreensão da igreja como "casa da iniciação". É um verdadeiro oásis, um poço para saciar a sede e aprofundar a vida espiritual de quem desejar entrar e buscar água nesse espaço de arte e beleza (Jo 4,5-42).

> Hoje, num mundo cada vez menos cristão e de grandes metrópoles e concentrações, as igrejas devem tornar-se uma *Domus ecclesiae* (casa da Igreja), lugar com uma qualidade de vida (um oásis) que venha satisfazer as exigências da comunidade. Um lugar para as celebrações sacramentais, para outros encontros, hospedaria, anexos necessários para o dia a dia, e quando possível, um jardim fechado (exata imagem da Jerusalém do Cântico dos Cânticos e do Apocalipse) para que os próprios fiéis possam mediar e fazer suas devoções pessoais (terço, via-sacra…) longe da violência e do caos externo[321].

Definir o museu como espaço onde arte e catequese se encontram, propondo uma experiência de beleza e fé a partir de um itinerário que se percorre, é um modo de responder aos apelos da ação evangelizadora da Igreja. Esta procura, a cada instante, atender aos desafios culturais e religiosos que marcam a mudança

---

320. DGAE (2011-2015) 38.

321. PASTRO, C., Guia do espaço sagrado, p. 58.

de época. "Em outras épocas, a apresentação de Jesus Cristo se dava através de um mundo que se concebia cristão"[322]. Contudo, a ação do catequista, nesse contexto, acontece através do diálogo e exige a compreensão de alguns conceitos, como educação da fé, itinerário catequético, arte, beleza, *querigma*, catecumenato, purificação, iluminação e *mistagogia*. Pautando-se nesses conceitos, fonte e inspiração do museu, verdadeiras colunas em sua arquitetura, é que se pode defini-lo, também, como "Casa da Iniciação à vida Cristã"[323]. Contemplando esse viés, o museu é um facilitador que acolhe, mostra e favorece um encontro com uma Pessoa: Jesus Cristo; "a todos nós toca recomeçar a partir de Cristo"[324].

> A fé é dom de Deus! "Não se começa a ser cristão por uma decisão ética ou uma grande ideia, mas pelo encontro com um acontecimento, com uma Pessoa, que dá um novo horizonte à vida e, com isso, uma orientação decisiva". Por sua vez, este encontro é mediado pela ação da Igreja, ação que se caracteriza em cada tempo e lugar, de acordo com o jeito de ser de cada povo, de cada cultura. A descoberta do amor de Deus manifestado em Jesus Cristo, dom salvífico para toda humanidade, não acontece sem a mediação dos outros (Rm 10, 14)[325].

Sendo cristocêntrico em sua arquitetura, o museu nasceu para apresentar Jesus Cristo e propor um caminho de seguimento através da formação humano-cristã do catequista e de visitantes em geral. Como extensão da igreja paroquial, não é um anexo, mas sim parte do corpo eclesial, da assembleia, que celebra e vive a sua fé. É uma casa que, além de propor um caminho de educação e aprofundamento da fé, preserva, em suas paredes e seus espaços, arquivos e exposições, fragmentos das expressões de fé de períodos históricos da comunidade, favorecendo um encontro de arte e beleza através do presente, do passado e do futuro. Cria um universo de possibilidades que proporciona, a cada visitante, a experiência de se reconhecer em algum momento desse itinerário. Assim, quando numa experiência estética ou espiritual, o museu torna possível ao catequista ou a outro visitante o encontro com alguma obra de arte ou outro aspecto que se identifique com sua história de fé e vida. Isso gera, no interior de quem vive esse contato, uma aproximação afetiva com o museu, fazendo com que aquele espaço que estava, inicialmente, distante se torne próximo, uma casa de fé e vida.

---

322. DGAE (2011-2015) 38.

323. DGAE (2011-2015), 37, 43.

324. DAp 12.

325. DGAE (2011-2015) 37.

Com os desafios de se evangelizar no mundo urbano, o museu é um espaço, uma casa importante do anúncio da fé cristã, com catequistas e tantas outras pessoas que, em momentos da vida, precisam de um lugar que as acolha e alimente o ardor da fé através do encontro com símbolos da fé cristã, os quais já não se encontram nos ambientes da vida cotidiana.

> Cada tempo e cada lugar têm um modo característico para apresentar Jesus Cristo e suscitar nos corações o seguimento apaixonado não a algo, mas à sua Pessoa, que a todos convida para com Ele vincular-se intimamente. "A admiração pela pessoa de Jesus, seu chamado e seu olhar de amor despertam uma resposta consciente e livre desde o mais íntimo do coração do discípulo." Todavia, como resposta, a adesão a Jesus Cristo implica anúncio, apresentação, proclamação. Em outras épocas, a apresentação de Jesus Cristo se dava através de um mundo que se concebia cristão. Família, escola e sociedade em geral, ao mesmo tempo em que ajudavam a se inserir na cultura, apresentavam também a pessoa e a mensagem de Jesus Cristo[326].

Nessa direção, compreender o Museu Sagrada Família como casa da Iniciação à Vida Cristã é trazer, para um ambiente cultural, uma das urgências da ação evangelizadora da Igreja, envolvendo os catequistas e toda a comunidade rumo ao encontro com um cenário urbano desafiador, sobretudo pela diversidade de atrações de consumo, que tiram o foco da cultura cristã. Isso gera contextos urbanos desastrosamente desiguais e desumanos. "No mundo atual, esmorecem os sentimentos de pertença à mesma humanidade; e o sonho de consumirmos juntos a justiça e a paz parece uma utopia de outros tempos"[327].

Contudo, no cenário urbano onde se localiza, o museu abre as portas para uma nova forma de fazer pastoral, propondo o resgate de valores humanos essenciais. Em comunhão com a arte existente nas paredes da Matriz Sagrada Família, o museu tem a missão de contribuir com a ação pastoral da Igreja, acolhendo e dialogando com os anseios dos seus visitantes. Assume para si a missão de ser uma casa da acolhida, onde cada um sinta-se integrado e respeitado em suas dimensões mais profundas.

É acolhendo o outro que se pode atuar a serviço da vida e anunciar o Evangelho. Na cidade, com tantas diversidades culturais, as pessoas nem sempre identificam pastores capazes de conduzi-las. Diante dessa realidade, é preciso que o museu se apresente como amigo, que acolhe, dialoga e aponta a via da beleza

---

326. DGAE (2011-2015) 38.

327. FT 30.

como um caminho seguro; que mostra a direção a seguir, abrindo as portas da casa da fé através de processos espirituais.

2.2.3. Museu Sagrada Família – Catequese e Arte e sua função como um centro catequético

De modo inequívoco, a formação com catequista sempre foi o foco e a inspiração para a construção do museu. Cuidar dos catequistas é trazer para o centro do museu um interlocutor essencial nos processos de educação da fé. A grande maioria dos catequistas não passaram pelos Itinerários de Iniciação à Vida Cristã segundo o novo paradigma. Muitos são fruto das transformações do Concílio Vaticano II, da Catequese Renovada e até mesmo de referenciais mais antigos, em que o foco da catequese era apenas a dimensão sacramental, pautada na metodologia de pergunta e resposta. Não desejamos, aqui, tecer juízo de valor sobre nenhum modo de fazer a catequese, pois sabe-se que cada experiência vivida pelos catequistas revela a prática do seu tempo; nem mesmo o projeto formativo tem a pretensão de percorrer a trajetória histórica da práxis catequética. No presente projeto, o que se almeja é desenvolver a sensibilidade histórico-pastoral e entender que cada época procurou encontrar caminhos que respondessem aos apelos da evangelização. É preciso compreender que, com o passar do tempo, o perfil dos catequistas foi mudando rapidamente; e não se pode ignorar essa realidade.

> Em um mundo de crise, como este do mundo em mudança, somos profundamente questionados. O próprio Senhor nos retira de nossa acomodação e nos chama a responder esse novo desafio. O Evangelho não mudou, mas mudaram os interlocutores. Mudaram os valores, os modelos, as alegrias e as esperanças, as tristezas e as angústias dos homens e das mulheres de hoje. Jesus nos convida a sair, a escutar, a servir, em um movimento de transformação missionária em nossa Igreja. Essa atitude exige estarmos atentos aos sinais dos tempos. O processo é de escuta e atenção aos clamores do povo. Voltando-nos assim para a "Samaria" dos nossos dias, como fez Jesus, abrem-se novos espaços, livres, críticos, comunitários e fraternos, onde a fé cristã pode emergir, com uma renovada pertinência, na busca de mais humanidade e de melhor qualidade de vida, com um profetismo especial, que responde às necessidades de nossa realidade[328].

---

328. IVC 51.

Essa complexa realidade vivida atualmente revela que a experiência de formação com catequista aponta para o renascimento de um novo modelo formativo, como uma resposta criativa para o contexto da evangelização. Ao apresentar um paradigma cuja base é a inspiração catecumenal, é preciso ajudar o catequista a superar resistências, não com atitudes impositivas, mas com a proposta de um projeto e uma estrutura de formação que favoreça a experiência e a elaboração de um conteúdo iluminador, visando ao agir do catequista. Apoiado nas ideias de "sempre fizemos desse jeito" ou "sempre foi assim", surge a pergunta: como, quando e onde se pode implantar esse novo paradigma na ação catequética? Por isso, a marca primordial desse processo é a experiência, que se vai fazendo no caminho.

Nesse sentido, o Museu Sagrada Família – Catequese e Arte é um espaço que procura contribuir com a assimilação e a compreensão desse novo paradigma. Em sua estrutura, o museu põe o catequista em contato com temas importantes do seu processo formativo e sensibiliza-o para eles. Através da igreja, da biblioteca, das galerias de exposição, da iluminação, das obras de arte, do som, e do caminho que se percorre no interior do museu, é possível entender o que acontece no processo formativo, quando o espaço toca, de algum modo, a dimensão interior e a exterior do catequista. Esse movimento é o que se pode considerar um caminho de arte e beleza.

> Mais do que isso, a arte possui o que se costuma chamar de fecundidade, ela tem a capacidade de dar origem, de propiciar algo que não previu, de instigar o outro, o futuro, além de nos fazer rever o passado. Retomar o passado, seja por ruptura ou continuidade, se abrir para o que ainda virá, talvez fundando uma nova tradição, para ser retomada, de um modo jamais pensado, é algo próprio da arte[329].

Nesse ponto, é importante entender que, através da arte e da relação com o espaço arquitetônico, o catequista é estimulado a ser o protagonista do seu processo formativo. O universo da arte é totalmente aberto, criando um ambiente de leveza para que o catequista retire, de si mesmo, questões humanas e espirituais, facultando uma leitura do sentido da vida por meio da ótica da fé no seguimento a Jesus Cristo, em vista da missão que lhe foi confiada pela Igreja. O museu, como espaço de formação com catequista, tem ligação íntima com a vivência eclesial, ao preservar e atualizar o percurso da Igreja no que se refere à liturgia, à catequese, à arte, à cultura e à caridade. É no cenário pastoral que o museu assenta sua identi-

---

329. RAMOS, A. D. (org.)., Sobre o ofício do curador, p. 53.

dade e encontra seu verdadeiro sentido como um itinerário de formação pela via da beleza.

> O Museu eclesiástico é, por conseguinte, um lugar que documenta o desenvolvimento da vida cultural e religiosa, para além do gênio do homem, com o fim de garantir o presente. Consequentemente, não se pode compreender em sentido "absoluto", isto é, separado do conjunto das atividades pastorais, mas, sim, enquadrado e em relação com a totalidade da vida eclesial e com a referência ao patrimônio histórico-artístico de cada nação e cultura. O museu eclesiástico deve estar, necessariamente, inserido nas atividades pastorais, com o intuito de expressar a vida eclesial, através de uma aproximação global ao patrimônio histórico-artístico[330].

Conceber um museu como centro catequético implica uma mudança de paradigma, principalmente em relação à noção de museu prevalente no âmbito eclesial. Exercendo seu papel formativo, o museu promoveu cursos, visitas, lançamentos de livros e apresentações culturais desde o princípio, ainda durante seu processo de construção. Com essa postura, o museu defendeu a teoria de que ser formado dentro de um ambiente de arte, liturgia e catequese favorece o desenvolvimento de uma experiência que educa o olhar e todos os outros sentidos, proporcionando uma formação integral da pessoa do catequista através da superação de um modelo formativo fragmentado, que faz muito mal à Igreja e à sociedade. A partir dessa constatação, não se pode esquecer de que o museu, como instância formativa, nasceu ao redor da Matriz Sagrada família, tornando-se parte e extensão da sua arquitetura, de modo integrado. Dessa maneira, todo o itinerário formativo está centrado na Pessoa de Jesus Cristo. Convém notar que essa construção contou com a colaboração de muitos paroquianos e amigos do museu.

2.2.4. Amigos do Museu: a comunidade nos processos de criação e construção

Um dos maiores desafios no processo de construção do museu foi envolver a comunidade. Encontrar pessoas que desejem investir em projetos de arte e catequese não é uma tarefa fácil. Foi realizado um longo e permanente caminho de diálogo com empresas e famílias que pudessem apoiar a iniciativa, criando um vínculo afetivo que se expressasse em aportes para a construção. Isso exigiu um

---

330. COMISSÃO PONTIFÍCIA PARA OS BENS CULTURAIS DA IGREJA, Carta circular sobre a função pastoral dos museus eclesiásticos, p. 12.

longo tempo em visitas, conversas pessoais e reuniões para apresentação da ideia, destacando a importância de se construir o museu. Nesse processo, foi possível fazer a experiência da acolhida e da indiferença; mas, sobretudo, contemplar a beleza da gratuidade e da partilha, principalmente entre os mais pobres.

No âmbito humano e religioso, nota-se que muitas pessoas se envolveram com o projeto de construção do museu, apoiando-se nas mais diversificadas motivações. Desde os que frequentavam a comunidade até os que apenas passavam pela igreja, houve uma procura para se tornar Amigo do Museu. Essa procura foi fruto de uma catequese permanente, pois o anúncio sobre a importância do museu foi feito em vários ambientes da cidade e, principalmente, no âmbito interno da comunidade paroquial. Nesse percurso, percebeu-se uma forte motivação em preservar o nome pessoal e da família; de fato, essa sempre foi a intenção: cada pessoa que se tornasse Amigo do Museu teria seu nome registrado nos livros do Arquivo Histórico e exposto nas paredes das galerias. Nesse aspecto, a experiência de construção ajudou a compreender a relevância do museu como espaço de memória.

A educação da fé se faz com memória. Nas tradições mais antigas, a memória era preservada pela escrita que, aos poucos, foi tomando forma no mármore, nas pedras. Entre a linguagem oral e a escrita consegue-se observar o quanto o conceito de memória foi evoluindo e, de certa forma, criando um conhecimento, passado de geração em geração. A memória pessoal e a coletiva, presentes no museu, na arte e em outras formas de expressão, representam um longo processo vivido pela humanidade e, nesse caso, pelas comunidades cristãs, desde as experiências e os registros nas catacumbas até os grandes museus e catedrais nos dias de hoje.

> Se a memória antiga foi fortemente penetrada pela religião, o judaico-cristianismo acrescenta algo de diverso à relação entre memória e religião, entre o homem e Deus. Pôde-se descrever o judaísmo e o cristianismo, religiões radicadas histórica e teologicamente na história, como "religiões da recordação". E isto em diferentes aspectos: porque atos divinos de salvação situados no passado formam o conteúdo da fé e o objeto do culto, mas também porque o livro sagrado, por um lado, a tradição histórica, por outro, insistem, em alguns aspectos essenciais, na necessidade da lembrança como tarefa religiosa fundamental[331].

---

331. LE GOFF, J., Histoire et mémoire, p. 444.

Nota-se o quanto o desejo de fazer memória exerce uma grande força na cultura local. A vida da Matriz Sagrada Família é movida por relatos cotidianos, que transitam entre o saudosismo e o sonho de preservação. Despertar o encantamento pela obra em construção foi um exercício pedagógico de envolvimento com a matéria na sua realidade mais crua. Um espaço em construção nunca consegue se expressar na totalidade. Assim, muitos se tornaram Amigos do Museu a partir do despertar da imaginação, de um olhar para além do caos de um ambiente que, em fase de construção, não consegue expressar, na totalidade, a sua verdadeira missão. A beleza desse projeto estava, justamente, em promover a participação da comunidade no processo de construção; um caminhar junto, para encontrar o verdadeiro sentido daquilo que se estava construindo.

Quem visitava o espaço em construção, muitas vezes caminhava em meio a entulhos, paredes recortadas, um verdadeiro caos. Mas percebeu-se um fato marcadamente espiritual: a força de sedução que o museu exercia em cada visitante que desejava conhecer aquela "estranha obra". Alguns se aproximavam por ouvir dizer, por curiosidade, movidos por uma espécie de anúncio, "o que vimos e ouvimos, vo-lo anunciamos (1 Jo 1,3)". Outros, por interesse histórico e artístico, o que fazia daquela visita um verdadeiro deleite da criação artística, pois os olhos brilhavam, e ouvia-se um silêncio profundo, que levava ao interior. "A palavra sempre precisa do silêncio. E o silêncio só é eloquente quando ecoa a palavra"[332]. Às vezes, o silêncio era rompido por histórias e recordações do passado, porque muitos daqueles ambientes, que estavam sendo restaurados para compor espaços do museu, já tinham sido locais de experiências pastorais: casa de padres, encontros de casais, catequese e outros; locais que foram abandonados, que viraram depósito, dos quais o museu, aos poucos, foi eliminando a poeira, o mofo e o lixo e, com cuidado, permitindo a entrada da luz.

Ao ouvir certos relatos e partilhas interiores, percebiam-se os sinais da ação do Espírito Santo, que sempre direcionou o projeto. Apesar de estranhamente confuso na sua gestação, tudo se clareava em cada volta que se fazia, percorrendo-se o itinerário do museu e vivendo-se suas contradições entre o pronto, o inacabado, o incompleto ou a permanente transformação. Era uma experiência espiritual com a arte, que estava "em dores de parto", com o desejo ardente de revelar, num espaço de beleza, o rosto de Cristo[333].

Outros visitantes foram movidos por uma crítica pesada, um tipo de "maldade destrutiva". De fato, para alguns, a construção do Museu sempre incomodou!

---

332. FRANCISCO, PP. Por que sois tão medrosos? Ainda não tendes fé?, p. 20.

333. Sobre esse tema, é possível encontrar registros fotográficos em exposição no museu.

Talvez sua força *mistagógica*, que nasce da arte e da fé, causasse espanto e admiração, tornando-se, em algumas situações, um incômodo. Palavras e sentimentos de toda natureza perpassaram pelos processos de concepção, construção, inauguração e bênção do museu. Aos poucos, realmente se notou que a arte, envolvida por uma fé centrada em Jesus Cristo, causa estranhamento, desinstala, incomoda, proporciona uma revisão de conceitos, provocando um discernimento interior, capaz de apontar para o distanciamento total ou para o seguimento e o testemunho da fé. Esse modo de construir um espaço formativo, que caminha e é caminho, contribui para a superação de dificuldades.

> As dificuldades da vida fazem parte do caminho. A vida necessita ser vivida com horizontes pela frente, com esperanças e sonhos. Quem não sonha não vive. Quando se caminha com esperança, as pedras do caminho não são tropeços de caminhada porque a luz do horizonte é maior, mais ampla e ajuda a ultrapassar as pedras[334].

Em cada visita, uma catequese. Não se consegue formar um grupo de Amigos do Museu sem que se faça uma catequese afetiva, capaz de iluminar questões humanas e ajudar a pessoa a fazer síntese. Para muitos, ser Amigo do Museu consistia num modo de perpetuar-se, deixar seu nome registrado nas páginas de uma história. Diante da crise do descartável, da solidão e da ausência de reconhecimento, que passa no interior de cada pessoa, percebe-se que o museu é uma resposta, a ponto de muitos colaboradores criarem um vínculo de paternidade ou maternidade com o projeto: "eu também ajudei, o museu é parte de mim!"

Na voz e na presença de mais de mil pessoas que se tornaram Amigos do Museu, foi possível perceber o quanto é importante evangelizar caminhando com a pessoa, pois é no caminho que o coração arde: "Não ardia o nosso coração quando ele nos falava pelo caminho, quando nos explicava as Escrituras?" (Lc 24,32). No trajeto, observaram-se corações endurecidos e vidas feridas se reencontrarem consigo mesmas. Esse é o primeiro passo no processo de conversão e o ponto fundamental para se tornar um verdadeiro Amigo do Museu ou, quem sabe, um discípulo missionário de Jesus Cristo. O museu é um caminho, um itinerário, um facilitador que promove um encontro formativo e transformador. Nesse caminho, Jesus toma a iniciativa.

> Em sua caminhada humana, Jesus frequentemente toma a iniciativa de se aproximar. Ele se torna presença na vida dos discípulos, os acompanha e caminha com eles. Jesus, ao longo do seu ministério, caminha com

---

334. CNBB, Catequese, caminho para o discipulado e a missão, n. 16.

seus discípulos entre a Galileia, Samaria e Judeia em direção a Jerusalém (Mt 4,23-25). Neste caminhar ele instruía os discípulos, falava do Reino, curava doentes, explicava com gestos e palavras um novo modo de viver a fraternidade, o respeito à dignidade da pessoa, o relacionamento entre eles e a proposta do Reino. O Mestre, porém, invoca, Ele propõe a si mesmo como o *Caminho Verdadeiro* que conduz à vida (Jo 14,6)[335].

Essa experiência foi se tornando visível através de relatos, que se ouvem até hoje, quando a pessoa, catequista ou não, após percorrer todo o museu, passa pela Porta da Fé, parte final do itinerário, e adentra o interior da igreja. Ao passar por ali, o educador da fé (monitor) que está acompanhando a pessoa (visitante) faz a seguinte exortação: "Depois de percorrer todo o itinerário, você pode escolher passar pela Porta da Fé e ser inserido no Tempo da *Mistagogia*, ou retornar. Faça sua escolha".

O museu é, desde a sua origem, um caminho, um itinerário de educação da fé. Tornar-se Amigo do Museu é uma atitude generosa, que contribui para a realização de projetos de exposição, restauro, construção e manutenção do espaço. Nota-se que só se consegue ser Amigo do Museu Sagrada Família – Catequese e Arte aquele que caminha com o Mestre. Nesse exercício *mistagógico*, a arte vai abrindo portas para que o amigo contemple a face do Amado.

> Perguntaram ao amigo: "Aonde vais?" "Vou ter com meu amado." "De onde vens?" "Venho do meu amado." "Quando voltarás?" "Estarei com o meu amado." "Quanto tempo estarás com o teu amado?" "Tanto tempo quanto nele ficarem os meus pensamentos"[336].

Alicerçado nessa amizade, que tem suas raízes na história, na cultura, na arte e na espiritualidade de uma comunidade, o museu recebeu a ajuda necessária para a sua construção. Foi durante esse processo que amigos iam surgindo, e a curadoria do museu se elaborava no interior do coração do padre idealizador e fundador. Fazer a curadoria do Museu Sagrada Família – Catequese e Arte é assumir a missão de criar, zelar e defender os interesses da formação do catequista, não apenas com o olhar de formador, mas também com o olhar de amigo que, caminhando junto, acolhe, cuida e educa.

---

335. CNBB, Catequese, caminho para o discipulado e a missão, n. 17.

336. LÚLIO, R., Il libro dell'amico e dell'amato, n. 24, p. 24.

2.3. A curadoria do Museu Sagrada Família – Catequese e Arte

A curadoria[337] do Museu Sagrada Família tem seus fundamentos e inspiração no itinerário de formação humano-cristã com catequista e no resgate da arte nos processos de evangelização. A estrutura de pensamento se faz em três níveis: a pessoa, o espaço e a via da beleza. Tratando-se de um projeto de formação permanente e aberto a exposições temporárias, celebrações e cursos, o espaço assume a característica de um museu temático – museu catequético.

O museu foi concebido com uma igreja ao centro, integrando toda a sua estrutura arquitetônica, onde a vida litúrgica da comunidade paroquial acontece normalmente. A curadoria encontrou, aqui, um desafio singular para o museu; de fato, mesmo no processo de construção, ele nunca deixou de receber pessoas e manter viva uma tradição católica muito peculiar na Matriz Sagrada Família. Talvez uma pergunta que se possa fazer é: como transformar um espaço vivo, orante, celebrativo em museu? Aí se radica o maior desafio desse projeto, que foi aos poucos se concretizando, sem interromper a vida eclesial que já existia; ao contrário, acolheu-a para dentro do próprio museu, como um verdadeiro tesouro a ser preservado, um bem imaterial: a fé e as devoções de um povo.

No processo de curadoria, o museu passou por várias fases, e algumas vezes se mudaram paredes ou se abriu uma nova porta. A curadoria, no caso, preocupou-se não apenas com a exposição, mas também com a materialização de uma tese: transformar uma prática catequética em espaço museológico. Almejou-se idealizar e organizar um roteiro tão valioso, que tem sua inspiração na catequese dos primeiros séculos do cristianismo e procura se atualizar para responder aos anseios do homem de hoje; esse é o desafio que envolve a vida de um curador ou fundador do museu, principalmente quando se propõe a integrar catequese, arte e liturgia, rompendo barreiras e preconceitos. É uma experiência que exige do curador uma profunda abertura para a criatividade.

---

337. Do século XVIII até boa parte do século XX, curadores eram eruditos que tomavam conta dos tesouros do passado. Eles montavam, catalogavam e preservavam coleções e interpretavam e exibiam os objetos nelas contidos. Eram os guardiões intelectuais dos museus, e suas exposições serviam a um propósito bastante objetivo: defender a ideia de que os objetos sob seus cuidados mereciam ser protegidos e de que eles serviriam para educar de alguma forma o público em geral. Hoje em dia, entretanto, essa definição mudou radicalmente. Assim como os artistas, os curadores têm cada vez mais de lutar contra a descentralização e a indefinição do seu próprio campo. Ao longo da última década, a palavra "curar" tem sido cada vez mais usada para descrever alguma coisa que envolve a seleção e a ordenação de objetos ou meios de comunicação, desde escolher a lista de músicas que serão tocadas em uma festa até encontrar a disposição habilidosa de móveis em um cômodo, e esses novos usos banalizados indicariam que o seu papel seria menos rigoroso e mais difuso do que ele foi no passado. HOFFMANN, J., Curadoria de A a Z, p. 15.

A capacidade de pôr em discussão novas propostas, de ser de um indivíduo de algum modo criativo, se tornou tão importante quanto o zelo pelos objetos produzidos por artistas. Ao mesmo tempo que o curador de arte contemporânea defende as práticas atuais como um administrador, essas mesmas práticas evoluíram, assim como o pensamento acerca delas. A posição de um curador não se traduz em um sacrifício abnegado, em que ele coloca a obra à frente dos seus próprios interesses, mas em colaboração, discussão e inovação constante. Como parte dessa mudança, os curadores ficaram encarregados de propor debates originais por meio da exibição de objetos e obras de arte. Como muitos já notaram antes, eles se tornaram autores[338].

O Museu Sagrada Família – Catequese e Arte, na essência de sua curadoria, entende que a fé precisa ser educada em todas as fases da vida. Como espaço e projeto de formação com catequista, o museu sempre esteve atento e aberto ao diálogo com pessoas de todas as idades.

Portanto, será conveniente oferecer caminhos de catequese que se diversifiquem de acordo com as diferentes exigências, idades dos sujeitos e estados de vida. Portanto, é indispensável respeitar os dados antropológico-evolutivos e teológico-pastorais, levando em consideração as ciências da educação. Por isso, é pedagogicamente importante, no processo da catequese, atribuir a cada etapa a sua devida importância e especificidade[339].

O diálogo entre educação da fé e arte se faz necessário; esse é um outro ponto essencial na curadoria do museu. Atenta ao distanciamento da arte no universo catequético, principalmente entre os catequistas, a curadoria do museu acentuou, sempre, esse olhar da amizade entre arte e catequese no universo formativo e eclesial. Vive-se num mundo que se afasta cada vez mais da Beleza, da arte. A arte nos humaniza, gera a paz, desperta para a criação, faz da pessoa humana cocriadora, artista, protagonista da história. Muitas vezes, a obra de arte é manifestação da fé de uma pessoa, de um grupo, de um povo, de uma religião, e por isso precisa participar de maneira ativa dos processos de educação da fé.

Toda a forma autêntica de arte é, a seu modo, um caminho de acesso à realidade mais profunda do homem e do mundo. E, como tal, constitui um meio muito válido de aproximação ao horizonte da fé, onde a existência humana encontra a sua plena interpretação. Por isso é que a plenitude evangélica da verdade não podia deixar de suscitar, logo desde os primórdios, o interesse

---

338. HOFFMANN, J., Curadoria de A a Z, p. 16.

339. DC 225.

dos artistas, sensíveis por natureza a todas as manifestações da beleza íntima da realidade[340].

A linguagem da fé e da arte é universal. Ao cristão de hoje cabe a missão de utilizar essa linguagem para anunciar a Boa Nova do Evangelho. Em época de mudança, o anúncio do Evangelho pede criatividade, audácia, coragem. O museu, sem a pretensão de esgotar um assunto tão amplo, propôs-se a retomar o diálogo com a arte e a beleza, recordando que, desde o seu início, a Igreja sempre se apoiou nas artes para iniciar e educar a fé.

Dessa forma, tendo como principal interlocutor o catequista, pensou-se a curadoria do museu propondo um itinerário a ser percorrido a partir dos quatro tempos da Iniciação à Vida Cristã: *querigma, catecumenato, purificação/iluminação e mistagogia*. Ao percorrer os espaços do Museu Sagrada Família – Catequese e Arte, a intenção é que a pessoa retome os temas da fé, revisitando sua vida e percorrendo um itinerário que se dá ao redor da igreja. Esse modo de realizar a curadoria pretende dar passagem a um novo paradigma na formação com catequista, focando o espaço litúrgico-catequético, que é o coração do museu.

2.3.1. A Matriz Sagrada Família: fonte de arte e catequese

Compreendida como o coração do museu, a Matriz Sagrada Família foi a grande inspiradora desse projeto. Constitui um cenário ideal para a construção de um espaço de formação que envolve liturgia, arte e catequese; com torres altas, paredes robustas feitas de tijolos de barro, arcos, capitéis e um forro de madeira artisticamente talhado, assumindo um estilo românico basilical, cópia do IV e V séculos. Essa igreja guarda, em sua história e sua arquitetura, tesouros valiosos para a formação humano-cristã com catequista e para toda pessoa que a visita.

> A Igreja nunca considerou nenhum estilo de arte, mas aceitou os estilos de todas as épocas, segundo a índole e condição dos povos e as exigências dos vários ritos, criando assim, no decorrer dos séculos, um tesouro artístico que deve ser conservado cuidadosamente. Também em nossos dias e em todos os povos e regiões a arte goza de livre exercício na Igreja, contanto que sirva com a devida reverência e a devida honra às exigências dos ritos e edifícios sagrados. Assim, poderia ele unir sua voz ao admirável cântico de glória que os grandes homens elevaram à fé católica nos séculos passados[341].

---

340. JOÃO PAULO II, PP. Carta aos artistas, n. 06.

341. SC 123.

174

Idealizada a partir de 1930, a matriz foi construída pelos Missionários Estigmatinos[342], que vieram da Itália, entre eles o Pe. Alexandre Grigolli, músico, poeta, pintor e arquiteto idealizador da construção e responsável por ela. A matriz foi inspirada na Igreja Santa Cruz de Milão, possuidora de bela arquitetura, que se torna um espaço sagrado, além de sofrer algumas alterações com o passar do tempo, principalmente após o Concílio Vaticano II. Porém, preserva sua essência litúrgica e catequética, sendo um ambiente ideal para o encontro com Cristo. Sua arquitetura é expressão de um olhar objetivo para os conteúdos da fé.

> Arquitetura é, antes de mais nada, construção, mas não se trata de acrescentar ao edifício uma certa dose de beleza. Há absoluta necessidade que desde a concepção do edifício na mente do arquiteto esteja presente o sentido do belo, do útil, do agradável, da transcendência de um edifício destinado a abrigar a beleza por excelência, o próprio Cristo. Não se trata, de maneira alguma, de construir um edifício para o culto e depois decorá-lo. Haverá de estar presente desde o início, o Espírito que inundará o arquiteto, para que em sua concepção seja centro a presença do Cristo, simbolizada no altar, a mesa do Senhor, realizada na presença real da celebração[343].

Situada no centro da cidade de São Caetano do Sul, a Matriz Sagrada Família é o marco de um período do desenvolvimento urbano. Segundo registros do Pe. Alexandre, primeiro pároco, a igreja deveria ser um marco do progresso de São Caetano do Sul. A pequena igreja da cidade passou a se chamar Matriz Velha, e a igreja Sagrada Família, Matriz Nova, tornando-se o centro da vida da cidade, lugar de casamentos e grandes celebrações. Até mesmo o sino da torre foi instalado com a intenção de conduzir a vida e a fé da pequena cidade que prosperava. Tudo começou a acontecer ao redor da nova igreja; ao se ouvirem as histórias da matriz, compreende-se o quanto foi importante para o progresso urbano da cidade. Tornou-se sinal de uma época em que as cidades se desenvolviam regidas por uma cultura cristã católica. Sob esse aspecto, é interessante observar o quanto essa igreja foi, ao longo de décadas, um referencial catequético, que passava pela dimensão afetiva de gerações que se casaram, batizaram e celebraram seus mortos, registrando-se, em suas paredes, nomes de famílias que contribuíram com a construção da matriz[344]. Com o passar do tempo, essa igreja recebeu o reconhecimento da comunidade com um novo título que lhe foi oferecido em 2002, como

---

342. Foram três os primeiros Missionários Estigmatinos que chegaram ao Brasil: Pe. Alexandre Grigolli, Pe. Henrique Adami e o Irmão Domingos Valzacchi.

343. MENEZES, I. P. de, Arquitetura sagrada, p. 32.

344. Essa prática, pode ser vista em todos os painéis pictóricos, no interior da igreja.

esclarece o excerto: "A Fundação Pró-Memória, após uma missa em honra de São Caetano, declarou que a Matriz Nova passaria a ser reconhecida como Monumento Histórico de São Caetano ou Matriz Sagrada Família – bem cultural de interesse histórico"[345].

Essa igreja é um edifício que não mudou, mas acompanhou como testemunha monumental as transformações da cidade, que se desenvolveu ao seu redor. Registrou em sua memória ciclos importantes, como o desenvolvimento de olarias, indústrias e comércio, chegando aos dias de hoje numa concepção urbana reconfigurada pelo crescente número de prédios residenciais e comerciais.

> A igreja, no contexto atual, principalmente nas grandes cidades, não representa mais o centro da vida da maioria dos homens e mulheres. Não são mais torres das igrejas que marcam o centro das cidades, mas a dos bancos e das redes de televisão. Não é mais o sino do campanário que orienta o tempo dos cidadãos de hoje, mas o horário das novelas e do comércio. Até mesmo nas áreas rurais, por influência dos meios de comunicação, a assimilação da cultura urbana é cada vez maior[346].

Desde a fachada até o seu interior, a Matriz Sagrada Família é carregada de símbolos que favorecem a catequese através da arte. Na fachada principal, observa-se, no centro, uma escultura de Jesus Cristo de braços abertos; acima dessa escultura, sete anjos representam os sete sacramentos, com inscrições, além de uma escultura de Nossa Senhora e São José, uma de cada lado, próximas das torres. É importante observar a posição das mãos de Nossa Senhora e de São José: mãos abertas, numa atitude de quem está rezando. A fachada externa de tijolos de barro e contornos em concreto apontam para as três grandes portas de madeira, que são sinal de acolhida, remetendo à Santíssima Trindade, e conduzem ao interior, ao paraíso.

> Um lugar sempre aberto e acolhedor, mas fechado em si mesmo como a própria imagem se propõe: o paraíso. Fazer ali a experiência de paraíso para poder voltar ao caos do dia a dia. A igreja hoje, a de pedras, deve ser o anúncio e testemunho de Jesus Cristo, como também sua arquitetura deve ser uma catequese viva para educar, moldar os que aí vivem e buscam. O padre e a comunidade passam, mas as pedras ficam[347].

---

345. MARIANI, F. A., Estigmatinos: 80 anos na cidade, Revista Raízes, p. 54.

346. MACHADO, R. C. de A., O local de celebração, p. 13.

347. PASTRO, C., Guia do espaço sagrado, p. 58.

Na parte interior, é possível fazer uma experiência mediante o silêncio, que conduz a um outro contexto, fora do barulho do centro comercial. Além disso, por suas janelas, que ficam no alto, entra uma luz tênue, orante, que a qualquer momento do dia é capaz de inserir no Mistério. Com um olhar panorâmico, pode-se contemplar painéis que se espalham, de modo ordenado, por todas as partes da igreja: são obras dos Irmãos Pietro e Ulderico Gentili; assim, logo na entrada, se pode ver uma bela imagem: a pintura do batismo de Jesus, o antigo batistério, tendo, ainda, um vitral com uma pomba, símbolo do Espírito Santo, que, a depender da direção da luz, aponta para o local da antiga fonte batismal, que, após o Concílio Vaticano II, foi transferida para perto do presbitéri.

Olhando as duas laterais da igreja, encontram-se, entre arcos e capitéis, as pinturas da Via Sacra, que circundam toda a nave da construção. São catorze estações, com cores fortes, em estilo acadêmico, que expressam a escola dos artistas italianos. Nas duas laterais, podem-se ver pequenas capelas com grandes imagens vindas da Itália e outras imagens acrescentadas por aumento das devoções populares. Dentro de cada capela, há anjos pintados nas paredes, com palavras que remetem às virtudes teologais e cardeais; na nave principal, acima dos arcos, pode-se contemplar os painéis dos sete sacramentos, lembrando que a pintura sobre a Eucaristia está acima do arco do cruzeiro, que separa a nave do presbitério.

No presbitério, está uma pintura de dois anjos nas duas colunas laterais, segurando a palavra "Epístola", lugar onde, no passado, existiam púlpitos para a proclamação e a pregação. Acima dos anjos, dois pelicanos dão alimento aos seus filhotes; na cúpula, acima do altar, encontra-se uma grande pintura do Cristo Rei, sentado no trono e de braços abertos; abaixo do Cristo, fica um cordeiro imolado, de onde saem sete fontes de água, que se transformam nos sete sacramentos, pintados na nave da igreja. Há dois grandes ciprestes ao lado do cordeiro; ao lado de Cristo Rei, há pinturas do papa, de alguns santos, do povo da comunidade e de duas cidades: a São Caetano, antiga e pequena, e a nova cidade, com indústrias e prédios. Abaixo de tudo isso, há várias ovelhas esculpidas. No arco do cruzeiro, em sua parte interna, está a pintura de São Pedro e São Paulo e a dos *tetramorfos*[348], que, na tradição cristã, simbolizam os quatro evangelistas.

---

348. *Tetramorfo*, até a Idade Média tardia, era designação dos Querubins, *Querubim*, e dos símbolos dos evangelistas reunidos numa figura com quatro rostos e quatro ou seis asas. A imagem origina-se de uma visão, descrita no Apocalipse de João e pelo profeta Ezequiel, de quatro seres vivos alados, que se assemelhavam a um homem, um leão, um touro e uma águia (em Ezequiel, um ser com um rosto de leão, um rosto de homem, um rosto de touro e um rosto de águia). Com certeza tratava-se, originalmente, de um símbolo da onipresença de Deus. BECKER, U., Dicionário de símbolos, p. 277. Esse tema podemos encontrar em Santo Irineu de Lião, que iniciou uma reflexão aprofundada por outros padres da Igreja. Quando

Na tradição e na arte cristã, a discussão sobre os *tetramorfos* foi se desenvolvendo ao longo do tempo. Alguns padres da Igreja abordaram esse assunto, procurando aprofundá-lo. Tanto Santo Agostinho como São Gregório Magno, em períodos distintos, avançaram na reflexão, que passou a ter a seguinte ordem: Mateus, simbolizado pelo homem; Marcos, pelo Leão; Lucas, pelo touro; e João, pela águia. Todos esses símbolos procuram representar o conteúdo teológico, além de outros aspectos que compõem cada Evangelho, e fazem parte do conjunto de símbolos encontrados na expressão artística da Matriz Sagrada Família: uma valiosa fonte para a catequese.

A maioria dos painéis ultrapassa um metro de altura. Ao lado do altar, fica a Capela do Santíssimo, uma obra mais recente, com pinturas e painéis em madeira, do artista Juarez Oliveira. Quatro grandes quadros, inspirados na *Pietá*, em ângulos diferentes, e dois na parte central da capela apresentam temas da cena de Jesus Cristo com os discípulos de Emaús. Na entrada da igreja, numa parte mais alta acima do coro ficam pinturas de Nossa Senhora, com vários santos ao seu redor, e de cada lado do coro estão Santa Cecília e São Gregório, patronos da música litúrgica.

No seu interior, através de pinturas, pode-se ver uma síntese da catequese como manifestação artística. Nesse espaço litúrgico, destacam-se os temas essenciais da fé cristã, fazendo da via da beleza uma realidade em seu ambiente. Essa igreja é uma fonte de pesquisa em sua estrutura; testemunha e guardiã dos conteúdos da fé, que precisam ser transmitidos por gerações. Desse modo, a beleza da arte presente na matriz tem a capacidade de reequilibrar seu sentido e introduzir no Mistério da Fé.

A beleza é a harmonia entre a forma e o conteúdo, entre o objeto e a razão de seu ser, entre a voz e a Palavra, entre o Silêncio e a Paz que são sinais de

---

ele apresenta essa reflexão, os tetramorfos não estavam na ordem que conhecemos hoje. Assim, ele diz: "Por outro lado, os evangelhos não são, nem mais nem menos, do que estes quatro. Com efeito, são quatro as regiões do mundo em que vivemos, quatro são os ventos principais, e visto que a Igreja é espalhada por toda a terra e como tem por fundamento e coluna o Evangelho e o Espírito da vida, assim são quatro as colunas que espalham por toda parte a incorruptibilidade e dão vida aos homens. Por isso, é evidente que o Verbo, Artífice de todas as coisas, que está sentado acima dos Querubins e mantém unidas todas as coisas, quando se manifestou aos homens, nos deu um Evangelho quadriforme, sustentado por um único Espírito. Por isso, Davi, ao invocar a sua vinda, diz: 'Tu que te assentas acima dos Querubins, aparece'" (Sl 80,2). Ora, os Querubins têm quatro aspectos, e suas figuras são a imagem da atividade do Filho de Deus. Ele diz: "O primeiro animal é semelhante ao leão" (Ap 4,7), caracterizando o poder, a supremacia e a realeza; "o segundo é semelhante a novilho" (Ap 4, 7), manifestando a sua destinação ao sacrifício, ao sacerdócio; "o terceiro tem rosto semelhante a homem" (Ap 4,7), o que lembra claramente sua vinda em forma humana; e "o quarto, assemelha-se à águia que voa" (Ap 4,7), sinal do dom do Espírito que inspira a Igreja. Os evangelhos, portanto, correspondem a esses animais, acima dos quais está sentado Jesus Cristo. SANTO IRINEU, Contra as heresias, n. 11,8. p. 283.

Sabedoria. Das catacumbas até hoje, a beleza do espaço cristão sempre foi uma constante, um complemento do bem e da verdade[349].

Tudo o que se pode observar na arquitetura e nos painéis remete a Cristo como centro e fonte inspiradora de todo o processo de construção da Matriz Sagrada Família.

> A estrutura do edifício cristão baseia-se na liturgia do mistério pascal que definirá, com exatidão, esse espaço. O espaço é a liturgia encarnada, materializada. São as partes da liturgia pascal e seus sacramentos, que definem o espaço, sua ocupação e organização. A razão do edifício cristão (Igreja) estrutura na celebração da Santa Missa e dos Mistérios (sacramentos) decorrentes[350].

Além desses aspectos, convém lembrar que, nos últimos anos, a Matriz Sagrada Família exerceu uma valiosa contribuição para a animação bíblico-catequética em âmbito paroquial, diocesano, nacional e internacional, sediando: Semanas Catequéticas; Seminário Nacional de Iniciação à Vida Cristã, promovido pela Comissão de Animação Bíblico-Catequética da CNBB; o Encontro Internacional da Juventude Estigmatina (EIJE); e o mais recente Sínodo Diocesano, da Diocese de Santo André. Todas essas atividades contribuíram para a assimilação da Matriz Sagrada Família como um espaço propício para a ação evangelizadora da Igreja na cultura contemporânea.

Sobre o Seminário Nacional de Iniciação à Vida Cristã, destaca-se um breve relato do Pe. Luís Alves de Lima, um grande catequeta do Brasil:

> Realizado em São Caetano do Sul (SP), nas dependências da Paróquia Sagrada Família, dos padres estigmatinos, de 6 a 9 de novembro de 2014, com o tema "Quanto a nós, não podemos deixar de falar sobre o que vimos e ouvimos" (At 4,20). Foi organizado pela Comissão Episcopal Pastoral para a Animação Bíblico-catequética da CNBB e a participação dos 18 regionais de todo o Brasil. Teve como objetivo partilhar experiências concretas de Iniciação à Vida Cristã. Ao invés de palestras, foram apresentadas três experiências diversificadas sobre iniciação e depois dinâmicas de reflexão e conclusões sobre ela. O Pe. Jordélio Siles Ledo, pároco, esteve à frente de um batalhão de fiéis da Paróquia Sagrada Família que prestou serviços de infraestrutura durante todo o Seminário[351].

---

349. PASTRO, C., A arte no cristianismo, p. 33.

350. PASTRO, C., A arte no cristianismo, p. 61.

351. LIMA, L. A., A catequese do Vaticano II aos nossos dias, p. 257.

Como um espaço de muitas possibilidades formativas, a Matriz Sagrada Família precisa ser preservada, tamanha sua importância artística e histórica. Apesar de interferências sofridas ao longo do tempo e de alguns excessos na entronização de imagens e adereços, a arte exerce uma força tal, que conduz o olhar para o Altar, para o centro de tudo. Na Igreja Sagrada Família, a arte revela sua valiosa função na tradição cristã: ela está a serviço da liturgia; é continuidade do Mistério Pascal, celebrado pelo Senhor no meio da comunidade – uma arte e beleza que unem catequese e liturgia; um espaço ideal para um itinerário de formação com catequista.

2.3.2. O Museu Sagrada Família – Catequese e Arte: um espaço cristocêntrico

Pensar um museu que possa se tornar, a partir da via da beleza, um novo areópago, um espaço de diálogo com a cultura contemporânea é um grande desafio. Primeiro, porque em âmbito geral o catequista e membros das comunidades não têm o hábito de visitar museus, pois muitos têm uma visão preconceituosa e nem sequer frequentaram espaços dessa natureza; segundo, porque, de modo mais abrangente, a cultura contemporânea, a pessoa e a sociedade têm se distanciado da arte sacra. Esses fatores atingem diretamente a formação do catequista, inserido nesse contexto. Mas não se pode ignorar que "as raízes católicas permanecem na arte, linguagem, tradições e estilo de vida do povo, ao mesmo tempo dramático e festivo e no enfrentamento da realidade"[352]. Assim, um museu que ajude a manter viva essa cultura estará contribuindo para o anúncio e o aprofundamento da mensagem cristã através da arte e da catequese, pondo em evidência o seu eixo central, que se manifesta como espaço cristocêntrico.

> Como cristãos, somos cristocêntricos. A base, o centro do edifício é Cristo, a rocha. *O altar é Cristo*. Tudo converge para o altar e tudo flui como rios de água viva desse altar, pois aí é selado o mandamento novo, o memorial eucarístico[353].

A idealização e a construção do museu estiveram sempre focadas na pessoa de Jesus Cristo. "A vida nova de Jesus Cristo atinge o ser humano por inteiro e desenvolve em plenitude a existência humana em sua dimensão pessoal, familiar,

---

352. DAp 07.

353. PASTRO, C., A arte no cristianismo, p. 60.

social e cultural"[354]. Apresentar Jesus Cristo como centro e fundamento do Museu Sagrada Família – Catequese e Arte é uma forma de compreender que, a partir de Cristo, deseja-se acolher a pessoa por inteiro. A catequese, a liturgia e a arte que não pensam a pessoa na sua inteireza tornam-se fragmentadas e não atingem os objetivos da evangelização. "No centro do processo formativo, celebrativo e missionário da Igreja, está essencialmente uma Pessoa: Jesus de Nazaré, Filho único do Pai"[355]. Nesse sentido, procurou-se, desde as primeiras intuições sobre o museu, começar e recomeçar a partir de Cristo.

> Por essa razão, os cristãos precisam recomeçar a partir de Cristo, a partir da contemplação de quem nos revelou em seu mistério a plenitude do cumprimento da vocação humana e de seu sentido. Necessitamos fazer-nos discípulos dóceis, para aprendermos dEle, em seu seguimento, a dignidade e plenitude da vida. E necessitamos, ao mesmo tempo, que o zelo missionário nos consuma para levar ao coração da cultura de nosso tempo aquele sentido unitário e completo da vida humana que nem a ciência, nem a política, nem a economia, nem os meios de comunicação poderão proporcionar-lhe. Em Cristo Palavra, Sabedoria de Deus (1 Cor 1,30), a cultura pode voltar a encontrar o seu centro e sua profundidade, a partir de onde é possível olhar a realidade no conjunto de todos seus fatores, discernindo-os à luz do Evangelho e dando a cada um seu lugar e sua dimensão adequada[356].

Em vista de manter a centralidade do projeto e aproveitar espaços existentes na estrutura arquitetônica da matriz, da antiga casa paroquial (salas, coro e corredores, compondo uma área de mais de dois mil metros entre construção e restauração), decidiu-se traçar um projeto em que a Pessoa de Jesus Cristo fosse o centro. O museu, visto de dentro, a partir da cúpula, é um abraço. Ele abraça todo o prédio da igreja – um abraço que acolhe pessoas, arte, tijolos, a história do passado, do presente e do futuro, de um povo e de uma comunidade que, entre lágrimas e alegrias, procurou ter um sentido para viver e celebrar a fé. Jesus Cristo é o princípio e o fim, *o Alfa e o Ômega*, o foco central para onde converge o roteiro do museu. Nesse espaço, Ele fala a partir do Altar direcionando-se para uma totalidade.

> É o Altar, e só ele, que define e dá razão de ser ao espaço sagrado. Ele é o elo entre Deus e os homens. Ao longo da história judaico-cristã, e particular-

---

354. DAp 356.

355. IVC 155.

356. DAp 41.

mente da Igreja, a pedra tem sido o material empregado na sua execução. De preferência, uma única pedra, pelo sentido daquilo que se representa: o Cristo, o Ungido[357].

O itinerário consolidado nas estruturas do museu propõe um roteiro que começa no Cristo, gira em torno Dele e se encerra Nele. De fato, o maior desafio foi não perder o foco. Um museu que se proponha ser um itinerário de formação com catequista deve utilizar para o mesmo propósito a arquitetura e todas as obras de arte que o envolvem, mantendo a atenção naquilo que é essencial. Daí a opção por espaços mais vazios, que proporcionem um encontro com a pessoa a partir do silêncio essencial, rumo a Jesus Cristo.

O museu é, portanto, um lugar que procura evangelizar a partir de Jesus Cristo, favorecendo a experiência com o cristocentrismo trinitário da mensagem evangélica.

> O cristocentrismo da catequese, em virtude de sua dinâmica interna, conduz à confissão da fé em Deus: Pai, Filho e Espírito Santo. É um cristocentrismo essencialmente trinitário. Os cristãos, no batismo, são configurados a Cristo, "Um da Trindade", e esta configuração põe os batizados, "filhos no Filho", em comunhão com o Pai e com o Espírito Santo. Por isso, a sua fé é radicalmente trinitária. "O mistério da Santíssima Trindade é o mistério central da fé e da vida cristã"[358].

Assim, a partir da centralidade em Jesus Cristo, o Museu Sagrada Família se propõe a refletir, através das várias expressões artísticas, sobre os métodos e conteúdo da fé cristã. Há também o desejo de contribuir, de maneira criativa, na formação de catequistas e na educação da fé de gestantes, crianças, adolescentes, jovens, adultos e idosos, proporcionando uma valiosa experiência de encontro com a Beleza.

2.3.3. Os espaços do museu: um itinerário de Iniciação à Vida Cristã

O Museu Sagrada Família – Catequese e Arte é um instrumento pastoral que procura resgatar e preservar o modo de utilização da arte e da beleza na catequese. Como já vimos, desde o seu início a Igreja caminhou com a arte. Assim também o museu nasceu, tendo como fundamento todas as etapas do itinerário catequético. A genuína vocação do museu é oferecer espaços que possam sinte-

---

357. PASTRO, C., A arte no cristianismo, p. 280.

358. DGC 99.

tizar cada momento do itinerário, com a intenção de criar um projeto visual e experiencial capaz de inserir os catequistas e visitantes dentro de cada tempo do itinerário. Como um espaço de educação da fé, o museu, em suas estruturas, está a serviço da Iniciação à Vida Cristã, com enfoque na formação com catequista, assumindo, assim, uma identidade pastoral.

> Como instrumento pastoral, o museu eclesiástico serve para descobrir e reviver os testemunhos de fé das gerações passadas através de sinais sensíveis. Conduz-nos, além disso, à percepção da beleza impressa, diversamente, nas obras antigas e modernas, de modo que está destinado a orientar os corações, as mentes e as vontades para Deus. A fragilidade dos materiais, as calamidades naturais, as adversas ou as favoráveis condições históricas, a mudança da sensibilidade cultural e as reformas litúrgicas, se encontram documentadas nos museus eclesiásticos. Esses recordam, por meio de achados insuficientes ou das obras ilustres, como as épocas passadas colocavam em evidência, com a beleza que se conservou, a força criativa do homem com a fé dos fiéis. As instituições dos museus contribuem, portanto, para a função magisterial e catequética, proporcionando uma perspectiva histórica e um prazer estético[359].

A realidade de hoje exige uma maior atenção aos projetos e espaços de formação. Lida-se com pessoas fragmentadas; muitas vezes incapazes de assumir compromissos, de doar um pouco de si aos outros; essas e tantas outras dimensões podem ter suas origens na ausência de uma maturidade humana e espiritual. Desse modo, o museu, como um itinerário a percorrer, oferece em cada espaço a possibilidade de o catequista se reencontrar com fontes e elementos importantes da fé cristã.

Todo espaço do museu é, em si mesmo, um projeto formativo, que se constrói com o diálogo, no encontro entre a pessoa e o ambiente, que a acolhe, seduz e insere em uma determinada experiência. A cada passo, é possível uma nova sensibilidade e, ao mesmo tempo, um conhecimento vivencial da relação que existe entre catequese e arte. Quando se trata de um projeto formativo no âmbito pastoral, a arte se manifesta como uma memória sensível da evangelização.

O museu, ao abrir suas portas, acolhe e acompanha o itinerário de cada pessoa, apresentando sua estrutura arquitetônica, sua "alma interior". Como um espaço vivo, ele traz, em sua "genética estrutural", o barro e o concreto. À medida que a pessoa caminha, vai percebendo que os ambientes apresentam um

---

359. COMISSÃO PONTIFÍCIA PARA OS BENS CULTURAIS DA IGREJA. COLEÇÃO PASTORAL DA CULTURA, Carta circular sobre a função pastoral dos museus eclesiásticos, p. 34.

tema, um tempo do itinerário, que precisa ser vivido e assimilado em forma de espaço de arte, através de um caminhar dinâmico, conduzido por luz, som, imagem e silêncio.

Todo ambiente, cenário ou espaço fala por si só. O museu fala. Inicialmente, fala de um conceito de pessoa humana, que pode assumir uma identidade de "barro" ou "concreto". Em cada um dos ambientes internos, encontram-se esses elementos, que provocam uma pergunta: será o catequista barro ou concreto? O museu aponta para a dimensão do barro, quando faz refletir aquilo que, de algum modo, representa a natureza humana: "Pois tu és pó, e ao pó tornarás" (Gn 3,19). Por essa via, com suas paredes de tijolos, o museu favorece uma percepção da pessoa como argila, que se deixa moldar ao longo do tempo; tijolos que respiram, fazendo o convite para se chegar à casa do oleiro – "Levanta-te e desce à casa do oleiro: lá te farei ouvir as minhas palavras" (Jr 18,2). Além disso, as colunas de concreto falam sobre a força da rigidez de uma postura formativa que não se deixa moldar pelo novo, de uma fé enrijecida, fragmentada, que se sustenta na experiência infantil; não amadureceu, parou no tempo, fechou-se aos encantos da evangelização. A "pessoa-concreto" pode quebrar-se ao meio; já a "pessoa barro" deixa-se conduzir pelo mistério e pelo tempo, que celebra e renova a fé.

Uma forte característica do museu são seus espaços vazios, que apontam para a simplicidade, onde "o menos é mais". Talvez essa tenha sido a maior crise no processo de curadoria: o que deixar em cada ambiente, para que pudesse focar o essencial? Ambientes vazios são importantes no processo de formação humano--cristã do catequista. Atualmente, as catequeses estão sendo feitas em ambientes sem silêncio, sem o vazio; muitas vezes abarrotados de palavras e objetos; ou até mesmo em espaços digitais, carregados de imagens. A educação da fé passa pela educação dos sentidos; o museu defende em cada espaço a ideia de que, após cada experiência, é preciso descansar os olhos, assimilar as emoções, organizar no interior de si mesmo os conteúdos que surgem "do vivido". O espaço vazio é, também, um lugar de educar para o mistério.

> – O ícone está vazio!
>
> – Também o deserto é vazio e, no entanto, não existe lugar mais apropriado para um encontro com Deus – disse-lhe o homem.
>
> – Não tenho experiência do deserto – comentou o irmão. – Para mim, a face do Mistério esteve sempre escondida na face de cada peregrino que por aqui passou, pelo menos até esta noite. Agora, já não sei mais[360].

---

360. MONTEIRO, A. T., O ícone vazio, p. 53.

O ato de peregrinar – nesse caso, percorrendo o museu ao redor da igreja, procurando reencontrar o seu núcleo, como se faz desde os primórdios da tradição cristã – oferece a cada catequista a possibilidade de novas experiências espirituais, que remetem ao centro. "O sentido de centro faz-nos sentir parte de UM todo que nos conduz e orienta. O indivíduo se sabe célula de um corpo, e não o centro"[361].

Em seus espaços amplos, o museu, num profundo diálogo com o passado, traz para dentro de si as fachadas laterais da matriz, possibilitando ao catequista o contato com o telhado das capelas: um olhar por baixo e ao mesmo tempo por cima, abrindo a possibilidade para o crescimento interior. O caminho da fé toca naquilo que, teoricamente, nunca se imaginava ver ou sentir.

Ao mesmo tempo, o museu aponta para o contemporâneo, sinalizando, por meio do concreto e de estruturas metálicas, que se vive em um outro período, diferente daquele em que foi construída a igreja. Acena para um futuro, através de um tempo presente, que precisa ser vivido num profundo diálogo entre catequese, liturgia e arte.

Dentro do museu, cada pessoa é única e se conecta com o sagrado, entendendo que suas raízes estão plantadas no Mistério. O processo de criação do museu procurou seguir a estrutura do itinerário como inspiração, objetivando ser um projeto formativo e *mistagógico*, que também pudesse preservar o novo paradigma da Iniciação à Vida Cristã como um bem imaterial.

Os tempos são períodos bem-determinados, e as etapas são as celebrações de passagem de um para outro tempo. O processo inteiro abrange: pré-catecumenato (1º tempo) e rito de admissão ao catecumenato (1ª etapa); catecumenato (2º tempo) e celebração da eleição ou inscrição do nome (2ª etapa); purificação e iluminação (3º tempo) e celebração dos sacramentos da iniciação (3ª etapa); *mistagogia* (4º tempo).

O Quadro 1 explica a Iniciação Cristã (catecumenato pré-batismal) conforme o RICA[362]:

---

361. PASTRO, C., A arte no cristianismo, p. 15.

362. IVC 49.

Quadro 1 – Quadro geral da Iniciação Cristã
(catecumenato pré-batismal) conforme o RICA

1º TEMPO Pré-catecumenato ou Primeiro Anúncio (*querigma*)	1ª ETAPA – Rito de admissão dos candidatos ao catecumenato (entrada)	2º TEMPO Catecumenato (*tempo mais longo de todos*)	2ª ETAPA – Preparação para os sacramentos (eleição)	3º TEMPO Purificação e iluminação (*quaresma*)	3ª ETAPA – Celebração dos sacramentos de iniciação: Vigília Pascal	4º TEMPO Mistagogia (*tempo pascal*)
Tempo do acolhimento na comunidade cristã: • Primeira evangelização • Inscrição e colóquio com o catequista • Ritos		Tempo suficientemente longo para: • Catequese – reflexão – aprofundamento • Vivência cristã • conversão • Entrosamento com a Igreja • Ritos		• Preparação próxima para sacramentos • Escrutínios • Entregas do Símbolo e da Oração do Senhor • Catequese • Práticas quaresmais (Campanha da Fraternidade etc.) • Ritos		• Aprofundamento e maior mergulho no mistério cristão, no Mistério Pascal • Vivenciada na comunidade cristã • Fim do período catecumenal • Continuação da *formação permanente* na comunidade, ao longo de toda vida

Fonte: CNBB, Iniciação à Vida Cristã: um processo de inspiração catecumenal, p. 49.

O museu é, de algum modo, uma interpretação criativa e artística dessa ilustração. Assim, é preciso seguir passo a passo e ver os aspectos artísticos que compõem os espaços do museu. É um itinerário *querigmático* e *mistagógico*, que se faz pela via da beleza.

2.3.3.1. Tempo do Querigma: Capela dos Sagrados Estigmas de Nosso Senhor Jesus Cristo

A Capela dos Sagrados Estigmas é o primeiro espaço do museu, lugar onde tudo se inicia. Ao se passar por uma grande porta na entrada, feita de aço patinável[363], num estilo rústico, pode-se adentrar a capela. É o lugar que introduz o catequista no Tempo do *Querigma*.

---

363. Essa porta foi feita por Dirceu Lopes da Sila, um artesão, serralheiro que doou e a confeccionou. Um adulto que se encantou com o projeto. Fez uma porta com *desaines* modernos, seguindo o mesmo das paredes da capela. Feita de aço patinável, é um tipo de aço que em sua composição contém elementos que melhoram suas propriedades anticorrosivas. Um dado interessante para a pesquisa, é que esse adulto se deixou tocar pela experiência vivida no Museu, não é catequista e nem participa de pastorais, mas tornou-

O conteúdo essencial do primeiro anúncio (querigma) trata da vida de Jesus de Nazaré, de sua pessoa, de sua mensagem, de sua missão e de seu momento culminante de morte e ressurreição (Páscoa). Por aí passou a formação progressiva de novos discípulos. Nesse processo, contavam sempre com a ação do Espírito Santo, presente no testemunho de vida dos que já faziam parte das comunidades cristãs[364].

O catequista é sensibilizado a fazer a experiência do primeiro anúncio nessa capela – feita de concreto em formas de madeira ripada; nas paredes, a ideia de pequenas ripas justapostas, que dão um sentido de unidade, passando pela experiência da Vida, da Paixão, da Morte, da Ressurreição e da Presença do Senhor.

A estrutura da capela é composta por quatro partes ou abas. Foi criada com ferros que brotam do chão, passam pelas paredes e geram uma estrutura que apoia as quatro dimensões, compondo o teto e formando uma cruz vazada, por onde entra a luz do sol. É uma estrutura que remete ao cosmo; uma unidade que procura atualizar a totalidade de Cristo no espaço. A luz do sol, dependendo da estação do ano, traça o sinal da cruz sobre uma pedra no centro da Capela. Quem consegue entrar e testemunhar essa ação da luz tem uma experiência de profunda contemplação. A pedra no centro inspira-se no sepulcro vazio e, ao mesmo tempo, serve para sentar-se, descansar, permanecer no interior da capela, do túmulo vazio e, de algum modo, fazer a experiência espiritual de um grande anúncio: "Por que procurais entre os mortos Aquele que vive? Ele não está aqui; ressuscitou" (Lc 24,5). Ao sentar-se nessa pedra, a pessoa entra fisicamente na mística do *querigma*.

A partir dessa pedra-túmulo, é possível observar na parede os Estigmas, sinais do Ressuscitado. "Disse depois a Tomé: põe teu dedo aqui e vê minhas mãos! Estende tua mão e põe-na no meu lado e não sejas incrédulo, mas crê!" (Jo 20,27). A arte ao fundo da capela é feita de aço, obra do artista sacro Lúcio Américo. Com a estrutura concretizada, e aproveitando os elementos simbólicos do espaço, o artista confeccionou cinco peças, que compõem o painel dos Sagrados Estigmas, feitos em recorte no aço corten.

A Capela dos Sagrados Estigmas, além de ser uma estrutura que marca o período de construção do Museu Sagrada Família, com linhas retas e características próprias da arte e da arquitetura contemporânea, é o início do itinerário de formação dentro do museu, que procura favorecer uma experiência com símbolos e conteúdos que compõem o Tempo do *Querigma*.

-se um frequentador assíduo desse espaço.

364. IVC 41.

O querigma é a proclamação de um evento histórico-salvífico e, ao mesmo tempo, um anúncio de vida. Enquanto proclamação de um evento histórico, o querigma é o anúncio de que Jesus de Nazaré é o Filho de Deus que se fez homem, morreu e ressuscitou para a salvação de todos. Enquanto anúncio de vida, o querigma ultrapassa os limites de tempo e de espaço, abraça toda a história e oferece aos homens uma esperança viva de salvação. Cristo está vivo e comunica a sua vida realizando as promessas feitas por Deus Pai ao seu povo, por meio dos profetas, no Antigo Testamento[365].

Nesse espaço, o catequista e outros visitantes encaram os temas da morte e da ressurreição, eixos centrais para a compreensão da fé cristã e a formação humana. Começar o itinerário formativo a partir de um espaço praticamente vazio é provocar uma atitude de abertura ou repulsa. Naquele lugar, os educadores da fé que conduzem as atividades do museu fazem o primeiro anúncio, desejosos de que a pessoa se abra para continuar o caminho no interior da construção. "O que vimos e ouvimos vo-lo anunciamos" (1Jo 1,3).

> Não se deve pensar que, na catequese, o *querigma* é deixado de lado em favor de uma formação supostamente mais "sólida". Nada há de mais sólido, mais profundo, mais seguro, mais consistente e mais sábio que esse anúncio. Toda a formação cristã é, primeiramente, o aprofundamento do *querigma*, que se vai cada vez mais e melhor, fazendo carne, que nunca deixa de iluminar a tarefa catequética e permite compreender adequadamente o sentido de qualquer tema que se desenvolve na catequese. É o anúncio que dá resposta ao anseio de infinito que existe em todo coração humano. A centralidade do *querigma* requer certas características do anúncio que, hoje, são necessárias em toda parte: que exprima o amor salvífico de Deus como prévio à obrigação moral e religiosa, que não imponha a verdade, mas faça apelo à liberdade, que seja pautado pela alegria, pelo estímulo, pela vitalidade e por uma integralidade harmoniosa que não reduz a pregação a poucas doutrinas, por vezes mais filosóficas do que evangélicas. Isto exige do evangelizador certas atitudes que ajudam a acolher melhor o anúncio: proximidade, abertura ao diálogo, paciência, acolhimento cordial que não condena[366].

Começar o itinerário no museu a partir da Capela dos Sagrados Estigmas é um modo de educar para a centralidade do processo formativo com catequista. A

---

365. CNBB, Anúncio Querigmático e Evangelização Fundamental, n. 17.

366. EG 165.

capela é, portanto, um ambiente de exposição, que procura inserir o catequista no sentido profundo de cada símbolo; é uma porta de entrada, uma ferramenta que proporciona a imersão no primeiro anúncio da fé cristã. Trata-se de um espaço que potencializa, sensibiliza, ajuda a retirar os calçados dos pés, para pisar no chão sagrado da vida cristã, colocar-se na presença do Senhor (Ex 3,5). É o lugar do descanso, da respiração, de quem sai das agitações do centro urbano e adentra num oásis; lugar da recepção, da acolhida para o itinerário de formação humano-cristã, que conduz ao discipulado. Tudo isso aponta o início de um caminho no qual cada elemento é importante, não apenas a obra de arte e o espaço mas também, e acima de tudo, a pessoa humana.

Ao sair desse ambiente, entra-se no espaço da acolhida, da recepção. Aí, é preciso falar o nome e assinar no livro de registros do museu. Ser acolhido pelo nome é muito importante para iniciar o processo formativo. Nesse espaço, encontra-se um grande crucifixo de madeira pendurado numa parede de tijolos de barro. Essa obra foi pintada pelo Pe. Alexandre Grigolli, CSS, idealizador e construtor da Matriz Sagrada Família. Foi usada por muitos anos no altar-mor; inclusive, foi diante dela que se celebrou a primeira missa no interior da igreja. Assim, após a experiência como primeiro anúncio e a partilha de cada pessoa é que se faz o convite para a celebração de acolhida e continuação do caminho nas galerias, o que compõe o Tempo do Catecumenato ou aprofundamento.

2.3.3.2. Tempo do Catecumenato: os espaços de exposição de arte e beleza

Cada espaço da estrutura interna do Museu Sagrada Família foi pensado a partir de uma composição arquitetônica, readequando salas e corredores através de uma integração entre construção nova e áreas antigas, em vista de inserir o catequista no Tempo do Catecumenato. Nesse roteiro, alguns ambientes têm exposições permanentes, e outros foram feitos para obras serem expostas temporariamente, dando ao museu a possibilidade de realizar exposições que dialoguem com temas diversificados. Propõe-se, assim, uma atualização de temas, um diálogo constante com a comunidade e, sobretudo, com os catequistas que passam pela experiência formativa. Nesses espaços, o museu corrobora a ideia de que a formação deve ser contínua, infindável.

> A Iniciação à Vida Cristã e a formação contínua com inspiração catecumenal se apresentam, hoje, como desafios e oportunidades extremente importantes, uma obra a ser realizada, por toda a Igreja, com dedicação, paixão formativa e evangelizadora, com coragem e criatividade. Não se trata, porém, de uma pastoral a mais, e sim de um eixo central e unificador de toda

ação evangelizadora e pastoral. Tem como objetivo a formação inicial e, ao mesmo tempo, permanente do discípulo missionário de Jesus Cristo, para viver e anunciar a fé cristã no coração da civilização em mudança[367].

Nesse contexto da formação com inspiração catecumenal, o museu, através dos espaços de exposição, insere o catequista e/ou o catequizando no segundo tempo do itinerário catequético. É o Tempo do Catecumenato ou Aprofundamento, o mais longo no processo de Iniciação à Vida Cristã. Dedicado a aprofundar os temas do *querigma*, é o tempo do ensino e da reflexão dos conteúdos da fé cristã, que o museu se propõe a realizar por meio de várias expressões artísticas. Esse tempo está estruturado em fases, celebrações e eixos temáticos. Nele, o catequista, ou o visitante, é convidado a conhecer e experimentar os principais aspectos da fé cristã em exposições temporárias que abordem algum tema específico, ou em exposições fixas, que apresentam uma mensagem permanente no interior do museu. Cada objeto e cada lugar compõem uma catequese.

> A catequese é elemento fundamental da iniciação cristã e é estritamente ligada com os sacramentos de iniciação, de modo particular com o Batismo, sacramento da fé. A finalidade da ação catequética consiste em favorecer uma viva, explícita e operosa profissão de fé. A Igreja, para alcançar essa finalidade, transmite aos catecúmenos e aos catequizandos a viva experiência que ela tem do evangelho e a sua fé, a fim de que eles a façam própria, ao professá-la. Por isso, a catequese autêntica é sempre iniciação ordenada e sistemática à revelação que Deus fez de si mesmo ao homem, em Jesus Cristo[368].

Com esse tempo, o museu aborda vários temas, lembrando-se que ele contorna a matriz, ou seja, tem uma vida litúrgico-catequética no centro. Todo o roteiro de catequese presente nos espaços do museu está envolvido por ritos e celebrações, vivenciados diariamente pela comunidade no espaço da igreja. Nesse percurso, o que se sobressai é a catequese em forma de arte e beleza.

> A catequese é um espaço de tempo em que a pessoa recebe formação, aprofunda os conteúdos da fé e vivencia a vida cristã. No centro da catequese encontramos essencialmente uma Pessoa: a Pessoa de Jesus de Nazaré, "Filho único do Pai, cheio de graça e de verdade." (Jo 1,14), que sofreu e morreu por nós, e que agora, ressuscitado, vive conosco para sempre. Este mesmo

---

367. IVC 76.

368. DGC 66.

Jesus que é "o Caminho, a Verdade e a Vida" (Jo 14,6). A vida cristã consiste em seguir a Cristo[369].

No espaço das galerias, objetiva-se alimentar o roteiro formativo com temas que vão sendo uma resposta aos anseios dos catequistas e visitantes em geral; lembrando-se que o público-alvo do museu é o catequista. Quem percorre os espaços de exposições é inserido no itinerário formativo e, ao mesmo tempo, estimulado a valorizar aspectos importantes da vida da Igreja, que encontra uma narrativa memorial e profética em sua apresentação temática.

> Os museus eclesiásticos, como lugares de animação dos fiéis e de valorização do patrimônio histórico-artístico, unem o valor da memória ao da profecia, salvaguardando os sinais tangíveis da *Traditio Ecclesiae*. Por meio do patrimônio histórico-artístico, eles apresentam o cumprimento da história da salvação em Cristo; voltam a propor a obra da evangelização cristã; apontam, na beleza da arte, para "os novos céus e a nova terra"; e são sinais de recapitulação de todas as coisas em Cristo. Tudo o que os museus eclesiásticos representam nos permite crescer em humanidade e em espiritualidade; por esta razão, eles entram de pleno direito no projeto pastoral das Igrejas particulares. A atenção a tais patrimônios pode se transformar em um novo e eficaz instrumento de evangelização cristã e de promoção cultural[370].

Mas é na curadoria do museu que existe um desafio a respeito da contínua construção de um texto formativo, que se dá através das exposições. Um conteúdo formativo, no contexto do museu, precisa ser apresentado como uma experiência que ultrapassa a escrita e se revela na imagem; uma proposta que passa pela via da beleza, favorecendo uma experiência que vai além da estética. O que se deve propor, acima de tudo, é uma experiência formativa, e não um excesso de conteúdo informativo; aqui, entra-se no âmbito de uma comunicação que precisa ocorrer entre a arte e o seu interlocutor, uma relação profunda, capaz de sensibilizar, desinstalar e favorecer o aprofundamento de um determinado conteúdo do itinerário de educação da fé.

> O conjunto de objetos-signos recolhidos, classificados e expostos revela que o museu constrói uma espécie de *texto*, que deve ser lido e, na melhor das hipóteses, compreendido. Para tanto, é fundamental que suportes semióticos e sistemas de informação plenamente acessíveis estejam à disposição do

---

369. CT 05.

370. COMISSÃO PONTIFÍCIA PARA OS BENS CULTURAIS DA IGREJA, Carta circular sobre a função pastoral dos museus eclesiásticos, p. 89.

usuário. Quanto mais ativos forem os meios comunicacionais e melhores os mecanismos de informação, maior espaço haverá para troca e interação do visitante com o *espetáculo museológico*, suas exposições[371].

O caminho da catequese que se revela nos espaços do museu concretiza-se em espaços temáticos. É um caminho a se percorrer, no qual cada exposição traz, em si, uma mensagem a ser interpretada pela experiência.

2.3.3.2.1. Galeria Pe. Alexandre Grigolli, CSS

Esta galeria é o primeiro espaço após a recepção, um lugar amplo, que fica no piso térreo do museu. Dali se pode ver toda a fachada lateral da igreja, construída com tijolos de barro, além de robustas colunas de concreto que sustentam as novas estruturas. Os tijolos de barro têm um grande destaque na exposição, pois trazem em si um excelente conteúdo; tudo isso compõe um aspecto do itinerário formativo no interior do museu.

> Quem trabalha o barro, sabe que tem de respeitar os tempos do barro (amassar, tirar as bolhas, esperar a secagem, recomeçar, acompanhar as temperaturas e os graus de umidade etc.) e não seguir o próprio ímpeto. Não é o barro que obedece às minhas ordens, sou eu que devo entrar no seu ritmo e natureza para, assim, juntos, realizarmos uma bela obra[372].

O nome desta galeria é uma homenagem ao padre que idealizou e construiu a Matriz Sagrada Família; um grande catequista, pregador, poeta, músico e pintor. Nesse espaço, encontra-se uma escultura em bronze dele, o Pe. Alexandre, obra dos irmãos Gentili.

A galeria é um antigo corredor de passagem e manutenção da igreja; encontra-se ali um poço, ainda com água. Antes do início da obra, era utilizado para limpeza e manutenção do jardim. A água, por si só, já traz um profundo e vasto conteúdo, tanto no campo da arte como no da catequese, principalmente por sua grande simbologia nas culturas e religiões[373]. Com cerca de seis metros de profun-

---

371. CASTRO, A. L. S. de, O Museu do sagrado ao segredo, p. 29.

372. PASTRO, C., O Deus da beleza, p. 53.

373. Água: como massa informe, indiferenciada, é um símbolo complexo e está ligado à infinidade de possibilidades ou matérias-primas. O Gênesis fala do Espírito de Deus pairando sobre as águas. Na mitologia hindu, ela carrega o ovo do mundo. A água simboliza também a força regeneradora, a purificação física, psíquica e espiritual (banho, ablução, batismo). Está ligada à fonte, à profundeza escura e à lua como princípio feminino. Como mar e chuva, está associada à fertilidade e à vida, opondo-se ao deserto. A fertilidade e a vida espiritual são frequentemente simbolizadas na Bíblia pela água como fonte e nascente: Jesus, a água da vida, água da vida eterna; os rios da água viva; a fonte da vida no Paraíso e na Nova Jerusalém. A

didade, o poço, tem uma estrutura de tijolos de barro em todo o seu interior; foi restaurado e iluminado, tornando-se uma parte importante da catequese naquele momento do itinerário. Ao redor do poço, durante o itinerário, faz-se uma reflexão sobre o tema da sede e sobre como saciá-la: é um modo de abrir-se para o Tempo do Catecumenato, em que as perguntas são feitas. "A nossa alma tem sede de Deus" (Sl 42,3). É a sede que faz o ser humano sair de si mesmo, transcender, arriscar-se no Mistério.

> A sede não pode acabar, a sede de Deus deve ser eterna em nossa vida. O catequista não deve ter a pretensão de esgotar a sede do catequizando, mas facilitar o caminho para que ele possa, sempre, se aproximar do poço. Saciar totalmente a sede é levar o catequizando a uma experiência de morte. Nenhuma pessoa vive sem sede, a sede nos move, nos faz ir e vir. Mas o encontro com Jesus no poço nos proporciona a experiência da eternidade, que nos leva a uma adesão ao seu projeto. A uma fé adulta que se manifesta em gesto de discípulo missionário[374].

A sede humana pela arte e pela beleza se fez presente durante todo o processo de criação do museu – uma sede de artistas e catequistas que, sedentos de um mundo novo, bebem na fonte da criatividade, da fé e da Beleza. Ali se proclama, através de recordações de cada um que se aproxima, o encontro de Jesus com a samaritana (Jo 4,5-42). Um tema iluminador no processo de educação da fé em todas as idades, principalmente na fase adulta. Muitos catequistas se veem naquela cena. O poço, por si só, guarda em seu interior a água da memória histórica e, principalmente, aponta para a fonte da vida que se renova a cada dia: o Cristo.

> Jesus, cansado da viagem, vai sentar-se junto ao poço. Era meio-dia. Os discípulos tinham ido à cidade providenciar o almoço. Justamente naquela hora, chega uma samaritana para buscar água (Jo 4,6-7). O "poço", desde o Antigo Testamento, é um lugar de encontros que suscitaram belas experiências de comunhão amorosa. No tempo de Jesus, naquela cultura, era incomum um homem pedir água para beber a uma mulher, mais ainda se samaritana, filha de um povo cuja religiosidade era malvista. Tudo sugeria adversidade recíproca, pluralismo, diferença, contraste. Mas Jesus se apre-

---

água tem, ainda, um símbolo negativo, como poder destruidor. Na Bíblia, temos como exemplo o dilúvio (PASTRO, C., A arte no cristianismo, p. 51).

374. CALANDRO, E.; LEDO, J. S., Catequese com adultos, p. 7.

sentou com sede. Dar de beber era símbolo de acolhimento. A sede de Jesus é o desejo de nos ver seguindo seu caminho[375].

Uma outra fonte de catequese presente nesse espaço é a coleção de Sagradas Famílias. Durante o processo de construção do museu, começou-se a colecionar imagens da Sagrada Família, de todos os tamanhos e estilos. Boa parte são presentes dos paroquianos que, sabendo da intenção em se pesquisar o tema, sempre as doavam para o Pe. Jordélio S. Ledo, autor deste trabalho, favorecendo a ampliação da coleção. Outra parte é fruto de aquisições pessoais do padre, que, naquela ocasião, durante suas viagens pelo Brasil em assessoria de catequese e outras viagens pelo exterior, conseguiu adquirir algumas obras que agregaram valor à coleção. São mais de duzentas peças, feitas de madeira, murano, argila, tecido, papel, porcelana, vidro, papiro e palha, e vieram de países como Brasil, Itália, Inglaterra, Egito, Rússia, Chile, Colômbia, Estados Unidos e Israel. Um dado interessante para a curadoria é que houve, na composição dessa exposição, uma seleção de obras que expressam também o olhar da comunidade sobre o tema. Quem escolheu uma peça para presentear o padre estava fazendo, de algum modo, uma seleção artística. Ao escolher determinada imagem, a pessoa quase que selecionava o que gostaria de ver no museu. Com isso, ainda que indiretamente, estabeleceu-se uma curadoria coletiva.

O que motivou essa coleção, além do nome "Sagrada Família", foi o interesse em pesquisar, a partir de um olhar catequético e artístico, como as culturas, nas mais variadas regiões do Brasil e do mundo, traduzem em obra de arte o tema da Sagrada Família. Assim, tem-se em cada peça da coleção uma fonte que contribui para o diálogo formativo com cada pessoa que visita o museu. Ainda, o tema da família, no estilo de coleção, é um assunto que provoca reflexões nos dias de hoje, principalmente entre as crianças. Com a diversidade de estruturas familiares que estão surgindo na atualidade, a exposição da Sagrada Família é um excelente conteúdo na formação com catequista, já que este, em sua missão, lida com questões familiares a todo instante.

2.3.3.2.2. *Galeria Amigos do Museu*

Subindo as escadas de concreto, pode-se entrar no ambiente dedicado aos Amigos do Museu: patrocinadores, artistas, catequistas, fotógrafos, jornalistas e tantos outros, compõem um grande painel de nomes. Existe, nesse espaço, uma certeza histórica e afetiva. Cada indivíduo que participou do processo de cons-

---

375. IVC 16.

trução e que, de algum modo, viveu uma experiência com o museu, fez o encontro com a Pessoa. Isso aparece como um testemunho presente nos depoimentos, feitos em cada visita desde a concepção do lugar, quando ainda era um monte de material desordenado, até chegar ao conceito que se tem hoje.

> A visita ao museu eclesiástico está intimamente ligada, ainda que dele seja diferente, ao valor formativo que deverá possuir a instituição do museu. Distinguir para unir o momento formativo ao ato de visitar significa sublinhar a importância da complementariedade entre o conhecimento e a emoção, sobretudo, no que se refere à vivência religiosa cujos atos, que são catalogados como expressão de amor a Deus e ao próximo, necessitam de ajuda da inteligência, dos sentimentos e da vontade[376].

Além desse aspecto, em aço corten pode-se encontrar o logo do museu, uma criação do artista sacro Lúcio Américo. Esse logotipo procura sintetizar em imagem aquilo que o museu quer dizer. Elaborar esse símbolo exigiu criatividade e sintonia do artista com aquilo que é o Museu Sagrada Família. Ao observar o logotipo, encontra-se um conteúdo a ser transmitido.

Criar a identidade visual do museu foi uma experiência muito interessante e desafiadora. Tratava-se do primeiro projeto desenvolvido para a instituição e devia ser algo que pudesse sintetizar, em uma imagem, todo o espírito daquele espaço, que ainda estava sendo construído. Para isso, o sinal gráfico da família, o logotipo, foi uma evolução de um modelo usado até então. Essa nova proposta foi pensada dentro da dinâmica do movimento, do itinerário e das funções de cada pessoa que constitui a Sagrada Família de Nazaré, fonte teológica e espiritual que dá nome ao museu.

Por isso, o logo apresenta os ombros largos do homem, como proteção; a figura central, abaloada, da mulher, como sinal de fecundidade e acolhimento; e a figura que se lança no mundo – os filhos. Há também referência à chama ardente que crepita no coração, lugar da experiência do amor; e aos pés, que põem a pessoa a caminho. A evolução das cores é a seguinte: o amor (vermelho), a alegria (alaranjado) e a real dignidade (amarelo) em se lançar em missão. Visto por outro ângulo, o logotipo pode ser compreendido como um pé, indicando o caminho de formação humano-cristã, que se realiza no interior do museu, onde cada passo faz arder o coração. "Então um disse ao outro: Não estava ardendo o nosso coração quando Ele nos falava pelo caminho e nos explicava as Escrituras?" (Lc 24,32).

---

376. COMISSÃO PONTIFÍCIA PARA OS BENS CULTURAIS DA IGREJA, Carta circular sobre a função pastoral dos museus eclesiásticos, p. 59.

2.3.3.2.3. Espaço *Chuva do Advento*

Seguindo adiante, passando por uma rampa suspensa, que separa o prédio novo da construção antiga, pode-se ver uma parede de cinco metros de altura, na qual se destaca a obra de Cláudio Pastro chamada *Chuva do Advento*[377]. A referida parede integra uma parte da antiga casa paroquial, feita de tijolos de barro. Ali se configura um ambiente com teto em vidro, por onde entra a luz do Sol, iluminando o museu. Naquela parede, podem ser vistos sinais de uma antiga chaminé, do fogão a lenha da casa dos padres que ali moraram no passado. Com o restauro das paredes, é possível observar as marcas dos tijolos, que remetem às suas respectivas olarias.

Mas o centro e a atenção desse espaço estão na obra *Chuva do Advento*, de dois metros de largura e cinco de altura, feita com azulejos, em tons de azul, ouro e branco. A ideia do artista é que, olhando para cima, contemple-se o teto de vidro, o céu. Do céu, cai a chuva, representada por azulejos em tons de azul e ouro; essa chuva se acumula num círculo dourado, gerando, a partir de si, a Sagrada Família. A água continua até o chão em um pequeno rio com peixes, onde todos são convidados a fazer parte da vida em Cristo. A Sagrada Família, no centro da obra, tem o São José mais alto, de pé, atrás de Nossa Senhora, sentada com Jesus no colo, de braços abertos. O tempo do advento gera, para a Igreja, a Sagrada Família, e esse é o tempo litúrgico que inspira a obra de arte. O advento, enfim, ao mesmo tempo que nos revela as verdadeiras, profundas e misteriosas dimensões da vinda de Deus, recorda o compromisso missionário da Igreja e de todo cristão para o advento do reino Dele.

Essa obra pode ser vista a partir dos três níveis do museu. Recorda-se que o artista sacro Cláudio Pastro visitou o museu desde o início da construção. É importante ressaltar que, na sua última visita, ele alterou todo o desenho (uma explosão criativa extraordinária) quanto às dimensões e ao tema da obra. O primeiro desenho partia da criação, até chegar na Sagrada Família; mas foi totalmente modificado. Cláudio Pastro faleceu antes de ver sua obra instalada no museu.

2.3.3.2.4. Espaço de oficina de arte: Casa do Oleiro

Ao lado do Espaço Chuva do Advento, existe uma pequena porta que dá acesso ao espaço de oficina, a Casa do Oleiro, um lugar inspirado na proposta de estimular oficinas de arte e que hoje serve como área de exposição de moldes,

---

377. A obra *Chuva do Advento* passou por um longo processo de reflexão, até que o artista Cláudio Pastro a definiu nos moldes apresentados no museu.

esculturas e portas de sacrários do início da construção da matriz. Essas peças foram encontradas quando, ainda em período de construção, tornou-se necessário avaliar o tipo de pedra que seria utilizada no piso do museu, através de uma visita a uma marmoraria em São Caetano do Sul. À procura de mármores, o Pe. Jordélio foi surpreendido ao encontrar algumas obras empoeiradas, que chamaram a atenção. Estavam por ali há muito tempo e, possivelmente, seriam descartadas. Dialogando sobre o assunto com o Sr. Ivo, dono da marmoraria, um senhor com cerca de 80 anos, descobriu-se que ele era o autor daqueles moldes e que viera morar em São Caetano do Sul a convite do Pe. Alexandre Grigolli, para trabalhar com os mármores da Matriz Sagrada Família e fazer algumas esculturas. A sua antiga loja ficava na rua da Consolação, em São Paulo. Através do encontro com Pe. Alexandre, o Sr. Ivo passou a residir em São Caetano do Sul e a desenvolver outros trabalhos, em especial esculturas para túmulos dos cemitérios.

Hoje, esses moldes estão no museu: são uma forma pedagógica de mostrar os processos de criação de uma obra, além de ser objetos históricos do período da construção da matriz. Toda obra de arte passa por um "tempo de descanso", um longo processo de lapidação e modelagem e, aos poucos, vai nascendo, vindo à luz, para chegar ao que precisa ser.

Esse espaço propõe um caminho de inspiração até encontro da Casa do Oleiro como lugar de criação; o interessante é recordar que ali residiam os padres; ali estavam a sala e os quartos da casa, com uma escada que dava acesso à Sacristia. Assim, o museu propõe uma reflexão, definindo que a expressão artística abre caminho para a ressignificação de espaços e a manipulação do barro, transformando tudo o que toca em obra de arte.

2.3.3.2.5. *Oratório Santa Rita de Cássia*

O oratório é um pequeno espaço, um antigo quarto da casa dos padres, um ambiente aconchegante, com o teto de madeira, uma iluminação com intensidade amarelada e uma imagem de Santa Rita de Cássia no centro. Nesse lugar, também se encontram imagens doadas pelos paroquianos durante o processo de construção do museu; bem como imagens deixadas nos altares da matriz por devotos que, devido a vários motivos, acendem velas nos altares da igreja e costumam deixar por ali suas imagens de devoção. O oratório é um espaço que remete às devoções populares na catequese.

Entende-se que a piedade popular é a única forma de manter viva a chama da fé, suprindo a ausência da Iniciação à Vida Cristã ou de uma catequese permanente. É, para muitos, um encontro com Deus a partir do rosto dos santos intercessores.

> Em nossa cultura conhecemos o papel tão nobre e orientador que a religiosidade popular desempenha. Esta maneira de expressar a fé está presente de diversas formas em todos os setores sociais, em uma multidão que merece nosso respeito e carinho, porque sua piedade reflete uma sede de Deus que somente os pobres e simples podem conhecer[378].

A devoção aos santos é um costume muito comum na Matriz Sagrada Família. Por ali, passam pessoas de várias cidades; como a igreja está perto da estação de trem e da rodoviária, acaba sendo um ponto de apoio, um lugar de oração, para muitos que têm o costume de rezar, oferecer flores ou acender velas como ato de devoção. Sendo o museu um espaço dedicado à catequese, não se pode deixar de contemplar esse aspecto que alimenta as devoções populares como expressão de uma fé viva.

Percebe-se que criar um oratório no museu foi uma atitude de valor humano e espiritual, pois quem trabalha ou frequenta a paróquia é testemunha de que os gestos de acender velas e alimentar a devoção são a única fonte de esperança para muitos que por ali passam. Não é apenas uma vela acesa diante de uma imagem, é uma história de vida, que se transforma em prece e oração. Seja como fonte de pesquisa antropológica ou religiosa, seja, mais ainda, como expressão de uma fé pura e verdadeira, essa dimensão deve ser considerada em todos os projetos de evangelização. Assim, cabe ao museu registrar e preservar essa prática como fonte de memória e catequese.

2.3.3.2.6. *Galeria Cláudio Pastro*

Ainda dentro do Tempo do Catecumenato, percebeu-se nesse itinerário a necessidade de uma galeria que pudesse acolher exposições temporárias: um modo de favorecer a catequese permanente dos catequistas e de toda a comunidade. Nesse sentido, durante o processo de construção, e logo após a inauguração do museu, foram organizados lançamentos de livro, exposições temáticas e apresentações de coral. Todas as atividades favorecem a ação evangelizadora através de uma relação com a cultura.

> Dado que o museu eclesiástico deve ser pensado como uma instituição cultural, que se relaciona com outras instituições existentes no território, volta-

---

378. DAp 37; 258.

das para a animação cultural, é oportuna a existência de, pelo menos, uma sala para exposições e acontecimentos culturais temporários. Manifestações desse tipo poderão ser organizadas para realçar ocasiões singulares (por exemplo, os tempos litúrgicos mais importantes, as festas titulares e patronais, as circunstâncias civis, as jornadas de estudo e os estudos escolares)[379].

Essa galeria recebeu o nome de Cláudio Pastro, em homenagem ao artista sacro que tanto contribuiu para a catequese e a arte através das suas obras, pelo Brasil e pelo mundo. Logo após a sua morte, foi doado ao museu um pincel utilizado por ele na elaboração de muitos murais, e esse objeto está em exposição no museu. A doação foi da abadessa do Mosteiro Nossa Senhora da Paz, de Itapecerica da Serra, lugar onde foi sepultado o corpo de Cláudio Pastro e onde ele começou a desenvolver o seu trabalho.

A Galeria Cláudio Pastro é o maior espaço do museu: uma sala ampla, com boa iluminação, de onde se pode ver a obra *Chuva do Advento* por uma outra dimensão; um ambiente que favorece a observação de outra parte da fachada lateral da igreja. Esse espaço se compõe de duas histórias: uma parte é o antigo terraço da igreja; a outra é construção nova; nesse sentido, essa galeria une dois tempos, duas realidades históricas, criando um ambiente favorável para exposições artísticas de diversos níveis.

2.3.3.2.7. Memorial dos Missionários Estigmatinos

Saindo dessa galeria de exposições e continuando no roteiro do itinerário, chega-se ao último espaço, destinado ao Tempo do Catecumenato. Passa-se por uma pequena porta em arco, do antigo acesso à casa paroquial, para o terraço da igreja. Essa passagem leva, novamente, à antiga casa dos padres, no pavimento superior, com assoalho em madeira, teto com telhas de barro, janelas coloniais e paredes com tijolos à vista. Com a restauração, os antigos quartos foram transformados em espaço de exposição, juntamente com a sala.

Destinado a contar e registrar um pouco da história, o Memorial dos Missionários Estigmatinos é uma oportunidade para conhecer um pouco sobre a história dos padres que trabalharam na matriz; bem como os relatos de quase um século da presença estigmatina na cidade de São Caetano do Sul.

Como fonte de catequese, o memorial é um modo de apresentar uma reflexão sobre a vocação ao sacerdócio e à vida religiosa consagrada, além de ser uma

---

379. COMISSÃO PONTIFÍCIA PARA OS BENS CULTURAIS DA IGREJA, Carta circular sobre a função pastoral dos museus eclesiásticos, p. 47.

boa oportunidade para explicar o que é congregação, carisma e missão dentro do contexto eclesial. Como espaço de memória, procura ser um ambiente que favorece o registro de vida e testemunho de uma congregação que, fundada em Verona (1816), exerce sua missão em várias partes do mundo. Nesse aspecto, a catequese deve recordar que a "história é a mestra da vida".

2.3.3.3. Tempo da Purificação e da Iluminação

Alguns espaços compõem esta etapa do itinerário no museu, após o Tempo do Catecumenato; é preciso adentrar no tempo da purificação e da iluminação. Esse é um tempo proposto para preparar, profundamente, a mente e o coração e celebrar os sacramentos da Iniciação à Vida Cristã. Esse exercício espiritual acontece no tempo da Quaresma, ocasião em que toda a comunidade procura se renovar, fazer síntese e acompanhar os catecúmenos, para a celebração do Mistério Pascal.

> Neste tempo, a intensa preparação espiritual, mais relacionada à vida interior que à catequese, procura purificar os corações e espíritos pelo exame de consciência e pela penitência, e iluminá-los por um conhecimento mais profundo de Cristo, nosso Salvador: Serve-se para isso de vários ritos, sobretudo dos escrutínios e das entregas[380].

É um tempo de profunda beleza, em que se busca viver a purificação e iluminar a vida com a Palavra de Deus. A partir desse breve conceito, pode-se seguir com o itinerário do museu.

2.3.3.3.1. *Galeria Psicopedagogia Catequética*

Deve ficar claro que não foi tarefa fácil encontrar, na estrutura do museu, um ambiente que pudesse traduzir em imagem o Tempo da Purificação e da Iluminação. Isso exigiu tempo, meditação, estudo e muita caminhada. Compreende-se que caminhar muitas vezes por esses espaços, buscando luzes para a organização temática de cada ambiente, não era apenas fazer uma obra, mas sim traduzir em imagem uma experiência interior. Assim, elegeu-se a "sala curva", antigo salão paroquial, ou corredor de passagem, que ligava a casa paroquial às antigas salas de catequese. Segundo relatos, naquele ambiente aconteceram muitos Encontros de Casais com Cristo (ECC). É um espaço de muitas histórias, situado atrás da cúpula, parte superior da atual Sacristia.

---

380. RICA 25.

Durante as obras, decidiu-se retirar a laje que escondia as estruturas do telhado – e foi uma bela surpresa! Possibilitou-se a experiência de ver toda a estrutura da cúpula, os estuques, as amarrações de madeira; uma excelente obra de arquitetura e engenharia que, sem o museu, jamais poderia ser vista pelos catequistas e pela comunidade; um lugar que tem uma semelhança com um forno de barro, uma oca indígena ou até mesmo um útero, porque pode apresentar uma narrativa a partir do barro de centenas de telhas e tijolos que compõem esse lugar.

A respeito desse espaço, tomou-se a decisão de que seria inspirado no estudo sobre a Psicopedagogia Catequética[381] e, principalmente, no conteúdo que move o Tempo da Purificação e da Iluminação, favorecendo a inserção de uma obra de arte; assim, foi proposto ao artista Lúcio Américo a confecção de um mosaico a partir dos ciclos da vida e dos sacramentos, de tal forma que os catequistas pudessem sentar-se e descansar diante da obra, após um longo caminho no museu, e fazer uma síntese das experiências vividas, iluminados pelo tema da fé em todas as etapas da vida. A proposta era viabilizar que o catequista se percebesse naquele mosaico a partir de algumas questões: qual a fase da vida que estou vivendo hoje? Como vivi minha fé até aqui? Teve minha vida sentido, ou falhei? Como se deu o amadurecimento da fé em minha história? São muitas as perguntas que podem ser feitas para purificar e iluminar a existência humana no seguimento a Jesus Cristo. Em diálogo com o artista sacro Lúcio Américo, a obra foi sendo gestada, como ele mesmo narra:

> Diante da provocação muito pertinente sobre o valor da catequese em todas as etapas da vida, tema trabalhado com dedicação pelo Pe. Jordélio e Pe. Eduardo à frente do Cefope, o projeto do mosaico, assim como a gestação, levou um bom tempo para amadurecer e vir à tona, o tema era muito provocante para se resumir à representação quase cartesiana do processo de evolução da vida humana. Era preciso ser mais dinâmico, e, assim, o caminho foi trilhado com o estudo dos materiais sobre a Psicopedagogia Catequética do próprio Pe. Jordélio, idealizador do Museu.

Essa pesquisa sobre a catequese, conforme as idades, é a base que ofereceu os fundamentos e inspiração para o desenvolvimento do mosaico.

O estudo sobre a Psicopedagogia Catequética é uma necessidade para a missão do catequista. É preciso que cada educador da fé aprofunde esse tema,

---

381. Sobre esse tema, o museu se apoiou nos estudos realizados pelo Pe. Eduardo Calandro e pelo Pe. Jordélio Siles Ledo, CSS, publicado pela Editora Paulus, nos quais se propõe uma reflexão sobre a catequese conforme as idades.

procurando compreender melhor o desenvolvimento humano e o estágio da fé de seu interlocutor.

> A Psicopedagogia Catequética estuda os interlocutores da nossa catequese: idosos, adultos, jovens, adolescentes e crianças, buscando compreender como se dá a educação da fé, bem como as características da aprendizagem humana dentro de cada momento da vida, do seu processo evolutivo, e como a pessoa assimila e acolhe a mensagem cristã[382].

Assim, o projeto foi concebido, e suas luzes foram a centralidade da Sagrada Família e recortes de cenas que são expressões de diversas fases da vida. A execução do mosaico, todo feito no local e com o desenho direto na parede, levou ao todo três meses, alternando-se as semanas. Houve a contribuição de Yandara Kaltenegger Silva, Marcelo Orlando (1979-2016) e Tiago Harich Redivo, que se empenharam na preparação, no corte das peças e na montagem e na finalização do mosaico ao longo desse período. Durante a confecção da obra, na fase de conclusão, um acidente acabou por tirar a vida do Tchelo (Marcelo Orlando), que havia contribuído para a qualidade e o capricho da obra de arte. Recorda-se que Marcelo faleceu na noite da conclusão da obra; ele havia ajudado a pôr a última pedra no mosaico, na parte que retrata a morte e a ressurreição; três horas depois, faleceu, vítima de um acidente de moto. Na ocasião, esse fato provocou uma leitura de fé em torno da obra, que ficou pronta antes da conclusão dos outros espaços do museu.

Em termos gerais, o mosaico foi feito em azulejos cerâmicos de diversas cores que foram partidos no próprio local e colados com argamassa na superfície, preparada previamente com reboco. As medidas aproximadas do mosaico são: 14 metros de comprimento por 3,2 de altura; e cerca de 45 metros quadrados; com um número estimado de 1,2 milhões de peças.

As temáticas do painel giram em torno de cenas da vida: a concepção, os cuidados da infância, o aprendizado, os esportes, o despertar para a relação amorosa, a vida familiar, o trabalho, as vocações da vida cristã, as doenças, a maturidade, a velhice, a morte e o ingresso na vida eterna. As experiências nesse espaço têm provocado partilhas profundas tanto de crianças como de adultos e idosos; é como se o mosaico ajudasse cada pessoa a fazer uma síntese interior, a se reconhecer naquelas fases da vida, abrindo-se a um processo de cura interior, de reconciliação com suas escolhas, celebrando o perdão – de certo modo, vivendo o Tempo de Purificação e da Iluminação.

---

382. CALANDRO, E.; LEDO, J. S., Roteiro de formação com catequistas, p. 27.

É uma obra existencial, que aponta caminhos de resiliência, de um recomeço, que encontra sua plenitude na experiência da Ressurreição, do eterno, narrado em dois vitrais, que favorecem a entrada da luz do sol nesse ambiente. Tal luz é serena, aconchegante, regida pelo silêncio e pelo descanso diante da obra de arte. Todo o espaço é um cenário místico, que abre as portas para o encontro com a Beleza presente nos ciclos da vida.

> A Luz foi a primeira criatura. Por ela vêm a beleza e a visibilidade de todas as outras criaturas materiais. Portanto, imagens da verdade e da beleza. Do Antigo ao Novo Testamento, corresponde às diversas manifestações da presença de Deus (criação, Moisés e a sarça, o candelabro de sete braços no templo, o Filho de Deus como Filho da Luz, o Batismo, a Transfiguração, a Descida do Paráclito, o Apocalipse). Na Liturgia, da Páscoa ao Natal, é a Luz que se celebra. O cristão do batismo ao túmulo, é acompanhado pela Luz, símbolo da Presença Divina na pessoa. A Lâmpada Eucarística simboliza a Presença Divina e os cristãos ausentes, mas existentes no Corpo Místico[383].

Nos vitrais do tempo (Sol e Lua – a Criação), que estão na mesma parede, há uma continuação do mosaico, e a cena da morte é representada por um girassol. O Sol e a Lua, no universo da arte, assumem uma grande dimensão simbólica, que se pode encontrar em várias culturas e religiões.

> Sol: Para todos os povos, um dos símbolos mais importantes (deus). É representado como personificação da luz, da inteligência suprema, do calor, do fogo e do princípio vital. Por nascer e se pôr todos os dias, é imagem simbólica da ressurreição. Por iluminar intensamente todas as coisas, é símbolo de justiça. Rá, no Egito; *Shamas*, na Babilônia; *Hélio* na Grécia; *Sole Invictus*, para os romanos. Para esses povos e para os incas, japoneses, hindus, chineses, está ligado ao culto do soberano. No cristianismo, é o Cristo que se torna o *Sole Invictus* e o *Sole Justitiae*[384].

Assim como o Sol, a Lua traz uma profunda dimensão simbólica, assumindo um papel importante na arte e na espiritualidade, como fonte de beleza poética e mística.

> Lua: Deusa e ponto de referência na cronometria, sobretudo para povos do Oriente. Desempenhava um papel mais significativo do que o Sol. Por "minguar" e "crescer", e por suas influências sobre a Terra, sobre o organis-

---

383. PASTRO, C., A arte no cristianismo, p. 48.

384. PASTRO, C., A arte no cristianismo, p. 49.

mo feminino, associa-se à fertilidade feminina, à chuva, à umidade, à plantação, ao corte de cabelo e a tudo que é transitório e perecível. Na China, é o *yin* associado ao *yang*, o Sol. O feminino e o masculino[385].

A vida deve ser conduzida para Cristo, Luz do mundo. Os dois vitrais feitos com adesivos translúcidos, logo ao lado do fim do painel em mosaico, são o sinal da Ressurreição, fim da vida terrena e início da eternidade em Deus e da vigilância, sendo a busca do ser cristão pelas constantes oração e permanência em Deus. São duas árvores: é o paraíso perdido e os sinais da criação – água, terra, árvore e astros. Ali, supera-se a ideia do tempo, *Cronos*, e passa-se a habitar o *Kairós*, onde a noite e o dia se completam num caminho de eternidade.

Tudo isso é movido pelos sacramentos, tendo a sua fundamentação no amadurecimento da fé, que deve acontecer em todas as etapas da vida. Destaca-se, assim, a necessidade da Iniciação à Vida Cristã e da catequese permanente.

Um outro sinal que marca esse ambiente é o desenho da água, que se inicia na rampa do Memorial dos Missionários Estigmatinos, último espaço do Tempo do Catecumenato, e tem sua continuação, de forma suave e norteadora do caminho, no Espaço da Purificação e da Iluminação, como uma continuidade da água da vida, do batismo, que está em toda a base do mosaico. Caminhar seguindo os rumos da água é abrir-se para esse Tempo, consagrado para preparar mais intensamente o espírito e o coração diante da adesão plena aos mistérios da fé.

2.3.3.3.2. *Auditório Pe. Ezio Gislimberti, CSS*

Após a passagem pelo mosaico, encontra-se, logo em seguida, um auditório para quarenta pessoas, um espaço que era utilizado como almoxarifado e, após a restauração, passou a ser parte do museu. O auditório recebe o nome de Pe. Ezio Gislimberti, CSS; padre que viveu mais de trinta anos na paróquia e foi o responsável pela conclusão das pinturas da matriz e pelos acabamentos da obra; um excelente catequista, pois acompanhou sempre a escola e o cinema paroquial. Esse espaço é utilizado para encontros formativos no museu.

O museu é um ambiente vivo, onde o estudo, a pesquisa e a partilha de conteúdos devem ser atividades permanentes. É um testemunho de que a Igreja vive uma contínua atualização no seu interior, não parou no tempo e ainda contribui em vários temas de pesquisa, especialmente na área da catequese, da liturgia e da arte. Por isso, é importante haver um espaço de estudo.

---

385. PASTRO, C., A arte no cristianismo, p. 50.

Juntamente às salas de exposição, permanentes ou temporárias, é oportuno que o museu eclesiástico esteja equipado com uma sala didática, destinada, em particular, para os estudos, os agentes da pastoral e os catequistas. Nessas salas, o visitante poderá encontrar uma informação mais ampla no que se refere à história da comunidade ou da instituição. Além disso, poderá entender melhor o contexto dos materiais expostos e a correlação entre o passado e o presente. Esse estudo didático poderá ser feito com o auxílio de meios gráficos, audiovisuais, ilustrações ou experiências. Não se devem excluir as atividades didáticas de laboratório e de investigação que favoreçam o interesse e o estímulo da criatividade dos jovens no setor dos bens culturais da Igreja.

Situado como parte do Tempo da Purificação e da Iluminação, o auditório chama a atenção para o aspecto da síntese, lembrando-se que, no Itinerário de Iniciação à Vida Cristã, antes de celebrar a eleição[386] requer-se um conhecimento da doutrina cristã, da vida em comunidade e do exercício da caridade. Além disso, é um espaço aberto para a apresentação de temas que circundam o contínuo diálogo entre educação da fé e arte, como forma de manter um programa pedagógico no museu, envolvendo uma inter-relação com outras instituições e áreas do saber e assumindo a função de um espaço de reflexão, diálogo, encontro e investigação.

2.3.3.3.3. *Mural aos falecidos: catequistas, artistas e Amigos do Museu*

Trata-se de uma obra de arte, num lugar específico do itinerário, para destacar a colaboração daqueles que, com suas doações, ajudaram o museu. Situado abaixo da cúpula, numa antiga escada que dava acesso ao presbitério, esse monumento é um lugar de memória. Recordar os falecidos é um modo de educar a fé e celebrar a vida daqueles que participaram do processo de construção do museu e faleceram antes mesmo de vê-lo concluído: artistas, catequistas e paroquianos colaboradores, todos Amigos do Museu; pessoas que contribuíram generosamente, como sinal de testemunho da fé dentro de uma dinâmica de comunhão eclesial.

No lugar onde a saudade e a certeza da ressurreição se fazem poesia, atraindo o olhar de quem visita o museu para o tema da morte e da vida, que compõem a existência no seguimento a Jesus Cristo, esse mural é um ícone de esperança,

---

386. Segundo o RICA, "nessa etapa, a Igreja procede à 'eleição' ou seleção e admite os catecúmenos que se acham em condições de participar dos sacramentos da iniciação nas próximas celebrações. Denomina-se 'eleição', porque a Igreja admite o catecúmeno baseada na eleição de Deus, em cujo nome ela age. Chama-se também 'inscrição dos nomes' porque os candidatos, em penhor de sua fidelidade, inscrevem seus nomes no registro dos eleitos". RICA, n. 22.

um modo de lembrar que a fé, no seu início, era celebrada nas catacumbas, nos túmulos, nos lugares onde a memória era pão partilhado, que alimentava a certeza daqueles que decidiram seguir os passos do Mestre; nos lugares úmidos, iluminados pela chama da esperança, que se preservou e ultrapassou os túmulos, trazendo a chama da fé aos dias de hoje. Nota-se que foi muito difícil assimilar a morte de alguns que, com tanto entusiasmo, doaram-se em vista de levar o projeto adiante; na morte de cada um deles, consolidaram-se o testemunho e a certeza de que o projeto precisava continuar: cumprir sua missão na Igreja. Diante desse tema, percebeu-se que um museu também se constrói com a experiência de morte e luto.

Assim, com um mural, uma obra de arte, em vários tons de azul, com o movimento da água do batismo, três estrelas e uma pequena árvore da vida que deixa cair algumas folhas na água, registrou-se a gratidão aos fiéis falecidos, iluminando o monumento com um versículo: "Os que a muitos ensinam a Palavra de Deus, brilharão como estrelas no céu" (Dn 12,3).

2.3.3.3.4. Relicário São Gaspar Bertoni

Num pequeno *hall* de passagem entre o auditório e a biblioteca, foi instalado um relicário, bem como uma singela pintura no entorno, de modo a realçar a dignidade da presença de uma relíquia. Esta, pedaços do cérebro de São Gaspar Bertoni, inserida numa cruz feita de aço corten, e ao fundo azulejos em ouro, remete ao Fundador da Congregação dos Sagrados Estigmas de Nosso Senhor Jesus Cristo. São Gaspar Bertoni, nascido em Verona, na Itália, era um padre do clero diocesano e muito dedicado ao estudo e à pesquisa; exerceu a função de professor no seminário; tinha um grande talento artístico e investiu um bom valor na aquisição de livros, criando uma valiosa biblioteca no Convento dos Estigmas.

A relíquia foi entronizada no museu no dia 14 de setembro de 2016, na Celebração da Exaltação da Santa Cruz, no ano em que se celebrou os duzentos anos de fundação da congregação. Nesse mesmo dia, foi feita a bênção inaugural do museu, período em que se celebrou o Ano Santo da Misericórdia, proclamado pelo Papa Francisco.

2.3.3.3.5. Biblioteca São Gaspar Bertoni

Ao se inserir uma biblioteca no itinerário catequético do museu, pretende-se despertar o interesse pela pesquisa e desenvolver no catequista uma amizade pelos livros, fonte de arte e beleza.

No conjunto dos serviços do museu, não se pode esquecer a presença de uma biblioteca especializada. É, por isso, oportuno constituir, dentro do museu, uma biblioteca atualizada e devidamente dotada, onde se possa encontrar, também, na medida do possível, um setor de videoteca ou de outros suportes de multimídia. Nessa biblioteca especializada, deverão figurar as publicações e os materiais referentes ao patrimônio histórico-artístico da entidade proprietária ou promotora do museu. A biblioteca assume a função de reunir e proporcionar a consulta, pelo menos, das publicações referentes à história e à cultura que são, frequentemente, promovidas e financiadas por instituições eclesiásticas, por entidades locais ou por cidadãos privados[387].

Como continuação do caminho do itinerário de formação, a biblioteca ocupa o corredor lateral da igreja ao lado da torre, antigo terraço; foi usada, por muito tempo, pelos corais e orquestras, para chegar ao coro da igreja. Tinha um telhado baixo, que cortava as janelas da igreja ao meio; com o projeto do museu, subiu-se o telhado e agregou-se toda a fachada lateral da igreja, com suas janelas e paredes em tijolos de barro, para dentro do espaço da biblioteca. Na composição desta está previsto um grande painel com a história da catequese; esse projeto ainda não foi concluído.

Com o avanço da era digital, entende-se que o contato com livros impressos é um caminho de formação e evangelização e precisa ser preservado. Além de favorecer o contato com algumas obras históricas, a biblioteca chama a atenção para um modo de comunicação que ajudou a Igreja a preservar e a transmitir, a tantas gerações, a mensagem cristã.

Embutidas nas colunas de tijolos estão estantes de madeira, material de demolição e algumas mesas e cadeiras. Assim como se colhem os frutos da terra, propõe-se uma biblioteca onde os livros "saem da argila", moldada pelo tempo e pela história de muitos catequetas e artistas que, ao longo da história, buscaram transmitir o conteúdo da fé e da arte através de textos e relatos que devem ser preservados.

Na literatura, também se faz uma experiência de beleza; cada palavra constrói nos leitores uma relação de profundo mistério, que leva à conversão do coração e da vida. A Palavra que se fez carne, se faz letra, mensagem na vida de cada pessoa que por ali passa; a biblioteca é mais do que uma coleção de livros – é um lugar de encontro com páginas escritas como um verdadeiro testemunho de fé.

---

387. COMISSÃO PONTIFÍCIA PARA OS BENS CULTURAIS DA IGREJA, Carta circular sobre a função pastoral dos museus eclesiásticos, p. 49.

Através da palavra escrita, transmite-se de geração em geração aquilo que se crê. A biblioteca é, portanto, um pequeno acervo, com a intenção de chamar atenção de quem passa por aquele caminho, abrindo-se as portas para o quarto tempo: o Tempo da *Mistagogia*.

2.3.3.4. Tempo da Mistagogia

O Tempo da *Mistagogia*, dentro do espaço do museu, propõe-se a inserir o catequista no interior da Igreja, na vida litúrgica de uma comunidade, que vive e celebra sua fé todos os dias. É um tempo profundamente espiritual, que se revela como uma dimensão importante no itinerário de educação da fé; que conduz ao discipulado e à missão. Pode-se dizer que todo o espaço do museu é *mistagógico*, assim como todo o Itinerário de Iniciação à Vida Cristã. Com base nessa inspiração se constrói, a partir do itinerário de formação, no espaço do museu, uma identidade pascal, pois Jesus Cristo ocupa o centro vital da mensagem e do itinerário catequético. A vida cristã é assim assinalada pelo já e pelo ainda não, que caracterizam o evento da salvação pascal e a sua celebração na liturgia.

O ciclo catequético, que pretende fundamentar a primeira adesão dos convertidos a Jesus Cristo, é definido pelo diretório como iniciação no mistério da salvação e no estilo de vida próprio do Evangelho[388]. Trata-se, com efeito, "de iniciá-los na plenitude da vida cristã"[389]. Pela pedagogia divina, "conhecendo cada vez mais o mistério da salvação, aprendendo a adorar a Deus Pai e sendo sincero no amor, o discípulo trata de crescer em tudo até aquele que é a cabeça, Cristo (Ef 4,15)"[390].

Esse é, portanto, o quarto tempo do itinerário. É o tempo litúrgico por excelência. Recomenda-se que seja vivenciado ao longo do Tempo Pascal. Iluminado pelo sacramento recebido, o iniciado (neófito) é chamado a vivenciar a salvação oferecida por Deus na liturgia comunitária, fonte de espiritualidade e comunhão na vida e na missão da Igreja. Assim, o catequista ou o visitante do museu, após percorrer o itinerário, é convidado a passar pela porta da fé e adentrar no espaço da *mistagogia* da igreja, sendo, de algum modo, inserido no Mistério.

---

388. DGC 63.

389. CT 18.

390. DGC 142.

2.3.3.4.1. Porta da Fé e Igreja

Após passar pela biblioteca, o catequista é motivado a continuar o caminho, completando o roteiro do itinerário ao redor da Matriz Sagrada Família. Ele abraça por completo o ciclo da educação da fé, que começa na Capela dos Estigmas (recepção), passa pelo Tempo do *Querigma* e se encerra no interior da igreja, Tempo da *Mistagogia*. De fato, quem faz todo o percurso entende que o museu é um grande abraço, que tem no seu centro a pessoa de Jesus Cristo. Ao mesmo tempo, é inserido Nele. É um itinerário que se deixa iluminar "por Cristo, com Cristo e em Cristo", abrindo, assim, a Porta da Fé.

> A PORTA DA FÉ (At 14,27), que introduz na vida de comunhão com Deus e permite a entrada na sua Igreja, está sempre aberta para nós. É possível cruzar esse limiar, quando a Palavra de Deus é anunciada e o coração se deixa plasmar pela graça que transforma. Atravessar essa porta implica embrenhar-se num caminho que dura a vida inteira. Esse caminho tem início no Batismo (Rm 6,4), pelo qual podemos dirigir-nos a Deus com o nome de Pai, e está concluído com a passagem através da morte, para a vida eterna, fruto da ressureição do Senhor Jesus, que, com o dom do Espírito Santo, quis fazer participantes da sua própria glória quantos creem nele (Jo 17,22)[391].

A Porta da Fé é a antiga porta da torre, que leva ao coro da igreja. Acima dessa porta, foi instalada uma cruz de azulejo em ouro, obra de Cláudio Pastro, indicando que, ao passar por aquela porta estreita e baixa, precisa-se curvar diante da cruz e "retirar os calçados". Libertando-se do medo e das vaidades, pisa-se no espaço sagrado da *mistagogia*: "Ele disse: não te aproximes daqui; tira as sandálias dos pés porque o lugar em que estás é uma terra santa" (Ex 3,5).

Na soleira da porta, há os dizeres: "Porta da Fé". Ao chegar nesse ponto do itinerário, inicia-se o momento que os educadores da fé (monitores), que acompanham os catequistas e visitantes, fazem uma pergunta: "Após ter percorrido todo o caminho, ouvir falar de Jesus Cristo e aprofundar os conteúdos da fé, através da arte e da beleza, você deseja passar por essa Porta, ou quer voltar?" O que se tem nessa experiência não é apenas uma pergunta, mas sim a abertura de possibilidades, para que a pessoa entenda a fé como uma escolha, uma adesão, que leva ao discipulado; um projeto de vida. A Porta da Fé sinaliza essa escolha: aponta para a vivência com o Mistério.

---

391. PF 01.

Fora-me concedida a visão e uma porta que se abrira para o mistério. Eu queria recuperar o meu reflexo e me foi dado um dom bem maior, o de poder ver a verdade que se esconde por trás de cada rosto. O mistério é fonte de beleza em todo homem. Perder a beleza, é perder o Paraíso. Eu pensei que o Paraíso fosse um direito e uma conquista, mas como se pode reclamar direitos sobre a beleza ou partir à sua conquista? À margem do rio, eu procurava o meu antigo rosto, e o mistério me deu um rosto novo. O que me foi mostrado permite que nunca mais me deixe enganar, nem sobre mim próprio, nem sobre qualquer homem que pise a terra. Se não conseguir contemplar num rosto, seja ele de quem for, a marca da beleza, então não é um rosto humano que eu contemplo[392].

A Porta da Fé é o sinal de um tempo que se encerra e de outro que se inicia, e ao mesmo tempo ambos se integram, coexistem no itinerário de formação com catequista. A passagem pela porta insere a pessoa em um novo espaço de fé e vida; indica a via da Beleza como uma estrada a ser percorrida e, simultaneamente, como uma via já contemplada na experiência que ficou para trás. A Beleza estava no caminho, apontando sempre para a porta de imersão na sua plenitude, pois "a Igreja no seu conjunto, e os Pastores nela, como Cristo devem pôr-se a caminho para conduzir os homens fora do deserto, para lugares da vida, da amizade com o Filho de Deus, para aquele que dá a vida, a vida em plenitude"[393].

2.3.3.4.2. A torre

Ao passar pela Porta da Fé, adentra-se numa das torres da igreja, que introduz a um pequeno espaço com duas janelas em arco. Por essas janelas, entra uma fresta de luz tênue, gerando um ambiente espiritual, de tal modo que prepara a pessoa que percorreu o itinerário no museu para a contemplação do Mistério, revelado no espaço litúrgico. Nesse ambiente, dois vasos de barro, vindos do sertão da Bahia, remetem o olhar ao simples, ao vazio, aos espaços vazios da alma, que, assim como aqueles potes, anseiam pela água, pela Beleza.

Os potes de barro, em outros tempos, guardavam a água na casa de algum sertanejo; que, provavelmente, durante o período de seca na caatinga, sempre abria as portas e janelas à espera da chuva; "que tarda, mas não falha". É uma via da beleza manifestada na fé e na esperança, que não se cansa de ser vida onde apenas existe a morte, a terra árida e a mata seca. É a via em que os olhos, às vezes

---

392. MONTERIO, A. T., O ícone vazio, p. 82.

393. PF 02.

210

tristes e abatidos, esperam a chuva do céu. A água no pote é o sinal do Mistério, que sempre sacia a sede da pessoa humana – do discípulo missionário – que se colocou a caminho.

Uma torre com paredes feitas de tijolos de barro é, naquele cenário urbano e barulhento, um sinal que remete ao céu e se prende à terra. Simbolicamente, remete à sede do coração humano, que, buscando o céu, faz ressoar o sino da matriz e anuncia a presença de Deus no tempo e na história.

Duas vezes ao dia, o catequista ou o visitante pode ter a experiência de passar pela Porta da Fé enquanto ouve badalar dos sinos, marcando a oração do *Angelus* às 12 e às 18 horas.

> É o sinal mais alto de identificação de um edifício-igreja cristã. De origem oriental, proliferou a partir do século VI em quase todas as construções cristãs. Quando as igrejas-edifícios começaram a se identificar externamente pelas formas de fortaleza ou de naves, logo do seu lado surgia "uma lanterna", isto é, um farol identificando o "porto seguro". Os sons dos sinos (bronze), desde o Antigo Testamento, identificam-se com o "som da divindade" e tocam "ouvido e coração". Hoje, num mundo com grandes arranha-céus e meios de comunicação avançados, com maior razão ainda se deve construir torres cristãs. Os sinos são também os anunciadores da ação litúrgica do mistério pascal, a santa missa. Os campanários antigos eram de construção mais sólida, porém agora, com novos recursos, podem ser feitos de concreto ou apenas de estrutura metálica vazada com os sinais aparentes[394].

Um badalar com a nota Sol alimenta a esperança, e o repicar dos sinos se mistura à voz humana; quem passa em frente da matriz faz o sinal da cruz ou silencia, numa atitude de prece e oração. É um sinal que remete o pensamento rumo ao sagrado, e, referindo-se ao itinerário do museu, é uma melodia que faz mover os pés e introduz no Tempo da *Mistagogia*. Assim, esse pequeno espaço no interior do museu pode passar despercebido para muitos, mas é a antessala que prepara para a entrada no paraíso, no espaço sagrado, onde a vida se renova como arte e liturgia. Ali, a "Beleza salva o mundo".

2.3.3.4.3. *O Coro: Galeria Irmãos Gentili, o olhar para o interior da igreja*

Ao passar pela Porta da Fé, o catequista ou o visitante é inserido no ambiente interno da igreja. Adentra esse espaço litúrgico através do coro. Nesse lugar,

---

394. PASTRO, C., Guia do espaço sagrado, p. 71.

o olhar se expande; inicia-se um exercício contemplativo de arte e beleza. Desse ponto, o catequista consegue apreciar de perto as pinturas dos irmãos Gentili e ampliar o olhar para ver, a partir de cima, todas as obras da igreja.

Nessa etapa, o itinerário do museu consegue pôr a pessoa em um outro campo de visão, possibilitando uma experiência que favorece a mudança do olhar e uma inserção no ambiente litúrgico-catequético. Proporciona a experiência de poder "entrar" nas pinturas e envolver-se com cores, gestos e rostos, construindo uma nova relação com a arte.

Esse espaço é o universo da vida, que se torna celebração, arte e catequese. Nele, o catequista que percorreu os itinerários se abre para uma experiência de contemplação; é acolhido pelo espaço sagrado, participando do mistério da comunhão entre o humano e o divino.

> A Imagem sacra e o espaço sagrado têm a ver com *contemplum* (com = junto de; *templum* = separado), isto é: junto do separado, "Daquele que É e só nele somos". Significa participarmos de algo separado de nós. Contemplar quer dizer: eu estou "junto do separado". Separado, porque Aquele que é, não é desse mundo. A contemplação de uma imagem sagrada não significa que olhamos a imagem: é ela que olha para nós. Da mesma forma, não experimentamos o espaço sagrado: é ele que nos penetra. Nesse momento, o indivíduo torna-se Senhor. Por isso, sem o conceito de "sagrado" não existe ícone, não existe arte românica, não existe arte sacra alguma. O sagrado é algo que independe de nós, é aquilo que É, é o "Eu sou"[395].

O olhar se preenche através da experiência de fazer parte do ambiente. O catequista completa todo o ciclo que compõe o itinerário do museu, sendo "abraçado" pela arquitetura da igreja, que o insere no ambiente do Mistério. Assim, pela escuta do Evangelho e pela participação na Eucaristia, o espaço interno da igreja introduz o catequista no coração do museu. É o lugar da *mistagogia*, da vida em comunhão, onde a Beleza se faz novidade diariamente.

> O sentir-se bem em seu interior, o conforto e o recolhimento encontrarão formas novas que nos agradem, visando permitir que a própria arquitetura nos leve a participar dos ofícios sagrados, nos eleve na contemplação da Majestade Divina, presente na Eucaristia. O espaço sagrado é único – transmitirá paz, permitirá a comunhão entre os fiéis ali reunidos, será abrangente a toda a comunidade, será acolhedor e permitirá que ali se desenrolem, com justeza e liberdade, os sagrados mistérios e as orações, em conjunto ou

---

395. TOMMASO, W. S. de, O Cristo Pantocrator, p. 218.

particulares. Para tanto, é necessário que seja artisticamente planejado, que nos enleve e nos subjugue espiritualmente[396].

A arte no interior da igreja insere na vida cristã, como testemunha de uma liturgia perene, testamento vivo de uma profissão de fé, que é passada de geração em geração. Pelas paredes altas, erguidas com tijolos e revestidas de arte, cada sinal é uma fonte de beleza. O catequista que experiencia ser inserido por inteiro nesse espaço desenvolve a espiritualidade, saboreando a Palavra na arte e ouvindo o silêncio de um espaço que conduz ao encontro de uma Pessoa. Esse encontro é regido por uma luz serena, que ultrapassa os vitrais e ilumina o interior da igreja, promovendo a experiência *mistagógica* no encontro com a Luz.

> Por isso, urge recuperar o caráter de luz que é próprio da fé, pois, quando a sua chama se apaga, todas as outras luzes acabam também por perder o seu vigor. De fato, a luz da fé possui um caráter singular, sendo capaz de iluminar toda a existência do homem. Ora, para que uma luz seja toda poderosa, não pode dimanar de nós mesmos; tem de vir de uma fonte mais originária, deve porvir em última análise de Deus[397].

O espaço litúrgico é o foco do museu; todo o itinerário aponta para esse centro. O mármore, as pinturas, os capitéis, as portas e os vitrais propõem um diálogo entre arte, catequese e liturgia, promovendo uma experiência de beleza, como algo inenarrável, pois ali a Beleza tira o véu e manifesta o seu esplendor. Trata-se, então, de um espaço no qual a obra de arte exerce uma valiosa função.

> Cuidar da beleza do espaço litúrgico e catequético é uma tarefa sempre atual. A arte e a beleza dos templos são meios capazes de anunciar o amor e a bondade do Criador nos mistérios de Cristo. Na memória do passado, o templo remete o cristão ao futuro[398].

Percorrer um itinerário de formação com arte e beleza favorece ao catequista a compreensão de que em cada obra "habita" um espírito, que lhe dá a forma. Toda obra está impregnada não só de uma psicologia individual ou coletiva, mas também de uma "presença" que comunica uma mensagem. A obra é um "fenômeno em si". A forma do espírito, numa obra, só é possível num total momento de "gratuidade", de despojamento, de abertura e de liberdade, que permite ao novo se manifestar. É um gesto metafísico, celebrativo.

---

396. MENEZES, I. P. de, Arquitetura sagrada, p. 35.

397. LF 04.

398. IVC 184.

O caminho da beleza realizado no museu possibilita ao catequista uma abertura interior para a experiência do encantamento. A capacidade de encantar--se é um aspecto necessário para o amadurecimento da fé na vivência do Tempo da *Mistagogia*. Quando se torna possível educar o catequista para o encantamento, a contemplação e o silêncio, consegue-se favorecer a formação espiritual, que alimenta e dá vida ao educador da fé e a todos os membros da comunidade.

A arte, em suas expressões de beleza, promove esse encantamento muitas vezes ausente na formação com catequista. Chegar a esse momento no espaço do museu é, sem dúvida, um modo de compreender o verdadeiro sentido da arte no processo de iniciação e educação permanente da fé. A arte no interior da matriz sempre surpreende e aponta novos conteúdos a serem aprofundados. Sob o movimento de luz e sombra, o espaço de arte e fé impulsiona a ação pedagógica, *querigmática* e *mistgagógica*, que são os pilares da missão do museu.

> Revestir com arte um espaço litúrgico demanda, além da técnica, espiritualidade. A arte sacra, por sua própria natureza, está relacionada à infinita beleza de Deus e seu propósito maior é o de levar o fiel a dedicar-se a Deus, louvar e exaltar a sua glória. Tudo isso dentro de uma missão mistagógica: conduzir aquele que contempla a arte ao Mistério[399].

Explicar ao catequista o Tempo da *Mistagogia* no itinerário catequético nem sempre é uma missão fácil, pois entende-se que a *mistagogia* está presente em todo o itinerário do museu. A todo instante, a pessoa é motivada a sair de si, a deixar-se envolver e ser conduzida pelo Mistério. A igreja como espaço "final" do itinerário sugere que a vivência da *mistagogia* é algo permanente, remetendo a início, meio e fim; um tempo que se faz presente na experiência de morte, vida e ressurreição na comunidade de fé, que encontrou, nesse espaço, a morada da Beleza.

2.4. Os artistas e os educadores da fé: uma presença no Museu Sagrada Família – Catequese e Arte

O artista é um *mistagogo*, um educador da fé, que sempre esteve presente na tradição cristã. Com as mudanças culturais, são muitos os apelos da Igreja para que os artistas retomem sua valiosa missão no cenário da evangelização.

> Com esta Carta dirijo-me a vós, artistas do mundo inteiro, para vos confirmar a minha estima e contribuir para o restabelecimento duma coo-

---

399. TOMMASO, W. S. de, O Cristo Pantocrator, p. 15.

peração mais profícua entre a arte e a Igreja. Convido-vos a descobrir a profundeza da dimensão espiritual e religiosa que sempre caracterizou a arte nas suas formas expressivas mais nobres. Nesta perspectiva, faço-vos um apelo a vós, artistas da palavra escrita e oral, do teatro e da música, das artes plásticas e das mais modernas tecnologias de comunicação. Este apelo, dirijo-o de modo especial a vós, artistas cristãos: a cada um queria recordar que a aliança que sempre vigorou entre Evangelho e arte, independentemente das exigências funcionais, implica o convite a penetrar, pela intuição criativa, no mistério de Deus encarnado e contemporaneamente no mistério do homem[400].

O artista é chamado pela Igreja a ajudar na obra da criação, através da expressão artística, que muito contribui na educação da fé, ao promover o encontro com a Beleza. Tem a capacidade de penetrar na alma do tempo, da história e da vida das pessoas. A obra de arte, nesse caso, não é morta; é testemunha de fé, que aponta para a vida. O artista desenvolve a sensibilidade de transformar em imagem a profunda relação que existe entre fé e arte. Nesse exercício criativo, é capaz de transformar a morte em vida, a dor em amor, a tristeza em alegria, a guerra em paz. A partir desse movimento, é possível compreender que não só a estrutura psíquica mas também a cultura e o lugar social de um artista moldam a linguagem e os símbolos usados no processo de interpretação da experiência de encontro com o Divino.

Nesse diálogo, o museu, através de artistas e catequistas, procura ser um espaço que valoriza a relação entre arte e catequese, manifestando a grandeza da arte, que se faz memória e profecia. Aos artistas que trabalharam no museu, foi dada a missão de traduzir, em imagem, aspectos importantes do Itinerário de Iniciação à Vida Cristã com inspiração catecumenal. Ao mesmo tempo, devem favorecer a preservação da memória, como um ato de profecia, que apresenta a via da beleza no processo de formação com catequistas como uma urgência, visando à ação evangelizadora da Igreja.

O museu é um espaço cuja vocação inclui preservar a ideia de que a memória cristã se manifesta, essencialmente, na comemoração de Jesus. Sendo o itinerário catequético regido por ritos e celebrações, os artistas ajudam a fazer a memória de que a vida de Jesus Cristo é celebrada anualmente na liturgia. Assim, na celebração cotidiana da Eucaristia, no centro do museu Jesus Cristo é uma memória viva, que inspirou a arte daqueles que contribuíram com esse projeto de evangelização. Na história de cada artista, pode-se compreender como se percorre

---

400. JOÃO PAULO II, PP., Carta aos artistas, n. 12.

a via da beleza, transformando aquilo que se contempla em obra de arte, agindo não apenas como artista mas também como *mistagogo*.

> Deus não é só suma Verdade. Ele é também a suma Bondade e a suprema Beleza. Por isso, "a sociedade tem necessidade de artistas, da mesma forma que necessita de cientistas, técnicos, trabalhadores, especialistas, testemunhas da fé, professores, pais e mães, que garantam o crescimento da pessoa e o progresso da comunidade, através daquela forma sublime de arte que é a "arte de educar"[401].

Como educador da fé, nota-se que cada artista que participou do processo de criação do museu apresentou conteúdos importantes para a formação humano-cristã com catequista. A presença de artistas nesse processo foi um modo de testemunhar o diálogo entre catequese e arte, e tal testemunho foi um sinal importante nas Feiras de Arte[402], organizadas pelo museu. Esse diálogo precisa ser registrado, principalmente para manter viva a memória de artistas que têm suas obras na matriz, e de outros que foram convidados para assessorar no museu. Assim, pautando-se numa breve biografia, desenvolve-se, a seguir, uma reflexão sobre aqueles que contribuíram com o projeto, objetivando despertar nos artistas o desejo de se aproximarem, cada vez mais, dos espaços de celebração e educação da fé.

2.4.1. Os educadores da fé: monitores do museu

Desde o início do projeto de construção do museu, sentiu-se a necessidade de preparar um grupo de catequistas da comunidade para conduzir as visitas e formações. Dentro do museu, concebido como um espaço de diálogo entre catequese e arte, foi necessário criar uma equipe de trabalho pastoral que pudesse ajudar como facilitadores ou monitores – nesse caso específico, educadores da fé.

Aos poucos, no processo de construção do museu, durante as missas, começou-se a divulgar o projeto e convidar pessoas que pudessem participar do grupo Amigos do Museu. A quem se motivasse a exercer uma missão pastoral

---

401. DA p. 496.

402. Feira de arte: com o objetivo de envolver os artistas no processo de construção do museu, criamos a Feira de Arte na Praça da Matriz da Sagrada Família. Nesse evento, conseguimos contar com algumas presenças importantes: Maria Eugenia, cantora goiana, uma referência da música popular brasileira; o grupo Seresteiros de Diadema, com um estilo musical que envolveu os idosos e casais da comunidade; orquestra, coral e grupo de dança e teatro da Fundação das Artes de São Caetano; fotógrafos; artistas sacros; e um bom número de artesãos que realizavam suas exposições e contribuíam com doações para a construção do museu.

no museu, foi dada a possibilidade de se preparar através de vivências realizadas no espaço ainda em construção. O desejo era proporcionar a experiência de um processo formativo vinculado, totalmente, ao espaço do museu. No princípio, pensou-se em criar uma Pastoral do Turismo, propondo uma relação do museu com a cidade e as paróquias da diocese. Mas optou-se por seguir outro caminho.

Por algum tempo, formou-se o grupo com pessoas que frequentavam as celebrações na paróquia e que tinham interesse pela arte. Tornou-se necessário também ampliar o diálogo, inserindo no projeto pessoas sem vínculo direto com as pastorais da paróquia. Foi criado um itinerário formativo, para que os educadores da fé pudessem compreender o conceito de "museu" e se preparar para percorrê-lo com tranquilidade. Vale ressaltar que, nesse grupo inicial, alguns dos membros não conheciam nenhum museu. Sendo assim, para muitos deles tudo era uma grande novidade. Tratava-se de um espaço que não fazia parte de suas vidas. Existia nesse grupo uma abertura "curiosa" para conhecer, aprofundar e atuar no Museu Sagrada Família.

> No projeto de formação, deve haver um particular interesse pela formação dos agentes e dos guias. Não se trata apenas de uma formação profissional de especialistas dos diversos setores implicados na organização do museu (ou de comprovar sua preparação), mas de os introduzir no que é especificamente eclesial. Eles têm de ser capazes de contextualizar o patrimônio histórico-artístico da Igreja, nos âmbitos catequético, cultural e criativo, para que a fruição de tais bens não se reduza ao mero dado estético, mas se converta em um instrumento pastoral, através da linguagem universal da arte cristã[403].

Como parte do itinerário de formação, todos tiveram que participar das semanas catequéticas realizadas na paróquia e na diocese[404]; frequentar os encontros formativos sobre o conceito de museu, arte, catequese e via da beleza; bem como visitar arquivos e bibliotecas e participar dos passeios em museus e exposições de arte nas cidades de São Caetano do Sul e São Paulo.

Foi preciso preparar o grupo para assumir uma missão no museu; visitar uma obra de arte, ou os espaços de arte, é um recurso que favorece uma boa formação e promove integração entre as pessoas. A cada um foi dada a missão de, ao entrar em um museu, deixar-se conduzir por um monitor e observar posturas, modos de apresentar uma obra de arte, os conteúdos, a acolhida e a abertura para

---

403. COMISSSÃO PONTIFÍCIA PARA OS BENS CULTURAIS DA IGREJA, Carta circular sobre a função pastoral dos museus eclesiásticos, p. 81.

404. Para ser educador da fé no museu, é preciso participar de formações.

o diálogo com os visitantes. Além disso, foi necessário ampliar o repertório artístico dos educadores da fé, realizando, assim, uma educação pela arte.

Uma questão importante que também fez parte dessas experiências refere-se à relação com o ambiente; em outras palavras, como se perceber dentro de um museu de arte contemporânea ou de arte sacra. Para alcançar esse objetivo, foi preciso anotar e observar aspectos importantes de iluminação, exposição, recepção, galerias; todos os ambientes do museu precisavam ser conhecidos, para que se pudesse compreender o que, de fato, significa esse espaço considerando-se o tema que se propõe a apresentar. Significa, então, que houve necessidade de promover uma experiência estética com o espaço.

Esse grupo viveu seu processo de amadurecimento, percorrendo um itinerário que estava para além dos muros do Museu Sagrada Família. Durante o percurso, alguns abandonaram o caminho, e um bom número permaneceu, assumindo a missão de educadores da fé no museu. Percebe-se que exercer esse papel tem sido uma experiência valiosa para todos eles, um novo modo de ser discípulo missionário em diálogo com o mundo da arte e da cultura. De alguma maneira, contribuiu-se para a criação de um paradigma de projeto e espaço formativo com catequistas.

2.4.2. Os fotógrafos e o museu: a arte do olhar

Fotografar é um modo de captar o instante certo, registrar, transformar em arte o olhar, através do registro de momentos que podem ser eternizados. Fotografar é um modo de fazer memória. Durante os processos de criação e construção do museu, a presença de fotógrafos foi, sempre, um modo de ser acompanhado por lentes que, pouco a pouco, iam registrando as transformações do espaço. A obra não precisava estar concluída para fazer-se registro de fatos importantes. Concebido como um itinerário formativo, um caminho a percorrer, o museu, desde a sua origem, foi fotografado. O registro histórico fotográfico é um recurso para preservar e manter viva a memória não apenas da coisa pronta, mas também do processo em si. Sem memória, não se consegue transmitir a história a outras gerações, e a necessidade de preservá-la e alimentá-la através de práticas cotidianas está na raiz da vida cristã. A fé é memória viva, transmitida de geração em geração, através do testemunho de comunidades que vivem o discipulado e a missão no seguimento a Jesus Cristo. A educação da fé se faz mediante memória.

Registrar as transformações do espaço e contemplar e captar o movimento de pessoas no processo criativo são experiências de arte e beleza. Com o registro fotográfico, pôde-se captar o concreto, o aço e os tijolos que, aos poucos, iam to-

218

mando forma; bem como registrar as interferências feitas no espaço, que já existia, procurando-se preservar a identidade histórica do museu.

Algumas coisas já estavam lá, só precisavam ser lapidadas, e o ato de fotografar consistiu na melhor opção para registrar essas transformações. A imagem é capaz de fazer um registro fiel da realidade, proporcionando a criação de um acervo. Assim, a fotografia foi o principal instrumento utilizado para "contar" sobre o processo de construção à comunidade.

Inserir a fotografia não apenas como registro histórico, mas também como expressão de arte, foi o caminho escolhido para despertar interesse artístico e envolver os fotógrafos no processo de construção do museu. Naquele período, aconteceram alguns eventos com fotógrafos do ABC, organizados por Celso Vick; os registros cotidianos foram feitos por Renor Lojudice e sua esposa, Vera, Pe. Jordélio S. Ledo e um grupo de educadores da fé, bem como registros finais foram feitos por Lúcio Américo (para elaboração do catálogo do Museu), por Fernando Vila Franca (para elaboração do vídeo inaugural) e por Sandra Castanhato, entre outros.

Outro viés fundamental dos registros fotográficos passa pela compreensão de que, num mundo de cultura digital, em que a catequese precisa ser inserida no contexto virtual, na internet, a fotografia é um modo de propor o itinerário de formação apoiando-se numa linguagem muito próxima da atual realidade dos catequistas. A linguagem fotográfica proporciona uma experiência de educação do olhar, através do jogo entre luz e sombra, e pode contribuir para inserir a pessoa pela via da beleza, que se atualiza em cada expressão artística.

Nessa perspectiva, desejava-se inserir os fotógrafos num processo de educação do olhar, despertando uma sensibilidade espiritual na captação de imagens na Matriz Sagrada Família e no museu. Em cada foto, é possível perceber a intenção o foco, ou a intepretação do espaço, feita pelo fotógrafo. Notou-se que essa prática se transformou num exercício de educação da fé através da arte de fotografar, principalmente por fotógrafos que nunca tinham entrado na matriz e não sabiam da existência do museu. Essa novidade no encontro com o espaço despertou um olhar artístico voltado ao sagrado, ao Mistério.

Quando a história de vida do fotógrafo se encontra com o espaço, existe a percepção de que o ato de fotografar é capaz de produzir uma imagem que traduz a experiência com o desconhecido que habita aquele lugar. Essa experiência faz o fotógrafo sair de uma posição passiva, distante, e aproximar-se, começando um caminho de diálogo com a arte no processo de criação, no qual se estabelece uma relação de sedução. Mais do que registrar o museu em construção, os fotógrafos que por ali passaram transformaram em imagem aquilo que os olhos ainda não conseguiam ver; e a fotografia tem justamente a capacidade de transformar a poeira e o aparente caos em mensagem, e a escuridão do ambiente em caminho que conduz para a luz. Observa-se que a cada "clique" o véu foi sendo tirado, e a mensagem inspiradora do museu foi se espalhando e conduzindo a comunidade pelo caminho da beleza.

2.4.3. O Coro do Museu

No interior da Matriz Sagrada Família, os corais e orquestras sempre se fizeram ouvir; a música faz parte do seu processo histórico. O lugar serviu como palco de grandes apresentações[405]. Percebe-se que a música foi um caminho seguro de aproximação entre o museu e a comunidade. Superando algumas dificuldades, conseguiu-se criar o Coro do Museu. A música acompanhou os trabalhos, marcando momentos importantes desse processo, com apresentações em encontros de corais, celebrações na igreja e eventos no espaço ainda em construção. Diante de tantos artistas que foram se aproximando do museu, surgiu a oportunidade de inserir a música como um instrumento de diálogo entre arte e fé. Naquele espaço caótico, ainda em obras, onde materiais de construção se misturavam com o som da música sacra, foi possível conduzir todas as equipes de trabalho através de uma melodia criativa e espiritual, que aos poucos ia ordenando o ambiente. Seguiam-se os passos da arte que, gradualmente, começava a fazer morada naquele espaço, numa profunda harmonia com os apelos da Beleza.

> A música produzida pelo homem deveria, então, ser captada pela música intrínseca do universo e pelas suas ordens interiores e inserida no "canto fraterno" dos "astros irmãos". A beleza da música está baseada, em relação à sua correspondência, nas leis rítmicas e harmônicas do universo. A mú-

---

405. Desde o seu início, a Matriz Sagrada Família tornou-se palco de apresentações musicais. Em 1949, por ocasião do jubileu de prata do Pe. Ézio Gislimberti, houve várias solenidades e inaugurações, envolvendo a presença de música e cinema na vida da matriz. Nesse meio tempo, foi adquirido um órgão elétrico, cuja estreia se deu sob a execução magistral do professor Ângelo Camim, da Rádio Gazeta de São Paulo; foi lançada a pedra fundamental do Salão e do Cine Teatro Paroquial, com o nome do Pe. Alexandre Grigolli; cantou na Matriz Nova o tenor italiano Beniamino Gigli (1951), que declarou: "Dando o meu contributo artístico nesta acolhedora Paróquia, senti em mim o despertar de minha juventude, encontrando, nos beneméritos Padres, todo o perfume das Santas Missões e meu semienvolvimento com eles". Nesse sentido, convém lembrar que, em 1983, foi criado o Coral da Matriz, regido pelo maestro Roberto Manzo, coral esse que, mais tarde, receberia o nome de Capella Aurea. Ainda, ao longo da história foram surgindo outros para as celebrações litúrgicas: Alvorecer, Sagrado Coração de Jesus, Sagrada Família e Santa Cecília. Em 1991 aconteceu, no recinto da igreja, um concerto de música sacra, sob a regência do maestro Roberto Manzo e com a participação dos corais da matriz, do Coral Pro Música Sacra e do Coral Municipal de São Caetano do Sul. De novo, a arte em sintonia com a religião e vice-versa (MARIANI, A. F., Estigmatinos: 80 anos na cidade, p. 45).

sica humana é tanto mais "bela", quanto mais se insere nas leis musicais do universo[406].

Um espaço de arte que se propõe a formar catequistas pela via da beleza precisa ser assumido por artistas que ajudem a conduzir essa missão. Nesse sentido, ao ser fundado um coral com os membros da comunidade, tinha-se o desejo de fazer da música um caminho de aproximação da comunidade com o museu, apoiando-se na beleza da música, através de um diálogo fraterno. Como afirma o maestro Diego Muniz[407], regente do coral:

> O Coro do Museu Sagrada Família – Catequese e Arte surgiu do desejo e iniciativa do Pe. Jordélio Siles Ledo, reconhecidamente um grande admirador, conhecedor e incentivador das artes, que desejava ter no Museu (que por si era já algo pioneiro na diocese) uma forma adicional de levar a comunidade a conhecer a arte musical produzida pela Igreja Católica em sua história. O Museu preconizou, desde sua idealização, a premissa de ser um espaço vivo, e o coro, por meio de seus componentes, corroborava fielmente essa perspectiva interativa e não estática com a comunidade.

Percebe-se que cantar em nome do museu foi, naquele período, um modo de fazê-lo conhecido e próximo da comunidade. Por essa ótica, o coro ajudou a propor uma experiência com a Beleza.

---

406. RATZINGER, J. Teologia da Liturgia, p. 126.

407. Diego Muniz: regente coral e orquestral especialista em música sacra, com larga vivência em música litúrgica católica como maestro de coros, e violinista com vasta experiência na execução do repertório sinfônico em orquestras no estado de São Paulo. Bacharel em regência pela Universidade Estadual Paulista (Unesp), foi aluno de Vitor Gabriel de Araújo, Abel Rocha e Lutero Rodrigues; é técnico em violino pela Fundação das Artes de São Caetano do Sul e estudou órgão de tubos em curso de extensão universitária pela Universidade de São Paulo (USP). Regente do Coral Liturgia Madrigal (2007-1014), do Coro do Museu de Arte Sacra Sagrada Família (2012-2015) e do Coral Municipal de Ribeirão Pires (2016-2017). Foi professor do Pronatec (2015). Teve aulas de regência coral e orquestral em Curitiba (2014, 2015 e 2016), Ribeirão Preto (2015), Londrina (2015), Campos do Jordão (2015), Edmonton, Canadá (2017), e Vancouver, Canadá (2018), e de técnica vocal e arranjo em Tatuí (2014). Também participou de *masterclasses* de regência com Kirk Trevor (Inglaterra), Johannes Schlaefli (Suíça), Ragnar Bohlin (Suécia), Abel Rocha (Brasil), Angelo Fernandes (Brasil), Mara Campos (Brasil), Carlos Aransay (Espanha/Inglaterra), John Neschling (Brasil), Michael Zaugg (Suíça), Jon Washburn (Canadá) e Naomi Munakata (Japão/Brasil). Foi regente convidado da temporada 2016/2017 do Coral Pro Coro Canada em Edmonton, Alberta (Canadá), e um dos cinco jovens regentes no mundo convidados a participarem do 38º Simpósio Nacional de Regentes em Vancouver e reger o Vancouver Chamber Choir. Recentemente, regeu também o Coro de Câmara da Unesp, a Orquestra Acadêmica da Unesp e as Orquestras Sinfônicas Jovens do Estado de São Paulo e de São Caetano do Sul. Na universidade, escreveu a monografia *A atividade coral na Diocese de Santo André pós-Concílio Vaticano II*. No momento de produção deste trabalho, cursa Mestrado *Stricto Sensu* em Música pela USP, é organista assistente do *Pátio do Colégio*, regente concursado (regime estatutário) na Prefeitura de Ribeirão Pires e fundador e regente, desde 2017, do Coral Diocesano de Santo André, coro este formado por oitenta cantores das sete cidades do ABC Paulista, e responsável pelas celebrações diocesanas presididas por Sua Excelência Reverendíssima, Dom Pedro Carlos Cippolini.

Ouvindo Bach e Mozart, na Igreja, ambos nos fazem sentir, de modo magnífico, a glória de Deus: nas suas músicas encontra-se o infinito mistério da beleza, deixando-nos experimentar, mais do que em muitas homilias, a presença de Deus, de forma mais viva e genuína[408].

A música exerce uma força valiosa na catequese; um dos maiores desafios, hoje, é educar a fé através da música sacra, litúrgica. "A beleza da música, seja ela sacra ou nominalmente profana, existe em função do seu elo com aquilo de Belo para o que ela aponta"[409]. Com a diversidade de ritmos e melodias, nota-se que, nos últimos tempos, tem entrado na liturgia um estilo de música que não é sacra, uma música intimista, que, fundamentalmente, afasta a comunidade da centralidade do Mistério celebrado.

A música no serviço litúrgico, como arte, praticada nos diversos períodos da história, é sempre atual, num contexto de culto, uma vez que, quando estamos diante de Deus no ato litúrgico, nos colocamos num estado atemporal, e participamos da eternidade com Deus em unidade com seus santos. A Igreja militante, na presença da Igreja excelsa, forma o corpo místico de Cristo, e através da liturgia e sua música, expressam sua unidade com a Trindade; a música se torna o diálogo da esposa Igreja com Cristo. Dentre todos os aspectos mais sensíveis da prática religiosa, e da busca do homem pelo seu criador, a arte é reconhecida como forma importante de expressão deste anseio. Dentre as artes, a música, de maneira especial, assimila e transparece o sensível e o belo, através de vibrações sonoras que podem ser definidas, como um espírito que perpassa a forma material. É uma arte invisível, uma arte espiritual, que pode adentrar e suscitar os sentimentos mais profundos do homem[410].

Esse coro, formado por cerca de vinte integrantes, paroquianos e/ou residentes na cidade de São Caetano do Sul, reunia-se uma vez por semana sob direção do maestro Diego Muniz. Os cantores tinham noções básicas de teoria musical e técnica vocal nos ensaios e se preparavam para executar o repertório sacro católico do século X ao XXI, em latim, italiano, espanhol, português, inglês e alemão: uma vivência com a música sacra, envolvendo principalmente cantores adultos e idosos que buscavam um aprofundamento da fé e uma experiência de vida comunitária. Educava-se para uma compreensão da música sacra não como

---

408. RATZINGER, J., Introdução ao espírito da liturgia, p. 108.

409. BENTO XVI, PP., O espírito da música, p. 14.

410. PEREIRA, E. V. de O., Música Sacra, uma conceituação, p. 19.

um anexo na vida da Igreja, mas como fonte de liturgia e catequese; uma experiência que prepara para a transcendência, para além de si mesmo.

> A música, com efeito, tem a capacidade de remeter para além de si mesma, ao Criador de toda harmonia, e de suscitar em nós ressonâncias que nos colocam, por assim dizer, em sintonia com essa beleza e essa verdade de Deus que não podem ser expressas pela linguagem de nenhuma sabedoria humana ou de nenhuma filosofia[411].

O coro vinculado ao museu gerou incômodos em outros corais; mas propôs uma experiência que favoreceu aos integrantes uma abertura para a dimensão evangelizadora da Igreja, através do encontro entre arte e catequese. A música é um caminho de aprofundamento da fé, pois "a fé é amor, e, por isso, é capaz de criar poesia e música. A fé é alegria; por isso, cria beleza"[412].

Assim, afirma o maestro Diego Muniz: "Poder ter participado deste projeto proporcionou a todos nós a experiência de fazer parte de uma iniciativa ímpar na região, nos fez levar arte e cultura a uma realidade que carece de iniciativas do gênero e nos levou a promover, nos cantores e na comunidade, o interesse e o contato tanto nesta formação vocal quanto no repertório difundido pelo coro". Com isso, entende-se que o museu, como espaço de catequese e arte, ergueu suas colunas e paredes e embasou seu alicerce embalado pela melodia da fé através da música. O espírito do museu encontrou na voz humana a manifestação dos sentimentos mais profundos do coração que, nesse percurso, sempre buscou a Beleza.

2.4.4. Pe. Alexandre Grigolli, idealizador da Matriz Sagrada Família

Pe. Alexandre Grigolli[413] nasceu em Verona, na Itália, e foi um dos primeiros estigmatinos a vir para o Brasil. Além de artista, era muito dedicado à pastoral;

---

411. BENTO XVI, PP., O espírito da música, p. 161.

412. BENTO XVI, PP., O espírito da música, p. 131.

413. Alexandre Grigolli: Filho de Jerônimo e Luiza Grella Grigolli, nasceu em Zévio (Verona, Itália) em 4 de agosto de 1881. Terminado o primário em sua cidade, entrou no aspirantado estigmatino de Verona em 3 de novembro de 1892. Foi admitido à Profissão Perpétua em 15 de agosto de 1897 e ordenado sacerdote em Trento em 21 de agosto de 1904. Depois de alguns anos de ministério em Verona e Milão, foi destinado, juntamente com Padre Henrique Adami e Irmão Domingos Valzacchi, para a fundação de uma casa-missão no Brasil, partindo de Trieste em 10 de novembro de 1910 e aportando no Rio de Janeiro em 2 de dezembro de 1910. Em 28 de março de 1911, ele e seus dois companheiros fundaram em Tibagi (Paraná) a primeira casa dos estigmatinos no Brasil, e em 5 de outubro de 1915, também junto com aqueles dois, fundou em Rio Claro (São Paulo) a segunda casa estigmatina no Brasil. Em 28 de março de 1924, foi designado para trabalhar na recém-criada paróquia de São Caetano do Sul (São Paulo), onde, em 1930, nomeado pároco, restaurou a velha matriz e iniciou a "Matriz Nova" ou Paróquia Sagrada Família, tendo feito o projeto e dirigido a construção dela, bem como de uma escola paroquial. Aos 25 de abril de 1946, partiu para a Itália

ouvem-se relatos de que era um excelente catequista e se utilizava da arte para evangelizar. Os membros mais antigos da paróquia recordam que o Pe. Alexandre dava catequese fazendo desenhos na lousa, tendo um grande talento artístico. É possível perceber em sua prática catequética uma profunda comunhão com a arte. Chegou em São Caetano em 1924. Entre 1924 e 1946, encontrou nesse ambiente um espaço fértil para desenvolver suas aptidões como poeta, cantor, pintor, escultor, músico e arquiteto – vários talentos que se manifestaram no seu modo de vida e prática pastoral.

> Como arquiteto, desenhou com detalhes o esboço do templo do que seria a Matriz Nova de São Caetano, hoje Paróquia Sagrada Família, acompanhando e orientando a sua construção, desde a pedra fundamental, em 1930, até a inauguração oficial, em 1937. Como pintor, escultor e artesão, entre outros trabalhos, destaca-se a confecção da belíssima cruz, por ele entalhada em madeira e pintada, que, na inauguração e durante alguns anos, sobressaiu-se no altar principal daquela igreja. Atualmente, essa cruz pertence ao acervo do Museu Sagrada Família – Catequese e Arte, ocupando lugar de realce, logo na entrada do Museu, onde também se encontra o busto em bronze do padre Alexandre Grigolli. Como compositor e músico, embora suas pinturas não tenham sido coletadas e/ou colecionadas, muitos ainda se recordam das composições dele, entre elas, uma belíssima *Ave Maria*. Como visionário, impossível não considerar a sua decisão de construir uma igreja tão grande, importante, bela, artística, catequética e atual, como é o templo da hoje Paróquia Sagrada Família[414].

Foi também o orientador dos painéis dos irmãos Gentili. Nota-se que, a partir de estudos e pesquisas no campo da catequese e arte, Pe. Alexandre procurou realizar uma obra pautada no conteúdo da fé cristã.

> Em razão de seus dons artísticos, ao contratar os irmãos Gentili para pintar o referido templo, ele próprio esboçou o que queria que fosse representado. Assim, desenhou e deu aos irmãos Gentili a sua visão catequética, coerente com a época, uma vez que grande parte da população era analfabeta e, portanto, a evangelização deveria ser feita por meio das imagens pintadas[415].

---

e de lá não voltou mais, vindo a falecer santamente em Verona, em 17 de fevereiro de 1969, com 88 anos de idade, dos quais 72 dedicados à vida estigmatina e 65 ao sacerdócio. PROVINCÍA SANTA CRUZ, Nossa Memória, p. 436.

414. MARIANI, J. T., Sete oferecimentos... Sete instrumentos... Sete sacramentos, p. 29.

415. MARIANI, J. T., Sete oferecimentos... Sete instrumentos... Sete sacramentos, p. 29.

Ao perceber, na vida de um padre religioso estigmatino, o amor pela arte, compreende-se que o seu agir estava para além do seu tempo. O encontro com a arte encoraja a romper paradigmas e proporciona uma abertura para novos conhecimentos, que favorecem o anúncio do Evangelho através de uma catequese permanente.

> Hoje, pode-se avaliar e admirar essa visão do padre Alexandre Grigolli ao se constatar que a igreja católica contemporânea está, cada vez mais, convencida de que a catequese permanente é o único caminho para recuperar a participação do povo nas nossas comunidades, estando a arte, que jamais deixará de andar de mãos dadas com a evangelização, entre as vias para que tal se concretize. Aprendi isso, muito claramente, com o padre Jordélio Siles Ledo, e aproveito a oportunidade para expressar que o Museu Sagrada Família, ao ser identificado como espaço de catequese e arte, evidencia a ótica visionária do padre Grigolli, em linguagem popular, tocava "sete instrumentos"![416]

Além de focar o trabalho na construção da Matriz Sagrada Família, Pe. Alexandre se empenhou em criar novos espaços de educação e cultura.

> Para completar a sua obra entre nós, no início do ano de 1939, padre Grigolli pensou em abrir uma escola, pois São Caetano era carente no campo do ensino. O estabelecimento escolar começou suas atividades com apenas três classes de crianças e, à noite, um curso de educação e instrução para adultos. Inicialmente, chamava-se Escola Paroquial São José. Mais tarde se tornaria a escola renomada que hoje é o Instituto de Ensino Sagrada Família[417].

Assim, deixando marcas na história da Congregação dos Estigmatinos como um dos primeiros missionários a vir para o Brasil, Pe. Alexandre, aos 25 de abril de 1946, partiu para a Itália, e de lá não voltou mais, vindo a falecer em Verona, a 19 de fevereiro de 1969, com 88 anos de idade. De todos esses anos, 72 foram dedicados à vida estigmatina e 65 ao sacerdócio. De fato, nota-se em sua história de vida que Pe. Alexandre agiu como um catequista missionário que se apoiou na arte para evangelizar e aplicou suas qualidades artísticas no alcance do bem de todos. Em sua prática pastoral, percebe-se uma atualização constante, a partir da qual ele mostra com seu trabalho e testemunho a importância da for-

---

416. MARIANI, J. T., Sete oferecimentos... Sete instrumentos... Sete sacramentos, p. 30.

417. MARIANI, J. T., Sete oferecimentos... Sete instrumentos... Sete sacramentos, p. 30.

mação permanente. Confirma, assim, a importância do museu como itinerário formativo feito através da arte e da beleza.

2.4.5. Os irmãos Gentili

Os irmãos Pedro e Ulderico Gentili foram os responsáveis pelos painéis da Matriz Sagrada Família[418]. Esse trabalho foi realizado entre 1937 e 1949, com posteriores e pontuais restaurações. A beleza dessas obras pode ser apreciada no interior da igreja. Vinculada aos irmãos Gentili pode ser encontrada uma curiosidade histórica no acervo do museu: a máquina de fazer os pigmentos e algumas receitas utilizadas pelos artistas. É interessante observar as receitas que utilizavam na mistura da pigmentação, para que se chegasse à textura desejada. A obra de arte desses dois artistas embeleza o espaço litúrgico e apresenta um profundo embasamento bíblico-catequético. É possível notar uma síntese catequética através da narrativa artística, considerando-se uma importante fonte de estudo para os catequistas. Italianos de nascimento, trouxeram influências da arte cristã, que podem ser apreciadas nas obras.

> Pedro Gentili nasceu na cidade de Montecompatri, Itália, no dia três de outubro de 1903. Veio para o Brasil em 1927 e faleceu em São Paulo, no dia oito de agosto de 1968. Ulderico Gentili nasceu na mesma cidade, em 10 de janeiro de 1911. Era autodidata. Veio para o Brasil em 1937 e faleceu em 18 de Julho de 1984, trabalhando na restauração da Igreja Matriz Sagrada Família[419].

No interior da igreja, na parte dedicada ao Tempo da *Mistagogia*, conforme o roteiro do itinerário no museu, é possível notar, com bastante clareza, a arte como epifania da beleza. Conhecer a biografia do artista é um modo de perceber que a experiência com a beleza se instrumentalizou através de pincéis e tintas, para transformar em linguagem artística aquilo que foi contemplado. De fato, a experiência cristã precisa ser traduzida em arte.

> Para transmitir a mensagem que Cristo lhe confiou, a Igreja tem necessidade da arte. De fato, deve tornar perceptível e, até, o mais fascinante possível, o mundo do espírito, do invisível, de Deus. Por isso, tem de transpor para fórmulas significativas aquilo que, em si mesmo, é inefável. Ora, a arte tem

---

418. Muitas informações sobre o trabalho dos irmãos Gentili se encontram nos livros de tombo da Matriz Sagrada Família.

419. XAVIER, S. M. F., A Matriz Sagrada Família na arte dos Irmãos Gentili, p. 38.

uma capacidade muito própria de captar os diversos aspectos da mensagem, traduzindo-os em cores, formas, sons que estimulam a intuição de quem vê ou ouve[420].

O trabalho artístico de Pedro e Ulderico Gentili pode ser visto em várias igrejas. É possível observar que seguiam sempre o mesmo estilo e traço pictórico. Nota-se que são obras muito grandes, revestindo tetos e paredes.

> Realizaram, juntos, os seguintes trabalhos: Igreja Matriz Maria da Fé, em Minas Gerais (1940); Capela do Colégio dos Anjos, em Botucatu (1942); Igreja Matriz de Cássia, em Minas Gerais (1943); Igreja Matriz de São Sebastião do Paraíso, em Minas Gerais (1946); Igreja Coração de Jesus, em São Paulo (1950); Igreja dos Franciscanos, em Piracicaba (1951); Igreja Matriz de São Roque (1952); Igreja Santa Terezinha, em São Paulo (1953); Igreja Nossa Senhora Aquiropita, em São Paulo (1955); Capela Igreja do Calvário, em São Paulo (1958); e o último trabalho na Igreja Matriz de Americana, em São Paulo (1961-1968), o qual iniciaram juntos e que foi concluído somente por Ulderico, ao longo de 11 anos[421].

Não há muitos textos sobre esses artistas. Assim, a melhor forma de conhecê-los é apresentando suas obras, presentes no interior da Matriz Sagrada Família. Nessas obras, conseguiram expressar um estilo de arte parietal, murais no estilo clássico, retratando temas religiosos. Um dos trabalhos representativos da arte dos irmãos Gentili é a Via Sacra feita na parte baixa das naves laterais, nas paredes internas da Matriz Sagrada Família, como se pode confirmar em alguns registros dos livros de tombo[422]: "Em dezembro deste ano (1943) começa a pintura dos grandes quadros da Via Sacra nas naves laterais da Igreja Matriz. O trabalho foi empreitado pelo artista Sr. Pedro Gentili, pela quantia de 34 contos"[423]. Cabe mencionar também os relatos sobre a capela-mor:

---

420. JOÃO PAULO II, PP., Carta aos Artistas, n. 12.

421. XAVIER, S. M. F., A Matriz Sagrada Família na arte dos Irmãos Gentili, p. 38.

422. Esclarecimentos históricos à parte, cumpre salientar que é no livro de tombo que os párocos registram os fatos relevantes da vida de suas igrejas, como os que fazem menção a celebrações solenes, comemorações, visitas de autoridades eclesiásticas e eventos organizados em prol de obras de caridade e mesmo de reforma nas instalações e dependências do templo. No livro de tombo da Paróquia Sagrada Família, mais precisamente nos trechos concernentes às obras ocorridas em seu espaço físico, estão as referências à sua famosa arte sacra, fruto do trabalho dos irmãos Pedro e Ulderico Gentili, pintores italianos que deixaram sua marca, também, em igrejas da capital e do interior paulista e de Minas Gerais (CARVALHO, C. T., A arte sacra na antiga paróquia de São Caetano, p. 8).

423. Registro feito em 1943 pelo Pe. Alexandre Grigolli, CSS, no livro de tombo da matriz.

Depois da solenidade do Santo Natal, celebrada com fervor e êxito espiritual, foi finalmente iniciado o tão esperado trabalho de Decoração da Capela-Mor da Matriz. Este serviço está a cargo do Professor Pedro Gentili que já embelezou esta Matriz com uma monumental Via Sacra mural. O trabalho ficou orçado e contratado por 80.000.00 cruzeiros. O povo acompanhou com entusiasmo o início dos trabalhos, esperando ver, quanto antes, desaparecer a montanha de andaimes e contemplar Cristo Rei que deverá dominar do Alto da abóbada a Matriz e São Caetano[424].

Todo artista busca inspirações para sustentar seu ofício; procura estudar e conhecer as técnicas que pretende utilizar e o modo de manipular as tintas; enfim, tudo o que envolve sua criação artística. O artista, de algum modo, tem uma fonte que, inicialmente, ilumina o seu trabalho, até que se criem habilidades específicas.

Segundo o relato de seu filho, Cláudio Gentili, engenheiro aposentado, Pedro Gentili era um pintor oriundo do Collegio Artigianelli, de Torino, onde estudou com afinco a pintura clássica. Rafael era o seu modelo ideal de pintor. Viveu para a pintura. Quando não estava trabalhando em uma Igreja, pintava quadros para decorar colégios, conventos e seminários. O seu lazer era a pintura, bem como o seu ganha-pão. A pintura na Matriz Nova foi feita com a ajuda de seu irmão Ulderico, que diz ter aprendido o ofício com Pedro. Na Itália, desenhava apenas cartazes e letreiros[425].

O trabalho de um artista exige profunda dedicação física, estudo e meditação sobre a obra. Segundo relatos do filho, Pedro Gentili, quando pintava, passava horas dentro da igreja, priorizando a família apenas no fim de semana. Além disso, tinha o costume de dedicar um longo tempo à leitura e à meditação da Sagrada Escritura. Todo artista que decide viver traduzindo em arte a fé cristã percorre, por muitas horas, a via da Beleza na Palavra. Transpor em imagem aquilo que se contempla e encontrar o melhor lugar no espaço litúrgico para imprimir essa imagem é um exercício espiritual que se dá no universo do ministério, pois, nesse caso, a arte está a serviço do Sagrado.

Passava dias dentro da Igreja e só aos finais de semana ficava com a família, relata seu filho Cláudio Gentili. Ele se recorda de ter ajudado muito o pai, que tinha um ateliê nos fundos da casa. Gentili usava a Bíblia como fonte de inspiração para desenvolver suas obras. Passava horas preparando as tintas e fazia a combinação das tonalidades de modo a dar vida às suas criações.

---

424. Registro feito em 1947 pelo Pe. Ezio Gislimberti, CSS, no livro de tombo da matriz.

425. XAVIER, S. M. F., A Matriz Sagrada Família na arte dos Irmãos Gentili, p. 37.

Visitava exposições de arte, colecionava livros dos pintores renascentistas, os quais pesquisava muito. Trabalhava com *crayon*, aquarela e guache e pintou quadros maravilhosos, que a família e os amigos exibem orgulhosamente em suas casas. Em 1936, foi para Santos, onde idealizou e pintou a Igreja de Santo Antônio, no Embaré. Fez também o Seminário de São José em Mariana. Trabalhou sozinho em suas obras até 1937, quando seu irmão Ulderico passou a ser o seu grande parceiro[426].

Com o passar do tempo, toda obra de arte precisa de restauro. A restauração da Matriz Sagrada Família requereu sensibilidade para a preservação do patrimônio artístico. "No ano de 1983, Ulderico restaurou as pinturas da Igreja Sagrada Família, que ele havia pintado juntamente com seu irmão. Fazia 39 anos que os dois haviam realizado o trabalho, mas a umidade havia destruído alguns painéis de profetas"[427].

Faz-se necessário entender que a catalogação, a preservação e o restauro das obras de arte presentes na Matriz Sagrada Família é um modo de colaborar para a transmissão da fé, que deve ser passada de geração em geração. Nesse ponto, o museu traz uma grande contribuição, pois sensibiliza e educa a comunidade para a necessidade de preservação e conservação do seu patrimônio artístico e histórico, valorizando, principalmente, o ambiente litúrgico-catequético; bem como as expressões da devoção popular. Essas pinturas, além de serem uma fonte de arte e catequese, geram identidade e compõem o rosto histórico da comunidade de fé.

> Ele pode ser considerado como o rosto histórico e criativo da comunidade cristã. O culto, a catequese, a caridade e a cultura modelaram o ambiente em que a comunidade dos fiéis aprende a viver a própria fé. A tradução da fé em imagens enriquece a relação com a criação e com a realidade sobrenatural, recordando as narrações bíblicas e representando as diferentes expressões da devoção popular[428].

A arte dos irmãos Gentili no interior da matriz é um modo de preservar e formar uma identidade artística e eclesial. A comunidade se reconhece nessas obras. Esse talvez seja o maior desafio do artista: criar algo que não apenas aparente ser belo, mas também represente a identidade de um povo, aquilo em que, de fato, eles creem no espaço em que vivem. Nesse sentido, os irmãos Gentili con-

---

426. XAVIER, S. M. F., A Matriz Sagrada Família na arte dos Irmãos Gentili, p. 38.

427. XAVIER, S. M. F., A Matriz Sagrada Família na arte dos Irmãos Gentili, p. 38.

428. COMISSÃO PONTIFÍCIA PARA OS BENS CULTURAIS DA IGREJA, Carta Circular sobre a necessidade e urgência da inventariação e catalogação dos bens culturais da Igreja, p. 11.

seguiram pôr em pinturas traços da congregação estigmatina, da cidade de São Caetano do Sul e de rostos de pessoas da comunidade.

> Cada uma das comunidades cristãs se reconhece assim nas várias manifestações de arte, e de arte sacra em particular, realizando uma forte ligação que caracteriza e distingue as Igrejas particulares no comum itinerário religioso. Elas, além disso, recolheram em arquivos, bibliotecas, museus, uma inumerável quantidade de obras, documentos e textos que foram produzidos ao longo dos séculos para responder às diferentes necessidades pastorais e culturais[429].

Percebe-se que, a partir de relatos da comunidade e de familiares e de registros da Fundação Pró-Memória de São Caetano do Sul, os irmãos Gentili tiveram uma grande produção artística não só em igrejas mas também em revistas de propaganda e em quadros, que se encontram no acervo pessoal da família. Com isso, o espaço dedicado a eles no museu é uma forma de aprofundar a prática e a técnica de pintura; bem como conhecer um pouco mais sobre a vida desses dois artistas, que decoraram com arte e beleza o interior da Matriz Sagrada Família. Assim, é possível encontrar no trabalho deles um conjunto de obras, que se divide nos seguintes temas, distribuídos em todas as paredes: via sacra; profetas; sacramentos; virtudes; evangelistas/*tetramorfos*; ábside; capelas laterais; batistério. Todo esse acervo é uma fonte de inspiração que muito contribuiu na construção do museu. Essa expressão artística, de fato, pode ser considerada a pinacoteca do museu, onde a arte se torna catequese.

2.4.6. Cláudio Pastro

Cláudio Pastro é uma referência importante para o Museu Sagrada Família – Catequese e Arte. Artista sacro de grande influência no Brasil e no mundo, deixou marcas do seu estilo em várias igrejas, exercendo uma forte influência na arte sacra contemporânea, não apenas como artista mas também como catequista e *mistagogo*.

> Cláudio Pastro nasceu em 16 de outubro de 1948, na cidade de São Paulo. Apesar da família ser de fé católica, não foi o que mais o influenciou em questões religiosas. Suas raízes estão no monaquismo beneditino, que entrou em sua vida pela convivência com a Congregação das Irmãzinhas da

---

429. COMISSÃO PONTIFÍCIA PARA OS BENS CULTURAIS DA IGREJA, Carta Circular sobre a necessidade e urgência da inventariação e catalogação dos bens culturais da Igreja, p. 12.

Assunção. O convento ficava bem em frente da casa em que a família morava. Esse contato o levou a amar o essencial e a sabedoria, que constitui o princípio da relação entre arte e liturgia[430].

Desde o início da construção do museu, conforme alguns registros, Cláudio Pastro, em suas visitas, apontou com grande alegria e esperança a importância desse projeto para a Igreja em sua ação evangelizadora. Ao caminhar pelo espaço, ainda em construção, manifestava suas descobertas e seu encantamento a partir da avalição da arquitetura da matriz e daquilo que se propunha no diálogo entre arte e catequese no espaço do museu. Sua sensibilidade e sua capacidade de organizar, de forma artística, os ambientes tornaram-se uma resposta ao objetivo que se desejava alcançar: fazer do museu um espaço formativo, orante, *mistagógico*; um lugar onde o artista não só expõe uma obra de arte como também testemunha sua fé.

> Artista sacro é, dizia ele, aquele que serve ao Mistério. É fundamental que tenha fé e que a fé gere no artista a humildade, pois está a serviço da liturgia, dos mistérios, da Igreja (não entendida no sentido meramente institucional). O artista deve saber ser veículo. Em suas palavras: "A função do artista (sacro) é ser veículo, pois o iconógrafo é o Espírito. [...] Aqui podemos nos lembrar, mais uma vez, dos ensinamentos de São Bento, quando elenca os instrumentos das boas obras: 'odiar a própria vontade'"[431].

Considerado o maior artista sacro do Brasil, e um dos maiores do mundo, Cláudio Pastro, além de buscar os fundamentos da sua arte em teólogos e monges, tem suas bases no Concílio Vaticano II, trazendo em sua obra um retorno às fontes, ou seja, a centralidade está na pessoa de Cristo. Desenvolve, assim, uma arte pascal.

> Nas declarações conciliares referentes à arte, os depoimentos feitos por Pastro e sua autodenominação como artista "pós-conciliar" de arte sacra ficam transparentes. É possível distinguir alguns aspectos referentes à arte no Concílio presentes na obra do artista, como a volta às fontes, a nobreza da arte, o lugar que ocupa na fé cristã, a arte como ministério, o serviço à liturgia, a relação entre a liberdade da arte e a inculturação. Pastro acrescentou: "E a arte como expressão do belo, da presença, da glória de Deus em nosso meio, não poderia ser a mesma dos últimos séculos"[432].

---

430. TOMMASO, W. S. de, O Cristo Pantocrator, p. 200.

431. TOMMASO, W. S. de, O Cristo Pantocrator, p. 203.

432. TOMMASO, W. S. de, O Cristo Pantocrator, p. 209.

Para quem teve contato com Cláudio Pastro, era perceptível seu modo de conceber a arte como fruto de um exercício espiritual, um caminho *querigmático* e *mistagógico*, sempre apoiado nas Sagradas Escrituras. Tudo o que realizava era fundamentado, revelando, assim, a relação entre arte, catequese e liturgia. Em sua obra, nada era concebido sem uma fundamentação que promovesse uma educação da fé através da beleza.

> Quando se aprecia ou se trabalha numa obra de arte (pintura, escultura, música etc.), confronta-se com o outro (a arte), e esse encontro nos coloca num eixo, nos harmoniza ou desafia. A arte realiza em nós uma lenta, silenciosa, mas profunda educação, autodomínio e conhecimento, disciplina e respeito. Pouco a pouco, observador e arte se fundem. Dá-se uma catarse. A arte é a vida em harmonia enquanto a realidade nem sempre. Quem organiza um espaço (arquitetura, artes plásticas, música etc.) organiza ao mesmo tempo sua mente e coração. O espaço-arte prepara-nos para a vida. A preocupação com a beleza, a harmonia, desenvolve uma personalidade aberta, universal, que não se prende a querelas banais do momento, pois a arte nos conduz muito além de... A arte nos une ao invisível[433].

Cláudio Pastro concebia o museu como um espaço que se abre para o diálogo com o contemporâneo, ampliando a compreensão de arte sacra que, na cultura brasileira, fundamenta-se basicamente na arte barroca. Um espaço como esse, dizia ele, é o lugar da educação cristã através de arte e beleza, "um farol para o mundo".

> A arte sacra como museu é um lugar de memória, e a memória faz com que a gente faça uma referência aos belos momentos da vida para poder ir pra frente. Este museu de arte sacra é também um museu que leva ao contemporâneo, aquilo que se faz atualmente, altamente vivo, não é um lugar de velharia, tem a preocupação também de gerar nas novas gerações o sentido da beleza e o sentido da fé cristã. O homem, quando vive uma tragédia, se ele não se agarrar à beleza, ele está perdido; o homem que vive só fossilizado no trabalho, ele vai aos poucos, sem querer, gerando violência. Então, o museu, particularmente este, será como um farol, um sinal não só para a cidade de São Caetano, [mas também para] São Paulo, o Brasil e, quem sabe, um farol para o mundo. Eu quero agradecer ao Pe. Jordélio, por ter me convidado para deixar uma obra minha aqui neste museu. Com certeza, ele não está fazendo isso como engrandecimento pessoal, porque ele entendeu

---

433. PASTRO, C., O Deus da beleza, p. 47.

perfeitamente que a arte é o mais nobre sentimento do homem, e é pela arte que ele quer testemunhar a nossa fé. Este museu será um indicativo, para todos nós, de que vale a pena viver![434].

Na história de Cláudio Pastro, podem-se encontrar sinais de alguém que viveu intensamente a fé. Ele buscou na tradição monástica muitas inspirações; andou pelo universo da arte oriental e ocidental; trouxe, em alguns momentos, traços da arte indígena e africana; fez arte a partir da fé e da cultura. Em sua arte, o vazio sempre encontrou lugar, abrindo espaço para o silêncio litúrgico, necessário no encontro da pessoa com a Beleza. Enquanto manteve seu diálogo em vista de aprofundar o tema da obra que iria realizar, caminhando pelo museu ou rabiscando a *Chuva do Advento*, Cláudio Pastro ofereceu à equipe de construção belos momentos de catequese. Recorda-se que, na última conversa com a equipe de obras, uma semana antes da sua morte[435], ao ser comunicado que sua obra tinha sido instalada no museu, ele, em suas palavras, testemunhou que abraçou Jesus Cristo como modelo e inspiração de vida, traduzindo em arte e beleza aquilo que contemplava em suas orações, ou até mesmo no estado de coma em que viveu[436].

Compreende-se, portanto, que a partir da vida de Cláudio Pastro é possível fazer uma leitura e perceber o quanto percorrer a via da beleza é uma experiência

---

434. Depoimento de Cláudio Pastro retirado do vídeo "Museu Sagrada Família – Catequese e Arte", disponível no YouTube: https://youtu.be/6WoerlnFMTM?si=ObFWonZpdpul3VYG.

435. Na madrugada do dia 19 de outubro de 2016, o Brasil perdeu seu mais importante artista sacro. Cláudio Pastro ficou internado quinze dias no Hospital Oswaldo Cruz, em São Paulo (SP), e morreu aos 68 anos em decorrência de complicações de um acidente vascular cerebral (AVC). O enterro foi no Mosteiro Nossa Senhora da Paz, em Itapecerica da Serra (SP), do qual Cláudio Pastro era oblato beneditino desde 2004. A inauguração de um monumento de autoria de Cláudio Pastro em homenagem a Nossa Senhora Aparecida nos jardins do Vaticano, no dia 3 de setembro de 2016, com a presença do Papa Francisco, ajuda a dar a dimensão da importância desse artista sacro, um dos mais respeitados do mundo. "Contente de que a imagem de Nossa Senhora Aparecida esteja aqui nos jardins", destacou o pontífice durante a cerimônia. Porém, essa não é a primeira encomenda feita pelo Vaticano; já havia sido feito o *Cristo Evangelizador*, como já citado. No Brasil, o artista realizava ainda a grandiosa obra na Basílica de Nossa Senhora Aparecida, maior santuário mariano do mundo, dentro de uma visão pós-Concílio Vaticano II. Cláudio Pastro assinou mais de 350 obras, mas não os Pantocrators, que habitam muitas igrejas no Brasil e no exterior, o principal tema e a principal marca do seu trabalho (TOMMASO, W. S. de, O Cristo Pantocrator, p. 244).

436. Em 9 de agosto de 2001, Cláudio Pastro entrou em coma e demorou um mês e meio para sair dele. Durante esse período, teve visões impressionantes de ícones e disse, posteriormente, ter ficado marcado por visões. Nada além disso. Essas visões surgiam aos turbilhões, rápidas, e em geral eram de Cristo. Alguns ícones eram da Mãe de Deus. Em uma das vezes, surgiu um ícone da face de Cristo, bem longe, que foi se aproximando até ficar cara a cara com ele. Naquele instante, o rosto de Cristo se transformou, ficou todo ensanguentado. Em seguida, Cláudio percebeu que o rosto era seu, não do Cristo, e começou a pedir perdão. Ao sair do hospital, sua primeira obra foi a reforma do presbitério da Igreja do Mosteiro Nossa Senhora da Paz, cujo Pantocrator revela a face que o artista contemplou durante o coma (TOMMASO, W. S. de, O Cristo Pantocrator, p. 221).

que gera uma nova identidade, transformando o artista sacro num discípulo missionário de Jesus Cristo.

2.4.7. Lúcio Américo

O museu, como casa da arte, sempre esteve à procura de artistas que pudessem, através de obras artísticas, habitar esse espaço. Assim, em determinado momento do processo de construção, surgiu o artista Lúcio Américo de Oliveira. Sobre a sua presença nesse itinerário de arte e catequese, o artista faz o seguinte depoimento:

> No ano de 2013, a convite do Pe. Jordélio S. Ledo, fui apresentado ao projeto, já em andamento, do Museu Sagrada Família, em São Caetano do Sul; foram, então, anos de trabalhos e reuniões até sua finalização. Um percurso sempre aberto e respeitoso. Foram tempos de grandes desafios, uma vez que a alma desse projeto já tinha uma beleza ímpar, o que me deixou profundamente feliz em poder contribuir com ele. Sempre junto com Pe. Jordélio, minha contribuição foi direcionada em alguns campos específicos como: o projeto de um grande mosaico; a arte sacra para o espaço da Capela da Sagrados Estigmas, lugar da Ressurreição, na entrada do museu; a identidade visual; o catálogo fotográfico[437]; além de algumas peças que fazem parte do acervo permanente do museu.

Todo artista traz, em sua biografia, os rastos da Beleza, que o educa e seduz, dando ao artista sacro a identidade de discípulo missionário. Nascido em 18 de outubro de 1979, Lucio Américo é natural de São Paulo. Cresceu em meio aos materiais de artesanato de sua mãe, Maria Aparecida, e dela veio o gosto pelo desenho desde sua infância. Na juventude, com o trabalho em grupos de jovens, teve contato com a obra de Cláudio Pastro, que veio a ser uma grande referência no modo de trabalhar, formalmente, a arte sacra. O contato com o *design* gráfico também se mostrou uma ferramenta de grande valia, sobretudo no que se refere a compreender a necessidade do outro e a simplificação das formas em busca de um núcleo essencial.

Outra grande fonte de inspiração e de aprendizado técnico para fazer o trabalho artístico veio por meio da Faculdade de Artes das Faculdades Integradas

---

437. "Catálogo do Museu: Editado pela Scala Editora, o catálogo tem o texto do próprio Pe. Jordélio e foi composto por um ensaio fotográfico feito por mim num período de dois dias no local praticamente pronto. Foram mais de cinquenta fotos dos mais diversos ângulos do museu, colocadas de modo a enfatizar o caminho e as etapas do percurso de todo o museu" – depoimento do artista sacro Lúcio Américo.

Coração de Jesus (FAINC), cujo espírito salesiano é uma clara constante na formação de vários artistas na região do ABC Paulista. Muitos bons professores lhe abriram a mente para o universo das artes plásticas em dois momentos distintos de sua vida.

Mas, sem dúvida, o marco da vida do artista Lúcio Américo foi o ingresso na Ordem dos Frades Menores Conventuais, lugar de aprendizado e de vivência litúrgica. Foi lá também que encontrou o espaço e o tempo necessários para cultivar mais o amor pela Igreja, pelo espaço litúrgico e pelas artes, que lhe conferem a dignidade. Tudo isso era envolto pela força do franciscanismo, sua espiritualidade e seu carisma, ainda mais no que se refere à lida com as comunidades mais carentes e os mais simples. Naquele lugar pôde igualmente se dedicar ao estudo da teologia e ver como ambas – a teologia e a arte – são imprescindíveis na formação de um artista sacro.

A formação para a arte, assim, deu-se de maneira indireta, com estudo de áreas que a orbitam e através do contato com artistas e suas obras; mas, em comum, todos prezavam pela busca de uma arte mais ligada às fontes do cristianismo, com seu simbolismo, e encarnada no chão latino-americano. De maneira geral, foi na prática e na graça de Deus que pôde ser instrumento em tantas comunidades simples, onde suas cores e formas mais simplificadas e, por vezes, rústicas se mostraram meios pelos quais aquelas pessoas puderam amadurecer a oração litúrgica e pessoal, além de terem sua "casa de oração" mais bela e significativa.

Já são mais de vinte anos transcorridos em estudos de obras na área de murais, painéis, mosaicos, movelaria, identidades visuais (logotipia), capas de livros e CDs religiosos, projetos de vitrais, projetos de espaços litúrgicos e assistência em reformas, em sua grande maioria voltadas para arte litúrgica e, em especial, para comunidades que, até então, não dispunham de acesso a esse tipo de beleza: são mais de cem comunidades na América Latina atendidas mediante a arte sacra de autoria de Lúcio Américo.

O envolvimento com o museu promoveu no artista uma profunda experiência de fé, em diálogo com os desafios da formação com catequista pela via da beleza:

> É muito difícil mensurar em palavras ou qualquer outra coisa a experiência de ter contribuído tão diretamente numa obra com tanto potencial, um espaço digno para se celebrar a catequese e a arte sacra, ao lado de nomes e obras tão importantes; o espírito desse espaço me invadiu e por mim trilhou um percurso que resultou nas obras e trabalhos presentes nele, mas vai além disso, sinto a contribuição para um movimento de volta às fontes, um lugar onde o cristão pode ver diante de seus olhos o caminho que o levou a ser

um iniciado na fé em Cristo; avaliar seus passos e melhorar seu modo de se relacionar com Deus, a humanidade e toda a criação. Sempre serei grato pela confiança, pela partilha e pela abertura para com minha singela contribuição, sempre tão respeitada e levada em consideração.

Nessa fala, pode-se compreender que todo processo de criação realizado no museu inseriu o artista em dimensões profundas da fé.

Atualmente, Lúcio Américo exerce a função de artista sacro em tempo integral, agora como pai de família, junto com sua esposa, Juliana, que é artesã, e seu filho, Francisco. Conhecendo sua trajetória, é possível perceber que, de maneira geral, seu trabalho foca uma volta às origens, à provocação sempre original do cristianismo primitivo e à sua ressonância, para a sempre "gênese" de uma Igreja próxima dos mais simples: busca por uma beleza rica em simbologia e que seja expressão da Vida Nova que Cristo trouxe ao mundo.

2.5. A via da beleza no itinerário de construção do Museu Sagrada Família – Catequese e Arte

Durante o processo de construção do museu, experimentou-se, de certo modo, um exercício espiritual de criação, demolição, construção e restauro seguindo a via da beleza. Esse processo criativo sempre se apoiou na escuta da Palavra, no encontro com a arte, na pesquisa e na prática formativa junto aos catequistas.

Percebe-se que vivenciar o encontro com a Beleza durante a construção e a organização do museu foi como deixar-se moldar pelo Espírito, que, não obstante as dificuldades, impulsionou as pessoas a seguirem aquele caminho. Artistas, catequistas, catequetas, arquitetos, engenheiros, pedreiros, serralheiros, técnicos de iluminação, faxineiros, e tantos outros que passaram pelo museu ainda em construção, de algum modo foram conduzidos pela Palavra, que se transformava em imagem e espaço de arte e catequese, pois, "assim como a chuva e a neve descem do céu e para lá não voltam mais, mas vêm irrigar e fecundar a terra, e fazê-la germinar e dar semente para o plantio e para a alimentação, assim a palavra que sair da minha boca: não voltará para mim vazia; antes, realizará tudo que for de minha vontade e produzirá os efeitos que pretendi, ao enviá-la" (Is 55,10-11).

Seguir a via da beleza no processo de construção do museu foi um modo de superar um modelo formativo que não se sustenta sem processos e preocupa-se apenas com resultados. Esse espaço de formação com catequista nasce e se desenvolve a partir de um itinerário centrado na pessoa de Jesus Cristo. Todos os envolvidos na construção viveram processos internos de adesão ou negação daquilo que o museu se propôs a ser desde a sua concepção. A todo instante, impunha-se a necessidade de uma abertura aos apelos da criatividade, escolhendo não o caminho mais fácil, mas o caminho da beleza. "Mudar e seguir andando por outro caminho, em perspectiva de maior plenitude, é a resposta mais qualificada para quem deseja libertar-se das indicações de felicidade, cujo verdadeiro nome é *mediocridade*"[438].

O processo formativo ocorreu buscando superar a ausência da Palavra, fonte de arte e catequese, que converte os corações insensíveis e muda o modo de ouvir, ver e sentir pois, são muitos os que "havereis de ouvir sem nada entender. Havereis de olhar, sem nada ver. Porque o coração deste povo se tornou insensível. Eles ouviram com má vontade e fecharam os seus olhos, para não ver com os olhos, nem ouvir com os ouvidos, nem compreender com o coração, de modo que se convertam e eu os cure" (Mt 13,14-15).

Desse modo, construir um espaço centrado na via da beleza converte todos os sentidos de quem participa desse processo, porque a Beleza é a presença do Deus conosco. Em cada amanhecer e anoitecer dessa obra, foi possível contemplar essa Presença; como uma luz suave, a via da beleza foi conduzindo a concepção de cada espaço que compõe o corpo do Museu Sagrada Família – Catequese e Arte.

2.5.1. O artista como catequista da beleza

O artista, diante da experiência que promove, recebe o dom de narrar, através de várias linguagens e técnicas, a harmonia presente em todas as coisas. Sua percepção é um exercício de criatividade, que aponta para a beleza. A beleza traz, em si, uma abertura para a dimensão transcendental da vida.

> Tem o que os filósofos chamam de "natureza transcendental". Isso significa que "o belo" não é qualquer coisa específica, e sim um aspecto metafísico de todas as coisas. (Ser, verdade, bondade e beleza são os "transcendentais" geralmente mencionados pelos metafísicos.) Só por isso temos razão para suspeitar que não podemos dissociar arbitrariamente qualquer possível encontro com a beleza da experiência do divino, tido como sumo exemplo dos "transcendentais"[439].

O museu, como espaço de educação da fé, é um lugar onde a arte abre as portas para o Mistério. A beleza presente em cada obra de arte e no ambiente não deve ser buscada apenas como uma experiência estética, ou pautada em gostos

---

438. PRETTO, H. E., Em busca de vida nova, p. 45.

439. HAUGHT, J. F., O que é Deus?, p. 66.

pessoais; cabe ao artista a missão de ajudar o catequista a ser educado para a beleza, superando preconceitos e procurando, em sua experiência de vida, os sinais da Beleza, do Verbo que se fez carne (Jo 1,14).

> Também no artista se recapitulam os dois momentos do ritmo da vida universal: a elevação à visão pura e a descida à expressão sensível daquilo que foi intuído/contemplado. Assim, a verdadeira arte não é capricho individual, mas parto da intuição do Ser, pelo qual fomos fecundados, numa forma de expressão que não está fechada em si, mas que emite clarões, sugerindo o Ser[440].

O artista capaz de evangelizar é aquele que, usando as mais variadas linguagens e formas de arte, manifesta em sua obra a busca pelo transcendente, vivenciando a oração em todo o seu processo criativo.

> Há muitas semelhanças entre esses fatos e a experiência de muitas pessoas, hoje em dia, notadamente artistas, poetas e músicos. Muitos deles revelam em suas poesias, canções e obra da arte um anseio enorme por transcendência, por autointegração, por comunhão com um mistério maior. Assim, como dizia Vinicius de Morais, no samba há belíssimas orações em forma de canção, poesia e literatura, assim também como há belíssimas orações – não conscientes – em forma de pintura. Aqueles quadros em que os desenhos, formas geométricas ou espetáculos das cores envoltos por um grande vazio, revelam profundos dilemas espirituais[441].

Como catequista da beleza, o artista precisa ter um modo de ser, saber e fazer, sendo envolvido por uma espiritualidade que lhe garanta uma identidade *mistagógica*. Esse é um desafio constante na vida do artista que deseja apresentar uma obra que seja conduzida pelo Espírito.

> A beleza não está no traço estético, mas está, também, naquilo que fundamenta a beleza. O Senhor da beleza, é Ele que fundamenta tudo que somos e fazemos. Se um artista não é crente, vai ser um grande artista, mas não vai passar a força do Espírito na arte, e isso é muito importante. Aliás, é o grande drama do artista que trabalha com arte sacra. É o Espírito que tem que passar na forma, na matéria, na cor, no som: este é o meu grande dra-

---

440. MARTO, A.; RAVASI, G.; RUPNIK, M. I., O Evangelho da Beleza, p. 73.

441. CALVANI, C. E., Teologia da Arte, p. 210.

ma sempre. Uma forma, uma maneira, que é a maneira cristã de ser, passa através da ascese, da oração contínua[442].

Como catequista, o artista precisa ajudar o interlocutor a entender que a educação da fé pela arte é uma ação que se dá no universo simbólico; uma linguagem que fez parte da vida dos cristãos ao longo da história e que nem sempre é utilizada nas catequeses atuais.

O caminho da arte cristã está diretamente ligado ao mistério da Encarnação. A Igreja passou pelas heresias que motivaram a convocação do I Concílio de Niceia, em 325, depois o iconoclasmo, a disputa entre iconódulos e iconoclastas, uma longa história. Pode-se dizer, entretanto, que há uma correlação entre a visão do mistério divino-humano de Cristo e a concepção da arte cristã. A Encarnação não apenas transformou o conhecimento de Deus: ela mudou o olhar do homem sobre o mundo, sobre si mesmo e sobre as atividades do mundo. Desde então, a atividade criativa dos artistas foi tocada, transformada pela beleza da Encarnação. Se o Cristo veio para renovar o homem na íntegra, recriá-lo segundo essa imagem da qual ele mesmo é modelo, é necessário que o olhar, a sensibilidade e a criatividade dos artistas sejam, também, recriadas à imagem daquele por quem tudo foi criado[443].

Em seu modo de ser e agir, Jesus inspirou os artistas. Não se pode esquecer que, em sua pedagogia, Ele utilizou a arte, a estética e a poesia na linguagem do anúncio do Evangelho, gerando em seus interlocutores uma abertura ao transcendente.

Todavia, nós sabemos que Cristo não se coloca perante o voo dos pássaros ou a fragrância delicada – e ao mesmo tempo intensa – dos lírios do campo, para compor um poema, mas para conduzir quem os contempla a um horizonte transcendente. Não é por acaso que, muitas vezes, as parábolas começam assim: "O Reino dos céus é semelhante a...". A estética está, portanto, em função do anúncio religioso, beleza e verdade entrecruzam-se. A harmonia é outro rosto do bem. O anunciador do Reino de Deus transmite a sua mensagem de um modo belo e incisivo[444].

---

442. PASTRO, C., A arte a serviço da Beleza, n. 38.

443. TOMMASO, W. S. de, O Cristo Pantocrator, p. 255.

444. MARTO, A.; RAVASI, G.; RUPNIK, M. I., O Evangelho da Beleza, p. 45.

Desse modo, o artista que forma catequistas é alguém que se preocupa com a educação dos sentidos, favorecendo outras dimensões na vida do educador da fé. Todas as grandes religiões vivem através de uma linguagem artística simbólica. A arte, nesse itinerário de ensino, é apenas um meio; ela está a serviço, como uma discípula que educa indicando os passos do Mestre; e no museu ela exerce uma função *mistagógica*. Assim, entende-se que o artista, por meio da sua obra, aponta para o caminho de encontro com a Beleza.

2.5.2. O encontro com a arte

O encontro é sempre um acontecimento surpreendente. Toda trajetória de vida é construída a partir de encontros – alguns profundos, outros superficiais. Mas o verdadeiro encontro é um acontecimento inenarrável. A abertura humana para a transcendência possibilita a experiência de um acontecimento que mostra a beleza profunda da existência humana. Desse modo, o encontro não é um momento passageiro; ele é um acontecimento, uma experiência que humaniza e favorece uma abertura para a gratuidade presente na arte.

> Algo que não fora previamente marcado, que não obedece a esquemas preestabelecidos, que não se enquadra numa área de interesses e que traz a marca gratificante da gratuidade. É normal, no interior dessa experiência, uma sensação de estranheza, até porque se está diante de mistérios que se confrontam. E diante do mistério a gente se cala, tantas vezes, em muda contemplação[445].

No processo de criação do museu, o encontro com a arte permitiu caminhar na direção da Beleza. A arte, em sua forma de conduzir – passo a passo –, foi apontando caminhos. Como uma educadora da fé, que conduz ao mistério, ela exerceu, no processo de concepção do Museu Sagrada Família, uma função poética, lúdica e espiritual, capaz de aliviar o cansaço de uma busca inquieta rumo à Beleza. Nota-se que essa busca vivida no processo formativo e criativo, permeada pela dimensão afetiva e sensorial, proporcionou, em muitas situações, uma experiência estética inenarrável, capaz de conduzir para além dos sentimentos.

> A experiência estética se caracteriza por ser intuitiva e não conceitual. Os sentidos são o primeiro canal de recepção. Só depois de passar pela via sensorial é que o sujeito submete a experiência recebida às categorias concei-

---

445. PRETTO, H. E., Em busca de vida nova, p. 85.

tuais e classifica a obra de acordo com os seus padrões de beleza... todo sentimento estético, é um sentimento transcendente[446].

A arte, em sua pedagogia e em seu modo de expressar a vida e a fé, indicou o caminho de encontro, marcado por experiências que ajudaram a desenvolver o conceito do museu. Este, em si, é uma obra de arte capaz de inserir o catequista na dimensão mística de um itinerário, que encontra o seu fim último na adesão amorosa a Jesus Cristo.

O encontro com a arte é surpreendente; para alguns, pode ser estranhamente profundo e sedutor. Olhar uma obra e deixar-se ver por ela implica correr o risco de perder-se, inquietar-se e mudar a rota da vida. Pode ser um momento de êxtase que transporta, de modo espiritual, a uma esfera criativa, a qual dá à vida um novo sentido. A arte, que conduz à Beleza, pode paralisar e possibilitar uma experiência mística, silenciosamente extraordinária, capaz de devolver a alegria e o vigor da vida; pode responder a algumas perguntas interiores que surgem em algum momento, penetrando o interior da pessoa.

> A arte, de fato, não oferece "respostas" permanentes. Ela nos provoca, mexe com nossas emoções, nos invade, nos deixa boquiabertos, atinge nossas emoções e nos abala. As pessoas que têm formação mais técnica nos detalhes e categorias estruturais da estética desfrutam a arte a seu modo. O músico profissional é capaz de identificar pequenas desafinações nos acordes iniciais da "Valsa das flores" ou lamentar a desproporcionalidade de formas pintadas ou esculpidas que, num primeiro momento, não são visíveis ou audíveis ao expectador comum. Mas o "momento de beleza" está ali, fugidio, imensurável, incapaz de ser aprisionado, mas sempre oferecido como dádiva a ser desfrutada[447].

É provável que muitos catequistas já tenham tido um encontro dessa natureza ao visitarem uma igreja, um museu, uma floresta, algumas ruas, uma aldeia indígena ou espaços de arte. Assim, visitar um espaço artístico é uma vivência que favorece o amadurecimento da pessoa do catequista e de todos aqueles que, de algum modo, prepararam-se para ir ao encontro da arte. Nesse encontro, cada imagem possibilita um processo de conversão interior, uma educação da fé, capaz de apontar o verdadeiro sentido da vida, indicando várias direções que conduzem ao mesmo fim; a arte favorece o exercício da escolha e da tomada de decisão, e isso ultrapassa a experiência estética. No espaço do museu, ela não

---

446. CALVANI, C. E., Teologia da Arte, p. 267.

447. CALVANI, C. E., Teologia da Arte, p. 278.

dá ao catequista, ou a outros visitantes, todas as informações; ela resiste em dar informações excessivas ou escassas. Assim, pensou-se uma expressão da arte que estimulasse o desejo de encontro com o Mistério, e não uma arte que se mostrasse ou se explicasse totalmente, sem qualquer motivação para a contemplação; uma arte que, dando pistas atrativas, provocasse o processo criativo pela via da beleza. O encontro com a arte no museu deve despertar a capacidade para a práxis, para o saber fazer do catequista.

2.5.3. A oração diante da beleza: o processo de criação

O processo de criação do museu se deu pelo desejo de seguir a via da beleza e testemunhar que essa vivência é um modo de saber fazer o ambiente formativo. A oração diante da beleza é a manifestação de um diálogo que aconteceu no caminho, quando o fazer e o sentir se manifestaram em oração, gerando o desejo por um espaço integral, orgânico, onde as dimensões da arte e da fé se encontram. Percebe-se que o encontro com a Beleza foi possível, principalmente por proporcionar uma postura de deixar-se ser surpreendido pelo belo, numa profunda conexão com o mundo e com o universo da arte e da catequese, que iam se configurando entre os interlocutores envolvidos no processo de criação.

Acredita-se no processo formativo, no fazer orante. Em nenhum momento deixou-se imbuir pela ideia de acabar o projeto, "encerrar a obra"; o museu é um espaço que estará sempre em construção. Ele nasceu e é movido pela mística do caminho, como esclarece o excerto: "O processo criativo é um caminho espiritual. E essa aventura fala de nós, de nosso ser mais profundo, do criador que existe em cada um de nós, da originalidade, que não significa o que todos nós sabemos, mas que é plena e originalmente nós"[448].

A oração diante da beleza é uma experiência que se dá a partir de uma presença. A beleza atrai e aponta o caminho da transcendência, da oração como verdadeiro encontro, que remete à comunhão e à criação; a oração afetiva toca o coração e favorece o encontro com o sentido da vida através da harmonia e da gratuidade. Isso promove um verdadeiro encontro com a Sagrada Escritura, que se manifesta como arte e beleza.

> A Sagrada Escritura apresenta, de forma inequívoca, Deus como fonte de todo o esplendor e beleza. O Antigo Testamento mostra a criação, com o homem no seu vértice, como boa e bela, não tanto no sentido da ordem e da harmonia, mas da gratuidade, livre do funcionalismo. Diante da criação,

---

448. NACHMANOVITCH, S., Ser criativo, p. 24.

que deve ser admirada e contemplada por aquilo que é, experimenta-se o encanto, o êxtase e a reação emotiva e afetiva. As obras do homem, como o esplêndido templo de Salomão (1Rs 7-8), são merecedoras de admiração na medida em que estão ligadas ao Criador[449].

Nesse ponto, podemos dizer que a oração diante da beleza é a manifestação da pessoa interior que se deixou tocar pela arte através das belas manifestações desta. A atitude mística abre as portas da criatividade e, ao longo desse processo, ajuda a expandir e concretizar a arte. Essa oração, que se manifesta espontaneamente, é de fato um louvor, fruto de uma ação interior, capaz de dar um verdadeiro sentido à vida.

> Louvor é em si um movimento, um direcionamento; é mais do que compreender, saber, fazer – é uma "subida", é um contato com Aquele que tem sua morada em meio ao canto de louvor dos anjos. Santo Tomás acrescenta um outro ponto de vista ao declarar: essa subida arranca o homem daquilo que é contrário a Deus. Quem experimentou o poder transformador da grande liturgia, da grande arte, da grande música, sabe disso. O louvor sonoro, diz Santo Tomás mais adiante, nos conduz, nós e os outros, à veneração. E ainda: ele desperta o homem interior – é exatamente o que Santo Agostinho viveu em Milão, onde a experiência da Igreja que canta o abalou e o conduziu ao caminho dela; ele, o intelectual que apreciava o cristianismo enquanto filosofia, mas que se sentia constrangido com a vulgaridade encontrada no interior dela. A partir daí outro aspecto, aquele pedagógico de "conduzir o outro ao louvor divino", adquire, também ele, um outro sentido, torna-se compreensível. Se ademais pensamos naquilo que a pedagogia representava para os antigos – um encaminhar-se ao essencial, e mesmo um processo de salvação e libertação – não desprezaremos esse aspecto da música[450].

Constata-se que não seria possível conceber esse projeto e apresentar o conceito de museu como espaço de formação com catequista sem uma abertura rumo à criatividade e à espontaneidade. Nesses termos, os interlocutores envolvidos no projeto permitiram-se, com leveza, ser conduzidos por uma certa improvisação, como abertura para um ato criativo; no processo de criação, nem tudo fica claro na hora que se deseja; é preciso deixar-se guiar pelo movimento da arte que, para muitos, é vista como estática, velha ou morta. A arte cristã não é morta nem ultrapassada; é viva, visto que sempre tem algo a dizer, a ensinar.

---

449. DC 106.

450. BENTO XVI, PP., O espírito da música, p. 33.

Nunca se acaba de aprender no campo da arte. Há sempre novas coisas a descobrir. As grandes obras artísticas parecem ter um aspecto diferente cada vez que nos colocamos diante delas. Parecem ser tão inexauríveis e imprevisíveis quanto seres humanos de carne e osso. É um mundo excitante, com suas próprias e estranhas leis, suas próprias aventuras. Ninguém deve pensar que sabe tudo a respeito delas, pois ninguém sabe. Talvez nada exista de mais importante do que isso: que, para nos deleitarmos com essas obras, devemos ter um espírito leve, pronto a captar todo e qualquer indício sugestivo e a reagir a todas as harmonias ocultas; sobretudo, um espírito que não esteja atravancado de palavras altissonantes e frases feitas. É infinitamente melhor nada saber sobre arte do que possuir uma espécie de meio conhecimento propício ao esnobismo[451].

Uma vida autêntica ou um projeto formativo autêntico se organizam e se criam, deixando-se ser guiados, inicialmente, pelo caos criativo, pelo fazer e refazer, pelo destruir e reconstruir. O que de fato importa é o processo, o caminhar com criatividade, abrindo espaço para a arte.

Num certo sentido, toda arte é improvisação. Algumas improvisações são apresentadas no momento em que nascem, inteiras e de repente; outras são "improvisações estudadas", revisadas e reestruturadas durante certo tempo antes que o público possa desfrutá-las. Mesmo quando escreve música, o compositor está improvisando (ainda que apenas mentalmente). Só depois ele vai refinar o produto de sua improvisação, aplicando a ele técnica e teoria. "Compor", escreveu Arnold Schoenberg, "é retardar a improvisação; muitas vezes não se consegue escrever numa velocidade capaz de acompanhar a corrente das ideias". Obras de arte acabadas, que admiramos e amamos profundamente, são, num certo sentido, vestígios de uma viagem que começou e acabou. O que alcançamos na improvisação é a sensação da própria viagem[452].

Durante a concepção e a construção do museu, o ser, o saber e o saber fazer se manifestaram em atitudes de entrega, de luta interior, de superação do medo do desconhecido. Observa-se que, nessa inquieta experiência espiritual, a Beleza seduziu, despertou o caminho do discipulado, tendo a arte como mediadora, como aquela serva que oferecia o alimento necessário para a permanência

---

451. GOMBRICH, E. H., A história da arte, p. 36.

452. NACHMANOVITCH, S., Ser criativo, p. 19.

244

no itinerário, ajudando a purificar gostos subjetivos e, essencialmente, seguir na direção de uma Pessoa.

> Cumpre reconhecer que, em arte, o gosto é algo infinitamente mais complexo do que o paladar no caso de alimentos ou bebidas. Não se trata, apenas, de uma questão de descobrir vários e sutis sabores; é algo mais sério e mais importante. Em última análise, nessas obras, os grandes mestres entregaram-se por inteiro, sofreram por elas, sobre elas suaram sangue e, no mínimo, têm o direito de nos pedir que tentemos compreender o que quiseram realizar[453].

No movimento orquestrado no processo de construção, subiram e desceram as notas, como em uma partitura; houve longos momentos de pausa, gerados por falta de luzes, de compreensão, mas também necessários para o ócio criativo; assim como a terra precisa do descanso para produzir nova colheita, a construção do museu precisou passar, muitas vezes, pelo descanso criativo, preparando ambientes e abrindo portas para a experiência e a novidade que cada obra de arte trouxe para o seu interior. Uma vivência *mistagógica* foi a de poder instalar obras e realizar várias exposições de arte num espaço ainda em construção.

> Eu gostaria de ajudar a abrir olhos, não a soltar línguas. Falar com argúcia sobre arte não é difícil, porque as palavras que os críticos usam têm sido empregadas em tantos contextos diferentes que perderam toda a precisão. Mas olhar um quadro com olhos de novidade e aventurar-se numa viagem de descoberta é uma tarefa muito mais difícil, embora também mais compensadora. É incalculável o que se pode trazer de volta de semelhante jornada[454].

Contudo, acolhendo as inquietudes da alma que busca a Beleza, seguiu-se o caminho de criação, como a terra, que geme em dores de parto. "De fato, toda a criação está esperando ansiosamente o momento de se revelarem os filhos de Deus [...] Com efeito, sabemos que toda a criação, até o tempo presente, está gemendo como que em dores de parto. E não somente ela, mas nós também, que temos os primeiros frutos do Espírito, estamos interiormente gemendo, aguardando a adoção filial e a libertação para o nosso corpo" (Rm 8,19; 22-23). Observa-se, portanto, que essa experiência é não apenas o registro de um trabalho de construção ou de elaboração de um projeto formativo, mas também uma vivência da fé, que se tornou testemunho a partir do vivido e do itinerário de longos anos

---

453. GOMBRICH, E. H., A história da arte, p. 36.

454. GOMBRICH, E. H., A história da arte, p. 37.

de oração e trabalho, que resultou no Museu Sagrada Família – Catequese e Arte. Compreendemos com o vivido que "a obra de arte começa por um problema e acaba por uma oração"[455].

2.6. Conclusão

A reflexão sobre o itinerário de desenvolvimento do museu, tema abordado neste capítulo, permitiu observar que se deixar envolver pelos processos de criação e construção do Museu Sagrada Família – Catequese e Arte exigiu uma atitude de fé e uma abertura a intuições, sendo fruto do trabalho de formação em favor dos catequistas. O grande desafio foi realizar um processo formativo que ajudasse na compreensão, na assimilação e na implantação de um novo paradigma para a Iniciação à Vida Cristã, assumido pelos interlocutores envolvidos nesse projeto. Ouvir a voz do coração e vivenciar uma catequese afetiva e *mistagógica* durante a organização interna do museu possibilitou entender que a vida criativa é uma vida de riscos. Anunciar o Evangelho, formar catequistas e criar espaços de diálogo significa correr riscos; é um modo de enfrentar o medo, que atrofia e mata a beleza espontânea e criativa, geradora de novidade. A superação do medo é a busca por novidade, um encantamento encontrado somente através da via da beleza.

> Ser, atuar, criar no momento presente, sem muletas ou suportes, sem segurança, pode proporcionar um supremo prazer, mas também pode dar medo. Dar um passo para o desconhecido pode levar à alegria, à poesia, à invenção, ao humor, à amizade para toda a vida, à realização pessoal e, ocasionalmente, a grandes *insights* criativos. Mas também pode levar ao fracasso, ao desapontamento, à rejeição, à doença e até à morte[456].

Contudo, conceber o Museu Sagrada Família – Catequese e Arte como espaço de formação com catequista é apontar para um novo paradigma. O Itinerário de Iniciação à Vida Cristã, como um processo de inspiração catecumenal, convoca ao retorno às fontes do cristianismo e ao resgate de valores importantes, como a arte e a liturgia, em profunda comunhão com a catequese. A formação com catequista é uma missão fundamental para que o novo modo de pensar e fazer a catequese seja uma resposta eficiente e eficaz aos desafios da evangelização nos dias de hoje. Desse modo, o museu, como espaço de formação, insere

---

455. GITTON, J., Últimas palavras, p. 130.

456. NACHMANOVITCH, S., Ser criativo, p. 32.

o catequista no universo do belo, do lúdico e do místico, dando ferramentas para a educação integral do ser, do saber e do saber fazer.

Um espaço de formação que apresenta a via da beleza abre, para o catequista e toda a comunidade, a porta de encontro com aquilo que deve ser o centro da vida cristã. Também promove a integração da pessoa com o ambiente, sendo um modo de superar os itinerários fragmentados que dificultam o seguimento a Jesus Cristo e geram divisão e morte. A fragmentação na formação gera violência, disputa de poder, perseguições. Entende-se que somente uma formação que passe pela via da beleza responde às inquietações do coração de tantos catequistas, que doam a vida pela educação da fé. Uma formação humano-cristã do catequista é aquela que acolhe as inquietudes do coração e apresenta a Beleza como resposta.

> A beleza de que aqui falamos não é, pois, a beleza exterior, sedutora e efémera. É, antes, aquela beleza "tão antiga e tão nova" que Santo Agostinho confessa como objeto do seu amor purificado pela conversão, ao exclamar: "Tarde te amei, ó Beleza sempre antiga e sempre nova, tarde te amei!" Para ele a beleza não é qualquer coisa, mas Alguém, o Tu amado – a Beleza de Deus que transparece no rosto de Cristo. O Pastor belo que dá a vida por suas ovelhas. Será, pois, a hora pascal a revelar o rosto desta beleza[457].

Um itinerário de formação pautado na via da beleza é, pois, um modo de responder aos apelos da Igreja que, no atual contexto histórico e cultural, interpela a anunciar o Evangelho e formar discípulos missionários, retomando o diálogo e revisitando as fontes e manifestações da beleza na memória teológica, cultural e pastoral. Com isso, busca possibilidades de transformar esse itinerário de formação em cultura – uma cultura de formação que promova a criação de projetos e espaços de beleza. "É bom que toda a catequese preste uma especial atenção à via da beleza (*via pulchritudinis*)"[458].

Tudo isso deseja refletir um processo de formação que seja centrado na pessoa de Jesus Cristo; que busque criar espaços de diálogo e comunhão com a arte, a catequese e a liturgia. Prosseguindo a discussão, no próximo capítulo aprofundaremos o tema do Museu Sagrada Família – Catequese e Arte, não apenas como um espaço físico mas também como um lugar de fala, a "casa dos catequistas" – o projeto formativo no qual o itinerário de formação com catequista, pela via da beleza encontrou morada.

---

457. MARTO, A.; RAVASI, G.; RUPNIK, M. I., O Evangelho da Beleza, p. 15.

458. EG 167.

Capítulo 3 | O itinerário de formação com catequista pela via da beleza

3.1. Museu Sagrada Família – Catequese e Arte: um novo paradigma de itinerário formativo com catequista mediante a via da beleza

Como bem expressa o Diretório para a Catequese (2020), a Igreja, em todas as suas dimensões, deve apontar um direcionamento e valorizar os espaços de formação como uma necessidade importante para a catequese, principalmente quando se trata de alcançar o coração do catequista. Sabe-se que o ambiente educa a fé e facilita a inserção na vida da Igreja, sobretudo se for construído mediante os princípios da verdade, da bondade e da beleza.

> A Igreja, portanto, tem presente que o anúncio do Ressuscitado, para alcançar o coração humano, deve brilhar com bondade, verdade e beleza. Nesse sentido, é necessário "que toda a catequese preste uma especial atenção à 'via da beleza' (*via pulchritudinis*)" (EG, n. 167)[459].

Um paradigma de formação que encontre seus fundamentos na via da beleza favorece a transmissão do conteúdo da fé ao catequista, que requer um ambiente e um itinerário formativo pautados no testemunho não apenas intelectual como também fundamentalmente vivencial e espiritual. Um itinerário formativo que se materializa em ambiente concreto é um sinal de que é possível rever o modo de pensar a formação do catequista na realidade pastoral da Igreja. Nesse sentido, o museu, pela via da beleza, torna-se um lugar de conexão entre o catequista e o mundo. "Museu é um dos poucos lugares em

---

459. DC 108.

que se pode não somente imaginar, mas também experimentar a condição de cidadão do mundo"[460].

O museu, como um novo paradigma de formação, entende que a via da beleza **é como** uma catequista, uma facilitadora que promove e mantém vivo o espírito formativo que inspirou a materialização de um itinerário em espaços de museu. Esse itinerário é *mistagógico* e se dá num ambiente místico, procurando--se evidenciar e manter a estrutura do Itinerário Catequético de Inspiração Catecumenal, pondo em evidência os laços entre catequese, liturgia e arte dentro de um ambiente conduzido por experiência e espiritualidade – um verdadeiro itinerário *mistagógico*.

Formar catequistas através de um ambiente que a isso conduza por si só é um paradigma que pode apontar para um novo lugar de fala, ou seja, pode abrir espaço para a arte, superando o conceito de formação como excesso da fala. Não se forma o catequista apenas com discursos e excessos de conteúdo, mas também com o encontro com a imagem, o símbolo e o espaço. Nesse caso, o museu, como projeto de formação que se manifesta pela via da beleza, propõe uma mudança na abordagem, isto é, deixa primeiro o espaço falar, introduzir e, ao mesmo tempo, acompanhar o catequista. O espaço traz em si sinais da Beleza, que se deixa atrair para um profundo mergulho no Mistério. O museu, de fato, nasceu com o propósito de ressignificar o espaço formativo, pois "o espaço sou eu, o espaço somos nós. E porque somos cristãos ('Vivo, mas não sou mais eu, é Cristo que vive em mim' Gl 2,20), o espaço é Cristo"[461].

Permitir que o ambiente fale, eduque a fé e insira no itinerário formativo é entender perfeitamente que a mística e a espiritualidade, ou seja, as dimens**ões** *querigmática* e *mistagógica*, são as mãos que conduzem o catequista, apoiando-se na Palavra que se faz Imagem. Nesse sentido, a via da beleza torna-se o caminho seguro na superação de um itinerário formativo puramente teórico, tornando-se vivencial: primeiro se faz a experiência, e depois vem a teoria.

Nesse itinerário encarnado no museu, a formação humano-cristã do catequista encontra uma possibilidade de assimilação de um novo modo de conduzir a iniciação e a educação da fé em épocas tão desafiadoras, que exigem do catequista não apenas conhecimento dos conteúdos mas também uma vivência espiritual capaz de alimentar-lhe a fé que o despertou para assumir essa missão na Igreja. É um itinerário de formação permanente que se propõe a atingir a realidade mais profunda, gerando uma transformação na pessoa do catequista.

---

460. CLARELLI, M. V. M., Il Museo nel Mondo Contemporaneo, p. 14.

461. PASTRO, C., Guia do espaço sagrado, p. 21

A *formação* é um processo permanente que, sob a guia do Espírito e no seio vivo da comunidade cristã, ajuda os batizados a *tomar forma*, ou seja, a revelar sua identidade mais profunda que é a de filhos de Deus em relação de profunda comunhão com os irmãos. O trabalho formativo age como uma *transformação* da pessoa, que interioriza existencialmente a mensagem do Evangelho, de modo que ele seja luz e direção para a sua vida e missão eclesial. Trata-se de um processo que, ocorrendo no interior do catequista, toca profundamente sua liberdade e não pode ser reduzido apenas à instrução, exortação moral ou atualização de técnicas pastorais. A formação, que também se vale de competências humanas, é primeiramente uma sábia obra de abertura ao Espírito de Deus que, graças à disponibilidade dos sujeitos e ao cuidado materno da comunidade, *conforma* o batizado a Jesus Cristo, plasmando em seus corações, seu rosto de Filho (Gl 4,19), enviado pelo Pai para anunciar aos pobres a mensagem da salvação (Lc 4,18)[462].

Formar catequistas, segundo essa perspectiva, não é somente instrumentalizá-los com conhecimentos e métodos pedagógicos; é também proporcionar a eles um encontro profundo com a beleza da fé, a tal ponto que não se tornem apenas propagadores do conteúdo daquilo que cremos, mas sim catequistas que, além de terem o conhecimento, vivenciaram um processo, percorreram um itinerário que permite assumirem uma nova postura na missão de educador da fé.

O itinerário de formação com catequista traz em si uma compreensão que nem sempre se consegue expressar diante da dimensão profunda daquilo que se experimenta na via da beleza. Existe, sempre, o limite da linguagem, que não dá conta de exprimir experiências que só o coração é capaz de manifestar. A linguagem humana encontra na beleza o seu limite e o seu fascínio, de maneira a gerar no catequista uma vontade eterna de anunciar o Evangelho, não só com palavras mas também com a vida.

Esse itinerário aponta para um caminho de beleza, que deve ser percorrido sem pressa, passo a passo, indo e vindo. Não que "a pressa seja inimiga da perfeição", não é isso que se quer dizer, mas a perfeição desse processo formativo está, justamente, em deixar-se conduzir pelo ritmo da beleza, que sabe acompanhar o catequista como um maestro que, com o movimento dos braços, consegue conduzir instrumentos e pessoas, transformando em som e melodia uma simples partitura, que só precisava ser lida, interpretada. É assim que o catequista também pode ser visto pela beleza: como uma partitura, um texto vivo, que precisa ser lido e interpretado com arte e beleza.

---

462. DC 131.

Esse novo paradigma consolida um modo de manifestar aquilo que se crê. Transcendendo o universo teórico, às vezes rígido, apresenta-se um itinerário de formação que se desvela como uma imagem dos conteúdos da fé. O Museu Sagrada Família, de certo modo, sem desejar esgotar o assunto, faz um convite para a vivência da fé, estimulando uma abertura incondicional do catequista na direção do Deus da Beleza. O itinerário formativo é, nesse sentido, uma celebração que acolhe e insere o catequista no projeto do Reino.

> Crer significa reconhecer perfeitamente Deus como Deus e interpretar, sem reservas, o nosso ser como um ser-para-Deus. A fé implica uma disponibilidade incondicional diante de Deus, uma confiança sem limites nas suas promessas e uma aceitação de todos os caminhos que conduzem ao Reino de Deus, mesmo os mais difíceis e incompreensíveis. A fé é o modo concreto de existir para o Reino[463].

Sendo assim, o museu revela em sua estrutura a dinâmica ousada do Itinerário de Iniciação à Vida Cristã com inspiração catecumenal, que tem sua centelha nos primeiros séculos do cristianismo. Propõe ao catequista de hoje uma abertura criativa e mística, capaz de gerar ânimo, educar a fé e conduzir ao Mistério, de tal modo que o sensibilize a ir além de uma aparência estética ou formal no itinerário formativo.

> Toda beleza pode ser um caminho que ajuda o encontro com Deus, mas o critério de sua autenticidade não pode ser apenas o estético. É necessário discernir entre a verdadeira beleza e as formas aparentemente bonitas, mas vazias, ou mesmo nocivas, como fruto proibido no paraíso terrestre (Gn 3,6). Os critérios se encontram na exortação paulina: "tudo o que é verdadeiro, tudo o que é digno de respeito, tudo o que é justo, tudo o que é puro, tudo o que é amável, tudo o que é honroso, se é virtude ou louvável, nisso pensai" (Fl 4,8)[464].

Ter um museu como um paradigma de formação com catequista é uma maneira de preservar, fazer memória e, ao mesmo tempo, contribuir para a elaboração de uma cultura formativa que amplie seu modo de ser, saber e saber fazer na Igreja, seguindo a via da beleza (*via pulchritudinis*). Coerente com essa proposição, o ponto de partida desse itinerário formativo encontra-se em Jesus Cristo, ou seja, o museu é, em si, um caminho existencial iluminado pela fé, que conduz ao encontro com a Beleza. O desejo de responder aos anseios mais profundos do

---

463. ZAK, L., Trindade e imagem, p. 17.

464. DC 108.

252

catequista faz do museu um paradigma formativo que se preocupa com um processo vivencial e existencial. Assim, ele revela a necessidade de uma catequese que supere o peso de uma proposta puramente teórica, apresentando uma proposta vivencial que antecipa e dá fundamento à reflexão teórica. O encontro com o Mistério é, a princípio, uma experiência gratuita, que não deve ser substituída por excessos de conteúdo e discurso. Antes de tudo, é preciso viver, ter a experiência, e só depois teorizar. Isso é o que se propõe nesse espaço e nesse projeto formativo.

3.1.1. Necessidade de espaços e projetos de formação mediante a via da beleza

Refletir sobre a necessidade de espaços para o processo formativo é retomar o tema que frequentemente se observa na fala dos catequistas. Para muitos, faltam espaços e projetos de formação. Se a falta de espaço é um assunto recorrente nas partilhas deles, é necessário encarar esse assunto como uma urgência pastoral. Sem o espaço que possa lhe conceder um lugar de fala, o catequista precisa ter, no horizonte, o infinito que motiva o seu caminho de discípulo missionário. Nesse sentido, o que de fato é o espaço?

> A palavra espaço significa DIMENSÃO INDEFINIDA. Por ser dimensão, temos a capacidade de medir, de ir ao infinito.
> ME+D'IR= ir a partir de mim.
> MED+ IR= ir a um outro, ir ao infinito.
> Todas as dimensões físicas e quânticas, os volumes sólidos, líquidos, gasosos, sonoros... tudo faz o espaço, nós fazemos o espaço, o espaço sou eu[465].

Conceber um espaço formativo é compreender que o itinerário de formação tem a função de conduzir o catequista à sua interioridade, ao mistério, onde habita o Sagrado e para onde tudo deve convergir. Trilhar esse caminho interior é o único jeito de transcender uma formação superficial, que não insere o catequista no seu verdadeiro lugar, ou até mesmo nega o encontro com o seu Eu. O espaço nasce de uma interioridade, de uma experiência mística, e o itinerário formativo deve ser capaz de conduzir o catequista à contemplação desse lugar – o lugar do Verbo encarnado, do Infinito, que existia desde sempre e, ao se encarnar, tornou--se caminho: a Via da Beleza.

> Para o povo hebreu, como para o povo cristão, surge aí o sentimento de peregrinação. Ir a Jerusalém, todos os anos, uma vez na vida... ir ao infini-

---

465. PASTRO, C., Guia do espaço sagrado, p. 15

to. O finito vai ao infinito, completa-se. O homem tem necessidade dessa dimensão, dessa "troca de espaço". Muito forte é o sentimento de peregrinação nas grandes religiões. No cristianismo, o Infinito (Jesus) vem até o finito e revela-nos a grandeza que habita em nós. Somos carne do infinito. O infinito valoriza o pequeno espaço. Isso permitiu a São Bernardo de Claraval dizer: "Você mesmo é o lugar".

Jesus mesmo disse: "Destruirei o templo de Jerusalém, e Eu o reconstruirei em três dias". Falava de seu corpo ressuscitado, falava do Corpo Místico que é a Igreja Cristã, a comunidade localizada naquelas pessoas, materiais, objetos. É com esse sentido e cuidado que tratamos do espaço – vemos no finito o Infinito e o Infinito desposa o finito[466].

A ausência de espaço é, ao mesmo tempo, ausência de vida, de projeto, de sentido para a missão. Essa falta pode ser entendida como exclusão, como desconsideração de algo, como ausência do Infinito. Não ter espaço é não poder mover-se, ir e vir, ou viver a dinâmica da formação. Sem o movimento, próprio de quem tem espaço, corre-se o risco de atrofiar a ação evangelizadora da catequese. Logo, para que a formação do catequista aconteça, é necessário o espaço. A ausência dele é a ausência da formação.

Tendo espaço, o catequista terá condições de abrir-se ao infinito pela via da beleza. O espaço, ao mesmo tempo que é um facilitador do encontro inenarrável, faz com que algo infinitamente maior do que nós mesmos se torne parte integrante do ser. Assim, pode-se romper com espaços fragmentados, que não formam, e sim afastam da experiência integradora com o Mistério, espaço absoluto que integra tudo em si.

Algo infinitamente maior que nós, se revela parte de nós mesmos, isto é, o ilimitado emerge dos limites. Somos parte de um mesmo todo. *HA MA-QON*, do hebraico, significa o Lugar; Deus é "o Lugar". Deus está nesta sala, nesta cidade, mas, como Ele é maior que a sala, a cidade, elas não podem contê-lo, então a sala, a cidade... estão n'Ele, "Ele é o lugar". Ele, o Outro, é o lugar, o infinito. Deus não se localiza num ponto preciso, mas revela-se em alguns pontos e seres[467].

O museu, como espaço que abre ao catequista as portas para uma formação integral, é, de algum modo, um projeto formativo que amplia a visão, fazendo-o

---

466. PASTRO, C., Guia do espaço sagrado, p. 16.

467. PASTRO, C., Guia do espaço sagrado, p. 15.

conectar-se com várias dimensões da vida. É um espaço que fala e acolhe, tornando o catequista mestre, educador e testemunha.

> Catequese com uma *formação integral*: trata-se de "formar catequistas para que sejam capazes de transmitir não apenas um ensinamento, mas também uma formação cristã integral, desenvolvendo 'tarefas de iniciação, de educação e de ensinamento'. São necessários catequistas que sejam, ao mesmo tempo, mestres, educadores e testemunhas" (DGC, n. 237). Por isso, também a formação dos catequistas saiba se inspirar na experiência catecumenal que, entre outros elementos, se caracteriza justamente por essa visão geral da vida cristã[468].

Ao percorrer a via da beleza, o catequista entenderá que o seu espaço de vida e evangelização é o próprio caminho. É no percurso que se conhece o verdadeiro espaço que dá sentido à vida. Caminhar é, para o catequista, a oportunidade de ampliar o seu espaço, ou seja, integrar-se ao caminho da Beleza. Nessa perspectiva, a vida do catequista é um acontecimento, uma realidade finita, que quer se perder no infinito caminho de beleza e fé.

O espaço que forma o catequista deve ter seus fundamentos na comunhão, na experiência que brota da Eucaristia. Nessa experiência, pode-se chegar ao mais profundo sentido do espaço que educa e forma para a vida. O museu, tendo ao centro a Igreja, o espaço da celebração, além de chamar a atenção para um projeto que deve integrar catequese e liturgia, insere o catequista numa mística eucarística, capaz de dar forma ao espaço. Por isso, não se pode improvisar espaços; é preciso criar, revitalizar ou construir, retirando uma pequena porção para ser o lugar de fala, que educa e gera identidade. Quem visita uma igreja, por exemplo, e encontra nela a síntese da fé, fará a experiência da comunhão que o insere no Mistério.

> Nós precisamos de igrejas na medida da Igreja. E vejam o que diz o Concílio de Niceno II: quando os cristãos se dispersam pelo mundo, trabalhando durante a semana, se alguém entra na Igreja, mesmo se não houver celebração litúrgica, o altar, o ambão, a arquitetura, as paredes, já revelam por si só o que é a Igreja. E celebram permanentemente, porque fazem parte do *Eschaton*, do cumprimento[469].

Iluminado pela mística cristã, o catequista é capaz de entender que ele é um espaço que não pode permanecer fechado em si mesmo; a beleza daquilo que se

---

468. DC 135b.

469. RUPNIK, M. I., A arte como expressão da vida litúrgica, p. 86.

é, daquilo que se busca ser no cenário da Igreja e do mundo, deve ser refletida no caminho formativo. Nessa direção, compreende-se a importância de romper com paradigmas e proporcionar o surgimento de espaços pedagógicos e *mistagógicos*, capazes de abrir os olhos e o caminho do catequista para um constante ir, marcado pela renúncia de si e pela abertura para o infinito. "Se alguém quer vir, após mim, renuncie a si mesmo, tome a sua cruz cada dia e siga-me" (Lc 9,23). Isso, porque o espaço formativo é Cristo, princípio e fim de toda beleza.

3.1.2. Museu *mistagógico*: um "espaço místico" da arte que educa para a vida cristã

Pensar o Museu Sagrada Família – Catequese e Arte como um espaço *mistagógico* é um processo de concepção que exige uma profunda reflexão sobre o sentido de espaço e *mistagogia*. A educação da fé pela via da arte e da beleza precisa de um ambiente que retrate uma espiritualidade e que favoreça um despertar, um encantamento, um encontro com os temas essenciais da vida cristã. Somente através de um espaço capaz de conduzir ao Mistério é que se consegue fazer a passagem do educador da fé ao *mistagogo*. Como explica o excerto: "O espaço do mistério é um espaço de oração objetiva: vem até nós, fala uma só língua, une a todos. Assim, é bom que todos zelem pela unidade representativa do espaço, pois essa unidade refletirá na unidade de cada pessoa e da comunidade"[470].

Numa reflexão antropológica, é possível entender que o ser humano precisa de espaços específicos para fazer uma experiência mística. Separar o ambiente sagrado do profano é um exercício que caminha com a humanidade. Separar, nesse sentido, não é dividir ou desintegrar, mas sim eleger um lugar em vista de uma experiência cósmica. Observa-se que atualmente, no ambiente formativo, os temas essenciais se misturam, no entanto nem sempre se integram, por falta de um olhar antropológico saudável. A apresentação de um museu que se manifesta como espaço místico é um modo de reforçar a necessidade de ambientes que favoreçam ao catequista uma porta de entrada para a comunicação com o Mistério. Sob esse aspecto, o museu pode ser um lugar de passagem, um facilitador para um diálogo profundo que educa para a vida cristã – um espaço da transcendência, principalmente por ter a Igreja no seu corpo central.

> No interior do recinto sagrado, o mundo profano é transcendido. Nos níveis mais arcaicos de cultura, essa possibilidade de transcendência exprime-se pelas diferentes *imagens de uma abertura*: lá, no recinto sagrado,

---

470. PASTRO, C., O Deus da beleza, p. 66.

torna-se possível a comunicação com os deuses; consequentemente, deve existir uma "porta" para o alto, por onde os deuses podem descer à Terra e o homem pode subir simbolicamente ao céu. Assim acontece em numerosas religiões: o templo constitui, por assim dizer uma abertura para o alto e assegura a comunicação com o mundo dos deuses[471].

Portanto, esse aspecto indica temas nos quais se reflete ao se pensar em museu, principalmente nos apontamentos críticos quanto à sua função e à sua relação com a sociedade. Nesse contexto, faz-se necessário destacar três funções que alguns autores apresentam ao tratar da crítica às instituições museológicas, sobretudo quando é preciso compreender a museologia e a museografia, considerando as dimensões teórica e prática que envolvem um museu. Para alguns pesquisadores, existe no museu uma tríplice função: estética, econômica e mística.

> *1. Estética*. O Museu é a moldura, o suporte real, sobre o qual se registra, se completa, uma obra. É, ao mesmo tempo, o centro, no qual tem lugar a ação e cada ponto de vista (topográfico e cultural) da obra. *2. Econômico*. O Museu, privilegiando/selecionando, dá um valor comercial a isto que expõe. Conservando-a ou tirando-a de uma comum colocação, o Museu promove, socialmente, a obra, assegura-lhe a difusão e o consumo. 3. *Mística*. O Museu/Galeria confere, instantaneamente o Estatuto de "Arte" a qualquer coisa que expõe em boa fé, para, assim, desviar, antecipadamente, qualquer tentativa de colocar em questão os pressupostos da Arte, sem levar em consideração o lugar na qual a questão é colocada. O Museu/ Galeria é o corpo místico da Arte[472].

Sendo o museu o "corpo místico da arte", entende-se que fazer do projeto de formação com catequista um espaço museológico significa desenvolver, dentro da mística do caminho, uma abordagem que dá sentido ao museu: é o seu espírito, sua alma, e portanto uma obra de arte. O projeto de formação com catequista que se expressa em cada ambiente do Museu Sagrada Família é sua fonte de inspiração. Pode ter em si um valor estético, econômico solidário e místico, transmitindo para o ambiente cultural uma maneira de ser. Compreendido de modo *mistagógico*, o museu é o "corpo místico" que acolhe, preserva e apresenta um novo paradigma de formação com catequista, inserindo-o, *mistagogicamente*, em ambientes culturais.

---

471. ELIADE, M., O sagrado e o profano, p. 29.

472. BUREN, D., Funzioni del museo, p. 51.

O que dá ao Museu Sagrada Família uma identidade mística é justamente o percurso que cada catequista fez e pode fazer, em vista de encontrar-se no caminho, no itinerário de formação com temas da fé. À medida que se percorre esse espaço, este se torna sacralizado e simbólico de algum modo, gerando um significado que passa por experiências de transcendência, de encontro com uma beleza que se faz caminho, passagem para uma dimensão profunda da fé e da vida, que se dá em torno de um centro: Jesus Cristo. Desde sua concepção arquitetônica, o Museu Sagrada Família tem em Cristo o eixo central, o sentido último de tudo que se realiza e concebe naquele espaço: "A finalidade cristocêntrica da catequese molda toda a formação dos catequistas e a eles pede que sejam capazes de animar o percurso da catequese, de modo a trazer à tona a centralidade de Jesus Cristo na história da salvação"[473].

Estando a igreja, espaço da liturgia, no centro do Museu Sagrada Família, é possível superar uma presente indiferença quanto à organização da formação do catequista. Um itinerário formativo, para ser *mistagógico*, precisa de uma estrutura que fale da presença do Cristo, e assim seja um espaço espiritualizado, litúrgico. A presença da beleza, na harmonia e na arte, é um modo claro de formação que gera espaços *mistagógicos*, tão necessários nos dias de hoje, a fim de se poder atingir a cultura no seu interior. Por isso, nada melhor do que criar uma cultura formativa que se manifesta no espaço, no lugar do acontecimento cristão. Esse lugar, para ser místico, precisa ser uma extensão do corpo de todos os catequistas que passam por um processo formativo, celebrativo e centrado na beleza.

> Enquanto no mundo tudo passa a ser feio, os cristãos experimentam, saboreiam a BELEZA, o KABOD, a SHEKINAH, isto é, o PESO da GLÓRIA na história e em nossas vidas. O espaço cristão é belo, pois é o lugar da criação renovada em Jesus. A atenção para com todas as coisas e materiais cristificados é primeiro vivenciado nesse microcosmo. Hoje, falta a profecia da beleza e temos pouco CONHECIMENTO da GLÓRIA. No lugar do acontecimento cristão é impossível não viver a beleza, pois este lugar é o lugar da presença, da teofania e da epifania do reino[474].

Ao considerar o museu o "corpo místico da arte", leva-se em conta que a arte em exposição é o próprio projeto formativo com os catequistas, gerado com inspiração catecumenal. Esse itinerário é, em si mesmo, uma obra de arte, que en-

---

473. DC 132.

474. PASTRO, C., Guia do espaço sagrado, p. 32.

volve, no seu modo de fazer, várias expressões artísticas, abrindo assim as portas do museu para apresentar um itinerário que se construiu e se constrói pela via da beleza; um espaço místico da arte que educa para a vida cristã.

3.1.3. O Museu Sagrada Família – Catequese e Arte: um itinerário de formação permanente com catequista

A vivência da vocação e da missão do catequista, como uma atitude de fé, exige abertura e acolhimento para uma dimensão essencial na vida daqueles que decidiram viver e agir inspirados no Evangelho, principalmente quando se trata da "formação permanente como uma necessidade fundamental"[475] para a ação evangelizadora do catequista.

Pensar o museu como lugar de formação permanente com o catequista tem em si uma base antropológica no processo formativo. No caso, cada pessoa, pautada na fé, precisa viver, em cada época e lugar, uma formação que se caracterize por uma iniciação e aponte para processos permanentes de conversão, ou seja, uma formação permanente para viver a missão que lhe foi confiada pela Igreja, conforme exprime a assertiva: "A condição humana exige que sempre de novo se ponha à prova o uso dos meios em sua relação com a estrutura de valores e de sentido, porque a fé, a que a pessoa se converteu, é um processo de aprendizagem permanente"[476].

Percorrendo o itinerário de formação pela via da beleza, o catequista encontra no museu um lugar seguro, organizado, capaz de introduzi-lo em um caminho de arte e beleza. Nesse espaço de formação permanente, é dada ao catequista a possibilidade de assumir seu próprio processo formativo, deixando de ser passivo receptor de informação, como acontece no método tradicional de exposições teóricas, e passando a interagir com o espaço de arte e seus conteúdos, tornando-se responsável por sua própria aprendizagem. O museu, como espaço de formação permanente, proporciona uma vivência, algo de fundamental importância na construção da identidade do catequista. Nesse caso, por se tratar de um espaço formativo com arte, o catequista pode ter uma formação através da experiência estética, de criação artística.

Quando um jovem ia ao mosteiro para estudar e aprender a técnica do afresco, levava consigo tintas e pincéis. O mestre pegava essa tinta e pincéis

---

475. DNC 257.

476. TABORDA, F., Nas fontes da vida cristã, p. 50.

259

e trancava-os no armário. O jovem ficava triste, e o mestre lhe dizia: primeiro procure viver, depois lhe será fácil pintar[477].

Ao refletir sobre a possibilidade de assumir a missão de iniciar a fé através de um itinerário *querigmático* e *mistagógico*, o catequista é confrontado pelo próprio museu a superar um itinerário estabelecido apenas pela transmissão de conteúdos e conhecimentos racionais. Assim, compreende que sua ação e sua formação permanentes devem se embasar na experiência que ocorre ao longo da vida – experiência esta marcada pela afetividade, "o território dos sentimentos, das paixões, das emoções, por onde transitam medo, sofrimento, interesse, alegria"[478]. Por esse entendimento, o museu torna possível traçar um itinerário de formação permanente que seja afetivo, sem perder de vista a objetividade da arte e da fé na construção de uma mentalidade cristã.

Pelo uso do recursos da arte e da arquitetura, o museu é um espaço que procura aproximar a arte da vida e, assim, desenvolver um vínculo que será fundamental para a permanência do catequista no itinerário formativo. Não se consegue permanecer no caminho formativo sem uma profunda vivência da fé. Para que haja um processo maduro de educação da fé, durante o itinerário de formação, a estrutura do museu proporciona espaços de convivência e partilha, onde o grupo de catequistas pode exercitar a escuta através de um "laboratório formativo permanente".

> A escuta das exigências das pessoas, o discernimento pastoral, a preparação concreta, a realização e a avaliação dos itinerários de fé se apresentam como os momentos de um laboratório formativo permanente para cada catequista. O grupo dos catequistas é o contexto real em que cada um pode ser continuamente evangelizado e permanece disponível para novas abordagens formativas[479].

Sabendo que a arte proporciona esse exercício de escuta no "laboratório formativo permanente" e o desejo de amadurecimento da fé, por despertar no interior do catequista um encantamento que o faz retornar ao museu, ela se torna uma facilitadora no itinerário de formação permanente. O encontro com a arte, nesse espaço, proporciona ao catequista a compreensão e o acolhimento de si mesmo, gerando um interesse que o fará entender, com maior clareza, os elementos que fazem do museu um lugar de formação permanente. O espaço e seus

---

477. RUPNIK, M. I., A arte como expressão da vida litúrgica, p. 30.

478. FREIRE, J. B., Educação de corpo inteiro, p. 170.

479. DC 134.

objetos de arte acabam proporcionado um exercício constante, conduzindo o catequista a temas mais profundos. "O que quero dizer é que, nas coisas que existem, eu descubro camadas mais profundas, cada vez mais profundas"[480].

Nesse espaço, o catequista pode vivenciar e aprofundar, através da arte, quatro aspectos importantes do seu itinerário de formação: o Tempo do *Querigma*, o Tempo da Catequese, o Tempo da Purificação e da Iluminação e o Tempo da *Mistagogia*. Essa estrutura faz com que o museu seja, em si, um espaço, um itinerário de formação permanente com catequista. Desse modo, entende-se que, desde o princípio, foi o itinerário de formação que inspirou a construção do espaço, assim como deve ser ao se construírem espaços litúrgicos, pois "é a própria celebração que cria o espaço"[481].

3.1.4. O museu e a educação dos sentidos: o caminho da formação integral

A via da beleza na formação com catequista favorece a mediação do encontro entre o catequista e a Santíssima Trindade. O Museu se propõe a mediar essa relação, essencial para a formação humano-cristã do catequista, possibilitando uma experiência que se dá com todos os sentidos – no caso, de maneira integral. Aqui, destaca-se a importância tanto do silêncio que habita o museu quanto da arte que se transforma em palavra, imagem. Esses dois elementos compõem, de algum modo, um intercâmbio humano, necessário para a vida e a missão do catequista. É como se o silêncio desse espaço para a palavra, que toma forma na obra de arte, e isso fosse uma porta de acesso aos sentidos que compõem o existir humano, despertando, no itinerário formativo, uma sensibilidade que passa pela vivência do corpo e do espaço, dando à formação do catequista um *status* de busca do sentido da vida cristã.

> Por isso a necessidade de um espaço de silêncio para acolher a palavra e dar-lhe profundidade de ressonância interior. E é no silêncio, realmente, que a palavra alcança a própria fecundidade; é no silêncio que ela assume as credenciais de credibilidade e adquire eficácia operativa. Só as palavras nascidas do silêncio são atendíveis e convincentes, porque se tornam vida e não simples som[482].

Através de um espaço que toca os sentidos pela via do silêncio, pode-se chegar a uma formação integral da pessoa do catequista. Garantir no itinerá-

---

480. RUPNIK, M. I., A arte como expressão da vida litúrgica, p. 46.

481. RUPNIK, M. I., A arte como expressão da vida litúrgica, p. 84.

482. TERRINONI, U., Projeto de Pedagogia Evangélica, p. 181.

rio formativo o encontro consigo mesmo através da arte envolve uma mística do silêncio que favorece uma conexão, uma integração de todas as instâncias da pessoa na vivência de um processo de formação integral que supere a cultura da fragmentação formativa. Essa cultura fragiliza o catequista, sugando sua energia e sua força e gerando, assim, um desinteresse formativo, que leva a estados de estafa e cansaço. Tal conotação dificulta uma formação integral quando não se incorpora à dimensão corporal e espiritual, relação esta que já se manifesta na celebração litúrgica do batismo. O nascimento para a vida cristã já propõe essa integração. O corpo é templo da presença de Cristo. O corpo fala em seus gestos, nos quais se deve manifestar a identidade do educador da fé que se constrói em comunhão com aquilo que sente e crê. Percebe-se, então, que a formação integral do catequista oferece ferramentas para a criação de uma linguagem que passa pelo corpo.

> Mas o corpo também é uma linguagem em si. Existe no texto bíblico uma visão extremamente detalhada e complexa do corpo humano como linguagem simbólica. Parte dessa linguagem é falada na símboloterapia dos ritos religiosos. Ela ajuda a viver o corpo, além de revelar a importância de cuidar dele. Não é por acaso que, no batismo cristão, cada um dos cinco sentidos na criança é abençoado separadamente. Por sete vezes, a cabeça da criança é tocada. A ignorância ou o entendimento da linguagem do corpo pode afetar a saúde e o bem-estar da pessoa, mas pode também produzir um efeito terapêutico[483].

O museu, como espaço de formação integral para o catequista, valoriza a experiência corporal numa interação relacional com a arte; o "corpo-arte" se encontra com o "corpo-catequista num espaço que busca uma formação pela via dos sentidos como caminho de integração do ser. Aí a aprendizagem se dá, também, como experiência sensorial e afetiva. Esse caminho de formação, além de ser terapêutico, resgata o sabor, o aroma, o som, o olhar e o toque, dimensões vitais na vida de uma pessoa e que não podem ser descartadas no processo formativo. Isso tira a sisudez e recupera a alegria e a leveza, que proporcionam uma harmonia entre a pessoa e a missão que assumiu na Igreja.

Ao compreendermos o museu como um espaço de formação que procura estimular e integrar todos os sentidos, conseguimos perceber que formar catequistas pela via da arte e da beleza requer o acolhimento das exigências da beleza que busca integrar o ser e o fazer como fruto de um caminho espiritual.

---

483. MIRANDA, E. E. de, Corpo, p. 12.

Nesse caminho, todos os sentidos convergem para aquilo que se almeja através da ação do Espírito Santo, que ilumina e conduz a Igreja e, consequentemente, a formação do catequista. A formação por essa via assume um caráter vivencial e litúrgico.

> Como o Espírito de Deus é vida e luz em nosso corpo (ouvidos, olhos, olfato, gosto, tato), Deus é um acontecimento sensível. Aquilo que realizamos em nossas Igrejas, a liturgia na matéria, será o invisível tornado visível: pelo ouvido, PALAVRA, SILÊNCIO, MÚSICA, CANTO; pela vista: as FORMAS, as CORES, a POSTURA na liturgia; pelo olfato: INCENSO, ÓLEO, PERFUME; pelo tato: UNÇÃO, ABRAÇO, IMPOSIÇÃO DAS MÃOS, ÁGUA; pelo gosto: PÃO E VINHO CONSAGRADOS[484].

A ausência de um ambiente que integre todos os sentidos, emoções e sentimentos pode gerar doenças no processo de evangelização. Sabe-se dos limites físicos e espirituais que cada um pode viver em sua realidade familiar, social ou eclesial. É justamente por isso que, ao criarmos um espaço de formação em pleno diálogo com a arte, buscamos abrir a possibilidade de fazer da formação um ambiente terapêutico, saudável, onde ser discípulo é sinal de uma vida integrada em todas as dimensões: um sinal de integração com o ser, que se dá na intimidade de uma formação relacional como modo de superar de modelos formativos que, em alguns casos, adoecem, por se constituírem num sistema fragmentado.

> Mas, como a humanidade que tem o serviço de curar, muitas vezes é mesma que adoeceu, então surgem alternativas de cura também doentias. Isto é, ninguém consegue ajudar alguém se não estiver um pouco mais centrado do que a pessoa que está precisando de ajuda. E assim se forja, também, um conceito de saúde, uma noção coletiva de humanidade, onde a insatisfação com a vida torna-se uma característica inerente ao ser humano, aceita sem maiores desconfortos. No entanto, é a humanidade que se torna insatisfeita, triste, doente. Doente por não estar nela. Triste por estar longe de sua essência. Insatisfeita pelo fato de dedicar-se com todo afinco, mas numa direção que não leva ao contato consigo mesma, no seu mais profundo ser[485].

A criação de um espaço formativo que traga saúde e vida exige uma abertura para a criatividade, a partir da qual se elimina a pressa do processo formativo e se acolhe um método espiritual, em que é oferecida a cada catequista a oportunidade de encontrar-se. O museu, como espaço de arte e beleza, é um facilita-

---

484. PASTRO, C., O Deus da beleza, p. 32.

485. TREVISOL, J., Educação transpessoal, p. 9.

dor desse processo. Seu interior, por meio de experiências sensoriais, oferece ao catequista a porta para a compreensão do seu papel na Igreja e no mundo, mas, acima de tudo, a sua acolhida como pessoa humana. Sem uma integração interior, uma relação afetiva e espiritual, que passa pelo conhecimento e acolhida de si, o catequista corre o risco de criar espaços de educação da fé marcados por conflitos desnecessários, afastando-se da beleza que deve se manifestar no seu modo de ser, sentir e agir, ou seja, de forma integral.

3.1.5. O museu como espaço de encontro entre catequese e liturgia

A formação com catequista precisa ser regida por uma experiência que possa dar sentido ao aprofundamento daquilo que se crê. Nesse ponto, o museu aponta para a experiência litúrgica de uma comunidade que diariamente se reúne para celebrar a fé. Tendo o espaço litúrgico no centro da sua arquitetura, o museu forma e educa o catequista, fazendo com que seu olhar e seu coração se voltem, sempre, para uma experiência eclesial que se dá na vida litúrgica.

> A liturgia constitui o momento privilegiado no qual a comunidade cristã exprime comunitariamente sua própria fé. E o faz de forma simbólico-celebrativa. Por essa razão, a liturgia cria e sustenta laços de pertença recíproca e de interdependência. É responsável, em última instância, pelas sucessivas ressignificações da existência propriamente comunional e solidária dos membros da comunidade cristã[486].

O museu, a partir da sua arquitetura, apresenta de modo concreto a beleza de um itinerário de formação com catequista, que se estabelece como espaço de encontro entre catequese e liturgia. Essa relação tem sido um desafio na formação, principalmente quando se trata de implantar nas comunidades uma catequese que seja de inspiração catecumenal. O museu, sob esse aspecto, procura romper com essa separação e inserir a liturgia e o espaço litúrgico no centro do itinerário formativo. A liturgia tem, portanto, uma importante função catequética[487]. Pode ser considerada uma catequese permanente, uma fonte de formação para o catequista.

Sendo o museu um itinerário formativo que se concretiza na relação entre catequese e liturgia, é um espaço que forma através de uma catequese litúrgica. Em sua natureza, é como um holofote que aponta para a beleza litúrgica da Igreja,

---

486. TAVARES, S. S., Liturgia: lugar da teologia, p. 10.

487. SC 33.

do espaço litúrgico, que sustenta a ação catequética. Isso, porque, "o lugar celebrativo dos cristãos é um espaço *mistagógico*, onde aprendemos continuamente a ser cristãos"[488]. Como espaço de educação da fé, o museu, em suas estruturas, converge para a dimensão eclesial como fundamento essencial para a vivência cristã. Deixa claro que o saber fazer do catequista é uma expressão, um compromisso com a comunidade de fé na qual se está inserido e para a qual se exerce seu ministério. Esse saber fazer será alimentado ao despertar, no catequista, um interesse em preparar bem o ambiente da catequese, assim como se prepara o espaço litúrgico. Vive-se, assim, um processo de formação-conversão que reverbera na organização do espaço.

> O espaço cristão tem a função de nos conduzir à conversão. A unidade e a harmonia do lugar refletirão em mim e indicarão a grandeza que sou como batizado, apesar dos limites humanos. O espaço deve mostrar-nos que vale a pena ser cristão. A matéria é a voz do silêncio, é a palavra contida. Se Cristo é o Deus encarnado em nós, então nossos gestos e realizações são a Palavra, o Logos, a sabedoria que faz as coisas belas[489].

Ao catequista, é dada a missão de iluminar o ser, o saber e o saber fazer com a vida litúrgica, criando espaços de evangelização. A vivência litúrgica contribui para que o catequista vivencie questões importantes do itinerário catequético, buscando construir uma identidade mística.

> O discípulo missionário precisa ser ajudado a tornar-se um místico, um contemplativo dos mistérios de Deus. O objetivo dessa mística é a restauração da totalidade, em meio à fragmentação dos tempos atuais, é o reencontrar um centro de equilíbrio, mesmo nas horas de dor e de violência. Assim, a liturgia se apresenta, contemporaneamente, como vértice da história da salvação e como centro da vida concreta do discípulo missionário[490].

O museu defende a ideia de que não é possível ser catequista ou percorrer um Itinerário Catequético de Iniciação à Vida Cristã sem uma profunda e permanente vivência litúrgica. Tal caminho garantirá ao catequista e a seus interlocutores um profundo amor pela Beleza. De fato, "não basta construir museus: é necessário dar a esse patrimônio o poder de expressar o conteúdo da sua mensagem.

---

488. PASTRO, C., O Deus da beleza, p. 65.

489. PASTRO, C., O Deus da beleza, p. 80.

490. MORAES, A. O.; CALANDRO, E. A., A Iniciação à Vida Cristã a partir de Aparecida, p. 15.

Uma liturgia verdadeiramente bela ajuda a penetrar nessa linguagem particular da fé, feita de símbolos e evocação do mistério celebrado"[491].

Sendo o Museu Sagrada Família uma estrutura cristocêntrica, desde a sua concepção se vê a centralidade do evento pascal de Cristo, fonte da liturgia, que jorra pela arte em todos os seus espaços. Esse local formativo faz memória e aponta para a experiência que deve se sustentar no mistério da Paixão, da Morte e da Ressurreição de Jesus, de onde emerge a verdadeira vida que dá sentido à fé celebrada e, nesse caso, ao ser do catequista.

> Fora dessa específica experiência de salvação é impossível compreender a singularidade da fé cristã. E é justamente essa a razão pela qual o evento pascal de Cristo constitui o coração e o cerne de nossas celebrações litúrgicas. Toda e qualquer ação litúrgica da igreja revela esta dinâmica pascal própria do Mistério de Cristo que, único e insubstituível, se prolonga misteriosamente na Igreja e, consequentemente, na existência de cada um de seus membros. Desse modo, na diversidade de seus ritos e celebrações, a comunidade cristã celebra, pode-se dizer, faz memória do mistério pascal de Cristo no presente: no coração de cada ser humano, no seio da história e nas entranhas mais íntimas da inteira criação[492].

A relação entre catequese e liturgia tem sido tema de muitos documentos, semanas catequéticas, seminários e várias pesquisas publicadas. É uma questão relevante no processo e, sobretudo, no espaço formativo. Na ausência de uma cultura litúrgica, sem se frequentar o espaço e compreender o espírito que a rege, torna-se cada vez mais difícil ao catequista assumir a missão de educar a fé a partir de itinerários litúrgicos. Aqui, não é apenas uma questão de saber, de ter um conhecimento teórico sobre o tema e sua relevância, sendo necessário também uma formação que passe pela vivência litúrgica. O museu, através da arte e da beleza, propõe-se a alimentar esse encontro e esse diálogo que educa a fé de modo simbólico e espiritual. Assim, entende-se como é importante a arte sacra no ambiente formativo do museu, porque somente em contato com os símbolos da fé é que se pode experimentá-la e reconhecer a urgência de uma catequese litúrgica, não como um modismo pastoral, mas como uma questão vital. Se o catequista não celebrar sua fé no itinerário de formação, dificilmente assumirá uma identidade catequética-litúrgica no seu modo de ser, saber e saber fazer.

---

491. ASSEMBLEIA PLENÁRIA DOS BISPOS, Via Pulchritudinis, p. 46.

492. TAVARES, S. S. Liturgia: lugar da teologia, p. 11.

3.1.6. Museu Sagrada Família – Catequese e Arte: espaço de memória e profecia

O museu, como um lugar de memória, remete-nos ao homem e seus medos, angústias, inquietações e alegrias. De modo específico, no âmbito da formação, é o lugar de preservação da memória do próprio catequista. É também o espaço em que a memória se torna profecia através da arquitetura, da música, da poesia, da estética, da escultura, da crítica de um período histórico, das cores e da beleza. Sobretudo, é o *lugar de fala* de quem se volta, cheio de compaixão e esperança, em favor do esforço do ser humano que se constrói através dos tempos, mediante uma narrativa de memórias afetivas, históricas, artísticas e espirituais.

> Em nosso consciente destaca-se o papel desempenhado pela memória. Ao homem torna-se possível interligar o ontem ao amanhã. Ao contrário dos animais, mesmo os mais próximos na escala evolutiva, o homem pode atravessar o presente, pode compreender o instante atual como extensão mais recente de um passado que, ao tocar no futuro, novamente recua e já se torna passado. Dessa sequência viva, ele pode reter certas passagens e pode guardá-las, numa ampla disponibilidade, para algum futuro ignorado e imprevisível. Podendo conceber um desenvolvimento e, ainda, um rumo no fluir do tempo, o homem se torna apto a reformular as intenções do seu fazer e a adotar certos critérios para futuros comportamentos. Recolhe de experiências anteriores a lembrança de resultados obtidos, que o orientará em possíveis ações solicitadas no dia a dia da vida[493].

Ao recolher lembranças anteriores, o catequista tem a possibilidade de criar, através da fé e da arte, espaços que preservem o que foi vivido por meio de uma atualização que se dá nessa relação. O que se pode dizer é que tratar o museu como lugar de memória é reforçar sua ideia inicial, pois existe nele um conteúdo; ele é em si um itinerário de formação para o catequista, que se faz mediante uma chamada de atenção em vista do espaço e do modo como se realiza a formação hoje, e a sua ressignificação a partir de uma prática do passado, que se tornou uma inspiração, uma resposta aos desafios da catequese na atualidade. O seu modo de ser memória passa por preservar e propor uma experiência com o interlocutor, ressignificando uma prática de formação com o apoio da arte.

O museu, como espaço de arte e beleza, evoca não uma estratégia de exposição ou um comércio de arte, mas sim um projeto de formação, um conteúdo que se atualiza na medida em que se faz memória. Um dos aspectos que se destaca

---

493. OSTROWER, F., Criatividade e processos de criação, p. 18.

nesse espaço refere-se à tomada de consciência, no processo formativo, de que os bens culturais são uma expressão da memória histórica da catequese na Igreja.

> Os bens culturais, de fato, como expressão da memória histórica, permitem redescobrir o caminho da fé, mediante as obras de várias gerações. Pelo valor artístico, revelam a capacidade criativa dos artistas, artesões e operários locais, que souberam imprimir, no sensível, seu próprio sentido religioso e a devoção da comunidade cristã. Pelo conteúdo cultural transmitem à sociedade atual a história individual e comunitária da sabedoria humana e cristã no âmbito de um particular território e de um determinado período histórico[494].

Além de uma narrativa formativa, artística e histórica, esse espaço de memória se torna profecia que desvela a alma humana, capaz de traduzir em imagem aquilo que se viveu e ainda se viverá. É o aqui e agora que se apoia no passado, abrindo portas ao futuro e alimentando a esperança na comunhão, na dimensão sinodal da fé. Configura-se, então, como um espaço baseado na narrativa de memórias de um povo, de uma comunidade que, numa atitude profética, ressignificou os ambientes "descartados" ao longo da história, num retorno às fontes dos seus alicerces. Com essa atitude, fez-se possível um profetismo centrado na arte, na experiência com a beleza, que educa e gera vida. "Por essa razão, a Igreja deve promover o uso da arte na sua obra de evangelização, olhando o passado, mas também as muitas formas de expressões atuais"[495].

Como espaço de memória e profecia, o museu se propõe, além de tudo, a denunciar a cultura do descartável, da obsolescência que tem se infiltrado na vida, prejudicando todas as relações. A formação do catequista não pode se isentar desse problema. Não se educa a fé para ser descartada. A educação na fé é um modo de valorizar a vida e os espaços de arte que edifiquem e acolham a memória, não só nos objetos mas também na pessoa, promovendo um encontro de gerações, um diálogo entre jovens e idosos através de uma experiência espiritual e pastoral. Isso, porque "não existe um futuro sem este encontro entre anciãos e jovens; não existe crescimento sem raízes e não existe floração sem rebentos novos. Jamais profecia sem memória! Jamais memória sem profecia!"[496].

O museu pode ser visto como um espaço que anuncia a vida e denuncia a morte de um tempo que foi vivido, mas pode retornar às memórias afetivas de um

---

494. COMISSÃO PONTIFÍCIA PARA OS BENS CULTURAIS DA IGREJA, Carta circular sobre a função pastoral dos museus eclesiásticos, p. 27.

495. FRANCISCO, PP., La mia idea di arte, p. 10.

496. FRANCISCO, PP., Homilia do Papa Francisco.

povo; tempo este que se mantém vivo através da preservação de símbolos e arte. Sendo um espaço artístico que se organiza pelo rigor técnico, erudito ou ideológico, o museu sempre será, de algum modo, um lugar de memória e profecia, que comunica uma mensagem, uma vida experimentada em cada obra de arte, através de um ritmo poético e espiritual, e não somente técnico. É capaz de tocar o coração, os sentimentos, a vida de quem o visita, iluminando a memória e exercendo sua missão profética.

Para um visitante imparcial, aplica-se apenas a ideia de reprodução. O museu, como espaço de memória, desperta a dimensão criativa e experiências de fé do seu interlocutor. Por isso, torna-se lugar de profunda experiência e significado. Como espaço de formação, é um itinerário que alude a uma prática catequética dos primeiros séculos, um modo de fazer memória para encontrar o verdadeiro sentido do papel do catequista nos dias de hoje. Os tempos mudaram, mas a compreensão daquilo que se é, na Igreja e no mundo, tem raízes profundas que precisam ser visitadas a todo instante. O distanciamento dessa dimensão memorial fragiliza a vida cristã e enfraquece o catequista, que a qualquer momento pode se deixar iludir por um modelo de evangelização inócuo, incapaz de atingir o coração e educar a fé. Tornar-se cristão é cumprir o mandato de Jesus Cristo: "Fazei isto em minha memória (Lc 22,19)". A ausência da memória gera a perda da identidade e do sentido último do ser e do fazer do catequista, que é conduzir a Cristo, Beleza que se fez memória e profecia. É a fé professada que deve inspirar os espaços de formação e celebração. "Na verdade, é a própria celebração que cria o espaço"[497].

Como espaço de memória, o museu não expressa apenas as experiências de arte vividas no âmbito litúrgico ou sagrado. No seu espaço interior ainda existe a interferência daquilo que se considera profano, mas que é necessário para a formação humano-cristã do catequista. Nesse viés, deseja-se recordar que a memória e a profecia estão não só nos espaços ou nas obras de arte, mas também em cada pessoa que entra no museu. Cada um carrega em si experiências que são despertadas no encontro com o outro, na relação com a arte, em relações que estão dentro ou fora dos espaços artísticos e litúrgicos. A memória é um modo de existir, próprio do ser humano, e por isso há espaços de memória que estão para além dos muros do museu.

> Existem, por exemplo, locais privilegiados qualitativamente diferentes dos outros: a paisagem natal ou o sítio dos primeiros amores, ou certos lugares na primeira cidade estrangeira visitada na juventude. Todos esses

---

497. RUPNIK, M. I., A arte como expressão da vida litúrgica, p. 84.

locais guardam, mesmo para o homem mais francamente não religioso, uma qualidade excepcional, "única": são os "lugares sagrados" do seu universo privado, como se neles um ser não religioso tivesse tido a revelação de uma outra realidade, diferente daquela de que participam em sua existência cotidiana[498].

Qualquer projeto de formação que negue a dimensão da memória encontrará dificuldades. Um itinerário de formação com catequista não é um cursinho para receber certificado; é um projeto de vida que remete a um modo de existir no mundo. Está para além de metas a serem cumpridas. Encontra, em sua memória de fé, o seu verdadeiro sentido; por isso, é tão importante a construção de igrejas e espaços de formação cristã. As paredes, as pinturas, a iluminação, tudo precisa falar daquilo que se é e crê. Uma memória que se faz arte gera encantamento e uma postura profética como sinal de discipulado, seguimento a Jesus Cristo.

3.1.7. O Museu Sagrada Família – Catequese e Arte: o espaço do querigma

Compreender o museu como um espaço do *querigma* é um modo de fazer, do primeiro anúncio, uma vivência constante na vida do catequista. É um ato de cuidado e atenção com aquele que faz desse anúncio o sentido último da sua missão. Formar o catequista é como cuidar do cuidador, e formar pela via da beleza é oferecer um bálsamo ao catequista. Apresentar um espaço de arte como um lugar *querigmático* é de certo modo resgatar, na vida e na missão do catequista, a mística da catequese, ou seja, a alma de tudo aquilo que se faz. Esse ato do catequista não deve ser por obrigação, ou simplesmente para seguir um projeto de "aula", mas o anúncio daquilo que se acredita com o coração. "É anúncio que dá resposta aos anseios de infinito que existe em todo coração humano"[499].

A formação que não conduz o catequista ao encontro do próprio coração não cumprirá sua missão *querigmática*. O anúncio *querigmático*, no processo formativo, desperta o catequista para uma das dimensões mais importantes na missão de evangelizar, que é gerar o encantamento. Deixar-se tocar, encantar-se pela mensagem cristã é a única forma de fazer da pessoa de Jesus Cristo o verdadeiro sentido da vida e da missão do educador da fé.

> Antes ainda da catequese vem o anúncio querigmático, de sorte que, sem o querigma, catequese e teologia giram no ar e se desfazem. Não é sem prejuízo para a Igreja e para sua missão no mundo que se altera

---

498. ELIADE, M., O sagrado e o profano, p. 28.

499. EG 165.

essa ordem estrutural. Focada, portanto, no essencial a teologia poderá contribuir para dar ao desnutrido homem contemporâneo o pão da Palavra e a luz do Sentido: Jesus Cristo[500].

Essa experiência pode traduzir em arte, em manifestação de beleza, aquilo que aparentemente está escondido, mas que vem à luz através do anúncio. O museu, como um "novo areópago", um espaço de encontro e diálogo, propõe a via da beleza como um itinerário que conduz ao mistério da fé. Gera no catequista uma abertura para a dimensão da arte, que se traduz em imagem e em mensagem, a qual deve ser anunciada a todas as pessoas em cada fase da vida. Nesse caminho, o catequista pode se envolver de tal forma, que fará da sua missão uma obra de arte, um testemunho que fala por si. Especificamente dessa maneira, o espaço do museu se propõe a oferecer uma formação sólida ao catequista.

> Não se deve pensar que, na catequese, o *querigma* é deixado de lado em favor de uma formação supostamente mais "sólida". Nada há de mais sólido, mais profundo, mais seguro, mais consistente e mais sábio que esse anúncio. Toda a formação cristã é, primeiramente, o aprofundamento do *querigma* que se vai, cada vez mais e melhor, fazendo carne, que nunca deixa de iluminar a tarefa catequética, e permite compreender adequadamente o sentido de qualquer tema que se desenvolve na catequese[501].

Mais do que nunca, precisa-se de um espaço, um itinerário de formação com catequista que seja *querigmático*. É necessário que os espaços formativos assumam a linguagem simples e profunda do *querigma*, que toca o coração e muda a rota da vida. Entende-se que a via da beleza coopera para a superação de um sistema formativo que deixou de ecoar, que se tornou demasiadamente pesado ou conteudista. Os conteúdos da catequese devem ser aparentados e assimilados pelo catequista. Mas, sem verdadeiro encantamento e atração pelo anúncio, dificilmente se verá no rosto do catequista a imagem do discípulo missionário que precisa manter a escola do Mestre e abrir as portas para o caminho da beleza que conduz ao Mistério.

O museu promove o encontro da pessoa com aquilo que precisa ser anunciado. No contato com o *querigma* que se faz Beleza, o catequista conseguirá responder a tantas perguntas feitas nos dias de hoje: o que a catequese e a arte têm a dizer de essencial ao mundo, que tem vivido tempos de ausência da beleza? Qual é a mensagem que está sendo transmitida? Como e onde se pode formar para o

---

500. ZAK, L., Trindade e imagem, p. 159.

501. EG 165.

anúncio *querigmático*? Essas e outras perguntas "exigem do evangelizador certas atitudes que o ajudem a acolher melhor o anúncio: proximidade, abertura ao diálogo, paciência, acolhimento cordial que não condena"[502].

Compreender que o *querigma* se encontra na via da beleza, que anuncia e educa a fé, significa, de fato, entender que o anúncio prepara o espaço para a catequese. O catequista que assimila essa ideia, não apenas por teoria mas também pela vivência do caminho percorrido, ajuda a entender que a formação do educador da fé não pode se distanciar dessa seiva vital. A ausência de um espaço formativo inspirado no *querigma* pode fazer com que o catequista corra o risco de perder o ardor e o vigor que pressupõe o anúncio do Evangelho.

> Na boca do catequista, volta a ressoar sempre o primeiro anúncio: "Jesus Cristo ama-te, deu sua vida para te salvar, e agora vive contigo todos os dias para te iluminar, fortalecer, libertar". Ao designar-se como "primeiro" este anúncio, não significa que este se situa no início e que, em seguida, se esquece ou substitui por outros conteúdos que o superam; é o primeiro no sentido qualitativo, porque é o anúncio *principal*, aquele que sempre se tem de voltar a anunciar, de uma forma ou de outra, durante a catequese, em todas as suas etapas e momentos. Por isso, também o sacerdote como toda a Igreja, deve crescer na consciência da sua permanente necessidade de ser evangelizado[503].

O itinerário formativo com catequista encontra no museu o seu espaço de vigor e renovação, que se dá pelo encontro da arte com a catequese. O museu, como espaço e projeto de formação, traz no seu alicerce o anúncio salvífico, que o iluminou e inspirou desde a sua concepção, tornando-se um espaço de arte e beleza que responde aos anseios de um novo tempo, apontando para uma mudança de paradigma na formação com catequista. Essa proposta favorece um caminhar com leveza e alegria, pois a leveza de um itinerário de formação pela via da beleza está, justamente, em deixar-se seduzir pelo Mistério, que dá ao catequista um sentido profundo de fé e esperança, expresso na convivência fraterna, como fonte de aprendizagem e vida nova – um testemunho de encantamento e beleza.

> A beleza do testemunho cristão manifesta a beleza do Cristianismo, e mais, o torna visível. Como podemos ser acreditados no nosso anúncio de uma "boa notícia", se a nossa vida não consegue manifestar também a "beleza de viver"? Do encontro de fé com Cristo nascem, assim, em um dinamismo

---

502. EG 165.

503. EG 164.

interior sustentado pela graça, a santidade dos discípulos e sua capacidade de tornar "boa e bela" a sua vida e a do próximo. Não se trata de uma beleza exterior, mas de uma beleza interior, que se delineia sobre a ação do Espírito Santo. Ela resplandece diante dos homens: ninguém pode esconder aquilo que é parte essencial do próprio ser[504].

No espaço formativo, o que atrai, de fato, é a mística do caminho que se constrói com arte e beleza. É preciso exercer a missão de facilitador, repropor ao catequista que encontre, em seu ministério e sua vocação, aquilo que é decisivo em sua vida, que é o foco da via da beleza: conduzir ao encontro pessoal e comunitário com Jesus Cristo. Jesus Cristo é a Pessoa que se deixa encontrar a cada passo desse caminho formativo, pois Ele é o próprio caminho. Assim, "a vida cristã é um contato, um encontro pessoal, uma transmissão e uma geração de vida, um explorar a vida de Cristo"[505].

A partir desse ponto, a formação com catequista precisa assumir essa missão evangelizadora e missionária como resposta eficiente e eficaz no contexto atual. A realidade existencial de cada catequista é, de certo modo, o reflexo de uma realidade humana que precisa viver o reencontro com o Deus da beleza. A estrutura formativa, construída e lapidada pela via da beleza, traz de volta aos cenários culturais, sociais e eclesiais a certeza da presença d'Aquele que, aparentemente, é expulso do mundo contemporâneo, mas que se tornou, na voz do catequista, o anúncio capaz de iluminar as trevas do mundo e fazer ressurgir a Luz da vida.

No contexto de muitas expectativas e frustações, o catequista encontra na via da beleza um caminho seguro, onde a noite manifesta seus poemas mais profundos e o dia ilumina a obra da criação, testemunha fiel da Beleza e da Presença Divina. Percorrendo esse caminho de anúncio, centrado na beleza, o catequista terá ferramentas para implantar o Itinerário de Iniciação à Vida Cristã em várias realidades da Igreja. O fazer do catequista atinge seu objetivo quando impregna suas palavras de um estilo *querigmático* e *mistagógico*, que conduz todos os tempos do itinerário, revelando, assim, uma profunda comunhão que só a Beleza pode manifestar. Eis a proposta do museu: conectar e concentrar o olhar do catequista naquilo que é a essência de sua vocação e sua missão; bem como oferecer uma resposta imediata aos anseios e urgências da Igreja, que deseja continuar sua missão de anunciar o Evangelho no mundo atual.

---

504. ASSEMBLEIA PLENÁRIA DOS BISPOS, Via Pulchritudinis, p. 54.

505. MORAES, A. O. de; CALANDRO, E. A., A Iniciação à Vida Cristã a partir de Aparecida, p. 18.

3.2. A importância da arte na formação humano-cristã com catequista

Pensar a arte no itinerário de formação com catequista é, de algum modo, retomar o tema do "abandono da arte" ou da "crise da arte". A ausência desta na vida formativa do catequista remete, antes de se tentar compreendê-la, a uma crise que se vê no universo do catequista, o qual, distante da experiência com a arte, não acessa uma ferramenta valiosa para a sua missão de educar na fé. É preciso superar a visão da arte, uma das principais fontes de evangelização, como algo desnecessário antes de aprofundar o universo cultural e artístico da Igreja.

> Como se deve prosseguir? Hoje, vivemos não apenas uma crise da arte sacra, mas uma crise da arte em geral, na medida até agora desconhecida. A crise da arte é, por sua vez, sintoma da crise existencial da pessoa que, propriamente no extremo crescimento do domínio material sobre o mundo, caiu em uma cegueira diante das questões que se referem à sua orientação de fundo e vão além da dimensão material. Uma cegueira que se pode definir até mesmo como cegueira do espírito[506].

Trazer o catequista para perto da arte é um modo de ajudá-lo a reeducar o olhar e libertar-se da "cegueira do espírito" causada pelo mundo capitalista e material. A arte sempre exerceu uma função importante na formação dos grupos humanos que se organizaram e mantiveram sua identidade religiosa e cultural. Pensar a importância da arte na formação humano-cristã do catequista é uma necessidade que remete a dimensões profundas da existência cristã nos seus processos de evangelização. Se, por onde passou, a Igreja levou as obras artísticas, isso significa que, desde a origem, a arte foi uma educadora capaz de gerar uma relação de discípulo e mestre. No exercício de sua função de servir ao Evangelho e educar a fé, a arte na Igreja é um instrumento valioso, que viabiliza a criação de espaços humanizados e abre caminho para a transcendência, despertando dimensões importantes na vida humana.

> A arte rompe a linha horizontal da existência cotidiana em um ponto separado como prazer, mas único e irrepetível. Mediante o raio oblíquo da arte, a realidade se reencontra, como uma câmera na penumbra atravessada por um raio luminoso, o exato invisível pó finíssimo, riqueza da ambiguidade e tolerância dos múltiplos significados: palavras, sinais, cores, imagens, sons, e até a rigidez da matéria, como na Arquitetura e na Escultura, redesco-

---

506. RATZINGER, J., Teologia da Liturgia, p. 110.

brindo a vida escondida e até agora invisível sob o acinzentado, o uso, o desperdício, e libertando as "coisas da vida", mediante sua eterna condenação de provar, imediatamente prazer e dor. Muitas vezes, de fato, já ouvimos repetir e afirmar, até por nós mesmos: "a arte nos ajuda a viver"[507].

Trazer a expressão artística para o itinerário de formação com catequista é resgatar um bem precioso. O contato com a arte é um modo de possibilitar ao catequista um encontro com aspectos importantes da vida. Uma formação que negue as dimensões humanas não consegue atingir o objetivo de ser completa, ou seja, humano-cristã. Nesse sentido, cabe compreender que a arte não está presa em espaços culturalmente definidos, pois ela está na vida, no modo de expressar e viver. Cada pessoa vivencia períodos da vida que se pode chamar de "momento artístico". Isso garante um processo de humanização permanente.

> O *momento artístico* constitui experiência das mais significativas. Chegar a esse nível é tão importante que, sem a arte, a pessoa não realiza dimensões essenciais do próprio ser. Trata-se de uma verdade que se faz presente em todas as pessoas, mas com graduações diferentes[508].

A arte, além de um serviço, é a manifestação de um modo de ser; é viva. "A arte está sempre ligada à vida. O pensamento pode ser separado da vida, mas a arte é sempre expressão da vida"[509]. Ela traz para fora algo que somente o interior do coração e da mente é capaz de ver. É um sinal da contemplação da criação, de uma relação profunda com a dimensão material e espiritual que, para não perder sua objetividade, precisa expressar a vida de um povo, de uma comunidade. Ela é capaz de traçar um diálogo que se atualiza em cada expressão artística, manifestando o modo de viver de um povo, e em muitos casos pode ser vista como expressão que aponta para um fruir estético, associado ao prazer de um momento, um encontro com a obra artística.

Ao se inserir a arte como um aspecto importante da formação humano--cristã, deseja-se sensibilizar o catequista para um retorno às fontes de uma cultura de formação cristã que se construiu com ela. No Museu Sagrada Família, no espaço litúrgico e no itinerário formativo do catequista, ela não é um tema imposto, pois a arte cristã nasceu com os cristãos. A arte é um testemunho da fé e se constitui numa das dimensões que tem a capacidade de humanizar e alimentar o encantamento pela vida, mesmo em tempos de guerra e morte. Quando

---

507. BENAZZI, N. (org.), Arte e spiritualitá, p. 5.

508. PRETTO, H. E., Em busca de vida nova, p. 93.

509. RUPNIK, M. I., A arte como expressão da vida litúrgica, p. 13.

surgem as primeiras comunidades, nasce com elas a arte cristã. É o que se pode verificar nas catacumbas: "Os cristãos começaram nas catacumbas para mostrar que *ICHTHYS* (*Iesous CHistos* – Jesus Cristo; *THeou* – de Deus; *Yios* – Filho; *Soter* – Salvador) ressuscitou! É o vivente! Aquele que vive! Aquele que é! Ainda que morra, viverá!"[510].

O universo da arte é muito amplo, assim como são amplas a cultura e as religiões. A beleza e a força da arte falam em todos os cenários humanos. Ela é um modo de ser que não se deixa aprisionar. Onde existe o ser humano, existe arte. Mas, nessa reflexão, cabe mencionar a necessidade de pensar a arte não só no seu aspecto geral mas também como na forma de arte sacra e religiosa: aquela que existe a serviço da evangelização, na Igreja; uma arte presente na liturgia, nos espaços de formação, com as narrativas mais diversas e contextualizadas em temas e momentos históricos do caminhar da Igreja. Com a falta de formação dos artistas, nem toda arte pode ser acolhida como um serviço à catequese. Sendo integrada na compreensão da identidade cristã, convém que uma boa formação do catequista o ajude a compreender os critérios que definem a arte cristã, para que ela se torne, na missão do catequista de hoje, uma aliada na educação da fé.

> É verdade que a mentalidade do homem contemporâneo recusa a ideia de normas e tratados, porque isso é considerado limitativo da liberdade criativa, mas, por outro lado, é também verdade que a clareza, a respeito dos critérios da Igreja, quanto à Arte, religiosa e sacra, evitaria muitos desvios e de interpretações iconográficas, e até execução de obras inaptas quanto às exigências litúrgicas e catequéticas[511].

Através do contato e do conhecimento dessa arte, o catequista poderá aprofundar seus conhecimentos mediante uma experiência de beleza e comunhão que lhe favoreça um novo dinamismo na dimensão do ser, do saber e do saber fazer: um dinamismo que se revela como manifestação de uma vida centrada no Ressuscitado. A compreensão da arte é um mundo vasto; é necessário purificar o seu sentido a partir de uma identidade de fé, que precisa se manifestar na arte como sinal cristão da concepção da vida. Esse é, de fato, o eixo de compreensão da arte na formação com catequista, algo que parte do Evangelho e dá sentido à vida.

> A arte, como já dissemos, é sempre expressão da vida, mas nos evangelhos nós temos três palavras para VIDA: *Bios*, *Psiché* e *Zoé*. Outro grande russo, Vladimir Soloviov, descobre na história da arte que há realmente três níveis

---

510. RUPNIK, M. I., A arte como expressão da vida litúrgica, p. 39.

511. ESTIVILL, D., La Chiesa e l'arte secondo il Concilio Ecumenico Vaticano II, p. 37.

na arte. A arte que exprime o *Bios*, a vida biológica, corpórea como tal. A arte que é expressão da *Psiché*, da vontade de viver, de não morrer, de permanecer, de pensar a vida, de pensar as formas, de pensar a perfeição, de ter a ideia da perfeição, de ter os sentimentos que tornam o homem nobre. Depois, a arte está ligada à *Zoé* que, no Evangelho de João, é a vida do Eterno, a vida de Deus, a vida do Filho[512].

No processo de acolhida da arte no itinerário de formação, caberá ao catequista compreender que a arte encontra um novo sentido quando se reveste da Vida Nova que vem da Ressurreição. Não é uma vida constituída por indivíduos que, na arte, exprimem apenas a si próprios, afetando até mesmo a liturgia da Igreja, mas uma vida que faz da arte um caminhar para Cristo; para uma nova humanidade, em que o indivíduo, preso em si mesmo, cede espaço para o outro, para a relação, para o encontro que gera comunhão. Uma arte que, de fato, contribua com a formação humano-cristã do catequista precisa ser pascal.

3.2.1. O encontro com a arte: uma experiência que educa a fé

A arte sempre convida ao encontro, e o seu sentido se dá numa profunda relação com a pessoa que a procura. O ser humano, em sua sede de arte, abre-se, despoja-se, deixa-se seduzir e tocar por ela. Ao catequista cabe, no seu caminhar formativo, abrir-se a essa experiência transformadora. A arte sempre tem algo novo a dizer; em cada encontro o diálogo se atualiza, pois existe uma mensagem na arte que não se cansa de ser transmitida. O encontro com ela consolida um amadurecimento da fé, capaz de contemplar a beleza na criação, nas obras de arte e em Cristo. Através de uma vida aberta ao diálogo, a fé cristã possibilita ao catequista a faculdade de conhecer a mensagem que se traduz em arte e beleza, através de cada foco de luz, alteração de sentimentos ou mudança do momento histórico em que se vive. Esses e tantos outros aspectos podem fazer da arte uma educadora da fé.

> Percebe-se que existe alguma semelhança entre a autêntica vida de fé e a experiência artística. A pessoa de fé é, sempre, alguém que contempla uma beleza que as aparências tendem a esconder, que buscam formas cada vez mais perfeitas de traduzir essa beleza em projetos de vida e, por isso, vive uma insatisfação crônica com tudo o que está aí. O que tem em comum o

---

512. RUPNIK, M. I., A arte como expressão da vida litúrgica, p. 16.

artista e o cristão é que ambos são contemplativos e se alimentam na gratuidade relacional, porque sabem que nela são *receptivos*[513].

É essa gratuidade relacional que faz do encontro com a arte uma experiência estética que aponta para temas profundos da fé. Para a Igreja, é urgente promover esse encontro com a arte na liturgia, na catequese e, principalmente, na formação humano-cristã do catequista. A aproximação com a arte promove um encontro com a cultura, com valores importantes da vida – e é sempre um encontro atual e transformador. "A cultura cristã nasce da consciência da centralidade de Jesus Cristo e do seu Evangelho"[514]; uma consciência capaz de ressignificar a cultura em todos os momentos da história da Igreja. Convém, portanto, acolher a arte como fonte e inspiração da fé cristã, capaz de promover um diálogo em diversos espaços, para além dos muros da Igreja, numa atitude permanente de saída, pautada na relação com a arte.

> As obras de arte inspiradas pela fé cristã – pinturas e mosaicos, esculturas e arquiteturas, marfins e pratas, poesias e prosas, obras musicais e teatrais, cinematográficas e coreográficas e muitas outras – têm um enorme potencial, sempre atual, que não se deixa alterar pelo tempo, que passa: comunicam de maneira intuitiva e agradável a grande experiência da fé, do encontro com Deus em Cristo, no qual se revela o mistério do amor de Deus e a profunda identidade do homem[515].

A experiência com a arte põe o catequista em contato com a manifestação cultural, fruto de um caminho de abstração ou intensificação vivido pelo artista em seu processo criativo. Desse modo, a criatividade presente na arte pode plasmar, no catequista, um novo modo de ser e de relacionar-se e, acima de tudo, um novo modo de viver sua vocação e sua missão na Igreja e na sociedade. Isso, porque existe na arte uma verdade, um conteúdo permanente que possibilita, em cada encontro, a experiência de uma novidade que atrai e revela o interior da própria pessoa numa relação de pura comunicação, de silêncio e escuta; de uma total presença de quem vê e quem se deixa tocar pelo olhar. O encontro com a arte é uma recuperação do olhar que educa e insere na fé.

A educação pela arte e pela beleza educa a vontade e a inteligência, favorece o surgimento de novas possibilidades e liberta a pessoa de uma condição de vida servil, focada na técnica, na informática, no consumo etc. Ela gera seres criativos,

---

513. PRETTO, H. E., Em busca de vida nova, p. 96.

514. DC 102.

515. ASSEMBLEIA PLENÁRIA DOS BISPOS, Via Pulchritudinis, p. 39.

protagonistas, capazes de escrever e ressignificar a história. Pela arte contempla-se a unidade e a universalidade que ela tem em si, pois cria comunhão entre uns e outros, de tal modo que todos passam se apoiar na mesma linguagem. Como processo educativo, a arte cria personalidades equilibradas que promovem à sua volta espaços belos, continuidades daquilo que se é, reflexos da beleza contemplada, cativada e atraente. A verdade é que a beleza educa por inteiro, vai além da razão imediata, tranquiliza os ânimos e chega a oferecer alegria e felicidade.

O encontro com a arte e a beleza é uma dimensão da vida que precisa ser alimentada pelo catequista, como caminho de atualização da mensagem do Evangelho em todas as culturas. De fato, o tesouro artístico presente na Igreja foi e é uma resposta aos apelos culturais de cada época e lugar. Indo por esse caminho, tem-se um enriquecimento contínuo dos catequistas na relação consigo mesmos e nas relações com o outro e com a comunidade. É um caminho de beleza que conduz à verdade da fé. "A *Via Pulchritudinis*, tomando o caminho das artes, conduz à verdade da fé, ao próprio Cristo, tornado, 'com a Encarnação, ícone do Deus invisível'"[516].

O encontro com a arte abre a possibilidade de se percorrer um caminho de beleza, provoca um exercício permanente de criatividade e gera um equilíbrio interior, tão necessário ao catequista. Deixar-se envolver pelas monções que brotam do encontro com a arte e a beleza é um modo de assumir a capacidade de permitir-se modificar, converter-se e transformar o ambiente em que se evangeliza. É acolher e inserir a arte cristã na dimensão do testemunho da fé: um testemunho que educa a fé através da imagem e da Beleza encarnada.

Esse exercício permanente de educação da fé, que se dá por meio da arte, é uma das marcas na pedagogia da Igreja. Por onde ela passou, testemunhou sua fé através da arte. A arte cristã que se deixou envolver por uma fase da história da arte exige do catequista um encontro contextualizado, capaz de ajudá-lo a atualizar, pela arte, a mensagem de Jesus Cristo. Essa educação da fé, pautada na arte e na beleza, é a manifestação do testemunho de vida, encarnada nos princípios do Evangelho, que se faz novidade a cada dia.

3.2.2. Arte e espiritualidade: um apelo ao Mistério

Arte e espiritualidade são temas interligados, duas dimensões que sempre caminham juntas na história humana. São dados antropológicos. São assuntos amplos pela profundidade e pela importância na vida humano-cristã. A arte é

---

516. ASSEMBLEIA PLENÁRIA DOS BISPOS, Via Pulchritudinis, p. 44.

muito próxima da espiritualidade, e fazer arte é um exercício espiritual; um longo caminho espiritual é feito por todo artista que se deixa envolver pela Beleza. A manifestação da arte é uma apresentação do interior humano, da sua dimensão mais profunda. Ela favorece a mediação e o encontro com a Trindade Santa, inserindo a pessoa no Mistério profundo da fé.

Mesmo na catástrofe e nos ambientes violentos, a arte sempre aparece, porque sua força de expressão está não somente na ordem material e factual mas também na ordem espiritual. Ela arrebata, remete ao espiritual, que vai além do estético. "A transcendência, que causa tanto medo ao homem moderno, é, realmente, algo que o ultrapassa infinitamente e quem não percebe esta distância, não atinge a verdadeira religião"[517]. O princípio e o fim da arte na fé cristã são, sempre, a liturgia e a espiritualidade; é a promoção de um diálogo com a Trindade no tempo e no espaço. "A espiritualidade e a mística transcendem o espaço e o tempo, mas se realizam, seja como for, no espaço e no tempo"[518]. Nasce de um encontro profundo e conduz a um encontro místico, capaz de mudar a identidade e converter. É uma força espiritual que não atrai, inicialmente, pelo princípio ético ou dogmático, mas pela beleza. Pensar a arte e a espiritualidade na formação humano-cristã do catequista é, de fato, inseri-lo no caminho da Beleza que salva e conduz a pessoa ao seu verdadeiro destino: uma experiência com o Mistério que só a arte e a espiritualidade conseguem favorecer.

> Em se tratando, porém, da espiritualidade da arte, queremos sublinhar, na realização artística, uma preciosa presença do espírito, tal que eleva, aquela realização, a uma embora longínqua analogia com o ato criativo do senhor Deus; exatamente por causa daquela preponderante presença do espírito, que dá, à realização artística, também uma marca muito pessoal, tornando impossível qualquer reprodução em série, ou desvalorizando, antecipadamente, a tentativa disso. Essa conotação de espiritualidade eleva também, em correlação ao fervor da alma do artista, a uma altitude e profundidade maravilhosas de sentido religioso; capaz de tornar, quase participante do fervor daquele espírito, a matéria inerte, feita trâmite sugestivo de comunicação espiritual entre os artistas e os irmãos[519].

Nesse caso, é importante desenvolver um senso crítico e um gosto pela arte que não se paute em achismos ou bel-prazer. Pode ser que nem toda arte traga em

---

517. BENAZZI, N. (org.), Arte e spiritualitá, p. 182.

518. BENAZZI, N. (org.), Arte e spiritualitá, p. 223.

519. BENAZZI, N. (org.), Arte e spiritualitá, p. 196.

si a verdade espiritual que educa a fé; para se chegar a esse nível de compreensão, é preciso desenvolver o gosto, o amor pela arte, como um dom de Deus, uma postura espiritual, pois "o gosto artístico é um dom de Deus; é um talento que não é lícito perder ou destruir"[520].

A arte cristã é uma realidade que só se acessa pela espiritualidade; ela é intangível; é algo que se dá por uma experiência criativa. A espiritualidade, em comunhão com a arte, humaniza, porque vai além das experiências do corpo, da estética e das dimensões psicológicas e remete a pessoa à dimensão do profundo. O profundo é aquela dimensão que aponta para a totalidade, em que se encontra o sentido da vida através da beleza da comunhão. A arte e a espiritualidade favorecem o encontro com o verdadeiro sentido da vida por meio de uma meditação profunda diante de uma imagem, porque "a meditação se torna mais fácil quando não é apenas o ouvido que ouve as palavras, mas também os olhos se ocupam numa atitude de contemplação"[521].

Num mundo cansado, saturado, coisificado, materializado, onde a mística do viver é deixada de lado, por não entrar na lógica do comércio, mas da gratuidade, é necessário criar momentos e espaços de beleza; purificar o olhar, sem fugir, e sim transformando a realidade, indo ao encontro dela, resgatando aquilo que é essencialmente humano e divino. Este mundo faz um apelo à arte e à espiritualidade.

> Vivemos numa sociedade que agressivamente empurra para dentro de nossos olhos uma avalanche contínua de imagens. Muitas vezes são imagens que poluem os olhos e o coração: imagens de sensualidade e de violência. Que bela advertência a de Jesus: "A lâmpada do corpo é o olho. Portanto, se teu olho estiver são, todo o teu corpo fica iluminado; mas se teu olho estiver doente, todo o teu corpo fica escuro" (Mt 6,22)[522].

A arte cristã aproxima da Luz e não deixa que nossos olhos adoeçam. Cuidar e preservar a vida implica criar espaços e relações de arte e espiritualidade. Só cria isso quem tem um sentimento profundo, quem escuta seu coração. É preciso incentivar uma formação com catequista que seja capaz de reapresentar essa dimensão do coração, espaço sagrado onde Deus fala, gerando um tesouro especial. É nesse lugar profundo, nessa experiência, que a arte e a espiritualidade se alimen-

---

520. BENAZZI, N. (org.), Arte e spiritualitá, p. 159.

521. TEPE, V., Nós somos um, p. 20.

522. TEPE, V., Nós somos um, p. 20.

tam das belas imagens, transformam-se num caminho que precisa ser percorrido por toda pessoa.

Ao catequista, ao artista, a cada pessoa que deseja viver com um sentido profundo é feito o convite do caminho espiritual pela arte. Esse caminho se faz reeducando o olhar interior, no exercício da escuta, no qual somente o silêncio basta, como última palavra de um encontro, de uma mensagem. O silêncio "é a medida de tempo necessária para amadurecer uma mensagem no coração"[523]. Por essa via de beleza, é preciso dedicar tempo a ela, visitar o seu interior no cotidiano da vida e deixar-se habitar, sentir-se habitado pelo Mistério.

> Ao longo deste período, evoquei várias vezes a necessidade de que cada cristão encontre tempo para Deus, para a oração, no meio das numerosas ocupações dos nossos dias. O próprio Senhor oferece-nos muitas oportunidades para nos recordarmos dele. Hoje, gostaria de meditar brevemente sobre um daqueles canais que nos podem conduzir a Deus e servir também de ajuda no encontro com Ele: trata-se do caminho das expressões artísticas, que faz parte daquela "via pulchritudinis" – "caminho da beleza" – da qual já falei diversas vezes e que o homem contemporâneo deveria recuperar no seu significado mais profundo[524].

Essa experiência faculta um equilíbrio, promove a integração do ser nas relações e gera paz. A vivência de uma espiritualidade na relação com a arte é um modo de entrar no interior do coração e contemplar a Beleza maior – a que transforma os espaços de educação da fé em verdadeiros espaços de arte e espiritualidade, tão necessários para a formação humano-cristã do catequista, que se revela na vivência da comunhão profunda.

O catequista precisa se aproximar dos artistas e dos místicos; aprender com eles, como um discípulo que aprende ouvindo o mestre, e criar uma relação de amizade que apoie o seu amadurecimento espiritual. Como afirma o Papa Paulo VI: "O tema agora é este: é preciso estabelecer a amizade entre a Igreja e os artistas"[525]. É uma nova atitude no seu modo de ser e fazer na catequese, testemunhando uma comunhão com aqueles que vivem pela arte e fazem dela sua maneira de vida, sua fonte de espiritualidade. Esse encontro deve provocar no catequista uma abertura, um interesse pela tradição espiritual da Igreja, presente nas várias expressões artísticas, pois o caminho da beleza que se faz com arte e espiritualida-

---

523. TERRINONI, U. Projeto de Pedagogia Evangélica, p. 182.

524. BENTO XVI, PP., Audiência geral.

525. BENAZZI, N. (org.), Arte e spiritualitá, p. 180.

de se revela na vida, na história daqueles que fizeram da fé o seu sentido de viver, tornando visível aquilo em fragmentos de uma Totalidade contemplada. Aproximar-se dos artistas é fazer uma catequese da experiência; é ter a oportunidade de conhecer como a beleza acontece na vida do outro e se transforma em obra de arte. Esse encontro é um despertar para o catequista, contribuindo para que veja os artistas como amigos do caminho na missão de educar a fé e para se tornar um educador que exerce seu ministério através da arte e da espiritualidade. Cabe ao catequista dedicar tempo à oração para saborear a seiva profunda dessa relação.

A arte e sua relação com a espiritualidade é um tema que deve estar inserido no itinerário de formação com catequista. Nessa relação é possível ajudar o catequista a encontrar um caminho que o insira na vivência permanente com o Mistério. O catequista, acima de tudo, precisa ser uma pessoa com espiritualidade profunda, capaz de educar a fé com arte e beleza. Por essa via de extrema beleza, é possível fazer uma experiência da Trindade, na qual o amor não é palavra, mas a manifestação da Beleza que tudo ama e atrai para si, não para aprisionar, mas como obra esculpida no mármore, para libertar e envolver-se sem qualquer mediação, numa presença face a face, onde não cabe a palavra, a teoria, o discurso moral, mas sim o amor comunhão. É exatamente para esse lugar que a via da beleza conduz cada pessoa, rumo à experiência transcendental, capaz de curar e superar a fragmentação da fé e da vida. Assim, a arte e a espiritualidade revelam a beleza de um caminho que guia ao essencial, à extrema comunhão com aquela parte escondida que habita o interior da natureza humana – o Mistério.

3.2.3. Arte e leitura orante: a beleza da Palavra que se faz arte

A Palavra de Deus é um cuidado amoroso para conosco; uma Palavra viva, que encontra no coração humano um espaço para a morada da Beleza. Deus, como artista, usa da palavra simbólica, carregada de significado, para inserir a pessoa na via da beleza. Os símbolos na Sagrada Escritura são uma obra de arte que inserem as vivências humanas nas narrativas da vida, em acontecimentos presentes em cada período da história da salvação.

A linguagem simbólica contida na Sagrada Escritura propõe um passeio por uma grande galeria de arte. A diversidade de palavras é capaz de mostrar, desde a narrativa da criação até a Ressurreição, passando por situações de morte, guerra, vida, esperança e tantos outros temas, o quanto a arte se deixou envolver por esses textos sagrados. Percebe-se que o íntimo encontro com a Sagrada Escritura sempre foi uma inspiração para as diversas expressões artísticas, e desse modo é uma fonte indispensável para o catequista e o artista que fazem da arte um modo de evangelizar, gerando uma relação entre Palavra de Deus e cultura.

> A Palavra de Deus e a cultura encontraram expressão em obras de âmbitos diversos, particularmente no *mundo da arte*. Por isso a grande tradição do Oriente e do Ocidente sempre estimou as manifestações artísticas inspiradas na Sagrada Escritura, como, por exemplo, as artes figurativas e a arquitetura, a literatura e a música. Penso também na antiga linguagem expressa pelos *ícones* que, partindo da tradição oriental, aos poucos se foi espalhando pelo mundo[526].

Seguindo a via da Palavra, contempla-se a Beleza que se fez Imagem, Caminho, Cultura; que se fez Pessoa nessa imensa "galeria" de arte construída pela literatura bíblica. Ler, meditar, rezar e contemplar a Palavra é uma experiência de extrema beleza e uma necessidade para a formação humano-cristã do catequista. O encontro com a Palavra deve se tornar um hábito, uma vivência contínua na formação pessoal e comunitária do catequista. Nesse exercício, a leitura orante precisa ser uma prática diária na vida do educador de fé; um método, uma arte de leitura que o ajude a alimentar sua missão e sua vocação na Igreja e no mundo. No encontro com a arte, seja Palavra, seja Imagem, o catequista precisa ter um método que o ajude a traduzir, com a própria vida, aquilo que anuncia no seu ministério.

> Todavia prestou-se maior atenção à *lectio divina*, que "é verdadeiramente capaz não só de desvendar ao fiel o tesouro da palavra de Deus, mas também de criar o encontro com Cristo, Palavra divina viva". Quero aqui lembrar, brevemente, os seus passos fundamentais: começa com a leitura (*lectio*) do texto, que suscita a interrogação sobre um autêntico conhecimento do seu conteúdo: *o que diz o texto bíblico em si?* Sem este momento, corre-se o risco de que o texto se torne somente um pretexto para nunca ultrapassar os nossos pensamentos. Segue-se depois a meditação (*meditatio*), durante a qual nos perguntamos: *que nos diz o texto bíblico?* Aqui cada um, pessoalmente, mas também como realidade comunitária, deve deixar-se sensibilizar e pôr em questão, porque não se trata de considerar palavras pronunciadas no passado, mas no presente. Sucessivamente chega-se ao momento da oração (*oratio*), que supõe a pergunta: *que dizemos ao Senhor, em reposta à sua Palavra?* A oração enquanto pedido, intercessão, ação de graças e louvor é o primeiro modo como a Palavra nos transforma.

---

526. VD 112.

Finalmente, a *lectio divina* conclui-se com a contemplação (*contemplatio*), durante a qual assumimos como dom de Deus o seu próprio olhar, ao julgar a realidade, e interrogamo-nos: *qual é a conversão da mente, do coração e da vida que o Senhor nos pede?* São Paulo, na *Carta aos Romanos*, afirma: "Não vos conformeis com este século, mas transformai-vos pela renovação da vossa mente, a fim de conhecerdes a vontade de Deus: o que é bom, o que Lhe é agradável e o que é perfeito" (12,2). De fato, a contemplação tende a criar em nós uma visão sapiencial da realidade segundo Deus e a formar em nós "o pensamento de Cristo" (1 Cor2,16). Aqui, a Palavra de Deus aparece como critério de discernimento: ela é "viva, eficaz e mais penetrante que uma espada de dois gumes; penetra até dividir a alma e o corpo, as junturas e as medulas e discerne os pensamentos e intenções do coração" (Hb 4,12). Há que recordar, ainda, que a *lectio divina* não está concluída, na sua dinâmica, enquanto não chegar à ação (*actio*), que impele a existência do fiel a doar-se aos outros na caridade[527].

De fato, a *lectio divina* é um modo de visitar a arte na Sagrada Escritura e alimentar um sentimento de esperança e alegria. Nesse caminho de beleza, que apresenta o ideal cristão, é possível perceber como, na literatura bíblica, a via da beleza se fez presente de tal maneira a favorecer, em várias fases da história, expressões artísticas que ajudaram a Igreja a evangelizar. Aqui, entende-se o quanto a linguagem simbólica presente na Sagrada Escritura é uma fonte inspiradora para as obras de arte cristã, a ponto de se criar, ao longo do tempo, uma Bíblia de imagens.

As obras de arte cristãs oferecem ao fiel um tema de reflexão e uma ajuda para a contemplação, em uma intensa oração, através de um momento de catequese, como também de confronto com a História Sagrada. As grandes obras inspiradas pela fé são verdadeiras "Bíblias dos pobres", "escadas de Jacó", que elevam a alma até o Artífice de toda beleza e, com Ele, ao mistério de Deus e daqueles que vivem na sua visão beatífica: "*Visio Dei vita hominis*" – "a vida do homem é a visão de Deus", professa Santo Irineu. São os caminhos privilegiados de uma autêntica experiência da fé[528].

O artista sempre buscou, de algum modo, o diálogo com a literatura bíblica, traduzindo o simbolismo da Palavra em outras expressões de arte. Essa tradução em outras formas de linguagem manifesta uma intimidade espiritual

---

527. VD 87.

528. ASSEMBLEIA PLENÁRIA DOS BISPOS, Via Pulchritudinis, p. 44.

e criativa com a Sagrada Escritura e pode ser encontrada em muitos museus, catedrais, igrejas, bibliotecas e monumentos cristãos, como um livro de imagens de extrema beleza, cores e formas, uma verdadeira catequese que respondeu aos apelos de cada época e cultura, gerando um encontro entre a obra e a pessoa que a contempla, sendo mais do que uma experiência estética: é um encontro com a Palavra que se fez arte.

> Mas quantas vezes quadros ou afrescos, fruto da fé do artista, nas suas formas, nas suas cores e na sua luz, nos impelem a dirigir o pensamento para Deus e fazem aumentar em nós o desejo de beber na fonte de toda a beleza. Permanece profundamente verdadeiro aquilo que foi escrito por um grande artista, Marc Chagall, ou seja, que durante séculos os pintores molharam o seu pincel naquele alfabeto colorido que é a Bíblia. Então, quantas vezes as expressões artísticas podem ser ocasiões para nos recordarmos de Deus, para nos ajudar na nossa oração ou também na conversão do coração! Paul Claudel, dramaturgo e diplomata francês, poeta famoso na Basílica de Notre Dame em Paris, em 1886, precisamente ouvindo o canto do Magnificat durante a Missa de Natal, sentiu a presença de Deus. Não tinha entrado na igreja por motivos de fé, mais precisamente para procurar argumentos contra os cristãos e, no entanto, a graça de Deus agiu no seu coração[529].

A arte e a leitura orante encontram na ação catequética uma intimidade que passa pela vida do artista e chega ao itinerário formativo do catequista. Os passos de uma leitura orante podem ser bem-definidos no processo de criação artística. Criar uma obra de arte exige tempo, leitura, meditação, oração e contemplação. Essa prática não pode deixar de se fazer presente na vida daqueles que desejam traçar um encontro catequético e espiritual entre a arte e o interlocutor. Desse modo, manifesta-se na arte a beleza da Palavra, que se atualiza em cada olhar e experiência estética, proporcionando a formação de uma identidade espiritual do catequista, um hábito de leitura orante no cotidiano da vida.

3.2.4. Arte como pedagogia da presença

Percorrendo a via da arte e da beleza, o catequista é conduzido a uma experiência de silêncio que o leva a uma presença. A obra artística coloca-o diante de uma presença que cala e converge para a plenitude do encontro que toca o coração e educa para o discipulado. O itinerário pela via da beleza, expressa na arte,

---

529. BENTO XVI, PP., Audiência geral.

guia para o silêncio, que promove uma total entrega ao projeto de evangelização assumido pelo catequista. É um caminho de silêncio e esvaziamento que chega ao mistério, no qual não cabem palavras, mas a presença, pois "o vazio das palavras é para ser preenchido com o cheio da Presença. A palavra aponta; o silêncio abraça. A boca se cala... para o beijo"[530].

Com isso, compreende-se que, na Presença, abra-se o caminho da oração como expressão legítima do itinerário de formação percorrido pelo catequista, oração esta que brota da presença, do vazio que é fruto de um caminho, que encontrou sentido e se fez sentido. Quando o caminho se transforma em oração e presença, é sinal que o caminhar se tornou a vida do catequista, um fruto valioso que se converte em compromisso de misericórdia e libertação. Assim, entende-se que a arte do caminho é animada pelo Espírito de Deus, que se faz presença na criação e convoca a um diálogo, um encontro.

> A realidade se configura como um campo de possibilidades que desdobra sua riqueza na relação com a pessoa. A beleza não está na obra de arte ou no sol do entardecer; ela surge entre eles e o contemplador capaz de participar das possibilidades que lhe oferecem. Estabelece-se um diálogo, uma resposta ao apelo da obra ou do pôr do sol[531].

A arte, compreendida como pedagogia da presença, educa para a dimensão da fé que encontra em Jesus Cristo uma presença que se mostra numa atitude de cuidado com o outro. Esse cuidado serve ao aumento do senso crítico, do equilíbrio afetivo, da unidade interior e da capacidade de estabelecer relações que direcionam a vida e manifestam a alegria de ser presença que aponta para a vida em Cristo.

No seu modo de agir, Jesus se fez presença através de imagens e parábolas que remetiam a uma presença transformadora. A arte, quando tem suas fontes na vida e na prática de Jesus, consegue apresentar uma narrativa significativa, principalmente por uma pedagogia da presença, que auxilia nos aspectos que enfocam como a arte pode redimensionar as experiências de fé e vida, com suas inserções no espaço do museu, nas igrejas e nas casas dos catequistas, promovendo uma presença sociotransformadora.

Se o encontro com a arte e a beleza situa o catequista diante de uma Presença, essa Presença o toca e o interpela a sair em missão; a ser presença na vida do outro, na comunidade; a viver um amor como serviço que gera vida. No encontro

---

530. ZAK, L., Trindade e imagem, p. 158.

531. ARROYABE, M. L. A. F., *Ocio estético valioso en la poética de Aristóteles*, p. 458.

com uma Presença que se manifesta na arte, o catequista é motivado a desenvolver sua identidade de pedagogo e *mistagogo*. Se a arte lhe revela Cristo, essa experiência de profunda beleza deve inspirar seu agir. "A pedagogia da presença é um movimento e nos convida a saber estar, sentir e servir; não nos paralisa, mas nos aponta um caminho de vida no seguimento a Jesus Cristo"[532].

A pedagogia da presença, na arte, é um anúncio do amor encarnado que se fez Beleza para salvar o mundo. Totalmente presente, Jesus Cristo se manifesta através da arte e continua a exercer sua missão na dinâmica da Ressurreição, que ilumina as trevas e traz a luz. Uma arte pautada na narrativa da presença é uma mensagem que atualiza o Mistério Pascal no mundo; é uma imagem viva, que se faz presença como palavra. "A imagem é a palavra amante que se tornou carne e, livre e gratuitamente, transmite ao próprio homem o significado da vida"[533]. Educa para o exercício de um amor que se faz próximo, que sente a dor ou a alegria do outro, que é capaz de servir em todas as circunstâncias da vida. Evoca uma identidade samaritana (Lc 10,25-37), fazendo-se próximo de quem está caído pelo caminho e manifestando a beleza como uma Presença que vê, sente, aproxima e cuida.

> Anunciar o Evangelho da presença é apontar o caminho de humanização que passa pelo encontro com Jesus Cristo na vida que se revela diante de nós. O totalmente outro pode nos assustar, nos paralisar e nos distanciar, mas, quando nos deixamos mover pela pedagogia da presença, o medo do outro torna-se apresentação que cura e liberta, apontando o caminho da proximidade que insere na vida cristã[534].

A arte como um Evangelho vivo manifesta a beleza de uma Imagem que não se cansa de contemplar o ser humano e ser contemplada por ele, mediante uma presença que se faz diálogo, encontro e festa. Essa presença não paralisa, e sim gera uma mudança interior, capaz de provocar no interlocutor o desejo de sair de si e servir ao outro, sentir com o outro, cuidar do outro. Uma arte que gere esse dinamismo interior educa para uma pedagogia da presença, na qual o mesmo olhar que se move na direção da obra de arte faz uma experiência estética, bela; não paralisa, mas sensibiliza-se, humaniza-se e é capaz de ir, cuidar, colocar-se a serviço e contemplar a Beleza nas dores e alegrias do mundo.

---

532. CALANDRO, E.; LEDO, J. S.; GONÇALVES, R., Pedagogia da presença, p. 7.

533. PASTRO, C., A arte no cristianismo, p. 26.

534. CALANDRO, E.; LEDO, J. S.; GONÇALVES, R., Pedagogia da presença, p. 33.

3.2.5. A arte litúrgica como fonte de catequese

A arte litúrgica tem grande importância na formação do catequista. Ela mostra e revela as coisas segundo a centralidade da fé. Através dela, a fé se mantém; ela está à serviço da evangelização. A arte como expressão da vida litúrgica exerce a função de contribuir na formação cristã, bem como apresentar e atualizar os conteúdos da fé na vida da Igreja. Ela é, em si, uma profissão de fé, justamente por estar focada na centralidade daquilo que cremos e celebramos.

> Entre as mais nobres atividades do espírito humano estão, de pleno direito, as artes liberais, e muito especialmente a arte religiosa e o seu mais alto cimo, que é arte sacra. Elas espelham, por natureza, a infinita beleza de Deus a ser expressa por certa forma pelas obras humanas, e estão mais orientadas para o louvor e glória de Deus se não tiverem outro fim senão o de conduzir piamente e o mais eficazmente possível, através das suas obras, o espírito do homem para Deus[535].

Essa arte é uma fonte inesgotável de beleza, de onde jorra, para a vida da Igreja, a harmonia, que se dá através da bondade e da verdade. É uma expressão de arte que exprime a razão daquilo que se professa, apresentando a Beleza como uma Presença que faz arder o coração da comunidade de fé, na escuta da Palavra e na fração do pão (Lc 24,32).

> Para o crente, a beleza transcende a estética. Ela permite a passagem do "para mim" ao "maior do que eu". A liturgia só é bela e, portanto, verdadeira quando despojada de qualquer outro motivo que não seja a celebração de Deus, para Ele, por meio Dele, com Ele e Nele. Ela é precisamente "desinteressada": trata-se de estar diante de Deus e de dirigir o próprio olhar para ele, que ilumina com a luz divina aquilo que acontece. É com essa austera simplicidade que ela se torna missionária, isto é, capaz de testemunhar aos observadores que se deixam cativar pela sua dinâmica a realidade invisível que ela nos permite saborear[536].

Com fundamentação teológica, a arte litúrgica conservou e ajudou a difundir a fé através de uma linguagem simbólica, nascida de um profundo encontro com a Sagrada Escritura e com a tradição da Igreja. Ela é um texto sagrado que deve ser lido numa atitude celebrativa e espiritual. É uma arte que envolve o Mis-

---

535. SC 122.

536. ASSEMBLEIA PLENÁRIA DOS BISPOS, Via Pulchritudinis, p. 58.

tério e atrai para si, educando os sentidos e favorecendo uma relação objetiva com aquilo que se crê.

Do artista sacro é exigido um profundo conhecimento dos conteúdos da fé, para que não influencie a arte com seus afetos e gostos. A obra sacra é, de certa forma, "uma sagrada imitação de Deus Criador"[537]. Uma arte pura, sacra e litúrgica é objetiva, não se deixa envolver por modismos que a afetem e desvirtuem. Percebe-se que, ao longo do tempo, a arte vivencia uma crise de sentido. Talvez seja a crise do ser humano que, ao distanciar-se das fontes da fé, tem transformado a arte em um entretenimento que não cabe no espaço litúrgico, na catequese, na celebração. Para exercer sua missão litúrgico-catequética, a arte precisa buscar, no mais profundo da fé, sua razão e seu sentido. A preocupação com a formação dos artistas é um tema que se fez presente no Vaticano II, tamanha sua relevância para a evangelização.

> A recomendação do Concílio, porém – sem excluir, ao contrário pressupondo o caráter dialogal do relacionamento –, caminha na linha da formação dos artistas; e até sugere a instituição de "Escolas ou Academias de Arte sacra". Dessa maneira, unindo ao diálogo a formação, se podem esperar bons frutos. Senão, se ao diálogo faltar o aspecto formativo, corre-se o risco de se tornar um intercâmbio "politicamente correto", mas, ao mesmo tempo, "evangelicamente inútil". De fato, atualmente, não faltam programas pastorais de diálogo com a Arte Contemporânea, mas parece que tudo se limita a uma organização de Congressos e Mostras, onde são expostas obras de vários níveis: desde aquelas que apresentam, timidamente, um vago sentido religioso, até aquelas que, mesmo tornando-se explícito, se apresentam em aberta ruptura, seja com a tradição iconográfica, seja com o conteúdo mais profundo da mensagem da fé. Quem sabe, não seja o caso de interrogar, seriamente, se se está convicto de que *"sem fé não há Arte adequada à Liturgia?"*. Até que ponto se pode dialogar e calar o improrrogável dever de propor, à consciência dos interlocutores, a verdade do Evangelho?[538].

Esse questionamento desperta a reflexão sobre o percurso histórico da arte e da evangelização, que evoca a formação dos sacerdotes, catequistas, liturgistas e artistas. Ao longo da história, a arte passou por mudanças no estilo, no modo de se fazer presente na vida e na missão da Igreja que, cotidianamente, celebra sua fé. A partir do Vaticano II, a Igreja tem procurado retomar o seu diálogo com os ar-

---

537. SC 127.

538. ESTIVILL, D., La Chiesa e l'arte secondo il Concilio Ecumenico Vaticano II, p. 64.

tistas, trazê-los de volta e formá-los através de um profundo estudo teológico e de uma catequese litúrgica. Esse desejo de aproximação com os artistas foi manifestado por Paulo VI, ao indicar o caminho para a arte como um caminho interior, capaz de interpretar a fé e de restituí-la, em forma de beleza, àqueles que creem.

> [...] são razões de nosso ministério, que nos fazem ir à procura de vós. Devemos dizer a grande palavra que, certamente, vós conheceis? Nós estamos precisando de vós. Nosso ministério precisa de vossa colaboração. Porque, como sabeis, nosso ministério é aquele de promover e tornar acessível e compreensível, ou melhor, comovedor, o mundo do espírito, do invisível, do inefável, de Deus. E, nesta operação, que transvasa o mundo invisível mediante formas acessíveis e inteligíveis, vós sois mestres. É a vossa profissão e a vossa missão; e, a vossa arte, é aquela, exatamente, a de tirar do céu do espírito, seus tesouros e revesti-los de palavras, cores, formas, acessibilidade. E não somente uma sensibilidade como aquela que pode ser a do mestre de Lógica ou de Matemática, que torna, sim, compreensíveis os tesouros do mundo inacessível às faculdades cognoscitivas dos sentidos e à nossa imediata percepção das coisas. Vós tendes também essa prerrogativa, no próprio ato, que tornais acessível e compreensível o mundo do espírito: de conservar, a tal mundo, sua inefabilidade, o sentido de sua transcendência, seu halo de mistério, esta necessidade de atingi-lo mediante a facilidade e o esforço ao mesmo tempo[539].

A mudança na cultura é um dos fatores relevantes para a compreensão de um tema que precisa ser aprofundado entre catequistas, liturgistas e artistas. É necessário haver um espírito de comunhão entre os que desempenham esses papéis, para que a arte sacra não seja afetada por disputas de poder, gostos e opiniões que fragmentam a vivência da fé e tornam-se um perigo para a Igreja, que precisa da arte litúrgica para dialogar com o mundo e dizer a si mesma quem ela é. Uma comunidade cristã que celebra sua fé em ambientes onde a arte não revela a Beleza Pascal deixa de exercer seu papel de educadora da fé com eficiência e eficácia. O espaço litúrgico, em sua manifestação de arte e beleza, não deve afastar-se das origens da fé.

> É verdade: o espaço determina muitas coisas. E penso que, se recuperarmos pouco a pouco essas coisas, começaremos a entender como pensavam os antigos. E vocês sabem que, se quisermos aprender a liturgia e a arte litúrgica, teremos de estudar o tempo em que elas nasceram, pois é lá que surgiu

---

539. BENAZZI, N. (org.), Arte e spiritualità, p. 179.

a intuição original e é justamente essa intuição que é necessário captar. É inútil começar a estudar a arte litúrgica pelo Barroco. É como estudar liturgia e querer entendê-la começando de Pio V. Não é possível! Pois já é um derivado, já foi filtrado pela filosofia, pela escolástica, pelo individualismo. É necessário voltar ao início, ao momento em que nascia![540].

Todo grupo humano é reconhecido por seus símbolos, seu modo de ser e viver. A arte litúrgica gera uma comunhão simbólica plena de beleza, pois converge toda a Igreja rumo ao essencial. Educa os sentidos e, em especial, o olhar, trazendo o foco para Jesus Cristo. A arte precisa ser uma expressão da vida litúrgica, ser pascal e manifestar a Beleza encarnada. Favorecer a criação de um espaço onde a arte exerça o seu papel é uma atitude salutar para a educação da fé e, principalmente, na formação humano-cristã com catequista. A arte é geradora de vida cristã, quando tem sua inspiração na vida litúrgica. A liturgia é o que nos mantém vivos, peregrinando pelo mundo, testemunhando a Beleza que se fez Pessoa, que Ressuscitou. Gerada no espírito da Ressurreição, a arte traz luz e beleza para a comunidade de fé, alimenta a esperança e media um encontro que preserva a vida, cura todos os males e gera comunhão. Assim, ela serve à liturgia e à catequese, porque é pascal.

3.2.6. Papa Francisco e a arte: a importância da arte no Magistério da Igreja

Como já foi mencionado, a arte cristã nasceu com a Igreja, com a fé no Ressuscitado. Além de ter sua raiz na dimensão antropológica, ela foi tomando forma, inspirada no espírito religioso que nos move. É indiscutível o seu grau de importância no Magistério da Igreja. "A Igreja existe sobretudo para evangelizar: através da arte – a música, a arquitetura, a escultura, a pintura – a Igreja explica, interpreta a revelação"[541]. Com a arte foi possível levar o Evangelho a todos os cantos do mundo. "É esta a razão porque a santa mãe Igreja amou sempre as artes"[542]. O amor pelas artes pode ser visto nas obras de arte litúrgica, nos museus e nas catequeses dos padres da Igreja e se atualiza em seu Magistério por longos séculos.

O Papa Francisco tem mencionado o valor e a importância da arte, com o desejo de manifestar a Beleza que precisa ser anunciada ao mundo, principalmente pela via da evangelização, no anúncio do Evangelho na contemporaneidade.

---

540. RUPNIK, M. I. A arte como expressão da vida litúrgica, p. 102.

541. FRANCISCO, PP., La mia idea di arte, p. 9.

542. SC 122.

Segundo o Papa Francisco, a catequese deve prestar uma atenção especial à via da beleza.

> É bom que toda a catequese apresente uma especial atenção à "via da beleza (*via pulchritudinis*)". Anunciar Cristo significa mostrar que crer n'Ele e segui-Lo não é algo apenas verdadeiro e justo, mas também belo, capaz de cumular a vida de um novo esplendor e de uma alegria profunda, mesmo no meio das provações. Nessa perspectiva, todas as expressões de verdadeira beleza podem ser reconhecidas como uma senda que ajuda a encontrar--se com o Senhor Jesus. Não se trata de fomentar um relativismo estético, que pode obscurecer o vínculo indivisível entre verdade, bondade e beleza, mas de recuperar a estima da beleza para poder chegar ao coração do homem e fazer resplandecer nele a verdade e a bondade do Ressuscitado. Se nós, como diz Santo Agostinho, não amamos o que é belo, o Filho feito homem, revelação da beleza infinita, é sumamente amável e atrai-nos para Si com laços de amor. Por isso, torna-se necessário que a formação na *via pulchritudinis* esteja inserida na transmissão da fé[543].

Sendo a arte e a beleza vias de evangelização, é preciso que estejam próximas, que rompam os muros dos museus e se manifestem nas periferias do mundo. A arte precisa falar ao coração de todos, e não ser uma fonte de experiência estética inacessível, dedicada aos amantes e estudiosos de arte, distante da vida dos mais pobres. Precisa se fazer próxima, principalmente, através da imagem, que se manifesta na catequese entre as várias expressões de arte. A imagem é, em si, um modo de se fazer próximo, sobretudo através da pregação.

> Uma imagem fascinante faz com que se sinta a mensagem como algo familiar, próximo, possível, relacionado com a própria vida. Uma imagem apropriada pode levar a saborear a mensagem que se quer transmitir, desperta desejo e motiva à vontade na direção do Evangelho. Uma boa homilia, como me dizia um antigo professor, deve conter "uma ideia, um sentimento, uma imagem"[544].

É preciso facilitar um encontro com a arte que converte e educa. Os museus, como espaços de arte, precisam abrir suas portas, acolher, integrar e oferecer esse alimento salutar aos que são vítimas de uma cultura do descartável. "Essa cultura do descarte, da exclusão, que é um modelo falso de sociedade, corre o risco

---

543. EG 167.

544. EG 157.

de infectar a todos"[545]. A arte, como educadora da fé, pode despertar a esperança e trazer alegria aos corações entristecidos. Ela é uma via de beleza que manifesta a fé, resgatando a dignidade humana. Assim, ao conceber um museu como espaço de formação com catequista, seu escopo, inicialmente, deve ser o espaço de acolhida, onde se atualiza a narrativa da ação de Deus na história da salvação.

> Se o papa tem museus, é exatamente por isso! Porque a arte pode ser um veículo extraordinário para contar aos homens e mulheres de todo o mundo, com simplicidade, a boa novela de Deus, que se fez homem por nós, porque nos ama! E é lindo isto! E os Museus do Vaticano, eles devem ser cada vez mais o local de beleza e hospitalidade. Eles devem acolher as novas formas de arte. Eles devem abrir bem as portas às pessoas de todo o mundo. Ser um instrumento de diálogo entre as culturas e as religiões, um instrumento de paz. Ser Vivos! Não empoeiradas coleções do passado, somente para os "eleitos" e os "sábios", mas uma realidade vital que sabe manter esse passado e contar aos homens de hoje, começando com os mais humildes, e, assim, organizar-se todos juntos com confiança no presente e no futuro[546].

Criar espaços de arte que sejam vivos é um desafio pastoral que se apresenta diante da ação evangelizadora da Igreja. Na cultura atual, na qual proliferam tantas manifestações artísticas, que transmitem as mais variadas mensagens, é prudente e urgente que o catequista se aproprie da arte como um canal de evangelização que, de forma simples, disponibiliza uma grande e valiosa ferramenta na transmissão da fé. Ser formado pela via da beleza é uma resposta ao itinerário formativo com catequista, que precisa ser viabilizada por uma prática pastoral capaz de rever o seu modo, sua linguagem e seu espaço de formação.

> É desejável que cada Igreja particular incentive o uso das artes na sua obra de evangelização, em continuidade com a riqueza do passado, mas também na vastidão das suas múltiplas expressões atuais, a fim de transmitir a fé em uma nova "linguagem parabólica". É preciso ter a coragem de encontrar os novos sinais, os novos símbolos, uma nova carne para a transmissão da Palavra, as diversas formas de beleza que se manifestam em diferentes âmbitos culturais, incluindo aquelas modalidades não convencionais de beleza que podem ser pouco significativas para os evangelizadores, mas tornaram-se particularmente atraentes para os outros[547].

---

545. FRANCISCO, PP., La mia idea di arte, p. 11.

546. FRANCISCO, PP., La mia idea di arte, p. 10.

547. EG 167.

Nos vários contextos eclesiais, é possível encontrar uma profunda e bela manifestação da arte. Das "periferias existenciais" brota, a cada dia, um desejo por vida, em forma de oração e arte. A catequese pela arte precisa compreender seu papel na ótica da caridade cristã, formando catequistas que levem a beleza do Evangelho a todos. A educação da fé é um processo que pode transformar a vida, criando ambientes vivos de arte e beleza, nos quais a fé cristã não se deixa desvirtuar por uma prática revestida de imagens falsas sobre aquilo que, verdadeiramente, se crê e celebra. O Papa Francisco inspira, portanto, a assumir a via da beleza como caminho seguro para o itinerário de formação com catequista na ação evangelizadora da Igreja.

3.3. A *via pulchritudinis*: uma resposta aos desafios da evangelização em nossos tempos

Evangelizar é uma ação marcada por muitos desafios. No mundo contemporâneo, a mensagem do Evangelho proclamada pela Igreja sofre, a cada dia, o confronto com realidades de morte, que insistem em se sobrepor ao anúncio da vida. O desafio apresentado ao catequista requer o encontro com a Beleza que traz em si a verdade e a bondade. "Propor a *Via Pulchritudinis* como caminho de evangelização e de diálogo quer dizer partir de uma interrogação urgente, latente e sempre presente no coração do homem: O que é a beleza?"[548]. Essa é uma pergunta que sempre acompanha a ação evangelizadora e exige um peregrinar pela beleza. É um conceito que indica a totalidade, a unidade do ser, manifestando a exuberância da vida até mesmo nos aspectos mais difíceis e dramáticos. Entendemos, então, que a Beleza é o ponto de partida e de chegada na ação evangelizadora do catequista.

> A Beleza é o ponto de partida para a contemplação do ser. Constitui a última palavra que o intelecto consegue pronunciar antes de ceder a vez, racionalmente, ao saber do incompreensível. Toda pessoa sabe o que é beleza, porque ela se dá por si, simplesmente, naquela evidência que se deixa intuir, num todo único, a presença da bondade e da verdade do próprio ser[549].

Ao aprofundar o tema da via da beleza, nota-se o quanto os catequistas se distanciaram dessa fonte – não somente eles mas também o ser humano contemporâneo, de forma geral. O mundo dos números e cálculos em que se

---

548. ASSEMBLEIA PLENÁRIA DOS BISPOS, Via Pulchritudinis, p. 69.

549. FISICHELLA, R.; LATOURELLE, R. (orgs.), Dicionário de teologia fundamental, p. 107.

vive afasta da realidade a ideia e a experiência com a beleza. Nesta predomina a gratuidade, que precisa ser resgatada na formação humana, pois é um valor que aponta para a superação de uma ação evangelizadora que se pauta em metas numéricas, ocupando-se com quantidade, e não com a experiência de fé que se faz pela via da beleza.

> Já faz muito tempo que o homem contemporâneo perdeu sua relação com o Belo. Incapaz de poder apreendê-lo racionalmente e de fazer com que ele se torne "número" calculável, preferiu banalizá-lo. Nunca, talvez como em nossos dias, que têm assistido a um crescimento do senso estético, se reduziu tanto o impacto com a obra estética. O assombro e a admiração, unidos à experiência da alegria, que se experimentavam diante do *pulchrum*, cederam lugar ao desinteresse e ao barulho. A Beleza parece ter desaparecido de nossa vida. Os museus, para parafrasear a célebre expressão de Nietzsche, tornaram-se as sepulturas do *pulchrum*. A experiência e a produção estética foram, se não negligenciadas ou até negadas, em todo caso relegadas a privilégio de poucos. No entanto, uma perda de relação com a Beleza faz perder, em consequência, o senso da bondade e da verdade do viver. O sujeito torna-se cada vez mais incapaz de relacionar-se com os valores essenciais universais e a existência desemboca em formas cada vez menos humanas[550].

A beleza é um tema que, essencialmente, está presente desde a criação e é contemplado em toda a história da salvação. A Sagrada Escritura é uma fonte importante para a compreensão da beleza. Nesse sentido, uma formação do catequista pela via da beleza precisa se apoiar nas fontes bíblicas, onde Deus se fez Beleza e manifestou sua glória.

> Para a Bíblia, enquanto palavra de revelação, a Beleza estende-se de Deus a todo o criado. Beleza e bondade são sinônimas, porque ambas deixam perceber tanto a ação criadora de *Jhwh* quanto o seu fazer-se conhecer como o verdadeiro Deus. *Jhwh*, que liberta da escravidão e da morte (Ex 3,8; 18,9), manifesta a beleza e a bondade de seu amor; *Jhwh*, que introduz no "belo" país onde corre leite e mel (Dt 8,7-10), é aquele que revela sua fidelidade à palavra dada. Mas este Deus era o mesmo que, criando o céu e a terra e tudo o que neles havia sido colocado contemplava as obras de sua mão como "bela": "e Deus viu que era coisa bela-boa" (Gn 1,3). A terminologia hebraica, na indeterminação da palavra *tôb*, traduzida indiferentemente por *kalós* (belo) e *agathós* (bom), especifica, porém, ulteriormente, o sentido

---

550. FISICHELLA, R.; LATOURELLE, R. (orgs.), Dicionário de teologia fundamental, p. 107.

e o conteúdo da beleza de Deus, recorrendo ao termo *Kābôd. Kābôd* é a glória da irradiação do revelar-se de Deus à humanidade. É o que permite perceber o esplendor de sua beleza. Beleza impossível de ser descrita e vista diretamente (Ex 33,18-23), mas dada somente para poder ser contemplada e, além disso, em sua manifestação reflexa (Ex 34,30-35). Esta mesma glória é hoje a beleza que os crentes veem refletida no rosto do Crucificado, "o mais belo entre os filhos do homem" (Sl 44,2)[551].

Tantas e novas expressões religiosas, ou "espiritualidades emergentes", parecem sinal de uma busca humana que se deixa seduzir por respostas rápidas e mágicas, além de uma porção de cristãos não adentrarem profundamente nos mistérios da fé e viverem na disputa midiática que não os insere no diálogo profundo com o essencial. Diante dessa cultura, marcada por uma visão materialista e descartável, é preciso apresentar a via da beleza como uma resposta.

> Nessa perspectiva, a *Via Pulchritudinis* se apresenta como um itinerário privilegiado para atingir muitos daqueles que enfrentam grandes dificuldades para receber o ensinamento, sobretudo moral, da Igreja. Frequentemente, nesses últimos decênios, a *verdade* tem sido instrumentalizada por ideologias, e a *bondade* horizontalizada, tem sido traduzida meramente a um ato social como se a caridade para com o próximo pudesse se eximir de fundamentar a própria força no amor de Deus[552].

A partir desses e de tantos outros aspectos, entende-se que a *via pulchritudinis* é o caminho da beleza, uma resposta para a ação evangelizadora que precisa ser assumida pelo catequista. Nesse sentido, como afirma o Diretório para a Catequese (2020), a evangelização está inserida na beleza, e ambas se tornam um único caminho.

> A via da evangelização é a *via da beleza* e, portanto, toda forma de beleza é fonte da catequese. Mostrando a primazia da graça, manifestada especialmente na Bem-aventurada Virgem Maria; fazendo conhecer a vida dos santos como verdadeiras testemunhas da beleza da fé; destacando a beleza e o mistério da criação; descobrindo e apreciando o imenso patrimônio litúrgico e artístico da Igreja; valorizando as mais altas formas de arte contemporânea, a catequese mostra concretamente a infinita beleza de Deus,

---

551. FISICHELLA, R.; LATOURELLE, R. (orgs.), Dicionário de teologia fundamental, p. 107.

552. ASSEMBLEIA PLENÁRIA DOS BISPOS, Via Pulchritudinis, p. 11.

que também se expressa nas obras humanas (SC, n. 122), e conduz os catequizandos para o *belo* dom que o Pai fez no seu Filho[553].

Como resposta aos desafios da evangelização em novos tempos, a *via pulchritudinis* é um caminho de beleza que deve ser adotado como um modo de ser, saber e saber fazer, desde o início da formação dos catequistas. Para que a catequese evangelizadora caminhe por essa via, é preciso uma abertura que supere preconceitos e busque, nas fontes da fé, a importância e a eficácia da beleza na formação da identidade cristã. Formar uma identidade de catequista pautada na beleza cristã é uma reação aos desafios que a evangelização encontra nos cenários areópagos que vêm surgindo nos dias de hoje. Tais cenários têm sido consequência da pandemia, do desmatamento das florestas, da poluição, da fome e dos avanços tecnológicos, científicos, econômicos, entre outros.

Assim, entende-se que o catequista, como testemunha da "Beleza que salva o mundo", não pode viver num espaço sem beleza, saturado do discurso moral e psicológico, onde se busca justificar tudo. Não só o catequista mas também o ser humano em geral aspira por uma via da beleza que resgate a mística e o sentido de ser a partir das dimensões mais profundas da vida.

3.3.1. A *via pulchritudinis* como um itinerário de formação com catequista

O retorno ao tema da beleza na ação evangelizadora tem sido um desejo presente no Magistério da Igreja. Sendo um apelo para a *nova evangelização*, de algum modo é uma resposta ao processo formativo dos catequistas. Esse tema deve ser interesse não apenas dos filósofos, como pediu o Papa João Paulo II, mas também, principalmente, daqueles com envolvimento direto com a evangelização.

> Pensando na *nova evangelização*, cuja urgência não me canso de recordar, faço apelo aos filósofos para que saibam aprofundar aquelas dimensões de verdade, bem e beleza, a que dá acesso a Palavra de Deus. Isto se torna ainda mais urgente ao se considerar os desafios que o novo milênio parece trazer: eles tocam de modo particular as religiões e as culturas de antiga tradição cristã. Esse cuidado deve considerar-se também um contributo fundamental para o avanço da *nova evangelização*[554].

---

553. DC 109.

554. FR 103.

A perseverança da Igreja em sempre aprofundar as reflexões sobre a *via pulchritudinis* é, para os dias de hoje, uma resposta aos desafios da formação com catequista. Formar o educador da fé por essa via é fazê-lo compreender o seu genuíno papel no contexto da evangelização. Evangelizar é se inserir no caminho da Beleza, é abrir-se a um processo de construção. Nesse sentido, o itinerário de formação com catequista deve favorecer um caminho de atração, pois, a cada dia, percebe-se que não se evangeliza por imposição, mas por atração. Sendo o catequista um evangelizador, precisa fazer a experiência de deixar-se atrair pela Beleza.

> Dizer de um ser que é belo não significa apenas reconhecer nele uma inteligibilidade que o torna amável. É dizer, ao mesmo tempo, que especificando o nosso conhecimento ele nos atrai, também nos cativa através de um influxo capaz de despertar um maravilhar-se. Se ele expressa um certo poder de atração, ainda mais, talvez o belo expresse a própria realidade na perfeição de sua forma. Isso é a epifania. Ele a manifesta expressando a sua íntima clareza[555].

Esse caminho, que passa pela plena manifestação da Beleza, é a certeza de que se pode pensar a formação do catequista como um exercício de encontro com Jesus Cristo, que se revela, atrai para si, cativa e desperta para um encantamento gerador de vida no processo formativo. Se o itinerário não for movido por uma atração, dificilmente acontecerá a conversão ao discipulado e à missão. A evangelização pela via da beleza precisa acontecer, antes de tudo, no interior da vida do catequista, de tal forma que o faça abraçar essa via como caminho seguro no seu modo de ser, saber e saber fazer.

A *via pulchritudinis* é um caminho formativo e pastoral que não pode ser abandonado, mas sim reinserido, a cada dia, nos processos de formação do catequista. É um modo de fazer entender, pela experiência, que essa via conduz para Deus e favorece o encontro com o sentido verdadeiro da fé cristã a partir da compreensão do catequista não apenas na ótica do fazer, mas também, e ainda mais, na ótica do ser, na sua abertura ao transcendente.

> O homem é um ser *capax Dei*, por isso não poderá, jamais, ser reduzido, simplesmente, a um *homo faber*. Na sua inerente vocação de busca de Deus e de humanização, ele não poderá, jamais, perder de vista a sua perspectiva

---

555. ASSEMBLEIA PLENÁRIA DOS BISPOS, Via Pulchritudinis, p. 15.

do sentido da vida e a sua vocação de interpretar a existência humana à luz da presença de Deus na criação[556].

O caminho da Beleza favorece uma interpretação da vida à luz de uma Presença que revela o verdadeiro sentido de viver. Esse sentido não se encontra ou se sustenta em experiências superficiais; faz-se necessário que o catequista ultrapasse o fenômeno e encontre o fundamento; passe do visível ao invisível, frequentando ambientes de arte, selecionando temas importantes e, principalmente, desenvolvendo o gosto pela vida de Cristo, fonte de toda beleza.

> Em toda parte, onde o homem descobre a presença de um apelo ao absoluto e ao transcendente, lá se abre uma fresta para a dimensão metafísica do real: na verdade, na beleza, nos valores morais, na pessoa do outro, no ser, em Deus. Um grande desafio, que nos espera neste final de milênio, é saber realizar a passagem, tão necessária como urgente, do *fenômeno ao fundamento*. Não é possível deter-se simplesmente na experiência, mesmo quando esta exprime e manifesta a interioridade do homem e a sua espiritualidade; é necessário que a reflexão especulativa alcance a substância espiritual e o fundamento que a sustenta[557].

Conhecendo a realidade dos catequistas, é possível dizer que encontram dificuldades para realizar essa passagem. Fazer a opção pela *via pulchritudinis* não é apenas uma questão de gosto; exige mudança de rota, do olhar e, consequentemente, dos interesses do coração, pois são muitas as atrações que surgem pelo caminho. Purificar o olhar e não se deixar seduzir por aquilo que é aparentemente belo é uma escolha constante, porque a beleza se faz presente de várias formas no cotidiano e exerce, a todo instante, seu poder de atração. "A Beleza é uma coisa terrível. É a luta entre Deus e Satanás, e o campo de batalha é o meu coração"[558].

Sendo a beleza algo que exerce um forte poder de sedução, o catequista pode correr o risco de deixar-se esvaziar, fazendo do ícone uma beleza em si e vivendo uma experiência de aprisionamento. Diante desse aspecto humano, que fragiliza o processo formativo, é preciso que se faça uma formação da sensibilidade espiritual que o insira na *via pulchritudinis*. Essa via é, portanto, uma resposta aos desafios da formação com catequista diante da realidade cultural em que se está inserido. É uma via que o ajuda a ter uma posição crítica frente a tantas ofertas culturais de uma aparente beleza que o afasta da essência cristã, fazendo des-

---

556. SANTANA, L. F. R.; DAMIÃO, S. A., A inculturação da liturgia, p. 82.

557. FR 83.

558. ASSEMBLEIA PLENÁRIA DOS BISPOS, Via Pulchritudinis, p. 17.

pertar nele uma sensibilidade madura e objetiva, capaz de discernir o verdadeiro sentido da beleza.

3.3.2. A formação do catequista pela via da beleza: um novo modo de pensar, sentir e criar

Formar pela via da beleza é inserir num caminho de contemplação. A contemplação da beleza é um dos pilares que contribuem para o desenvolvimento da personalidade e da identidade do catequista no itinerário de formação humano--cristã. É um meio de favorecer o encontro com o sentido da vida, da existência; de abrir as portas para a transcendência. Esse caminho da contemplação da beleza pode acontecer através das expressões de arte que se fundamentam na fé, mas também pode estar associado ao prazer, à alegria, a uma experiência estética, à fruição, pois a beleza traz de volta a alegria perdida, a esperança e o verdadeiro sentido da vida cristã: o seguimento a Jesus Cristo.

O caminho da beleza proporciona ao catequista um novo modo de *pensar, sentir e criar*. Por essa via, pode surgir um novo estilo na atuação do catequista; uma nova identidade, respeitando-se, sempre, o modo de ser de cada um. No encontro desses três aspectos e na relação de respeito e acolhida da alteridade do outro, acontecem experiências de grande valor para a manifestação da beleza no interior do catequista, como manifestação de comunhão. Sob esse aspecto, compreende-se aquilo que é próprio da beleza: um método dialógico de chamado e resposta.

> Neste mundo, onde prevalece uma dialética entre subjetivismo e objetivismo, produzindo, continuamente, antagonismo e esboroamento, a beleza representa a plataforma de elaboração de um novo modo de pensar, sentir e criar – sobretudo de um estilo de vida – comunial, afirmando a unidade e, ao mesmo tempo, a diversidade[559].

A acolhida da diversidade, que aponta para a comunhão e a unidade, precisa ser levada em conta no itinerário de formação. Valorizar o catequista em sua diversidade contribui na construção de uma identidade eclesial, como fator de grande relevância para sua missão na Igreja e na sociedade.

É pela vivência de um caminho aberto ao relacionamento, pela via da beleza, que se podem oferecer ferramentas que auxiliem na formação da personalidade, buscando atingir níveis mais profundos do *pensar*, do *agir* e do *sentir* do

---

559. ASSEMBLEIA PLENÁRIA DOS BISPOS, Via Pulchritudinis, p. 23.

catequista, valorizando e respeitando uma individualidade que não pode ser negada ou aniquilada no itinerário formativo. O percurso pela via da beleza se dá por uma relação com o eu mais profundo, numa perspectiva de abertura para o Outro. A via da beleza é extraordinária, porque tira de dentro e traz para a luz aquela pessoa que, criada por Deus, precisa ser contemplada, acolhida e inserida.

O processo formativo, quando massifica, não cria identidade nova e corre o sério risco de adoecer a comunidade cristã. A beleza e a alegria do catequista estão, justamente, em conseguir encontrar o ponto de equilíbrio entre sua personalidade e sua identidade na missão da Igreja. De fato, não há beleza se não existe a pessoa na sua totalidade humana e espiritual. A beleza, como expressão de comunhão identitária, valoriza a alteridade das relações que acontecem na experiência do caminho.

A via da beleza favorece a formação de uma nova identidade, feita à luz do encontro com a pessoa de Jesus Cristo. Essa identidade precisa ser impressa na vida do catequista que atua na Igreja, e ele precisa ser reconhecido e identificado por uma identidade crística. Nesse sentido, a beleza é uma fonte, um caminho de vida que articula a superação do caos e do sofrimento inerentes à vida humana, tema este que não pode ser ignorado no itinerário de formação com catequista. Só assim é possível formar uma pessoa para viver o seu discipulado pautando-se não apenas por experiências religiosas devocionais, ou na continuidade de uma cultura do "sempre foi assim", mas também por uma profunda experiência de fé, capaz de ultrapassar as aparências de uma prática tradicional, que nem sempre consegue atingir o coração e direcionar para o verdadeiro sentido da vida.

A via da beleza, que passa pela experiência com a arte, é um caminho de transcendência, que seduz, encanta, desinstala, tira tudo e oferece o Tudo que só se encontra na verdadeira fonte da vida, presente em Jesus Cristo como encarnação da suprema Beleza. É uma experiência que aproxima a pessoa do Paraíso.

Na vida do catequista, o *pensar*, o *sentir* e o *criar* devem possibilitar a superação de espaços formativos desintegrados, movidos por interesses. Diante da violência e do caos da cultura do descartável e do consumo, é possível apoiar-se na via da beleza como um caminho seguro, que exige de quem o percorre um olhar fixo no essencial; uma vontade interior, capaz de ajudar a decifrar os sinais da beleza diante da inexistência da comunhão num ambiente violento e desordenado, que tende a camuflar, tirar o foco, desviar o olhar da verdadeira face da Beleza.

> Hoje, o que chamamos de beleza está completamente distante de seu *centro*, de suas raízes, do elemento gerador da própria beleza. Até o ponto em que a beleza e as artes estão em crise – não se discerne mais entre o belo e o feio, pois o determinante é o consumo, se se vende ou não, como um produto

qualquer. A beleza em si não aflora, pois não tem direito nesta sociedade de poder, de consumo e de dinheiro[560].

Como superação de ambientes hostis, que podem surgir no itinerário formativo, a via da beleza resgata a dimensão da gratuidade, que é uma de suas marcas. A manifestação da gratuidade não acontece em relações de interesse, de compra e venda. Além disso, a beleza não é encontrada como um produto; ela atrai, toca os sentidos e insere em uma experiência de conversão e transformação da vida. Ainda, oferece as ferramentas para um novo modo de *pensar*, *sentir* e *criar*.

A experiência pela via da beleza exige do catequista um amadurecimento, uma lapidação que fomente a construção de uma identidade estruturada na fé que se professa. Infelizmente, tal como é vivida hoje, por muitos, a fé cristã não suscita seguidores de Jesus, mas adeptos a uma religião, sem o verdadeiro vínculo com Ele. Não se chega ao cerne da beleza sem se deixar moldar, aperfeiçoar. Como um bloco de mármore, o catequista precisa encontrar no itinerário formativo as ferramentas necessárias para a superação de conceitos e práticas que não convertem o coração, bem como lapidar a pedra bruta da vida, deixando vir à luzo o verdadeiro tesouro, capaz de transcender as experiências religiosas e atingir a experiência profunda da fé, como um sinal de manifestação e presença da Beleza que se deixou encontrar.

A experiência de fé pode oferecer ao catequista a possibilidade de encontro com aquilo que é verdadeiramente essencial. Um itinerário de formação que não indique o essencial corre o risco de não educar para o discipulado e a missão, pois ser catequista não é uma questão de "*status* religioso", mas sim um modo de ser na comunidade, uma vocação que só se mantém pelo encontro e pela permanência na presença da Beleza. Assim, a experiência vivida pelo catequista é, de algum modo, manifestação da beleza na vida humana. Acolher esses sinais é o primeiro passo para seguir pela via da beleza, que transforma e dá um novo significado à vida humano-cristã.

Percorrer o itinerário de formação e compreendê-lo como via da beleza é uma resposta e, ao mesmo tempo, uma abertura para um processo de conversão; um caminho a ser ressignificado pela própria experiência e pelo ato de caminhar em meio à arte e à beleza; a beleza, que, como mãe educadora e catequista por excelência, contribui para um encontro com a Imagem que só se conhece pela experiência.

A formação de uma nova identidade acontece através do encontro com uma imagem que transmite força e ternura, fruto da vivência de quem percorreu

---

560. PASTRO, C., O Deus da Beleza, p. 13.

o caminho desconstruindo e ressignificando a história de vida sob a luz da Beleza, que ilumina o itinerário formativo. Assim, as instâncias de *pensar, sentir* e *criar* remetem o catequista a um itinerário interior envolvente, fascinante e belo. Nessa dinâmica, é possível que o catequista assuma a missão pastoral de *criar*, despojando-se, saindo de si, com atitude de discípulo missionário, fazendo do seu agir pastoral uma comunicação da fé, um anúncio da salvação.

3.3.3. A beleza como um modo de ser de Deus: um paradigma para a formação humano-cristã com catequista

Aproximar-se de Deus é o caminho para encontrar ou reencontrar a Beleza que acolhe e salva, que promove vida e sentido na existência humana. Deus é a fonte de uma beleza desinteressada, geradora de alegria e felicidade; de algum modo exilada, esquecida ou expulsa pela cultura de interesses, que destrói a criação, dando espaço para a tristeza e a ausência de sentido. Isso, assim, afeta a condição humana.

É preciso que a formação humano-cristã do catequista esteja centrada no Deus da Beleza. Do evangelizador de hoje é exigida uma atitude de discípulo missionário, que se manifesta pela intimidade mística com Deus, a Beleza que se deixa atrair e contemplar.

> No início da época moderna, torna-se urgente a recuperação da beleza, da verdade e do bem que os torne amáveis porque, como diz Santo Agostinho, "só se pode amar o que é belo". A uma humanidade que descobriu tão intensamente a mundanidade do mundo e procurou emancipar-se de toda a perspectiva estranha ao horizonte terreno, é necessário, mais do que nunca, propor a verdade amável, o bem atraente, o "escândalo" ao mesmo tempo fascinante e inquietante da humanidade de Deus. Quer dizer, é necessário redescobrir a chave estética da aproximação à verdade que salva, ao bem que liberta"[561].

A chave estética que educa a fé e forma o catequista abre as portas para o seu processo de humanização como manifestação da beleza no itinerário formativo. A Beleza é um modo de ser de Deus, que se associa ao Bem e ao Verdadeiro. Essas três vertentes filosóficas e teológicas apontam para um caminho de experiência formativa que ajuda o catequista a libertar-se de uma visão limitada do mundo, que o impede de ir além daquilo que se possa ver e explicar. Acolher Deus

---

561. MARTO, A.; RAVASI, G.; RUPNIK, M. I., O Evangelho da Beleza, p. 12.

como fonte de beleza no processo formativo é despertar para dimensões humanas que ficaram de lado em algumas maneiras de se fazer a formação, pois o encontro com Deus humaniza, sempre.

Compreender Deus como beleza é, de fato, revisitar a tradição teológica cristã e, de forma especial, a sua práxis catequética. A formação humano-cristã do catequista pela via da beleza não é um tema de hoje, mas sim uma prática existente desde o início do cristianismo. Abraçar a fé em Jesus Cristo pressupõe acolher como fonte de vida o Deus da beleza que se deixa encontrar. É nesse encontro que se dá uma formação profunda do catequista, capaz de superar a aparência e permitir o encontro com Jesus Cristo, síntese da Beleza.

De fato, Jesus Cristo, Verbo encarnado, é o ponto culminante de toda a Beleza divina que se manifesta na criação e ao longo da História da Salvação. É a beleza de Deus manifestada no mundo, de modo humano, único e irrepetível. A figura de Cristo, é figura suprema do belo[562].

A Beleza de Deus nos atrai e precisa ser apresentada no processo formativo do catequista, para que se crie um itinerário capaz de desenvolver e amadurecer dimensões importantes da sua vida humano-cristã. Um processo formativo que acontece por atração à Beleza trará grandes frutos para a ação evangelizadora da Igreja, gerando uma identidade mística que, por si só, torna-se, no cotidiano da vida, uma fonte de encantamento para aqueles que desejam viver o discipulado missionário.

Trilhar esse caminho é, para o catequista, uma possibilidade de contribuir na construção de uma cultura que põe a Beleza como centro; é buscar a superação do feio no processo formativo. Desse modo, quem crê em Deus é capaz de compreender, pela dinâmica da fé, que, na cruz, aquilo que parece feio trata-se da manifestação do Amor que transcende conceitos e da Beleza que nasce da dor, da entrega total de si, do abandono e do aparentemente incompreensível e feio. Na experiência da cruz, a Beleza rasga-se, manifestando-se por completo. A cruz é um cenário, um lugar de fala da beleza paradoxal, que só se conhece através de um encontro pessoal com Jesus Cristo.

> Não se trata, pois, da beleza como uma propriedade formal e exterior, mas do modo de ser próprio de Deus a que aludem os termos bíblicos "glória, esplendor, fascínio", isto é, manifestação da sua santidade, da sua misericórdia, do amor entranhado, da graça vivificante, do poder ressuscitador. É isso que provoca fascínio e atrai, suscita surpresa agradável e gratificante, dedicação fervorosa, enamoramento, entusiasmo, assombro. É tudo o que

---

562. MARTO, A.; RAVASI, G.; RUPNIK, M. I., O Evangelho da Beleza, p. 14.

o amor descobre na pessoa amada. A Beleza é, pois, o Amor crucificado, entregue à morte, revelação do amor divino que ama, com o seu amor de misericórdia e a sua ternura fiel[563].

O modo de ser de Deus, como Beleza que salva o mundo, pode ser expresso no itinerário formativo, de modo simbólico e litúrgico, ou seja, vivencial. Tendo em vista a dimensão humano-cristã, a formação deve apontar e conduzir para o processo de discernimento que se dá na escuta, na contemplação e na tomada de decisão daquele que se deixou seduzir pela beleza de Deus, pelo seu modo de ser em Jesus Cristo.

3.3.4. A Beleza é uma Pessoa: Jesus Cristo como manifestação da Beleza na vida e na missão do catequista

Em Jesus Cristo, o catequista encontra o princípio e o fim da sua formação humano-cristã. Um itinerário formativo cristocêntrico é, de fato, um caminho de beleza que cura, encanta e converge para o seguimento. Seguir Jesus Cristo como discípulo missionário é uma opção de vida que leva à comunhão com tudo aquilo que compõe a identidade cristã. Em tempos difíceis, Cristo é a esperança, o Caminho, a Beleza Pascal. É a Luz do mundo. Formar o catequista através do encontro com a Luz significa resgatar nele a certeza de reencontrar o seu caminho a cada dia, com entusiasmo. Iluminado pela luz que vem da Beleza, encontra confiança e entusiasmo para exercer sua missão. A Beleza, de fato, expressa o esplendor e a luz de uma perfeição que se dá a conhecer, como elucida o excerto: "O que pode voltar a dar entusiasmo e confiança, o que é que pode encorajar o ânimo humano a reencontrar o seu caminho, a erguer o olhar além do horizonte imediato, a sonhar uma vida digna da sua vocação, se não a Beleza"[564].

Ela se faz presente e ressignifica a vida do catequista na sua inteireza. Ao catequista seduzido pela Beleza, cabe colocar-se a caminho, anunciando o *querigma*, educando a fé em todas as fases da vida, pois a Beleza manifesta-se a todos, indistintamente.

> "Anunciar Cristo significa mostrar que crer nele, segui-lo não é algo apenas verdadeiro e justo, mas também belo, capaz de cumular a vida de um novo esplendor, de uma alegria profunda, mesmo no meio das provações" (EG, n. 167). A Catequese precisa, sempre, transmitir a beleza do Evange-

---

563. MARTO, A.; RAVASI, G.; RUPNIK, M. I., O Evangelho da Beleza, p. 14.

564. BENTO XVI, PP., Discurso dirigindo-se aos artistas, organizado pelo Pontifício Conselho da Cultura.

lho que ressoou nos lábios de Jesus para todos: pobres, simples, pecadores, publicanos e prostitutas que se sentiram acolhidos, compreendidos e ajudados, convidados e formados pelo próprio Senhor. De fato, o anúncio do amor misericordioso e gratuito de Deus que se manifestou plenamente em Jesus Cristo, morto e ressuscitado, é o coração do *querigma*[565].

Cristo é a Beleza que se manifesta pela via da Encarnação. "Toda beleza se concentra na pessoa de Jesus Cristo, revelador de Deus e resplendor da glória do Pai, a expressão do seu ser" (Hb 1,3)[566]. É a plenitude do Ser que, em sua total comunhão, transforma-se em caminho de beleza. Sente-se a glória de Deus em sua presença, a qual é possível contemplar na sua Paixão, na sua Morte e na sua Ressurreição. Centrada em Cristo, a formação do catequista pode oferecer, através da arte e da beleza, uma experiência de fé que o colocará em relação com uma Pessoa. Nessa relação, o catequista abre-se ao entusiasmo de quem encontrou o seu verdadeiro tesouro e contempla a glória de Deus.

> A glória de Deus, no mundo e na história, é sua presença como Criador e Salvador, que se manifesta no seu esplendor. Esta presença é uma presença pessoal, estabelecida na aliança e que, na plenitude dos tempos, habita o mundo e a história, mediante Jesus Cristo, Filho de Deus. A sua ação é o amor do Pai como única realidade, que se pode tornar presente na própria tragédia, na morte, ou seja, no lado obscuro da história. Por isso, a suprema glória de Deus, que podemos ler como beleza, é Jesus Cristo, na sua realidade concreta divino-humana, no acontecimento da Páscoa. Este paradoxo é tão forte que só será possível mediante uma luz que ilumina a mente, essa mesma luz que conduz o próprio Cristo, no sacrifício pascal, que é o Espírito Santo[567].

É movido pelo Espírito Santo que o catequista será capaz de participar dessa história de beleza, que se escreve desde sempre. Herdeiro de uma história de aliança, amor e misericórdia, o catequista precisa se deixar iluminar e conduzir pela Beleza que se manifestou na história da salvação. Nesse ponto, é preciso voltar ao espaço formativo do Museu Sagrada Família – Catequese e Arte. O itinerário do museu foi gerado dentro de um processo histórico, eclesial e social, através de uma profunda experiência com Cristo que, ao longo do caminho, fez-se Beleza em relação. Não pode ser visto como um monumento do passado, mas como um

---

565. DC 175.

566. DC 107.

567. MARTO, A.; RAVASI, G.; RUPNIK, M. I., O Evangelho da Beleza, p. 54.

acontecimento, um espaço vivo, que insere o catequista numa construção histórica da fé. Nessa exata perspectiva, o espaço como projeto formativo quer anunciar que o encontro com Cristo não é fuga ou isolamento; é inserção na vida que se revela na história humana.

Sedento por beleza, o catequista trilha um caminho formativo, movido por encantamento e fascínio, no qual, pela ação do Espírito Santo, recebe a graça de compreender sua vocação e sua missão na Igreja. "O verdadeiro protagonista, porém, de toda autêntica catequese é o Espírito Santo"[568]. Ao catequista, é oportuno apresentar o itinerário de formação humano-cristã como um projeto de vida na Igreja. Quando se trata da fé em Jesus Cristo, não se pode pensar na conclusão de um processo formativo. A dimensão permanente da formação deve ser um sinal de profunda amizade do catequista com Jesus Cristo. Essa amizade ou união faz com que a formação seja eficiente e eficaz.

Por isso a via da beleza é tão importante. Por meio dela, é possível manter viva a chama da fé que move a vocação do catequista. Cristo é a Beleza que educa de forma permanente. Assumir esse paradigma formativo exige mudança de estrutura e método e a criação de espaços de beleza que insiram o catequista no Mistério, pois a formação pela via da beleza conduz à unidade plena do nosso ser, *kalón*, no encontro entre a verdade, a bondade e a beleza.

Nesse itinerário, o catequista experimenta o prazer dos sentidos, mas não se prende a ele. A Beleza abre portas e insere numa nova vida, manifesta num testemunho alegre, próprio de quem encontrou Jesus Cristo. Na vida "por Cristo, com Cristo e em Cristo", consegue-se contemplar, no anúncio feito pelo catequista, a Beleza que se faz Pessoa. "A catequese, portanto, não é primeiramente a apresentação de uma moral, mas o anúncio da beleza de Deus, de que se pode fazer experiência, que toca o coração e a mente, transformando a vida"[569]. A formação que põe Jesus Cristo no centro é humanizadora, toca o coração e muda o rumo da história do catequista. Além disso, gera encantamento, pois, "partindo da beleza, a evangelização significa uma revelação, um testemunho. A vida dos cristãos testemunha o Salvador de todos os homens. E como este testemunho é a beleza, atrai e fascina"[570].

---

568. DC 112.

569. DC 175.

570. SPIDLÍK, C. T.; RUPNIK, M. I., Teología de la evangelización desde la belleza, p. 542.

3.3.5. Experiência de fé: um caminho de totalidade espiritual pela via da beleza

Em cada época e lugar, foi dada ao catequista uma tarefa. Diante das circunstâncias do mundo de hoje, é preciso que o educador da fé busque, no próprio exercício espiritual, a vivência de uma tarefa valiosa: crer. A totalidade espiritual, que oferece ao catequista uma nova identidade, nasce de uma experiência que se dá a partir do desenvolvimento de sua capacidade de entregar-se, totalmente, a uma única e exigente convicção da fé.

> Com efeito, a fé cresce quando é vivida como experiência de um amor recebido e é comunicada como experiência de graça e de alegria. A fé torna-nos fecundos, porque alarga o coração com a esperança e permite oferecer um testemunho que é capaz de gerar: de fato, abre o coração e a mente dos ouvintes para acolherem o convite do Senhor e aderir à sua Palavra, a fim de se tornarem seus discípulos[571].

A experiência de fé é uma resposta da pessoa, como superação de um ambiente de indiferença em relação a ela. Em muitos casos, não é um problema que está fora da Igreja, e sim um empecilho que atinge a própria caminhada do catequista – a pessoa – através de uma crise de Deus. "O último avatar desta crise de Deus é sua extensão a muitos crentes"[572]. Convém propor uma experiência de fé pela via da beleza, pois sabe-se que é um tema de grande pertinência na formação humano-cristã do catequisa. A crise de fé existe e afeta a vida dos catequistas; por isso, precisa ser cuidada com atenção.

> Pode até parecer uma ofensa atribuir uma possível crise da fé em Deus a pessoas que se consideram e se confessam crentes; que cumprem, bem ou mal, com suas obrigações de cristãos e que até consagraram a sua vida ao serviço da Igreja. Mas a verdade é que a falta de irradiação da fé que se mostra nas comunidades cristãs, sua incapacidade de comunicar e transmitir a fé às gerações jovens e a tibieza da vida cristã de tantas comunidades, e daqueles que a presidem, faz temer que alguns ou muitos dos que creem e se chamam crentes sofram, em maior ou menor grau, essa crise e que possam continuar a chamar-se crentes só a partir de uma maneira distorcida de entender a fé que está bem longe de refletir a forma de crer proposta pelo Evangelho[573].

---

571. PF 7.

572. ALEIXANDRE, D.; VELASCO, J. M.; PAGOLA, J. A., Olhos fixos em Jesus, p. 11.

573. ALEIXANDRE, D.; VELASCO, J. M.; PAGOLA, J. A., Olhos fixos em Jesus, p. 11.

No itinerário de formação, é importante observar como se dá a relação do catequista com o tema da fé. Educar na fé não pode ser, para o catequista, um trabalho voluntário na Igreja; é uma missão, uma vocação que nasce de uma compreensão e experiência de fé profunda, significante, humanizadora; que apresenta as verdades de Deus não a partir de si, mas a partir do próprio Deus. Essa fé não deve se sustentar apenas na crença, como manifestação devocional e prática cultural, e sim nascer do próprio ato de crer, de aderir, de criar raízes profundas, capazes de superar as fragilidades tão frequentes no agir pastoral. São deficiências que revelam o enfraquecimento da fé.

> Uma fé pode enfraquecer, tender ao nada, inclusive sem ter sido sacudida pela dúvida, esvaziando-se, exteriorizando-se, passando gradualmente da vida ao mero compromisso; pode, inclusive, endurecer e tomar a aparência da fé mais robusta, porque o córtice endureceu, mas num tronco que permaneceu vazio[574].

Esse vazio, visto como enfraquecimento, é muitas vezes o que se encontra no ato formativo; propor um itinerário de formação que não leve em conta esse aspecto, essencialmente humano, não converte, não gera discípulos. O discipulado nasce de um encontro consigo mesmo em Deus. É nessa experiência de fé que se pode superar a fraqueza e fazer-se forte; em vez de fugir de si e da sua realidade humana em crise, acolhê-la para transformá-la (1Cor 9,22-23).

O itinerário de formação com catequista pela via da beleza é um modo de favorecer a superação de um nível de vida cristã puramente racional, social, de aparência, e evoca o profundo mistério do coração. Dessa maneira, o caminhar formativo encontra sua eficácia quando aquilo que era distante, apenas um conteúdo da fé, passa a ser Presença que eleva e transcende: um encontro com o Mistério. Nesse ponto, a formação encontra o seu verdadeiro sentido.

> Efetivamente, sendo por natureza ativa, a razão faz descer o Mistério a seu nível. Já o coração, por ser naturalmente passível, deixa o Mistério em sua transcendência, deixando-se apenas elevar-se até Ele (São Tomás, I, q.16, a.1). Como, efetivamente, conhecer o coração de Deus senão através do coração? *Cor ad cor loquitur*. Dá-se aí um conhecimento "extático", pelo qual o ser humano ultrapassa suas capacidades, sublimando-se em Deus (Id., STI-II, q.28, a.3)[575].

---

574. WUST, P., Incertidumbre y riesgo, p. 202.

575. ZAK, L., Trindade e imagem, p. 157.

Pela experiência da fé, entende-se que percorrer o caminho da beleza gera, no catequista, uma atitude humano-cristã de quem se deixa encontrar e conduzir pela sede da Beleza. Essa sede é um despertar da fé, que move ao contínuo ato de buscar a água da fonte. Se em cada período da história se faz a pergunta "O que é a beleza?", entende-se que estão inerentes, na natureza humana, o desejo e a sede por uma Beleza que se faz resposta no caminho, como uma genuína manifestação da fé. O catequista que se deixa conduzir por essa sede, por essa pergunta, terá a alegre experiência de fé de formar-se caminhando.

> Essa pergunta vem da aurora dos tempos, como se o homem buscasse, desesperadamente, depois da queda original, aquele mundo de beleza, agora fora do seu alcance. Essa questão atravessa a história, sob múltiplas formas, e o grande número de obras, frutos de beleza em todas as civilizações, não consegue extinguir essa sede[576].

O catequista é educador da fé; tem a missão de acompanhar o Itinerário de Iniciação à Vida Cristã, na vida da Igreja. De fato, precisa amar e acolher o caminho da Beleza, movido por uma sede espiritual que lhe devolva e mantenha a alegria do Evangelho, alegria esta capaz de superar a morte, o sofrimento e o medo e curar as feridas que o impedem de ouvir a voz da Beleza.

> O homem, no seu íntimo desejo de felicidade, pode encontrar-se em face do mal, do sofrimento e da morte. Do mesmo modo, as culturas são colocadas diante de fenômenos análogos, de feridas, que podem levar até ao seu desaparecimento. A voz da beleza ajuda a abrir-se à luz da verdade e ilumina, assim, a condição humana ajudando-a a apreender o sentido da dor. Desse modo, ela favorece a cura dessas feridas[577].

Formar-se por essa via provoca uma ruptura com o paradigma de que se conhecem todos os conteúdos da catequese, e isso basta. Romper com esse paradigma é ter sede, é desejar professar a fé. Seguir a sede por Beleza, tão forte no coração humano, é reconhecer que a verdadeira formação do catequista precisa humanizá-lo. A experiência de fé que não humaniza, não atinge seu objetivo de educar e de abrir ao transcendente, reconhecendo-se: "A beleza é sempre e inseparavelmente imbuída da bondade e da verdade. Portanto, contemplar a beleza suscita no ser humano sentimentos de alegria, prazer, ternura, plenitude, significado, abrindo-o ao transcendente"[578].

---

576. ASSEMBLEIA PLENÁRIA DOS BISPOS, Via Pulchritudinis, p. 69.

577. ASSEMBLEIA PLENÁRIA DOS BISPOS, Via Pulchritudinis, p. 22.

578. DC 109.

Compreender a experiência de fé como algo essencial é ir em busca da água que sacia toda sede; é, de fato, um itinerário de formação que encontra alegria e encanto na mística da água viva (Jo 4,1-27), que jorra de cada encontro, de cada obra da criação, como expressão de uma arte que fala e se deixa calar no íntimo do coração, devolvendo ao catequista a beleza que só se pode encontrar no caminho.

> O caminho da beleza responde ao íntimo desejo de felicidade que mora no coração de cada homem. Ela abre horizontes infinitos que forçam o ser humano a sair de si mesmo, da rotina e do efêmero instante que passa, a abrir-se ao transcendente e ao Mistério, a desejar, como fim último do seu desejo de felicidade e de sua nostalgia do absoluto, essa Beleza original que é o próprio Deus, Criador de toda beleza criada[579].

Desse modo, contempla-se a Beleza no itinerário formativo, quando este é pautado na fé; aqui, não se trata de formar e dar diploma, mas de viver a fé dentro de um itinerário formativo baseado nas relações interpessoais. Sempre, a fé aponta para viver e conviver na dinâmica formativa do catequista.

> A fé para nada serve se não puder incidir na totalidade das relações humanas. Ela é, afinal, uma forma de ser e de agir, uma maneira de visualizar e compreender a existência humana na multiplicidade de suas manifestações, expressões e perspectivas. A teologia clássica já afirmava que, se houvesse um único tema da existência humana que não pudesse ser iluminado pela fé, ele facilmente ficaria à margem da Salvação[580].

Nesse caminho de fé, vista como fonte de transcendência, a arte exerce uma função importante de integração, abrindo à vivência da comunhão.

> A arte – como a fé religiosa em geral, e a oração em particular – tem o poder de nos ajudar a transcender a sociedade fragmentada em que vivemos. Vivemos em uma Babel, de tribos antagônicas – tribos que falam apenas os idiomas de raça, classe, direitos e ideologia [...] A arte nos convida a conhecer o outro – seja esse outro o nosso vizinho ou a alteridade infinita de Deus – e a alcançar uma nova totalidade espiritual[581].

Assim, uma experiência de fé que acontece pela via da beleza abre ao catequista a possibilidade de questionar-se sobre as boas obras e o viver gratuito, superando uma postura fragmentada da fé, que o impossibilita de vivenciar uma

---

579. ASSEMBLEIA PLENÁRIA DOS BISPOS, Via Pulchritudinis, p. 22.

580. PRETTO, H. E., Em busca de vida nova, p. 6.

581. WOLFE, G., A beleza salvará o mundo, p. 62.

espiritualidade que integra e ajuda a desenvolver uma nova totalidade espiritual. Quando se constrói um itinerário formativo pautado na ideia de caminhar pela fé e percorrer um caminho com inteireza de ser, tem-se aí a Beleza se manifestando, pois aquilo que está sendo feito é uma experiência espiritual transformadora, que educa a partir de dentro, respondendo aos apelos de uma evangelização complexa, "num tempo de particular reflexão e redescoberta da fé"[582].

3.3.6. O lúdico: sinal da Beleza e expressão de espontaneidade e criatividade na formação com catequista

Um itinerário formativo pautado na vida espiritual desenvolve no seu interior um espaço de beleza que pode se manifestar através do lúdico. A ludicidade, como expressão da fé, manifesta uma abertura para a criatividade, numa atitude de leveza que compreende o ser lúdico, o ato de jogar e de brincar, como um modo de ser e viver. A dimensão lúdica presente na formação do catequista deve ser compreendida com leveza e serenidade, como uma manifestação de amor à vida.

> Penso que as pessoas que podem brincar são as que amam a vida, que conhecem o prazer, a alegria de estar buscando sempre a harmonia consigo mesma e a natureza. Essas pessoas lutam com mais coragem. E na busca conseguem identificar a verdadeira pedrinha de brilhante que procuravam, quando a encontram[583].

Viver um processo formativo pela via da beleza é construir e desconstruir possibilidades que assumem uma espiritualidade própria de quem brinca, joga e encontra prazer naquilo que faz, sem esperar nada em troca. A ludicidade é um modo de relacionar-se com as pessoas e o mundo de forma integral e gratuita; uma atitude que se desvencilha de um monitoramento metodológico do certo ou errado ou do pode e não pode. O lúdico é o que está mais próximo do espontâneo.

A dimensão lúdica revela que brincar é viver, é existir plenamente na relação e na missão que se abraçou para a vida. É fruto de uma libertação humana e espiritual que desabrocha como ato espontâneo. Nessa direção, é necessário que se crie um ambiente formativo que seja capaz de gerar segurança espiritual e afetiva e que favoreça a superação de tensões e julgamentos, que travam as relações lúdicas no âmbito interior e na relação com outras pessoas, fator essencial para

---

582. PF 4.

583. MOTTA, J. M. C., Jogos: repetição ou criação?, p. 73.

que a dimensão da ludicidade possa fluir. O itinerário formativo precisa criar um ambiente para o jogo, como elemento antropológico e cultural importante para o amadurecimento do educador da fé. Nesse contexto, convém compreender as características próprias do jogo.

> Enumeramos uma vez mais as características que consideramos próprias do jogo. É uma atividade que se processa dentro de certos limites temporais e especiais, segundo uma determinada ordem e um dado número de regras livremente aceitas, e fora da esfera da necessidade ou da utilidade material. O ambiente em que ele se desenrola é de arrebatamento e entusiasmo, e torna-se sagrado ou festivo de acordo com a circunstância. A ação é acompanhada por um sentimento de exaltação e tensão, e seguida por um estado de alegria e de distensão[584].

A disponibilidade espontânea, própria do ser humano, qualifica a capacidade lúdica do catequista como elemento importante no processo de formação humano-cristã. É como um impulso inato que supera tensões e possibilita a tomada de atitudes em vista de uma ação transformadora. Essa experiência faz o catequista "sair" da realidade e retornar a ela com novo vigor e ajuda-o a dar respostas novas a situações antigas, bem como a responder, de modo adequado e humanizador, aos novos anseios que surgem na ação catequética.

O catequista que se deixa envolver pela arte e pela beleza brinca e envolve-se em jogos criativos, reconhecendo a dimensão lúdica como expressão do discipulado. Supera, de algum modo, o jogo de repetição e imitação e constrói uma personalidade que entende o jogo como criação, exercício espontâneo-criativo. Assumir o lúdico na trajetória formativa é compreender que, ao sermos salvos, fomos reinseridos na dinâmica do Deus que se manifesta na alegre festa da vida, em que a dança se faz celebração lúdica. A experiência de ludicidade favorece o conhecimento do Belo que, enquanto cria, salva, educa e ama: brinca, joga tranquilamente numa atitude profunda e *mistagógica*, apontando a natureza como lugar de encontro com o lúdico.

> A Natureza, em sua sabedoria, nos lega o modelo natural lúdico, cheio de graça e leveza, ao mesmo tempo em que sério e comprometido, pois é a manifestação da ordem universal: o dia e a noite, as quatro estações do ano, o ciclo da chuva, o sol, a lua…[585].

---

584. HUIZINGA, J., Homo Ludens, p. 147.

585. MOTTA, J. M. C., Jogos: repetição ou criação?, p. 22.

O lúdico, vivenciado pela via da beleza, requer um amadurecimento espiritual, uma postura mística diante da vida. Os místicos brincam através dos seus poemas e orações, pois não têm medo de Deus, transcenderam a vergonha e conseguem agir com autenticidade, com uma personalidade forte envolvida pela Beleza. Essa maturidade é o que se deseja ao propor ao catequista uma formação pela via da beleza.

Pensar o lúdico na formação do catequista é propor o reencontro com uma fase da vida em que viver é libertar-se de tensões e colocar-se inteiramente naquilo que se faz, porque "nada mais sério do que uma criança brincando". O lúdico é uma dimensão presente em todas as etapas da vida, pois se encontra na fase inicial de cada ser humano. Se está na raiz, no início, sempre estará no modo de ser e agir de cada um: é a expressão externa do prazer de viver, presente na interioridade humana. As manifestações do *Homo ludens* expressam a alegria e o prazer de viver, aspectos que precisam ficar evidentes no ser e agir do catequista nos dias de hoje.

> Em época mais otimista que a atual, nossa espécie recebeu a designação de *Homo sapiens*. Com o passar do tempo, acabamos por compreender que afinal de contas não somos tão racionais quanto a ingenuidade e o culto da razão do século XVIII nos fizeram supor, e passou a ser de moda designar grande número de animais. Mas existe uma terceira função, que se verifica tanto na vida humana como na animal, e é tão importante como o raciocínio e o fabricar de objetos: o jogo. Creio que, depois de *Homo faber* e talvez ao mesmo tempo *Homo sapiens*, a expressão *Homo ludens* merece um lugar em nossa nomenclatura[586].

O anúncio que sai da boca do catequista manifesta, de algum modo, o *Homo ludens*. Deve ser expressão dessa alegria interior, que pode ser manifestada no seu agir catequético através de jogos, brincadeiras, ritos, celebrações e nas mais variadas expressões artísticas e poéticas. São manifestações de beleza na ação de quem está em plena relação com o Mistério, numa experiência de arrebatamento e liberdade.

> O jogo permite, pois, ao homem, reencontrar sua liberdade, através não só de respostas, mas também na procura de formas novas para os desafios da vida, liberando sua espontaneidade criativa. O jogo nos devolve, na sua intensidade, uma fascinante energia que nos possibilita ir e vir, trocar e trans-

---

586. HUIZINGA, J., Homo Ludens, prefácio.

formar, promovendo a descoberta, o encontro do homem consigo mesmo, com os outros e com o Universo![587].

Diante de tantos desafios humanos na missão de evangelizar, o catequista precisa trilhar um caminho de leveza e liberdade, próprio de quem se deixou envolver pela dimensão lúdica da vida. Em cada atitude espontânea e criativa que se faz presente no agir do catequista, pode-se ter como fonte a dimensão antropológica que emana do lúdico.

A dimensão lúdica que se manifesta pela via da beleza se desdobra em celebrações da vida, nas quais a alegria se faz gestos e se transforma em ritos que geram comunhão e festa. Em situações tensas e muitas vezes envolvidas pela ameaça contra a vida, a ludicidade pode se manifestar como expressão de um profetismo que anuncia a alegria de viver pela fé, como um fator relevante e fundamental na existência humana. Essa sensibilidade lúdica nasce na vida do catequista que se deixou envolver pela missão evangelizadora, quando os desafios do caminho não impedem o ato de caminhar, mas despertam para uma criatividade lúdica, capaz de se tornar um modo de testemunho do Evangelho, ou seja, uma manifestação da Beleza.

A ausência do lúdico na vida do catequista pode ser fator de desânimo e abandono da missão. Quando não encontra fontes de alegria e se deixa envolver por ela, corre-se o sério risco de criar um modo de vida pesado e pautado no discurso vazio, que não encanta nem gera encantamento, fazendo da sua missão um peso capaz de adoecer o espírito evangelizador.

O lúdico é uma dimensão que alimenta o sentido da vida e, consequentemente, as escolhas que cada um faz no âmbito da catequese. É a partir de uma inteireza do ser que o catequista consegue superar situações de morte e inveja, que, muitas vezes, levam-no a desejar o "brinquedo do outro", ficando sob a influência de um espírito de competitividade que mata sua vocação e sua missão. Esse elemento pode adoecer os olhos, fazer invejar o outro, tirar o brilho e atribuir maldade a tudo, assumindo-se uma atitude competitiva, fruto de uma cultura de morte.

> Inveja é precisamente isto: doença dos olhos, uma perturbação nos seus movimentos (do latim *invidere*), que faz com que eles contemplem as boas coisas que o outro tem e que, ao voltar de sua visagem pela abundância do outro, destrua com desprezo todas as boas coisas que lhes são dadas. E eles ficam incapazes de ver com prazer aquilo que possuem[588].

---

587. MONTEIRO, R. F., Jogos dramáticos, p. 19.

588. ALVES, R., A eternidade numa hora, p. 27.

O lúdico aponta para experiências afetivas que geram equilíbrio, bem como cria espaços de cura que acontecem mediante o jogo e a ação numa experiência lúdica. Essa felicidade se manifesta como superação da inveja e cura dos olhos. Um catequista equilibrado é capaz de brincar e acolher, de evangelizar através do sorriso, do olhar, da presença. Essas e outras posturas lúdicas, que podem compor a identidade do catequista, são fruto de um autoconhecimento que remete ao encontro com sua história pessoal de vida. É no seio familiar que se vivem as primeiras experiências desses gestos lúdicos, que iluminam a vida através do prazer próprio da natureza humana em suas relações. Nelas, viver e conviver torna-se um aprendizado prazeroso, que perdura em todas as fases da vida, como uma expressão de arte e gratuidade. E o trabalho e a missão são vistos como um brinquedo gerador de vida e esperança, em que não se espera nada em troca.

> Uma das características das pessoas que têm isso é que elas têm uma enorme felicidade fazendo a sua coisa. O seu trabalho não é trabalho. É brinquedo. Trabalho que é brinquedo tem o nome de arte. A felicidade está no próprio fazer e não no que se possa ganhar de dinheiro fazendo. O artista faz, mesmo que não se possa ganhar nada de dinheiro fazendo. É artista mesmo que não ganhe nada. A experiência amorosa é gratuita[589].

Para manter uma atividade lúdica que seja edificante, é necessário que o catequista procure, a cada tempo, avaliar suas escolhas. Existem atividades lúdicas que podem ser ambíguas e fonte de violência e divisão. Há quem encontre o prazer em atitudes e escolhas que não favoreçam ambientes de beleza e vida. O feio é, também, uma das facetas da ludicidade. Por isso, convém criar laboratórios e espaços de vivência lúdica, para que os catequistas possam purificar suas escolhas e seus modos de agir no itinerário de educação na fé. Quando esses espaços estão centrados na via da beleza, tornam-se lugares de diversão, nos quais a vida é celebrada em cada gesto. O lúdico é a alegria, é a possibilidade de atualizar o Evangelho na vida, através de uma repetição que se faz novidade criativa, aproximando cada pessoa da leveza do Criador.

> O lúdico, o repetir em espiral, o jogo espontâneo-criativo, nos solta, nos permite ser seres alados capazes de nos aproximar da leveza própria do Criador, nos tornando nobres, livres, ao mesmo tempo que nos distancia do mecânico, o repetir circular, o jogo que nos prende à terra, nos tornando cômicos, imitáveis, escravos, pois distantes do ser espontâneo-criador[590].

---

589. ALVES, R., A eternidade numa hora, p. 218.

590. MOTTA, J. M. C., Jogos: repetição ou criação?, p. 69.

Percorrer a via da beleza com o olhar na dimensão lúdica é uma virtude, uma atitude amadurecida na formação dos catequistas. Somente ambientes formativos humanizados conseguem ser um lugar onde a atitude de jogar e sorrir pode ser encarada como uma manifestação da fé, que molda a pessoa por dentro e aponta o caminho da beleza. Isso, porque um dos encontros mais especiais com a Beleza se dá na dimensão lúdica presente desde a criação e que, ao ser experimentada, favorece as transformações essenciais na ação do catequista através de uma atitude criadora.

3.3.7. O exercício da contemplação: a formação que se dá no encontro com a Beleza que se faz Imagem

Vive-se num tempo marcado por um excesso de imagens que, frequentemente, tiram o foco e a atenção, fragilizando a capacidade de concentração, tão necessária ao desenvolvimento humano. Na psicologia ou nas reflexões psicopedagógicas, usa-se muitas vezes a nomenclatura "déficit de atenção". Essa dificuldade do homem contemporâneo em se concentrar diante de um tema ou uma imagem é um desafio para a formação humano-cristã do catequista. É como se o olhar vivesse em constante entretenimento, em busca de algo que não se sabe e, portanto, não se pode encontrar. Nesse sentido, a Imagem favorece o redirecionamento do olhar e conduz a um centro, como pode-se observar nas práticas cristãs. "O sentido de centro faz-nos sentir parte de UM todo que nos conduz e orienta. O indivíduo se sabe célula de um corpo, e não 'o centro'"[591].

Esse excesso de imagens que distraem o pensamento tem, de algum modo, alterado o comportamento humano na sociedade e nas comunidades cristãs. A distração por imagens que podem ser facilmente deletadas é um risco para a formação, que precisa ter o olhar fixo, centrado na mensagem do Evangelho. É necessário, de certa maneira, descansar o olhar, para deixar-se encontrar pela Beleza que se manifesta no caminho.

A questão sobre a Imagem é tema de larga compreensão na vida da Igreja. Mas, na ótica pastoral e formativa do momento atual, trata-se, acima de tudo, da compreensão da linguagem. A imagem é uma linguagem simbólica; com o avanço dos meios de comunicação, ela se tornou um desafio pastoral, tamanha a diversidade de linguagens que entrecruzam o universo formativo.

O homem possui várias linguagens. Uma só língua é universal e unificada: **a imagem**. A imagem forma o eu mais íntimo e, consequentemente, o

---

591. PASTRO, C., A arte no cristianismo, p. 15.

une aos demais eus numa comunidade. Uma forma, uma cor, sons, cheiros, poemas, composições e construções são imagens indicativas de uma outra realidade além do imediato que se vê e sente. Há pessoas com desequilíbrio de formação e de comunicação, pois desde a infância experimentaram mal as imagens ao seu redor ou seus educadores lhes passaram imagens quebradas ou falsas imagens. Toda vitalidade do mundo passa através de imagens de arte, beleza, sons, cores e gestos, formando um todo, um conjunto, uma unidade que garante a sobrevivência do ser. Por antecipação, numa obra de arte (Imagem) posso alcançar a amplidão de uma realidade que só mais tarde será conquistada. O aprendizado através de imagem é fundamental na integração do eu de um povo. Por uma mesma imagem, unifica-se e forma-se a identidade de uma religião ou uma comunidade, e todos passam a falar a mesma língua[592].

É preciso lapidar e purificar o olhar, de modo a ir além das manifestações da beleza. Estas são a porta de entrada ao Mistério mais profundo, que, para ser contemplado, exige tempo e serenidade. É no caminho da contemplação que o catequista conseguirá, de algum modo, compreender o paradoxal mistério da beleza.

Sempre, de fato, aquilo que se manifesta é na sua própria manifestação o que não se manifesta [...]. Na superfície visível da manifestação se alcança a profundidade que não se manifesta, e somente isto assegura ao fenômeno do belo o seu caráter fascinante e dominante, e somente isto assegura ao existente a sua verdade e a sua bondade[593].

A ausência desse olhar contemplativo pode dificultar que a mensagem cristã penetre o coração e transforme a vida do educador da fé. Esse olhar é importante, pois cria unidade. A contemplação ajuda o catequista a ter uma vida cotidiana centrada em Cristo, de forma integrada.

A contemplação não acontece, apenas, diante de um espetáculo que, espontaneamente, nos faz exclamar a sua beleza; a arte espiritual da contemplação consegue revelar a conexão entre qualquer situação humana e Cristo. Assim, mostra a salvação e a unidade. E, quando nos sentimos unidos, sente-se a beleza. Por isso, podemos concluir que o sentido da vida espiritual é tornarmo-nos belos[594].

---

592. PASTRO, C., A arte no cristianismo, p. 14.

593. BALTHASAR, H. U. V., Glória, p. 373.

594. RUPNIK, M. I., Segundo o Espírito, p. 171.

Se a prática do silêncio e da contemplação não existe em nossos processos de formação, gera-se uma dificuldade na relação do interlocutor com o Mistério. Encontra-se nesse ponto uma questão espiritual, que se traduz na missão de educar para a contemplação, para o encantamento. Quando a capacidade de encantamento se perde, nós nos tornamos insensíveis, desumanos, incapazes de preservar a obra da criação. Sem a contemplação daquilo que foi criado por Deus, e pelo homem através da arte, dificilmente se consegue percorrer os passos da via da beleza, pois "feliz o coração que ultrapassou os limites de todos os seres e sem interrupção está mergulhado no gozo da divina beleza"[595].

Numa cultura do descartável e do entretenimento exagerado, amplia-se a certeza de que o itinerário de formação pela via da beleza configura um modo privilegiado de educar, ou reeducar, os catequistas para uma prática espiritual cujas raízes estão na pedagogia divina, fonte e essência de toda beleza. Esse exercício formativo educa para o belo e dá ao catequista as chaves para a porta que, aberta, permite que ele adentre a via da beleza, como um modo de seguir o Mestre.

Existem muitas forças contrárias a essa prática. A oposição ocorre no sentido de muitos não entenderem que a contemplação se dá pelo encontro com a imagem revelada no mistério da Encarnação. A imagem é a linguagem do Eterno, e essa realidade só pode ser compreendida plenamente através da arte.

> Uma obra de arte, de qualquer época ou cultura, permanece bela para sempre. A arte não é só contemporânea, e menos ainda descartável. Ela é fruto da técnica que está a serviço da arte, isto é, da ação superior do Espírito que se manifesta no tempo e na matéria[596].

A cultura do descartável e do imediatismo tem sufocado o modo de conduzir a catequese. É urgente oferecer aos catequistas uma experiência que os leve de volta às origens da educação da fé. Através de um itinerário litúrgico-catequético será possível reaprender a se deter, silenciar, contemplar a Beleza e aprender a partir Dela, e assim dedicar um tempo para permanecer na sua Presença. O ato contemplativo diante da Beleza é o encontro com a Imagem que se revelou e se oferece, pelo mistério da Encarnação, com um nome: Jesus Cristo. Contemplar esse Rosto na vida cotidiana supera a dimensão puramente intelectual, porque a Beleza "vem pela contemplação e não pelo raciocínio"[597].

---

595. RUPNIK, M. I., Segundo o Espírito, p. 171.

596. PASTRO, C., A arte no cristianismo, p. 35.

597. PRETTO, H. E., Em busca de vida nova, p. 95.

A Imagem, a qual o catequista é convidado a contemplar, é inseparável da Encarnação. "O aspecto talvez mais sugestivo é que o belo não é objeto de *afirmação*, mas de *contemplação*"[598]. Nesse sentido, entende-se a dimensão *mistagógica* do processo formativo, que faz o catequista não percorrer o itinerário racionalizando, mas sim viver o processo com uma atitude contemplativa e, dessa maneira, assumir uma identidade mística.

A possibilidade de percorrer um caminho no encontro com a arte e a beleza favorece ao catequista uma abertura para aprender com o Mestre e contemplar sua Beleza na Palavra que se fez Imagem, compreendendo que "a era dos simulacros tomou o lugar da era da imagem, dos ícones e da palavra que eram indissociáveis uns dos outros, originalmente"[599]. No encontro contemplativo, nada é "vitrine", tudo é profundamente real; por isso, pode gerar dor e sofrimento, mas abrirá as portas da alegre experiência passível de surgir num espaço formativo engendrado com arte e beleza.

> Talvez vos tenha acontecido, algumas vezes, diante de uma escultura, de um quadro, de certos versos de uma poesia ou de uma peça musical, sentir uma emoção íntima, ter uma sensação de alegria, ou seja, sentir claramente que diante de vós não havia apenas matéria, um pedaço de mármore ou de bronze, uma tela pintada, um conjunto de letras ou um cúmulo de sons, mas algo maior, algo que "fala", capaz de sensibilizar o coração, de comunicar uma mensagem e de elevar a alma. Uma obra de arte é fruto da capacidade criativa do ser humano, que se interroga diante da realidade visível, procura descobrir o seu sentido profundo e comunicá-lo através da linguagem, das formas, das cores e dos sons. A arte é capaz de expressar e de tornar visível a necessidade que o homem tem de ir além daquilo que se vê, pois manifesta a sede e a busca do infinito. Aliás, é como uma porta aberta para o infinito, para uma beleza e para uma verdade que vão mais além da vida quotidiana. E uma obra de arte pode abrir os olhos da mente e do coração, impelindo-nos rumo ao alto[600].

Permanecer diante da Imagem que se desvela é transcender. O objetivo é encontrar a realidade eterna através de um itinerário marcado por símbolos que não pedem explicação, mas silêncio, pois colocam o catequista diante de uma Presença – Indescritível e Eterna. É, portanto, uma experiência que nutre o es-

---

598. PRETTO, H. E., Em busca de vida nova, p. 94.

599. MONDZAIN, M. J., Imagem, ícone, economia, p. 285.

600. BENTO XVI, PP., Audiência geral.

pírito e favorece o amadurecimento de uma espiritualidade cristã que, por meio da contemplação permanente da Beleza, proporciona o aprofundamento sobre o Verbo, que se fez Imagem.

3.3.8. Via da beleza e o descanso: a necessidade do ócio criativo na formação com catequista

Nesse tópico, deseja-se recordar o excesso de atividades e uma agenda interminável de eventos e reuniões que, muitas vezes, sufocam a ação pastoral do catequista. Entre o mundo privado, familiar e pastoral, percebe-se um acúmulo de atividades infindáveis, que, de certa forma, cria um ambiente de cobranças e tensões, favorável para relações violentas. Nos tempos atuais, o entendimento do ócio e do descanso tem uma forte ligação com as mudanças de comportamento, bem como com a maneira de organização e compreensão da vida na sociedade.

O ócio e o descanso se associam à saúde e à criatividade, aspectos que interferem diretamente na vida das pessoas e, nesse caso, na vida do catequista. A superação de um ambiente violento e desumano, que cria preconceitos sobre o ócio, acontece mediante essa experiência valiosa para a estrutura humana e a vida espiritual marcada pela leveza. Parte-se de um desapego de si mesmo, vivendo de forma gratuita e integral e abrindo a possibilidade para uma ação criativa.

> Qualquer que seja o trabalho desempenhado, qualquer que seja o talento de alguém, a vida espiritual leva o cristão a viver esse trabalho ou esse talento livre de si mesmo, portanto, não como meio de afirmação do eu individual, mas como espaço onde se podem manifestar relações livres, a comunhão, a vida em Cristo. Quando alguém consegue realizar até o trabalho mais simples livre de si próprio, fá-lo de um modo simbólico. Então, naquele trabalho, manifesta-se um modo de existir que deixa entrever o Outro da relação. Quando um trabalho é feito assim, é realmente criativo[601].

Atualmente, o ócio e o descanso têm suas raízes na saúde, na criatividade e no modo como o indivíduo lida com suas emoções. "A glória de Deus é o homem vivo", já dizia Santo Irineu. Se o catequista tem a missão de anunciar a vida, precisa propor caminhos que ajudem na superação da melancolia e da depressão que, muitas vezes, levam ao suicídio. Anunciar a vida é uma manifestação de beleza que passa pela catequese. O ócio que ajuda a repor energias – vivido como férias, festas, celebrações, encontros, passeios comuns, leituras, cinema, trilhas na natu-

---

601. RUPNIK, M. I., Segundo o Espírito, p. 171.

reza, visitas a museus, entre outros – é um modo de trazer saúde, a salvação, para a vida e a missão do catequista. É manifestação da beleza de Deus.

Um aspecto importante do ócio criativo na formação com catequista é a dimensão festiva. O catequista precisa ser educado para a festa, pois ela é uma das experiências mais importantes da formação pela via da beleza. É um fenômeno presente em todos os grupos e culturas, criando um espaço da alegria que se faz relação. Na festa, tem-se o descanso, a partilha, a dança. Alimenta-se da arte que se faz presente, desde a comida até a arrumação do ambiente.

A festa é um ócio criativo preparado e organizado com um precioso tempo. É um momento "onde se pode pôr um pouco de sonho na realidade dura da vida", como afirma Dom Helder Câmara. Na festa, o tempo dá espaço para a eternidade, como um instante de profunda beleza e êxtase. É um prazer, uma alegria, que se vivencia desde sua preparação. O período da festa perdura, posteriormente, como um eco de boas memórias que alimentam o espírito de beleza. De fato, quem participa ou, mais ainda, quem prepara uma festa, faz uma experiência de arte e beleza, que aponta para a transcendência. Isso pode-se observar na *Festa de Babette*, filme que mostra uma cozinheira preparando uma festa, como um ato de amor, capaz de curar e resgatar a alegria de uma comunidade inteira. Naquele festejo, a cozinheira é uma artista que prepara a mesa com sabores de eternidade, usando todo o dinheiro que tinha e esbanjando criatividade, ternura, beleza e, acima de tudo, a graça divina. Era uma mulher rica, que se tornou pobre por um ato de puro amor. Esse é o espírito da festa que transforma vidas numa manifestação de arte.

> Mais uma vez, por um longo tempo, houve silêncio na cozinha. Depois Martine disse: "Então vai ser pobre o resto da vida, Babette?". "Pobre?", disse Babette. Sorriu para si mesma ao ouvir isso. "Não, nunca vou ser pobre. Já lhes disse que sou uma grande artista. Uma grande artista, madames, nunca é pobre. Temos algo, madames, a respeito do qual as outras pessoas não fazem a menor ideia"[602].

Na festa, sai de cena o espírito utilitário de um tipo de produtividade esvaziado de sentido, e se manifesta a grandeza da gratuidade em acontecimentos que conectam várias dimensões da vida, próprios dos dias festivos. A festa é um aspecto que define a identidade da comunidade onde estão inseridos os catequistas. É o lugar da gratuidade, da vida partilhada, da fartura e da espontaneidade que mantêm a alegria no centro, como aquela que dá o ritmo da festa. Sem a festa, esse

---

602. BLIXEN, K., A Festa de Babette, p. 53.

espaço de ócio criativo e estético, a comunidade perde dimensões valiosas da vida humano-cristã. Daí a importância de um itinerário formativo que valorize os dias festivos, como liturgia do caminho que se faz com arte e beleza.

> Nesse caso, em vez de lamentarmos o excesso de *dias festivos*, teríamos que lamentar o excesso de *dias úteis*. Mas, para chegar a isso, teríamos que operar uma profunda revolução na compreensão da essencialidade da existência humana. Na mesma linha de reflexão, poderíamos debitar o processo de desumanização em andamento à prevalência da reflexão e do trabalho sobre o usufruto. Note-se que não se trata, apenas, de oferecer mais dias feriados. Isso poderia até ser prejudicial. O mais importante é despertar as pessoas para o espírito não produtivo, espaço essencial para a gratuidade relacional e garantia de crescimento no interior dos valores humanos fundamentais[603].

O despertar para valores fundamentais da vida humana faz com que o catequista assuma a educação da fé como um espaço de contraposição a uma cultura controlada pela dimensão econômica e produtiva. Trazer a experiência do ócio criativo para o seu processo formativo é resgatar valores que estão presentes na cultura cristã, pois o seu modo humano de ser tem suas raízes e fontes no cristianismo.

Descansar, ou vivenciar o ócio como espaço de revigoramento, torna-se também um modo de evangelizar, de educar a fé. Se o catequista não for educado para o descanso e para o ócio criativo, será difícil conseguir exercer o seu papel com ternura e sensibilidade mística para atingir o coração do seu interlocutor. O descanso, igualmente entendido como ócio estético ou criativo, quebra as tensões interiores, as ansiedades e as cobranças infinitas que fazemos a nós mesmos, a todo instante. Na relação com a arte, com a comunidade ou em outros níveis, o ócio favorece ao catequista uma experiência integral, que o humaniza no seu modo de ser e agir.

> Uma experiência integral da pessoa é um direito fundamental. Uma experiência humana integral, quer dizer, total, complexa (direcional e multidimensional), centrada em atuações desejadas (livres, satisfatórias), autotélicas (com um fim em si mesmas) e pessoais (com implicações pessoais e sociais)[604].

---

603. PRETTO, H. E., Em busca de vida nova, p. 98.

604. CUENCA, M. (org.), Aproximación multidisciplinar a los estudios de ocio, p. 14.

324

Esse é um aspecto muito importante na formação humano-cristã com catequista: ajudá-lo a compreender que a experiência do ócio é um modo de percorrer o caminho da beleza que evangeliza. É um processo, um itinerário que vive ciclos litúrgicos dentro de um tempo que não pode ser visto pela ótica comercial ("Tempo é dinheiro"), mas pela ótica da gratuidade, sob a qual o tempo é um espaço de oportunidades para vivências importantes na construção do ser.

O encontro com a Beleza ajuda a perceber que descansar, aquietar-se, vagar livremente e experimentar o ócio estabelecem um novo modo de ser. É uma dimensão da existência que põe a pessoa em comunhão com o Criador do Universo, permitindo a ela se sentir parte de um Todo, que precisa ser buscado e encontrado em experiências de descanso, próprias de quem ama e alimenta uma profunda amizade com o Amor. O descanso é um fator determinante para o cultivo da amizade com a Trindade, com o outro e com o mundo. Sem esse aspecto, tudo se torna utilitarista e pragmático. O ócio criativo faculta ao catequista a possibilidade de testemunhar essa amizade, para se tornar um facilitador do encantamento entre o catequizando e a fonte de toda beleza.

Percorrer a via da beleza é descansar diante de Deus e penetrar os mistérios mais profundos da criação, pois todo ato criativo exige descanso. "Deus concluiu no sétimo dia a obra que fizera e no sétimo dia descansou, depois de toda a obra que fizera" (Gn 2,2). Descansar é educar o olhar para a contemplação, é abrir-se para uma experiência de mergulho profundo naquilo que, de fato, mostra o sentido da vida. Através do ócio, expande-se a dimensão criativa e, possivelmente, artística do catequista.

> A dimensão criativa é entendida como a atualização do conceito de ócio próprio da cultura clássica, concretizada no ócio formativo, reflexivo, cultural, criativo e de crescimento pessoal. A reflexão teórica insistiu no seu caráter consciente, de abertura e encontro, relacionando-o com a autorrealização, sublinhando a aprendizagem e a formação. A criação e a recepção artísticas se inserem nessa dimensão[605].

Esse tema se reflete, desde a Antiguidade, como algo salutar ao desenvolvimento de aspectos importantes da vida humana, principalmente no âmbito da cultura e da arte. Para o catequista, essa dimensão o faz agir com alegria e prazer. O seu fazer não é vivenciado como um peso, um infortúnio, mas como uma atitude interior de quem encontra sentido para a vida naquilo que realiza.

---

605. CUENCA, M., Ocio humanista, p. 114.

Desde a Antiguidade, o ócio foi vinculado ao conhecimento e à cultura, como um exercício próprio da pessoa instruída, culta e sensível. Por isso, desde Aristóteles, o campo das artes se sobressai ao contexto das aprendizagens de ócio. O ócio é o caminho para se chegar ao fim supremo do ser humano, sua realização pessoal e social. O ideal do ócio clássico transcende o pessoal e se orienta à formação do cidadão e ao serviço da comunidade[606].

Viver o ócio dentro de uma prática pastoral ajudará o catequista a ressignificar o seu agir na direção do outro. A compreensão do ócio como serviço, como abertura para a assimilação do seu papel na comunidade, resgata a beleza de sua missão, que, preenchida de sentido, alimenta a caminhada catequética no seu cotidiano. É um modo de vivenciar sua atuação na Igreja com criatividade e beleza, acolhendo inspirações que se manifestam em arte. Nesse movimento interior, encontra-se a abertura para recriar, dando respostas aos temas emergentes da ação evangelizadora e trazendo, ao seu papel de catequista, uma dimensão de arte e beleza, como testemunha de comunhão ao que é inerente ao ato de evangelizar.

Descansar exige confiança no Mistério; é um modo de existir diante da Beleza. O descanso conduz ao santo abandono: "abandonar-se nas mãos de Deus como criança no colo da mãe", como afirma São Gaspar Bertoni. O descanso e o ócio criativo nascem da certeza de que existir é abandonar-se nas mãos da vida, e isso é bom, verdadeiro e belo. É um ato de liberdade, que favorece o desenvolvimento da criatividade, pois esta "é incindível da liberdade. Só quem é livre, cria. Da necessidade só nasce a evolução, mas a criatividade apenas nasce da liberdade"[607].

No descanso, o catequista tem a possibilidade de contemplar Jesus Cristo e, após a saída desse descanso contemplativo, alcança a alegria de anunciar o Evangelho pautado naquilo que viu e ouviu: "O que vimos e ouvimos vo-lo anunciamos, para que estejais, também, em comunhão conosco" (1Jo 1,3). Esses são os aspectos pelos quais se pode compreender que a vivência do ócio criativo favorece a tomada de atitude. O catequista descansado é capaz de ouvir, discernir e agir. Esse discernimento faz com que volte sua atenção para a beleza que se transpõe às realidades difíceis do mundo. Assim, não se deixa envolver pelo discurso intolerante ou individualista, indiferente, que o impede de arriscar-se em novas experiências de vida e beleza.

Assim, o ócio criativo consiste numa experiência que leva a uma tomada de atitude perante a vida e seus desafios, sendo um modo de manifestar a beleza que

---

606. SEGURA, S.; CUENCA, M., El ocio em la Grecia clássica, p. 22.

607. BERDIAEV, N., Le sens de la création, p. 187.

supera as misérias da missão. Ele pode ser encontrado no relato de tantas pessoas, poetas, artistas, teólogos, filósofos e, principalmente, nas partilhas de vida dos catequistas. São fontes a partir das quais é possível compreender a função primordial da atitude do catequista diante da vida e da missão.

> Não penso na miséria, mas na beleza que sobreviverá. Essa é a grande diferença que existe entre mim e minha mãe. Se alguém estiver desanimado e triste, seu conselho sempre será: "Pensemos nas desgraças do mundo e nos sintamos contentes por estarmos protegidos delas". Meu conselho, ao contrário, é: "Sai, corre pelos campos, contempla a natureza e o sol, aspira o ar livre e tenta encontrar a felicidade em ti mesmo e em Deus. Pensa na beleza que há em ti e ao teu redor". [...]. Acho que voltando os olhos para o que é belo – a natureza, o sol, a liberdade e a beleza que está em nós – nos sentimos enriquecidos[608].

Tomar uma atitude, por mais simples que seja, envolve, sempre, uma escolha. Como educador da fé, é dada ao catequista a oportunidade de escolher a vida – Jesus Cristo. Essa atitude exige tempo, uma experiência de descanso, de ócio, que abra a possibilidade de viver e percorrer o caminho da beleza com alegria. A alegria do anúncio depende dessa demora em Deus; o amor não pede pressa; a amizade se constrói passo a passo. Assim, o anúncio do Evangelho que não antecede a esse deleite, esse ócio e esse descanso em Deus torna-se vazio; uma mera transmissão de conteúdos da fé, que não ultrapassa a razão, não toca o coração, não tem beleza e, portanto, não converte, não gera discípulos missionários. De fato, o ócio criativo favorece o encontro com a Beleza, a ponto de ajudar o catequista a alimentar uma força interior capaz de acolher e transformar a realidade com espiritualidade, arte e beleza.

3.3.9. A Beleza como expressão da comunhão na formação com catequista

A formação pela via da beleza possibilita ao catequista um encontro com uma linguagem que convoca para a unidade. Essa unidade é a expressão da Beleza, que se revela no itinerário formativo da vida cristã, a qual se inicia na celebração do batismo. Ao ser acolhido para a vida em Cristo, o catequista, desde o seu batismo, é convidado a participar de uma unidade que se expressa numa plena

---

608. FRANK, A., O diário de Anne Frank, p. 209.

comunhão no seio da Igreja. Na vida cristã, a unidade, como participação livre e adesão do coração, revela a Beleza.

> Contemplada com espírito sincero, a beleza fala diretamente ao coração, eleva interiormente do espanto ao maravilhamento, da admiração à gratuidade, da felicidade à contemplação. Por isso, cria um terreno fértil para a escuta e o diálogo com o homem e para envolvê-lo inteiramente, mente e coração, inteligência e razão, capacidade criativa e imaginação. Ela, de fato, dificilmente nos deixa indiferentes: suscita emoções, move um dinamismo de profunda transformação interior que gera alegria, sentimento de plenitude, desejo de participar gratuitamente dessa mesma beleza, de apropriar--se dela, interiorizando-a e inserindo-a na própria existência concreta[609].

Ao adentrar esse caminho de vivência da fé, o catequista é convidado a relacionar-se com uma realidade concreta, com o mundo, com as pessoas, com tudo o que existe. Mas, nessa relação, ele é interpelado pela Beleza, no sentido de mergulhar numa realidade mais profunda e se deixar encontrar na criação: uma realidade abstrata que se manifesta para além do concreto. O catequista precisa ser educado dentro de uma dimensão humano-cristã, a ponto de perceber que uma realidade abstrata aponta para algo fascinante que o atrai e faz com que se torne um peregrino em uma busca, incansável, pela Beleza que o completa e salva.

Na procura pela Beleza que se faz comunhão, o catequista poderá aprofundar sua adesão à fé cristã, superando a experiência sacramental e abrindo-se para um compromisso eclesial, sem a separação entre a fé e a vida, tema que tem sido uma preocupação da catequese, presentificado nas muitas reflexões e práticas da ação evangelizadora da Igreja. Mais do que ter uma função na Igreja, o catequista precisa ter vida eclesial.

> A verdade é que, atualmente, temos um grande número de pessoas ligadas à Igreja por um vínculo sacramental, mas sem vida eclesial consciente, sem uma verdadeira vida no Espírito. E não é possível seguir o Senhor senão como Ele diz: "Se alguém me ama, guardará a minha palavra" (Jo 14,23)[610].

A Beleza converge para uma relação que se manifesta como atitude livre, uma relação que liberta e, ao mesmo tempo, conduz para algo que é essencial. Traz para perto sem acorrentar, manifestando a grandeza de uma relação que é fruto de uma liberdade espiritual capaz de se transformar em comunhão e com-

---

609. ASSEMBLEIA PLENÁRIA DOS BISPOS, Via Pulchritudinis, p. 22.

610. RUPNIK, M. I., Segundo o Espírito, p. 29.

plementaridade. Aponta para uma visão orgânica, que se manifesta na experiência com Deus.

> A beleza, mais do que qualquer outro termo, exprime a globalidade e a integralidade da visão de Deus, da criação e da redenção, precisamente, porque só se pode falar dela na medida em que se fala de unidade do ideal e do palpável, dos sentidos espirituais e corpóreos, do pensamento e do sentimento, do existente e do devir, da história, da liberdade, do trágico e do cumprimento. A beleza é uma realidade orgânica, dinâmica, viva, por ser precisamente relacional, livre, de amor. A beleza é uma unidade realizada de modo pessoal, até à revelação do esplendor do Rosto[611].

A beleza se utiliza da matéria, daquilo que é concreto, para atrair e converter em uma relação profunda, onde o catequista se sente acolhido, amado e, ao mesmo tempo, livre para ser plenamente quem é. De fato, nessa relação, compreende-se a força da dimensão espiritual que é capaz de unir e de manifestar a Beleza como plenitude da vida.

Nessa trajetória permanente de formação para a educação da fé, cabe ao catequista anunciar a Beleza como síntese; a beleza é Cristo, e Nele se encontram a bondade e a verdade. Aquilo que está na arte ou em qualquer criação não deve ser acolhido como manifestação absoluta da Beleza, pois esta transcende aquilo que é visível, material, concreto. Por isso, educa o catequista em profundidade humano-cristã, não o estagna, não o deixa parado com a sensação de plenitude, mas sim o convoca e atrai para um caminho permanente de diálogo e comunhão. Nesse ponto, é inserido no caminho eclesial como peregrino que caminha com a Igreja, sendo sinal de comunhão dentro do Corpo de Cristo. Uma visão da Igreja como comunhão, sinodal, é de fundamental importância no itinerário formativo com catequista.

> A Igreja é este povo em caminho como comunhão, dentro do Corpo de Cristo. A única realidade sobre a qual se apoia, no seu andar, é a sua estrutura ontológica, ou seja, a vida como comunhão. A Igreja do Vaticano II redescobriu a sua identidade como Igreja de comunhão, portanto, sinodal. Torna-se, assim, claro que o modo a governar deve ser radicalmente repensado a partir desta identidade, de modo que a sua própria estrutura seja ícone da sua verdade ontológica. Mas ainda estamos só no início desse processo de perceber como repensar a Igreja. Caminhando por entre os povos,

---

611. MARTO, A.; RAVASI, G.; RUPNIK, M. I., O Evangelho da Beleza, p. 119.

a Igreja atrai pelo seu modo de ser e de existir. É a vida enquanto comunhão, que atrai, porque é uma manifestação da beleza[612].

A beleza é a manifestação concreta da verdade e do bem. A verdade que não se comunica como beleza pode ser dura, mortal. Uma formação que se dá apenas pela concepção ou pela busca da verdade pode se enrijecer e gerar ambientes hostis, de morte. Assim como a verdade, o bem que não se manifesta pela beleza é fanatismo, dogmatismo que pode tirar a liberdade e gerar ausência de sentido para a vida, pois o bem sem o espírito da beleza é pesado, cansativo e demasiado exigente, a ponto de perder seu sentido de gratuidade e beleza.

A formação pela via da beleza deve gerar no catequista uma identidade nova, capaz de favorecer a construção de uma linguagem sobre o bem e a verdade, impregnada de Beleza. Um anúncio que se faz sem a Beleza é ausente de verdade; não educa nem converte, nem toca o coração e a vida do interlocutor. Esse anúncio, *querigma*, que converte e gera nova identidade, nasce de uma experiência relacional onde se toma consciência de si na comunhão. Essa experiência, desde o batismo, que não se pauta em questões subjetivas, mas sim na objetividade dos conteúdos da fé, torna-se importante no processo formativo do catequista.

> O eu individual morre e ressuscita o eu em Cristo, que não é uma mera substituição do velho, mas uma nova modalidade de existência do próprio eu, que toma consciência de si na relação, enquanto filho com o Pai. Fazemos essa experiência no momento em que nos integramos pessoalmente na única Páscoa de Cristo, que se cumpre na Igreja, lugar onde vive o Senhor ressuscitado. Nessa passagem, morre o eu individual e ressuscita o eu de comunhão. O batizado começa a viver em Cristo e é enxertado numa existência tipicamente divina: "Eu estou no Pai, e o Pai está em mim" (Jo 14,10)[613].

A verdade da fé, que molda a vida do catequista, precisa ser anunciada com beleza e ternura. Apresentar Cristo com aspereza e gritos é um caminho que gera medo. Não se deve formar catequistas pela pedagogia do grito, do medo ou da aspereza da fé, mas sim pelo sorriso terno e profundo da beleza, que contém toda a verdade. Cristo é uma verdade que não gera morte, não fere; é a Verdade que liberta e salva, que torna libertos aqueles que se tornaram cativos em várias dimensões da vida. Nesse sentido, é necessário que o itinerário formativo do catequista anuncie a verdade através do Amor; o Amor é a Verdade, Deus é Amor. O Amor que se anuncia nesse processo é verdadeiro, é justo, é belo. Uma práxis formativa

---

612. RUPNIK, M. I., Segundo o Espírito, p. 22.

613. RUPNIK, M. I., Segundo o Espírito, p. 47.

que se dá pela dinâmica do Amor converte para a relação e a comunhão com a Beleza, pois a chave que abre a porta dessa relação entre o catequista e a Beleza é o Amor. Compreende-se, então, que a proposta de uma formação pela via da beleza abrange e promove um processo de humanização pela pedagogia do Amor, que se traduz em Beleza, "antiga e nova".

A Beleza é uma unidade entre a vida, o corpo vivido, a realidade e as verdades da fé; mais do que uma unidade, uma transfiguração. É uma realização da verdade e do bem. Essa compreensão aponta para o senso de beleza, porque é uma superação da dimensão cosmética, que tanto atrai pessoas nos dias de hoje. A aparência, sustentada por uma busca estética e mercadológica, revela a fraqueza humana de se deixar seduzir por uma falsa beleza.

Essa falsa beleza camufla as fragilidades, a doença e os limites físicos, psíquicos e sociais. Na cultura contemporânea, diante do limite e da morte, tenta-se enganar a realidade humana com o entretenimento, a distração. Invadindo esferas mais profundas do eu, a distração pode deseducar, violentar e gerar um cansaço que dificulta o encontro com o essencial. Assim, fica favorecida a cultura do consumo, pautando-se no aparentemente belo e prazeroso. Essa postura impossibilita a vivência da comunhão, como dimensão espiritual que dá sentido à vida, pois faz com que a pessoa se volte só para si, esquecendo-se de que comunhão se realiza pelo sacrifício de si mesmo, numa dinâmica relacional. Assim, "o homem já não se realizará sozinho, porque a vida que recebeu delineou-o para uma existência relacional"[614].

A beleza não suporta o falso; ela ilumina a realidade humana e manifesta seu esplendor naquilo que é aparentemente feio. Existe beleza na cruz, assim como nas experiências de dor e sofrimento. Essa premissa demonstra um aspecto fundamental da vida cristã, que precisa ser assimilado pelo catequista: no corpo que sofre, pode-se encontrar a manifestação da Beleza, que regenera e salva. Nesse ponto, a arte cristã manifestou a beleza de Cristo, em várias facetas do sofrimento humano.

> O ícone do crucifixo da face desfigurada contém em si, para quem deseja contemplá-la, a misteriosa beleza de Deus. É a beleza que se completa na dor, no dom de si, sem nenhum retorno sobre si. A Beleza do amor que é mais forte do que o mal e morte[615].

---

614. RUPNIK, M. I., Segundo o Espírito, p. 118.

615. ASSEMBLEIA PLENÁRIA DOS BISPOS, Via Pulchritudinis, p. 53.

Aqui, supera-se o ideal grego de beleza, que se manifesta em formas perfeitas. Na cultura cristã, a beleza se expõe, se entrega, se relaciona a ponto de ferir-se ou morrer. Ela é relação que se deixa moldar por um Amor Verdadeiro e Justo, portanto Belo. Nessa experiência, o catequista chega à compreensão de que a Beleza é pascal.

A fé cristã assumida pelo catequista é manifestação de um Amor Pascal. A Beleza parte de Cristo na direção do homem. Cristo é o amor que se faz comida, alimento, e Nele o pão e o vinho se transformam no Corpo de Cristo. O pão se transforma na carne do Verbo, *Logos*. A matéria, pão e vinho, que se torna Cristo, é manifestação da Beleza que habita a carne humana. Em tudo que faz, a pessoa deve manifestar a Beleza de Cristo, pois "os corpos, isto é, os homens corpóreos, que se tornam Eucaristia, não estão mais um ao lado do outro, mas se tornam uma só coisa com e dentro do único corpo e no único Cristo vivente"[616].

Uma formação que aponte para a dimensão profunda da Eucaristia revela a grandeza da fé cristã, que se alimenta, diariamente, da vida de Cristo. Esse é o alimento vital, no qual a Beleza se dá como alimento salutar. No itinerário formativo, cabe ao catequista ouvir a Palavra e alimentar-se do Pão e do Vinho. O Corpo de Cristo é a Palavra que se faz carne, alimento, e a beleza indica o caminho para a comunhão, leva cada pessoa à participação do Corpo de Cristo.

> A Eucaristia mostra que o homem não se salva sozinho, mas somente com toda a criação. Não nos é possível entrar no Reino senão através do trabalho e, juntamente, com a criação. Nós entramos no Reino com o trigo, com o vinho, com as coisas da terra. A Eucaristia tem um significado cósmico e escatológico: revela uma unidade orgânica entre o homem e a criação, mas já na ótica da nova criação. Precisamente neste sacramento, abre-se assim, um relacionamento absolutamente único do homem com a criação. Aquilo que o pecado entrevou, escondeu, destruiu, ou pacificou, retorna no sacramento, mas de acordo com a visão de Deus; o homem experimenta, então, que toda a sua vida é uma existência eucarística, e as coisas que o alimentam nesta vida que morre se tornam nutrimento da sua relação com Deus e da sua comunhão com a criação e com as outras pessoas[617].

A Eucaristia é a Beleza, a unidade, que brota do trabalho cotidiano e se transforma em fonte de vida. Em Cristo Jesus e em nós se concretizam a Beleza, o Reino de Deus. Nesse encontro, cada pessoa se torna parte de uma comunhão que

---

616. RATZINGER, J., Teologia da Liturgia, p. 394.

617. RUPNIK, M. I., Segundo o Espírito, p. 155.

antecipa o Céu. Na matéria do mundo e do trabalho humano se dá a Eucaristia, e o fruto do trabalho se transforma em Corpo de Cristo. A beleza não é separada da liturgia; a Eucaristia é, para a vida cristã, o centro de tudo, fonte de santidade e amor; alimento que sustenta a espiritualidade do catequista numa profunda comunhão eucarística.

> Quem se une ao Senhor, torna-se com ele um só espírito. Aqui foi formulado com autoridade o conteúdo mais profundo da espiritualidade cristã da comunhão eucarística e, ao mesmo tempo, foi ilustrado o núcleo da mística cristã: ela não se baseia sobre as técnicas humanas de ascese ou esvaziamento, que certamente podem ter sua utilidade; ela se baseia sobre o "*mysterion*", ou seja sobre a descida e sobre a autodoação de Deus, que recebemos no Sacramento[618].

É preciso superar a visão de beleza como riqueza, tema que tomou forma na arte barroca, por exemplo. Na Eucaristia compreende-se que o que transforma o mundo é o amor. Viver o amor é uma atitude teológica que revela a Beleza no cotidiano da vida. Cristo mudou o mundo, transformando a matéria em sacramento pascal.

A Beleza é "antinômica". Em Cristo, a Beleza transcende o esteticamente belo e se manifesta na vida verdadeira, que é amor amando. É uma surpresa, não se prende em um projeto. É um evento, um lugar que preenche e completa o vazio. A beleza é uma experiência concreta que se faz durante toda a vida cristã através da Eucaristia.

> A beleza do amor de Cristo vem, cada dia, ao nosso encontro, não apenas pelo exemplo dos santos, mas também na sagrada liturgia, sobretudo na celebração da Eucaristia, na qual o Mistério se faz presente e ilumina de sentido e de beleza toda a nossa existência. É o extraordinário meio com o qual Nosso Senhor, morto e ressuscitado, nos transmite a sua vida e, assim, nos torna partícipes de sua beleza[619].

A Beleza é vida. Não é um projeto que se estrutura, de maneira pragmática, na história; é uma experiência que antecipa a plenitude. É vida que possibilita a capacidade de relação e acolhida: dimensão que se manifesta na Palavra e no Pão. O pão e o vinho são o Corpo de Cristo, que é manifestação da Palavra realizada. A Beleza é o Verbo encarnado que se faz alimento. O catequista é convidado a

---

618. RATZINGER, J., Teologia da Liturgia, p. 382.

619. ASSEMBLEIA PLENÁRIA DOS BISPOS, Via Pulchritudinis, p. 55.

acolher esse alimento pela ação do Espírito Santo e pela acolhida desse mistério de fé, do Verbo que se faz carne, tornando-se um discípulo missionário da Beleza.

> Se o modelo dessa nova existência do homem está no nascimento para essa vida nova – no Batismo –, já a realização de tal existência e a sua nutrição está na Eucaristia, que é o mistério da Igreja. Por isso, uma mentalidade e um comportamento que não partem da composição eucarística, dificilmente darão frutos à Igreja[620].

Aqui está o maior desafio da formação pela via da beleza: educar o catequista para a acolhida do Mistério da Fé. Não basta saber, decorar, conhecer; é preciso deixar-se conduzir, entrar numa relação de comunhão e viver a Eucaristia como Beleza que nutre e dá sentido ao ser, ao saber e ao saber fazer do catequista.

3.4. Dimensões práticas: o encontro com a arte e a beleza no itinerário de formação com catequista

A formação humano-cristã do catequista é uma dimensão da vida pastoral, um caminho de evangelização que envolve o saber fazer. O catequista é formado e inserido na realidade missionária da Igreja a partir de um encontro com sua realidade familiar, paroquial e diocesana. A formação pela via da beleza, a partir de um ambiente como o Museu Sagrada Família, exorta a buscar, no universo da arte cristã, algumas expressões que possam ser apresentadas como *querigma*.

Pôr o catequista em contato com a arte é uma missão que exige das equipes de formação uma aproximação com artistas e obras de arte que possam ajudar o catequista a purificar suas escolhas diante da grande quantidade de manifestações artísticas que surgem, principalmente no âmbito virtual. Aqui, não se deve usar um critério de valor artístico, mas sim um critério que considere o retorno às fontes da arte cristã. Toda obra de arte traz características e aspectos que tocam as dimensões humanas em vários âmbitos. Selecionar as obras a serem inseridas no processo formativo do catequista não guarda relação com o gosto da equipe formativa; trata-se de uma escolha que tem sua base na objetividade da arte e da beleza de uma obra artística que apresenta os conteúdos da fé, seja música, poesia, arquitetura, pintura, escultura ou um ícone, seja outras expressões capazes de educar e conduzir para o caminho da beleza.

A beleza da arte cristã não está no gosto estético de quem a vê; ela está em dimensões mais profundas, pois sua missão é promover a relação do interlocutor

---

620. RUPNIK, M. I., Segundo o Espírito, p. 56.

com a dinâmica de uma fé que deve ser transmitida de geração em geração, sem perder suas origens. Por essa razão, é uma arte objetiva, que não se deixa levar por subjetividades de um tempo ou lugar. A história é dinâmica; a vida é um movimento que vive transformações; o catequista é uma pessoa inserida no tempo e na história, e por isso mesmo precisa ser educado para a relação com uma obra de arte, livre de preconceitos e achismos superficiais. A obra exprime uma relação profunda e espiritual, e o que o artista expressa nela é um texto a ser lido e atualizado em cada época e lugar.

Diante das adversidades da evangelização, nos dias de hoje cabe ao catequista o desafio de evangelizar o coração da cultura. A fé precisa tornar-se cultura para que haja transformações na vida da sociedade. Se a fé cristã é um caminho de vida que salva a humanidade, é necessário propor ao catequista uma formação que abra horizontes para outros métodos e modos de educar. Formar o catequista pela educação do olhar, e de todos os sentidos, é propor um encontro com a obra de arte que o torna integrado. O que se precisa, de fato, é ter uma coragem profética e adotar o uso da obra de arte na formação humano-cristã com catequista, como um caminho que oxigena a vida formativa, gerando encantamento.

A arte tem muito a dizer aos homens e mulheres de hoje; é uma via de beleza que aponta para a centralidade daquilo que se é chamado a ser pelo batismo. A vida cristã inicia nos sacramentos da iniciação, mas perdura através de uma formação permanente, a qual, apoiando-se em tantos métodos e estratégias, precisa entender e buscar, na via da beleza, um caminho seguro de educação da fé. Esse caminho deve pôr a pessoa em diálogo com a cultura, a ponto de mantê-la na missão de promover e preservar a vida. Nesse sentido, faz-se necessária uma formação do catequista pela via da beleza, por meio de uma arte que acene para o Mistério Pascal e não se contamine com uma visão deturpada da fé, que tende a desumanizar, quando se fixa distante dos princípios teológicos.

> Obviamente, um ponto fundamental e decisivo, que todos devem procurar determinar, neste percurso de formação, é aquele de definir de qual beleza se trata, para evitar erros de interpretação, em razão daquele modo de pensar que, constantemente impelido pelo materialismo contemporâneo, considera a beleza somente em relação à aparência material das coisas. De fato, se entre as coisas deste mundo, se encontram obras de arte e elas pretendem apresentar, aos olhos dos homens, a beleza, então é justo perguntar qual beleza as obras de arte deveriam propor, de modo a introduzir o observador na contemplação do Mistério Pascal do Verbo encarnado[621].

---

621. ESTIVILL, D., La Chiesa e l'arte secondo il Concilio Ecumenico Vaticano II, p. 72.

Entre tantas manifestações de arte presentes na vida da Igreja, escolhem-se aquelas que podem ser inseridas na formação humano-cristã do catequista, para criar uma prática formativa que passe, também, pelo silêncio diante da arte e pela contemplação pascal. É preciso mudar o paradigma de que uma boa formação é apenas aquela de muitas palavras e textos densos. Ao perfil do catequista de hoje, cabem poucas palavras, textos curtos e o encontro com a Imagem, a obra de arte, como fator relevante da formação humano-cristã. Assim, entre tantas manifestações artísticas, sente-se a necessidade de refletir sobre a iconografia, a música sacra e a poesia como propostas de inserção no caminho de beleza, que conduzirá o catequista à essencialidade da fé.

3.4.1. O caminho da beleza pela iconografia

Tratar do tema da iconografia como uma proposta de vivência com arte na formação com catequista requer uma sensibilidade histórica e cultural. A iconografia é, de certo modo, uma novidade para os catequistas habituados com outras manifestações e formas estéticas de arte cristã. Convém lembrar que, a partir do Concílio Vaticano II, a Igreja reforçou o propósito do "retorno às fontes". No campo da arte, a Igreja aproximou-se da arte oriental, procurando aprofundar a beleza da sua arte litúrgica através de um diálogo ecumênico: "A Igreja latina, bebendo da estética oriental, realiza aquele sonho ecumênico do Papa João Paulo II, expresso na *Ut unumsint*, de que 'a igreja deve respirar com os dois pulmões': a Igreja latina e a ortodoxa, expressão usada por Soloviev"[622].

O caminho da beleza que se propõe ao catequista pela experiência iconográfica objetiva ajudá-lo, no processo formativo, a desenvolver uma dimensão valiosa do ser humano: a capacidade de olhar, de contemplar e acessar, por essa contemplação, a Beleza que se deixa encontrar. Vivendo em ambientes de tantos entretenimentos e distrações, o catequista pode encontrar no ícone um texto a ser lido com o olhar. Nessa vivência, é possível integrar na vida do catequista os elementos dos quais o ícone é composto: "as cores e as formas que o estruturam, a Presença discreta e forte da qual é a evocação eficaz"[623]. É uma escola do olhar, que ajuda a ler "o Invisível no visível, a Presença na aparência"[624]; educa as vontades e favorece um encontro, não com uma obra de arte com tema religioso, mas

---

622. ANTUNES, O. F., A beleza como experiência de Deus, p. 50.

623. LELOUP, J. Y., O ícone, p. 16.

624. LELOUP, J. Y., O ícone, p. 15.

com um mundo transfigurado, que conduz a dimensões profundas da existência humana em Deus.

> A palavra "iconografia", de origem grega, por si já nos revela seu significado: significa comunicar-se, escrever, através da imagem. A iconografia, para que possamos apreender o que nos quer comunicar, exige do homem contemplação, silêncio, respeito, atenção[625].

A iconografia insere a pessoa num caminho de beleza que educa a fé. Põe-na diante da centralidade daquilo em que crê: o Mistério encarnado. A partir disso, ela é capaz de compreender a beleza de Deus que, no seu infinito amor, assumiu a humanidade em sua totalidade. Pela Encarnação, pode-se entender que Deus não está distante, e sim fez-se próximo, habitou entre nós; fez-se Imagem, na qual se pode buscá-Lo, contemplá-Lo, encontrar-se Nele. Nesse caminho, acontece uma verdadeira educação da fé.

> A iconografia não é somente expressão da fé, mas é também um espaço para a sua educação: é uma catequese e um testemunho silencioso. Dizia São Gregório de Nissa, irmão de São Basílio e de Santa Macrina, "que a palavra manipula, mas a imagem nos coloca diante de uma presença". Somos chamados a estar diante dessa presença divina, acolhê-la, deixar que ela nos tome pelas mãos e nos leve ao Amor[626].

No encontro com o ícone, o olhar vai encaminhando e educando o catequista, sua sensibilidade, seu modo de ser, saber e saber fazer na catequese. Assim, é provocada uma transformação espiritual que o insere no caminho da beleza e o torna mais aberto para acolher o Mistério. Esse é um caminho que se faz sem palavras, no silêncio de uma Presença, que tudo diz e tudo revela como um acontecimento na vida do catequista. O ícone convoca, sempre, a uma experiência que vai além da estética, uma experiência espiritual e mística, capaz de favorecer ao catequista o abandono das muitas palavras e a criação de uma identidade a partir de gestos e posturas que manifestem o seu testemunho de vida como discípulo missionário de Jesus Cristo.

Numa escolha difícil diante da vasta beleza iconográfica, pode-se ilustrar essa reflexão considerando o ícone da Santíssima Trindade, de Andrei Rublev.

> A imagem em questão, é muito antiga e venerável. O autor dela é o monge russo Andrei Rublev, no início do século XV. Rublev era um grande artista

---

625. MARIANI, C. B.; VILHENA, M. A. (orgs.), Teologia e arte, p. 39.

626. MARIANI, C. B.; VILHENA, M. A. (orgs.), Teologia e arte, p. 42.

e um grande contemplativo. Pintou esse quadro em honra de São Sérgio de Radonesh, outro monge do século XIV que, naquele tempo violento e perturbado pela guerra (invasão dos tártaros), confortava o povo cristão com suas pregações sobre a SS. Trindade. "Vamos vencer a crueldade do mundo com a contemplação da SS. Trindade", era o seu lema. Andrei Rublev conseguiu captar essa mensagem no seu ícone (é assim que se chama, na Rússia e na Igreja ortodoxa, as imagens santas). Ele pintou uma cena histórica da vida de Abraão e fez, dessa cena pintada, uma das mais belas mensagens, simbolicamente fecundas, do mistério mais profundo de nossa fé: a SS. Trindade[627].

Esse ícone não se cansa de comunicar e atrair para si, sendo uma fonte de estudo para muitos artistas, teólogos e místicos. Nele, contempla-se um Deus que oferece tudo, entrega-se a si mesmo numa autocomunicação. Trata-se de uma imagem que põe a pessoa diante de uma presença que acolhe e habita, fazendo com que cada um seja participante de sua beleza e sua simplicidade. Contemplar o mistério da Santíssima Trindade no ícone é um modo de propor ao catequista, através de uma *Lectio Divina*, a beleza de um caminho que não se encerra, e sim se faz comunhão na Trindade através da escuta e do olhar, que é permanente, eterno.

A iconografia não pretende representar a Essência de Deus, YHWH, mas suas manifestações. "Ninguém jamais viu a Deus; O Filho unigênito que está no seio do Pai, este o deu a conhecer" (Jo 1, 18). O ícone da *Trindade* é, por excelência, um ícone não representativo, um ícone "simbólico". A comunhão de amor que habita as profundezas do Ser está simbolizada pelos três anjos ou três visitantes acolhidos por Abraão e Sara em sua casa e à sua mesa. Assim como a presença do Espírito Santo é acolhida no cenáculo no dia de Pentecostes, esse Espírito abre esses homens "fechados a sete chaves" e os torna capazes de relação com tudo e com todos; eles serão então novamente à imagem e semelhança do Deus Uno e Trino[628].

Nesse ícone, podem-se perceber as Três Pessoas num diálogo profundo e silencioso, no qual a missão de cada um não é ofuscada, e sim contemplada como manifestação de comunhão, de unidade absoluta. O ícone da Saníssima Trindade é um itinerário de formação que o catequista é convidado a trilhar com olhos de fé e ouvidos de discípulo. Nessa proposta de vivência de uma formação contemplativa diante do ícone, não se tem a intenção de esgotar o assunto, tamanha a sua

---

627. TEPE, V., Nós somos um, p. 21.

628. LELOUP, J. Y., O ícone, p. 138.

profundidade, mas apontar um caminho de beleza. Ao catequista, o ícone da Santíssima Trindade apresenta a beleza e a alegria de uma formação humano-cristã através do olhar e da escuta, num espaço de silêncio, onde a presença basta, onde sentar-se à mesa é participar da beleza do Mistério.

3.4.2. O caminho da beleza pela música

A música é um caminho de beleza que exerce uma extraordinária importância na vida das pessoas. Ela conduz ao mistério presente na existência humana e encanta ao manter um ritmo vital na linguagem e levar uma comunidade inteira ao encontro da Beleza Suprema. Presente na essência do ser humano, a música se manifesta nas culturas, nos mais diferentes estilos; ela é um aspecto antropológico de extremo valor e relevância, pois onde está o ser humano pode-se encontrar a música, que se manifestou, primeiramente, na sua relação com o sagrado e, a partir da liberdade artística, se desenvolveu no universo profano. "Música de Igreja e música profana se interpenetraram"[629]. Ambas geraram um tesouro artístico valioso em sua manifestação de beleza e arte. A beleza da música emana da sua íntima relação com as leis rítmicas e harmônicas do universo; assim, "a música humana será tanto mais 'bela' quanto mais participe intimamente das leis musicais do cosmos"[630].

No âmbito da fé cristã, a música existe desde as primeiras comunidades; ela sempre foi uma manifestação da vida litúrgica da Igreja, um louvor a Deus. O Vaticano II, na *Sacrosanctum Concilium*, indica, com sabedoria, a importância e o valor da música na tradição musical de toda a Igreja, exaltando: a formação e a prática da música no itinerário formativo; sua íntima relação com o espírito da liturgia e com a dignidade do espaço litúrgico; o canto gregoriano; as canções religiosas populares; bem como a formação e a edificação dos fiéis[631].

Ao abordar o tema da música como caminho de beleza no itinerário de formação com catequista, deseja-se manifestar uma preocupação com a música que tem adentrado na vida da Igreja, pois "uma Igreja que faz somente 'música utilitária' se precipita no inútil e se torna ela mesma inútil"[632]. Tem-se percebido uma crise na música litúrgico-catequética, sobretudo quando tende a buscar seu fundamento no subjetivismo e no modismo. Esse é um tema que se encontra

---

629. BENTO XVI, PP., O espírito da música, p. 121.

630. BENTO XVI, PP., O espírito da música, p. 126.

631. SC 112-121.

632. RATZINGER, J., Teologia da Liturgia, p. 489.

diariamente na ação pastoral ligada à formação litúrgica. "Hoje em dia, as formas radicais do subjetivismo conduziram à dissolução do sujeito e as teorias anárquicas da arte concluem essa obra de desconstrução"[633]. É preciso libertar os espaços litúrgicos e formativos da música de massa, puramente comercial, e retomar a música no seu sentido mais profundo e espiritual, numa volta às fontes. Aqui, não se trata de uma visão "romântica" da música, mas de um desafio pastoral, que precisa ser compreendido com seriedade. Na glorificação do Criador, a Igreja deve despertar a voz do cosmos e tirar dele sua magnificência, torná-lo esplêndido e, com isso, belo, habitável, amável, porque a música tem uma grande força: ela é capaz de influenciar a identidade de uma comunidade inteira; pode educar ou deseducar na fé.

Sabe-se que, no vasto mundo da música, existem vários estilos, letras e melodias; é preciso ampliar a cultura musical dos catequistas, indo, inicialmente, ao encontro das melodias que brotam da sua própria realidade e, passo a passo, ampliar o encontro com a música em suas diversas manifestações. Uma formação que passe pela vivência musical favorece o encontro educador para uma postura litúrgico-catequética na Igreja. "A beleza da música, seja ela sacra ou nominalmente profana, existe em função de seu elo com aquilo de Belo para o que ela aponta"[634]. A intenção não é criar juízo de valor musical, e sim apurar os sentidos para a escuta de uma música que seja manifestação do espírito e não só promova uma experiência de fruição estética, mas também abra o coração para uma realização espiritual de extrema beleza.

Na ótica da fé cristã, precisa-se compreender que a música, como caminho de beleza, relaciona-se com o *Logos*, conduzindo a ele e atualizando-o na vida humana.

> A encarnação não cessa, torna-se definitiva somente no momento em que o movimento, por assim dizer, inverte-se: a própria carne "se faz Logos". Porém precisamente este fazer-se Palavra da carne opera uma nova unidade de toda realidade, uma unidade que Deus buscou com tanto empenho que a pagou com a cruz do Filho. O processo em que a Palavra se faz música é, de um lado, materialização, encarnação, atrair para si forças pré-racionais e suprarracionais, atrair para si o som oculto da criação, descoberta do canto que repousa no fundamento das coisas. Mas esta conversão em música já é,

---

633. BENTO XVI, PP., O espírito da música, p. 128.

634. BENTO XVI, PP., O espírito da música, p. 14.

em si mesma, também o giro do movimento: não é, somente, encarnação do Verbo, mas ao mesmo tempo espiritualização da carne[635].

No caminho da beleza, é preciso propor ao catequista o conhecimento do *Logos* na música. Esses aspectos são importantes para a catequese, principalmente na compreensão da identidade da música sacra cristã. Segundo o Papa Bento XVI, a música, no culto cristão, vincula-se ao *Logos* de três modos:

1. Ela se refere às intenções de Deus atestadas pela Bíblia, continuadas na história da Igreja e atualizadas na liturgia, essa ação divina procede de um centro imutável: a Páscoa de Jesus Cristo – crucifixão, ressurreição, ascensão – que absorve a história da salvação do Antigo Testamento, bem como as experiências de redenção e esperança da humanidade, interpretando-as e conduzindo-as rumo à plena realização. Baseada na fé bíblica, a música litúrgica valoriza a palavra, a proclamação. [...]; 2. São Paulo nos lembra que, por nós mesmos, não sabemos rezar como se deve, mas que "o Espírito mesmo intercede por nós com gemidos inefáveis" (Rm 8,26). Saber rezar, e mais ainda, saber cantar e tocar diante de Deus é um dom do Espírito. O Espírito é amor, e é por isso que ele desperta em nós o amor, motor do desejo de cantar. [...] O Espírito Santo, que conduz ao Logos, suscita uma música que eleva o coração – o *sursum corda* da liturgia. [...]; 3. O Verbo encarnado, o Logos, não se limita ao sentido que ele dá à nossa história individual ou mesmo à história em geral. Ele é o sentido mesmo da Criação, refletido no ordenamento do universo, que nos retira de nossa solidão para nos introduzir na comunhão dos santos. É aí que o Senhor nos coloca em "terreno vasto", num espaço de liberdade com as dimensões da própria Criação[636].

A partir dessa compreensão, apresentar ao catequista a música como caminho de beleza consiste em favorecer uma experiência que transforma e um encontro com uma linguagem espiritual que humaniza e converge para a universalidade da vida, capaz de converter e criar um ambiente de diálogo e paz. Sob essa ótica, a música é expressão profunda do ser humano e o conecta com o cosmo, com a essência da fé cristã, a ponto de se tornar uma oração.

A música, a grande música, acalma o espírito, suscita sentimentos profundos e conduz, quase que naturalmente, à elevação do espírito e do coração

---

635. RATZINGER, J., Teologia da Liturgia, p. 502.

636. BENTO XVI, PP., O espírito da *música*, p. 123.

para Deus em toda situação, seja ela triste ou alegre, da existência humana. A música pode tornar-se oração[637].

Ao se tornar uma oração, a música resgata a esperança no caminho que se faz através da missão de educar a fé. A ausência dela no caminhar da vida pode ser a ausência de sentido, o indício de uma vida aprisionada, exilada. "À beira dos canais de Babilônia nos sentamos, e choramos com saudades de Sião; nos salgueiros que ali estavam penduramos nossas harpas" (Sl 137,1-2). Percorrer um caminho com a música é perceber que ainda se é incompleto; é vivenciar uma espera, sempre. A sonoridade musical ajuda a aprofundar o sentido da vida, alimenta o sonho e a utopia, além de tirar a pessoa do vazio existencial, depressivo, no qual, às vezes, está. É capaz de curar as feridas da alma e realimentar a esperança.

> Existe um parentesco misterioso entre música e esperança, entre canto e vida eterna: não é por acaso que a tradição cristã representa os espíritos bem-aventurados no ato de cantar em coro, tomados e extasiados com a beleza de Deus. Mas a arte autêntica, bem como a prece, não nos torna estrangeiros à realidade de cada dia, mas, ao contrário, nos volta a ela para "irrigá-la" e fazê-la germinar, para que ela possa oferecer frutos de bem e paz[638].

O vasto universo da música atrai e seduz. É um tema impossível de ser descrito em sua totalidade, tamanha sua grandeza e beleza. A música gera no ser humano todos os tipos de sentimentos e emoções e está presente em tudo o que se faz, exercendo o poder de educar desde o ventre materno[639]. Pode-se ouvir e cantar todos os tipos de música; ela tem força para curar ou adoecer; é preciso fazer uma escolha. Em muitas situações, pode ser tratada como um tema de vida romântica, um marco de fatos importantes e narrativas históricas e, acima de tudo, uma manifestação da fé, da criatividade humana que busca no cosmo suas músicas para distribuí-las a todos. Ao catequista, cabe desenvolver um gosto pela música, cultivando o senso crítico; não se deixar levar pela "música da moda", aquela que se ouve mais no rádio e na TV. Seja a música religiosa, seja a profana, o que compete ao itinerário de formação pela via da beleza é ir mais fundo: criar com a música uma relação que consiga conduzir a um processo de humanização, capaz de converter o coração e a mente para o Mistério.

---

637. BENTO XVI, PP., O espírito da música, p. 168.

638. BENTO XVI, PP., O espírito da música, p. 164.

639. CALANDRO, E.; LEDO, J. S., Celebrando a vida, p. 6.

3.4.3. O caminho da beleza pela poesia

Inserido numa cultura secularizada, vivendo de certo modo um exílio, no qual os ambientes da fé passam por grandes transformações, o catequista é convidado a se tornar um poeta da esperança. Cabe a ele, através do encontro com a arte e a literatura (e no caso a poesia), ressignificar uma linguagem que, em si mesma, consegue tocar o coração e promover a conversão e o seguimento a Jesus Cristo. É preciso abeirar-se da poesia como um caminho de encontro do humano e do divino, em que a dimensão humana se transpõe, permitindo-se tocar pelo divino, que o antecipa.

Pode-se encontrar a poesia nas palavras de Jesus, de um modo belo e transformador. Sendo iluminado pela vida do Mestre, o catequista, a partir de um itinerário de formação que se desenvolve num ambiente de arte, é sensibilizado a desenvolver novas formas de linguagem que, de certo modo, podem ser um contraponto ao universo cultural secularizado em que vive. Nesse âmbito, o encontro com a poesia faz o catequista percebê-la enquanto dimensão da alma humana que se traduz em linguagem, adentra a corrente sanguínea e converge para a fé em Jesus Cristo: "ao vivenciar o espírito poético, o ser humano situa-se no interior das questões mais fundamentais e decisivas de sua existência"[640].

Na vida e na missão do catequista, a poesia é um modo de respirar e trazer à luz uma mensagem que não precisa ser explicada, mas sentida, experimentada; uma linguagem objetiva e simples, que traduz em beleza poética as verdades da fé. "A poesia é mais para ser vivida do que para ser refletida. O poeta não é propriamente um pensador. Há, no espírito poético, um sentido intuído"[641]. Dessa maneira, a poesia vem ao encontro do catequista como uma luz que surge espontaneamente em sua jornada, fruto de um caminho *mistagógico*.

Quando se pensa a formação com catequista sustentada na via da beleza, tem-se a certeza da necessidade de resgatar a alma da evangelização. Não se evangeliza apenas com transmissão de conteúdo; mais do que nunca, é preciso entender as tristezas e os desafios vividos na missão do catequista. Nessa perspectiva, percorrer a via da beleza em nome do anúncio *querigmático* mostra a necessidade de despertar nos catequistas um espírito poético, pois o anúncio *querigmático* é um poema que atinge o coração de quem anuncia e de quem ouve. É preciso valorizar o espírito poético como modo peculiar de cada catequista anunciar o Evangelho da Beleza.

---

640. PRETTO, H. E., Em busca de vida nova, p. 106.

641. PRETTO, H. E., Em busca de vida nova, p. 106.

Como o espírito poético é um dom e revela uma sensibilidade original, não me parece pensável que ele seja vivenciado por todos, indistintamente. Existem níveis, graduações. O que me parece importante é que existem pessoas com aguçada sensibilidade poética. A elas, em sua atividade lúdica, cabe a missão de manter vivo o sentido profundo da realidade sem o qual a humanidade estaria condenada à destruição. O mundo tenderia à loucura sem a voz dos poetas que explicitam e testemunham sentidos que poucas pessoas captam, mas sem os quais elas não podem viver. Uma sociedade pode viver sem governantes, sem empresários e sem professores, mas não sobrevive sem poetas. Eles, afinal, estão na linha de frente no testemunho dos sentidos irrenunciáveis porque definitivos. Fora dessa perspectiva só há espaço para os descaminhos da racionalidade[642].

Promover a alegria no anúncio do Evangelho exige da Igreja uma postura formativa centrada no cuidado e na ternura, proporcionando ao catequista uma experiência com a poesia mística, fruto de um encontro *querigmático*. A poesia, como a arte do catequista em fazer ecoar a mensagem do Evangelho, é, justamente, a mensagem *querigmática* que conduz o seu interlocutor ao encontro *mistagógico* com a Beleza, guiando a uma aproximação com Deus, em Jesus Cristo. "A poesia aproxima de Deus porque abstrai dos sentidos, fala à emoção e ao imaginário, faz presente o 'Deus que nos vem à ideia', em autêntica visita da transcendência toda – Outra"[643].

Muitos poetas fizeram de sua poesia uma catequese, um anúncio amoroso e pleno de beleza sobre a presença de Deus, tornando-se inspiração para muitas obras de arte, que, em cada época e lugar, exerceram a missão de educar a fé com beleza. Assim, entre outros, pode-se recordar Dante Alighieri, citado por tantos papas na história da Igreja.

> No final desse olhar sintético à obra de Dante Alighieri, uma mina quase infinita de conhecimentos, experiências, considerações em todos os campos da pesquisa humana, impõe-se uma reflexão. A riqueza de figuras, narrações, símbolos, imagens sugestivas e atraentes que Dante nos propõe suscita certamente admiração, maravilha, gratidão. Nele podemos quase entrever um precursor da nossa cultura multimidiática, na qual palavras e imagens, símbolos e sons, poesia e dança se fundem numa única mensagem. Assim

---

642. PRETTO, H. E., Em busca de vida nova, p. 108.

643. MARIANI, C. B.; VILHENA, M. A. (orgs.), Teologia e arte, p. 91.

se compreende por que o seu poema tenha inspirado a criação de inúmeras obras de arte em todo gênero[644].

Mas, antes de ser anunciada e proclamada, uma poesia que converte o coração, nascida de um espírito poético, é fruto de um caminho vivido pelo catequista, educador da fé, que mergulhou na realidade, deixou-se envolver pelo "Verbo que se faz carne" (Jo 1,14) e habita a vida humana. A expressão poética do catequista é manifestação de uma Palavra viva, que rompe o silêncio mais profundo e se transforma em mensagem de esperança. Viver a vocação de catequista é fazer da própria vida um poema, uma poesia que canta e anuncia as maravilhas de Deus. Transformar o agir numa poesia é, de fato, uma passagem que se dá através do testemunho cristão. Isso significa assumir a mística cristã como modo de ser, fazer e sentir; acolher a vocação e a missão como dons, graças de Deus.

É, também, encontrar na poesia um caminho de esperança que converte o catequizando e o insere na vida de fé. Poesia é vida que se renova, é palavra que se faz imagem, aproximando o interlocutor para perto do rosto de Cristo. Essa expressão do espírito poético, inerente ao ser do catequista, revela-se com estímulos encontrados no itinerário formativo que educa pela arte e pela beleza. Visitar a arte é um caminho para o encontro com belezas escondidas no interior da alma humana; é um itinerário que se faz com velas acesas e lamparinas nas mãos, numa atitude prudente de quem não dorme, mas fica à espera do seu Senhor, Fonte e Inspiração de uma poesia que gera encantamento e conduz para o Mistério.

A formação que se dá pela via da beleza, além de resgatar os poemas mais profundos da alma do catequista, converte o próprio autor do poema. Uma poesia catequética e mítica é bela, pois o seu conteúdo é mensagem que toca o interior e traz ordem ao coração, abrindo a possibilidade de um caminho que se faz caminhando.

Na poesia, o silêncio se rompe, mas, ao mesmo tempo, o silêncio fala por si. O catequista, na dinâmica formativa da poesia, aprende que o caminho de um poeta, mais do que palavras anunciadas, é silêncio. Antes de nascer, a poesia é gestada nas experiências silenciosas da vida, num itinerário *mistagógico*, no qual falar é rezar, é colocar-se debaixo da luz. Nesse processo, o espaço de formação passa a ser, também, um espaço de criação, um espaço humano habitado pelo catequista. No espaço concreto, o catequista consegue encontrar a palavra boa, verdadeira e bela dos seus poemas, que o transformam e o deixam apto para o anúncio do Evangelho. Essa prática é possível a partir do momento que o catequista bebe nas

---

644. FRANCISCO, PP. Carta Apostólica Candor Lucis Aeternae, n. 9.

Fontes da Sagrada Escritura, na literatura mística e nas artes em geral, encontrando ferramentas para o anúncio do Mistério.

> A poesia expressa, de maneira absolutamente nova, o mistério e, através da estética dos versos, convida à contemplação. Dessa forma, aproxima-se da mística religiosa e teológica. Não poucos místicos usaram a poesia como forma de falar de Deus e não poucos afirmam ser ela a maneira mais apropriada de falar do Mistério Divino. Se "o poeta sonha o que vai ser o real", não apenas o sonho é profecia, como a própria Bíblia o reconhece, mas também a própria poesia. Ela se refere a outro mundo, ao mundo futuro e possível porque sonhado e querido, ao mundo de Deus contemplado em seu mistério e desejado em sua beleza[645].

No agir catequético, a poesia favorece a compreensão da manifestação de Deus, que acontece dentro de uma experiência de revelação e escondimento. Ser formado no encontro com a poesia desperta para o desejo não só de ouvir mas também de comer as palavras, alimentar-se delas, para degustar o sabor espiritual de cada letra que nutre o espírito e gera movimentos de fé, esperança e amor no ser do catequista. É, em si, uma experiência de beleza. A poesia apresenta faíscas de uma beleza escondida que se revela no caminho formativo. Criar um espaço de arte, como lugar concreto da formação do catequista, é, de certo modo, preparar o cenário para que Deus fale em Jesus Cristo pela beleza do Espírito Santo.

> A experiência de contato com Deus, através do acolhimento amigável do Espírito Santo, continua a ser uma experiência de fusão, mas expressa de modo mais íntimo e despojado. Quando os discípulos recebem o Espírito, estão numa casa anônima da cidade (At 2,1); não diante de um monte em chamas (Ex 19,16.18); o Espírito Santo desce sobre eles sem que tenha acontecido um fenômeno natural fora do comum. O Espírito, agora, é dado no cotidiano, na nossa humanidade; é dado de forma sutil, interior e escondida[646].

Mas, como se pode ver, esse cenário não se restringe a um único espaço físico; ele se dá em qualquer momento e lugar no cotidiano, pois é sempre organizado e regido pelo Espírito Santo. Movido por essa experiência, o catequista é formado para assumir uma postura poética e espiritual no horizonte da transcendência, superando, assim, uma concepção de vida apoiada no lucro, na produtividade ou na eficiência. Tais atitudes aprisionam o espírito poético, excluindo o

---

645. MARIANI, C. B.; VILHENA, M. A. (orgs.), Teologia e arte, p. 91.

646. MENDONÇA, J. T., Nenhum caminho será longo, p. 57.

encantamento da vida, que se dá no anúncio e na vivência do Evangelho, como gratuidade relacional.

Nesse diálogo poético, o catequista experimenta a beleza de uma vocação que se deixa moldar por uma poesia viva, iluminada e iluminadora, a qual o conduz para além da palavra. Esse ato de testemunhar a fé numa dinâmica poética torna a poesia uma expressão do humano revelador de Deus. Desse modo, faz com que o catequista siga um caminho de deleite espiritual que o preenche por um momento, de tal forma que ele continua a procurar incansavelmente, como um peregrino, o encontro da Beleza: um poeta da esperança que faz do Evangelho sua mais bela poesia.

3.4.4. O caminho da beleza pelo espaço litúrgico

Pensar o caminho da beleza pelo espaço litúrgico não é apenas compreendê-lo como um local separado, reservado ao sagrado; é educar o olhar para conceber o espaço litúrgico como uma obra de arte e beleza. É um lugar à parte, destinado ao sagrado; um testemunho de beleza distante da corrupção do mundo. "Todo edifício sagrado é cósmico, ou seja, feito à imitação do mundo"[647]. Em sua beleza, o espaço litúrgico é uma obra viva, um "espaço vivente" e essencial, onde a liturgia é celebrada numa comunhão profunda. É um ambiente onde o cristão deve encontrar, através de uma mensagem transmitida na arquitetura e na arte, as verdades da sua fé. É um lugar onde ele se reconhece. "Quando o cristão entra na igreja, o que encontra à sua frente? A sua origem e a sua meta"[648]; depara-se com sua identidade, uma vez que tudo converge ao essencial, pois "o espaço é Cristo"[649].

O mundo é morada do Criador: "O templo primitivo e natural, antes que o homem conhecesse a arte de construir, foi o MUNDO"[650]. Por isso, construir um espaço litúrgico é um trabalho exigente, que provoca, no interior de quem o idealiza e assume a missão de fazê-lo, certo temor e tremor. É o lugar onde o Mistério habita e se manifesta: "Jacó acordou de seu sonho e disse: 'Na verdade *Iahweh* está neste lugar e eu não o sabia!' Teve medo e disse: 'Este lugar é terrível! Não é nada menos que uma casa de Deus e a porta do céu!'" (Gn 28, 16-17). Assim, construir um espaço litúrgico exige, de arquitetos e artistas, um profundo conhecimento

---

647. PASTRO, C., A arte no cristianismo, p. 85.

648. RUPNIK, M. I., A arte como expressão da vida litúrgica, p. 99.

649. PASTRO, C., Guia do espaço sagrado, p. 21.

650. PASTRO, C., A arte no cristianismo, p. 90.

sobre as exigências dos símbolos necessários para a celebração dos mistérios da fé. "O espaço nunca é inócuo, sempre fala! E de modo muito mais eloquente do que a palavra"[651]. É o lugar da unidade, da oração, da harmonia, do louvor, do repouso, da celebração, do corpo eclesial. Nesse espaço, deve-se ter um zelo especial pelo programa iconográfico do edifício: presbitério, altar, ambão, tabernáculo, sédia, cruz, batistério e imagens.

> O programa iconográfico do edifício igreja cria uma universalidade (cato-licidade) dentro de um microcosmo (unidade), onde todo fiel cristão, ao entrar, imediatamente identifica a sua fé e todos se reconhecem em comu-nhão, membros do Único Corpo Místico[652].

Por se tratar de um espaço *mistagógico*, tudo o que for feito deve ter um sentido teológico e espiritual, capaz de conduzir a todos ao Mistério Pascal.

> A igreja visível é a imagem da Igreja invisível. Esta Casa da Igreja recebe o *Corpus Mysticum* do Cristo, a assembleia cristã que aí se reúne em nome dele. Esse povo-igreja é igualmente chamado de Esposa do Cristo, a sua Amada, que ele cuida com amor e carinho. No espaço celebrativo, reúnem--se o Cristo e sua Amada para as núpcias, e cada encontro é *um esponsal* a que chamamos de liturgia. A liturgia é a celebração do mistério Pascal, Eucaristia ou Santa Missa. A divina liturgia define toda a vida da Igreja, o seu tempo e o seu espaço[653].

Esse espaço, além de ter sua essencialidade na celebração da Eucaristia, precisa conduzir a um caminho de beleza onde se manifeste, de modo claro e ordenado, o valioso percurso da Iniciação à Vida Cristã, valorizando seu caráter litúrgico-catequético.

> Certamente, o rito que, depois da Eucaristia, mais condiciona o espaço li-túrgico é a iniciação cristã. Além do mais, ao considerar os três primeiros sacramentos, tão estritamente unidos entre si, vemos que todo o espaço eclesial permanece, em grande medida, configurado a partir do esforço ini-ciático que se estabelece no caminho ritual da iniciação cristã[654].

Por onde a Igreja passou, manifestou em suas construções a beleza de sua fé. Encontra-se, na tradição cristã, uma variedade de espaços litúrgicos que, in-

---

651. RUPNIK, M. I., A arte como expressão da vida litúrgica, p. 101.

652. PASTRO, C., O Deus da Beleza, p. 108.

653. PASTRO, C., O Deus da Beleza, p. 62.

654. ARIAS, F. L., Projetar o espaço sagrado, p. 57.

seridos em uma realidade histórica e cultural, conseguiram preservar e educar a fé através da beleza de catedrais, basílicas, capelas, oratórios e santuários. Esses espaços, como obras de arte espalhadas pelo mundo, conseguem atrair milhares de fiéis e turistas, que recorrem a eles com os mais diversos interesses. No campo da arquitetura e da arte, são tesouros valiosos. Essas construções, cada qual a seu modo e estilo artístico, conseguem propor um caminho de beleza para aqueles que os buscam com o intuito de celebrar sua fé, ou para os que apenas os visitam.

> A Igreja caminhou na história criando e/ou sendo criada por "estilos" nas suas construções. A basílica, primeira estruturação de um edifício de culto, determinou para sempre o conceito de igreja tanto no Oriente como no Ocidente. A Igreja latina, a partir da basílica, percorreu o estilo românico, o gótico, o [renascentista], chegando ao barroco, uma espécie de frenética coleta de tudo o que restou do passado, resultando numa lassitude que a impediu de procurar o que seria mais adequado para seu culto[655].

São muitos os espaços litúrgicos que poderiam ser citados para ilustrar esse tema, tais como: Basílica do Vaticano, Santuário Nacional de Nossa Senhora da Conceição Aparecida, Catedral da Sé de São Paulo, Capela do Mosteiro Beneditino de São Geraldo, Capela Redemptoris Mater, Capela Santa Cruz dos Estigmatinos, entre outras.

O espaço insere o indivíduo numa relação simbólica, unindo várias dimensões da vida. O ser humano é aquele ser em construção que busca no espaço litúrgico o seu eixo central, através da relação com uma Pessoa. Essa relação, esse diálogo o conduz a uma experiência de beleza que o faz integrar-se. Esse processo se dá no espaço de beleza capaz de integrar "espaços vitais do cosmos", uma verdadeira liturgia. Sobre isso, afirma o Papa Bento XVI:

> Gostaria de concluir as minhas considerações com uma bela palavra de Mahatma Gandhi que encontrei uma vez em um calendário. Gandhi fala dos três espaços vitais do cosmos, e ressalta como cada um desses espaços vitais comunica, também, uma forma particular do ser. No mar vivem os peixes e eles calam. Os animais sobre a terra gritam; mas as aves, cujo *habitat* é o céu, cantam. É próprio do mar o calar, da terra o gritar e do céu o cantar. O homem, porém, participa de todos os três: leva consigo a profundidade do mar, o peso da terra e a altura do céu, e, por isso, são, suas, também, todas as três propriedades: o calar, o gritar e o cantar. Hoje – gostaria de acrescentar – vemos como ao homem privado da transcendência

---

655. MORAES, F. F. de, O espaço do culto à imagem da Igreja, p. 25.

349

resta somente o gritar, porque quer ser somente terra e busca converter o céu e a profundidade do mar em sua terra. A liturgia correta, a liturgia da comunhão do Senhor, restitui-lhe a sua integridade. Ensina-lhe novamente o calar e o cantar, abrindo-lhe a profundidade do mar e ensinando-lhe a voar, que é o modo de ser do anjo; elevando o seu coração faz ressoar, novamente, nele o canto que foi sepultado. Aliás, podemos agora até dizer, inversamente, que a liturgia correta é reconhecida pelo fato de que nos liberta do agir comum e nos devolve a profundidade e a altura, o silêncio e o canto. A liturgia correta se reconhece pelo fato de que é cósmica, não sob a medida de um grupo. Ela canta com os anjos. Cala com a profundidade do universo em espera. E assim redime a terra[656].

O espaço, como caminho de beleza, de fato devolve ao ser humano, e no caso ao catequista, a grandeza da transcendência, a profundidade e a altura, o silêncio e o canto. Trata-se de uma experiência de beleza em um espaço que se revela obra de arte. O que faz desse ambiente um caminho de arte e beleza não é a sua riqueza de detalhes e ornamentos, mas sua essencialidade. O espaço litúrgico precisa revelar as verdades da fé nas suas paredes, em toda a sua estrutura. Percorrê-lo com o olhar de quem busca a beleza deve ser, para o catequista, uma experiência de fé, um peregrinar para o interior do Mistério que rege todo o espaço: uma experiência que educa para o silêncio e conduz a uma postura de quem encontrou a Beleza; de quem "tira as sandálias dos pés porque o lugar em que estás é uma terra santa" (Ex 3,5), morada do Altíssimo.

3.4.5. O caminho da beleza em Maria, Mãe de Deus

Apresentar ao catequista, no seu itinerário de formação, Maria, Mãe de Deus, como um caminho de beleza, é um modo de favorecer o encontro não somente com um tema mas também com uma pessoa, uma mulher que, pelo seu "Sim", manifestou a Beleza na humanidade. "Por isso, é necessário olhar para uma pessoa em Quem a reciprocidade entre Palavra de Deus e fé foi perfeita"[657]. Pelo mistério da Encarnação, a Beleza habitou entre nós. "A realidade humana, criada por meio do Verbo, depara-se com a sua figura perfeita precisamente na fé obediente de Maria"[658]. Em Maria, vê-se a ternura de Deus, que oferece um caminho de beleza. "A sua fé obediente face à iniciativa de Deus plasma cada instante da

---

656. RATZINGER, J., Teologia da Liturgia, p. 508.

657. VD 27.

658. VD 27.

sua vida"[659]. Aproximar-se dela é percorrer esse caminho de vida e salvação, onde o Verbo se fez carne, se fez Imagem.

> A via pulchritudinis está profundamente ligada a Maria, a *Theotokos, toda pulchra*. Maria é sinal eficaz de uma nova antropologia também no sentido da afeição e da misericórdia. *Mater misericordiae*. Sinal de uma nova antropologia para o nosso tempo, porque dela nasceu a Nova Criatura e Ela é o sinal da beleza da Igreja que continua a oferecer ao mundo de hoje a beleza do Verbo encarnado[660].

No caminhar da beleza, é possível sentir o quanto é importante a escuta da Palavra. Ouvi-La e deixar que crie vida em nós é o primeiro passo para chegar ao encontro com a Beleza. Ouvir e acolher a Palavra e deixar-se plasmar pela ação de Deus é um exercício que favorece uma pastoral eficiente e eficaz, plena de beleza.

> Contemplando na Mãe de Deus uma vida modelada totalmente pela Palavra, descobrimo-nos também nós chamados a entrar no mistério da fé, pela qual Cristo vem habitar na nossa vida. Como nos recorda Santo Ambrósio, cada cristão que crê, em certo sentido, concebe e gera em si mesmo o Verbo de Deus: se há uma só Mãe de Cristo segundo a carne, segundo a fé, porém, Cristo é fruto de todos. Portanto, o que aconteceu em Maria pode voltar a acontecer em cada um de nós diariamente na escuta da Palavra e na celebração dos sacramentos[661].

Na história da arte, existe um legado gigantesco, uma imensidão de obras que narram a beleza da Mãe de Deus. É uma fonte inenarrável de espiritualidade, catequese e beleza. Presente desde os espaços clássicos aos mais populares, a imagem de Maria, a Mãe de Deus, é um sinal visível da fé em Jesus Cristo.

> Na História da Arte, vemos a figura da Mãe de Deus e a figura do Cristo passarem por diferentes formas. Desde as catacumbas romanas ou do Oriente próximo e norte da África, com seus camafeus, joias, anéis, afrescos... até hoje, uma série imensa de representações de Maria com o Menino enalteceram a Maternidade Divina do Filho de Deus nascido duma Virgem. Da mesma maneira que o Cristo, o primeiro milênio representa a divindade que envolveu o humano e, aos poucos, após os séculos XIV e XV, a figura de Maria vai se tornando a mulher do povo, com roupas da nobreza da

---

659. VD 27.

660. SANTORO, F., A via pulchritudinis e a Nova Evangelização na América Latina, p. 85.

661. DV 28.

época; passa pela simples maternidade humana e vai até representações de dogmas que sugerem mais a Virgem em si ou "aparições" que começaram a se difundir a partir do século XIX. Há uma tradição pictórica e iconográfica específica da Virgem, não na linha retratista, como do Cristo Aqueropita, mas como participante no Mistério da Encarnação, bem representado desde a Igreja nascente. Primeiro ela é a "plena de Graça", a "escolhida" onde "a fé gera acolhimento"[662].

É possível encontrar muitos semblantes de Maria no universo da arte, numa diversidade de estilos e formas. Existe, sempre, um caminho que se faz pelo olhar, como uma mãe que protege o filho e o guarda em seu coração; um olhar que atrai todos para si, apontando o caminho da beleza que é o seu Filho, Jesus Cristo.

> A variedade de semblantes de Maria assinala a unidade da pessoa: nenhum semblante é semelhante ao outro, e, no entanto, apesar da diversidade de formas e cores, é sempre a mesma presença que se oferece para ser contemplada. O mesmo olhar nos encontra. Esse olhar nos segue onde quer que estejamos: mesmo se o ícone estiver "ao contrário", continuamos a ser "olhados". Qualquer que seja o número de pessoas reunidas, em lugares diferentes, em torno do ícone, cada uma se sente pessoal e intimamente olhada, como se o ícone só existisse para ela, bela metáfora da relação, ao mesmo tempo, universal e particular que IHWH, o "Aquele que É o ser que Ele É", pode ter com o mundo e com cada uma[663].

Essa beleza singular, própria das representações de Nossa Senhora, pode ser vista em várias obras e expressões artísticas desenvolvidas ao longo dos séculos, através da tradição pictórica e iconográfica. Entre elas, podemos recordar: o ícone da Mãe da Ternura, de Vladimir; Nossa Senhora da Ternura, de Lúcio Américo; a Pietà, de Michelangelo; Nossa Senhora, de Fra Angelico; Nossa Senhora Grávida, de Cláudio Pastro, entre outras.

Além dessas e tantas outras obras, o catequista tem a possibilidade de caminhar com Nossa Senhora através da Sagrada Escritura. Ao aprofundar-se no tema, verá que, em todas as temáticas bíblicas que acompanharam a vida de Jesus, Maria está presente. Ela é, em si, uma catequese viva, que nos acompanha desde o ventre materno, sendo uma catequese existencial e materna. Nela se contempla a alegre ternura de viver como discípulo missionário na ação evangelizadora da Igreja.

---

662. PASTRO, C., A arte no cristianismo, p. 222.

663. LELOUP, J. Y., O ícone, p. 112.

Na alegre missão evangelizadora da Igreja, resplandece, sempre, Maria, a Mãe do Senhor que, plenamente dócil à ação do Espírito Santo, soube escutar e acolher em si a palavra de Deus, tornando-se "a realização mais pura da fé". Assegurando um clima doméstico de humildade, ternura, contemplação e cuidado para com os outros, Maria educou Jesus, o Verbo feito carne, pelas vias da justiça e da obediência à vontade do Pai. Por sua vez, a Mãe aprendeu a seguir o Filho, tornando-se a primeira e a mais perfeita de seus discípulos. Na manhã de Pentecostes, a Mãe da Igreja presidiu, com a sua oração, o início da evangelização, sob a ação do Espírito Santo, e hoje ela continua a interceder para que as pessoas do tempo presente possam encontrar a Cristo e, por meio da fé n'Ele, serem salvas recebendo em plenitude a vida dos filhos de Deus. Maria Santíssima resplandece como catequese exemplar, pedagoga da evangelização e modelo eclesial para a transmissão da fé[664].

Em Maria Santíssima, mãe e discípula, encontra-se o caminho da beleza suscitado pela fé. As obras de arte que envolvem a imagem de Maria são expressões de uma fé pura e profunda. Diante de Maria, a *Theotokos*, *toda pulchra*, Mãe de Deus, toda bela, a Igreja reza e celebra a fé em Jesus Cristo. Encontrar esse rosto de beleza no patrimônio artístico e cultural é um sinal da relação profunda que se manifestou entre os artistas e o Mistério da Encarnação. Nesse universo, o catequista pode compreender que a beleza artística remete ao Belo; "suscita emoções interiores; produz, no silêncio, o arrebatamento e conduz à 'saída de si', ao êxtase"[665]. É uma experiência espiritual que toca o coração e insere o catequista numa peregrinação evangelizadora, sempre aberto à ternura de Deus, que, pela ação do Espírito Santo, fez-se Beleza no ventre de Maria.

3.5. Via da beleza em tempos de crise e pandemia

A importância da arte em tempos difíceis é uma questão que se fez presente em vários momentos da história. A arte acompanha a vida humana desde sempre. Por muitas vezes, a humanidade viveu catástrofes ambientais, crises sanitárias, como a peste, e guerras. Essas experiências, em diversos aspectos, causaram danos irreparáveis na vida de pessoas e comunidades em todo o mundo. Nos últimos anos, fomos surpreendidos pela pandemia de Covid-19, que mudou comportamentos, gerou crises em todos os setores da vida social e atingiu pessoas e insti-

---

664. DC 428.

665. ASSEMBLEIA PLENÁRIA DOS BISPOS, Via Pulchritudinis, p. 36.

tuições. A pandemia trouxe o vazio diante da morte, principalmente pela ausência da despedida. Com a morte de tantos, a humanidade se empobreceu, pois, como diz um provérbio árabe: "Quando um homem morre é como se uma biblioteca inteira se incendiasse!" A impossibilidade sanitária de celebrar a despedida e fazer o luto tocou numa questão fundamental do ser humano. Assim, até onde se pode compreender, a pandemia abriu uma grande janela ao mundo contemporâneo, convergindo o olhar de todos para um ponto essencial: o sentido da vida.

Diante de um risco eminente de desaparecimento e de um sentimento de fragilidade e incapacidade, a pandemia pôs, na mesa de milhares de pessoas, o alimento amargo do medo da morte, a ansiedade, a depressão, a impotência, o desemprego e a fome. Ao mesmo tempo, como numa obra de contradições, despertou dimensões profundas como manifestação da inteligência e da sabedoria humana, em forma de ciência, criatividade, solidariedade, espiritualidade, arte e beleza.

A humanidade, ferida e cansada, aos poucos tem buscado em si mesma um fator importante para continuar o caminho e recuperar a beleza perdida. Essa capacidade interior pode ser vista como a espiritualidade que nasce no encontro do ser mais profundo, um ato de resiliência, o desejo de viver a Ressurreição diante da morte que bate à porta a cada dia. Essa busca por vida nova se mostrou, durante a pandemia, de várias maneiras, principalmente através da arte.

A arte não é algo que se pode aprisionar; ela é uma manifestação daquilo que se compreende como transcendência. A expressão artística é, desse modo, um alimento para o imaginário, um bálsamo para a alma. Desde sempre, o ser humano teve uma abertura para criar algo que estivesse para além das experiências utilitárias da vida, daquilo que é básico no cotidiano. Há tempos imemoriais, comunidades e grupos se reuniram para suprir a necessidade de criar e ouvir relatos de vida. Hoje, quando se colocam ao redor da TV, procuram algo que proporcione uma forma de equilíbrio, e a arte é uma maneira de aproximar a pessoa da sua essência e alcançar esse equilíbrio. Ela oferece um alento, um horizonte para a vida, sugerindo a superação das adversidades. Tem sido, em épocas de isolamento, um ponto de encontro entre famílias que procuram na arte um respiro, um modo de curar suas feridas e alimentar o sonho. Na dimensão da formação com catequista, a pandemia provocou uma peregrinação para o universo digital.

> A introdução e o uso em massa de ferramentas digitais têm causado mudanças profundas e complexas em muitos âmbitos, com consequências culturais, sociais e psicológicas que ainda não são totalmente claras. O digital, que não corresponde somente à presença de meios tecnológicos, de fato

caracteriza o mundo contemporâneo, e sua influência tornou-se, em pouco tempo, ordinária e contínua, a ponto de ser percebida como natural[666].

Com a cultura digital, um grande desafio se instalou na vida dos catequistas e comunidades, que tiveram que redescobrir um modo de promover a evangelização. Essa cultura aponta para a compreensão de uma nova antropologia. "O efeito da exponencial digitalização da comunicação e da sociedade está levando a uma verdadeira transformação antropológica"[667]. Esse ambiente nem sempre é povoado por uma qualidade eficiente e eficaz da evangelização, mas sim, vale destacar, pela criatividade e pela disposição de centenas de catequistas em tentar encontrar um caminho formativo.

Desde o início da pandemia, têm sido inumeráveis as manifestações de arte e beleza. Os artistas, sensíveis ao que se passa no mundo, procuraram, cada um a seu modo, fazerem-se próximos, agindo como bons samaritanos, que entraram através do mundo virtual na casa e na vida das pessoas para, com a arte, cuidar e aliviar a dor da solidão e, muitas vezes, do abandono e da violência no lar. Os artistas, como místicos da arte, oferecem-se gratuitamente, mesmo padecendo com a ausência de estrutura e apoio financeiro. Entre aqueles para os quais a arte é uma missão, não houve barreira; fizeram da sua arte um remédio. Observou-se também um aumento daqueles que vendem a arte, que se relacionam com ela apenas como mercadoria e produto para a massa. Sobre esse aspecto convém um olhar crítico, que conecta ao cenário global em que se vive.

Entre tantas manifestações de arte, pode-se destacar: fotografias de cidades desertas, doutores da alegria em hospitais, orquestras e balés *on-line* acontecendo simultaneamente, máscaras artisticamente confeccionadas, músicas, pinturas e arte no corpo, sem falar nas expressões de arquitetura e urbanismo, que são recriadas a partir das novas relações sociais. Nessa perspectiva criativa, é possível fazer uma alusão aos museus. Muitos deles abriram suas portas virtualmente, disponibilizando, de modo virtual, seus acervos e coleções, promovendo uma navegação por seus espaços e obras de arte. Para quem nunca visitou um museu, a pandemia ofereceu uma oportunidade de trazê-lo para dentro de casa. São dois espaços que se uniram de diversas formas, principalmente através de exposições virtuais, com grande visitação do público. Mas, tratando-se dos espaços de arte, destaca-se um aspecto que vem sendo divulgado por vários museus no mundo inteiro: a coleta de objetos da pandemia para acervos, como um meio de preservar aquele momento da história.

---

666. DC 359.

667. DC 362.

A pandemia da Covid-19 segue depredando o mundo. É um evento corrente. Mas é história também. Desde o início de 2020, quando ficou claro que o vírus mudaria o mundo, museus nos Estados Unidos começaram a coletar objetos para contar às gerações futuras como um país viveu esse desastre. O *Instituto Smithsonian*, por exemplo, recolheu em março as ampolas das primeiras vacinas utilizadas contra a Covid-19. São itens, nesse caso, que contam a poderosa história de como cientistas desenvolveram a tão aguardada imunização contra um vírus que já matou mais de 3 milhões no mundo[668].

Tudo isso aconteceu com o propósito de eternizar o tempo. Segundo esse aspecto, não obstante os sofrimentos, entra o papel genial das instituições de arte: recolher os vestígios da pandemia e apresentá-los como uma memória que guarda, dentro da obra, aquilo a que, quando está acontecendo, não se têm condições de dar um significado. A arte como memória ajuda a olhar para trás e compreender o que realmente é importante. Assim, o museu, como espaço de arte, ajuda a ver, sentir, rever e celebrar, sem deixar cair no esquecimento aquilo que não deve ser esquecido, pois toda experiência de sofrimento e morte vem com a sua devida lição. Isso pode ser visto em muitas obras na história da arte. A cada geração, cabe fazer memória e reencontrar o caminho da beleza.

A arte tem uma capacidade resiliente de convergir, de abrir as portas e janelas da imaginação, de reacender o fogo criativo que habita a alma humana, ajudando a transformar as experiências de dor em manifestação da beleza, que só se pode encontrar quando se está intimamente integrado à arte. Assim, esta cumpre um papel extraordinário: traz o ser humano, que estava distraído com o seu ilusório mundo materialista, consumista e descartável, de volta para casa, ao seu interior, numa abertura de relação integral com o cosmos.

Nesse retorno ao interior, como uma atitude de resiliência, o olhar se expande no cuidado com a casa comum e a vida fraterna. Esses são temas que a pandemia deixou em evidência e que o Magistério da Igreja apresenta como caminhos de cura, salvação e beleza. Esses assuntos, tão mencionados pelo Papa Francisco na *Laudato Si'* (2015) e na *Fratelii Tutti* (2020), abrem caminho para um aspecto essencial, fator preponderante para uma genuína manifestação artística: a capacidade humana de *sentir*, pois a pandemia contribuiu para alertar que, na sociedade, o *sentir com o outro*, em muitos casos, está desaparecendo das relações humanas. Assusta observar os inumeráveis indiferentes, que fizeram da pandemia um motivo para avançar em projetos de morte – morte da cultura; da arte; das expressões de fé; da vida fraterna; do meio ambiente.

---

668. BARCITO, D., Museus dos Estados Unidos coletam objetos da pandemia, p. A13.

No mundo atual, esmorecem os sentimentos de pertença à mesma humanidade; e o sonho de construirmos, juntos, a justiça e a paz parece uma utopia de outros tempos. Vemos como reina uma indiferença acomodada, fria e globalizada, filha de uma profunda desilusão que se esconde por trás dessa ilusão enganadora: considerar que podemos ser onipotentes e nos esquecer que nos encontramos todos no mesmo barco[669].

A arte, como fonte vital, propõe o caminho da beleza no cuidado com a casa comum, através de uma conversão ecológica que não só preserve a biodiversidade do planeta e a vida na Amazônia, como também favoreça a cura dos males por meio de uma conversão ética, diante da obra da criação, como uma autêntica "ecologia humana". Por isso,

> [...] o urgente desafio de proteger a nossa casa comum inclui a preocupação de unir toda a família humana na busca de um desenvolvimento sustentável e integral, pois sabemos que as coisas podem mudar. O Criador não nos abandona, nunca recua no seu projeto de amor, nem se arrepende de nos ter criado. A humanidade possui, ainda, a capacidade de colaborar na construção da nossa casa comum[670].

O Papa Francisco apresenta a educação e a espiritualidade ecológica como um caminho de beleza perante as múltiplas possibilidades da vida.

> A sobriedade, vivida livre e conscientemente, é libertadora... É possível necessitar de pouco e viver muito, sobretudo quando se é capaz de dar espaço a outros prazeres, encontrando satisfação nos encontros fraternos, no serviço, na frutificação dos próprios carismas, na música, na arte, no contato com a natureza, na oração. A felicidade exige saber limitar algumas necessidades que nos entorpecem, permanecendo, assim, disponíveis para as múltiplas possibilidades que a vida oferece[671].

A Igreja é a casa da Beleza. O Papa Francisco, numa ação litúrgica na Praça São Pedro (2020), no início da pandemia, manifestou-se como um grande educador da fé, conduzindo os olhos do mundo para o Mistério, fonte de vida e salvação. Ao adentrar na praça vazia, Francisco inseriu milhares de interlocutores num caminho de arte e beleza. Na catástrofe que assolava o mundo, em meio a tantas falas e tantos gritos, ele apaziguou a humanidade. Trouxe o caminho da

---

669. FT 30.

670. LS 13.

671. LS 223.

respiração, do resgate da vida, do silêncio diante da Palavra, da Cruz e do ícone de Nossa Senhora. Três grandes obras de arte, com grandes significados litúrgicos e históricos, testemunhas de outras pestes que, para os fiéis, naquele momento, formaram símbolos de fé, porto seguro, manifestação da Beleza, que convergiu a todos para o silêncio de uma praça vazia, que abraçou o mundo num testemunho de comunhão.

> A palavra sempre precisa do silêncio. E o silêncio só é eloquente quando ecoa a palavra. Assim foi em 27 de março. Aquele silêncio, como disse o Papa, nos perguntava: *"Por que sois tão medrosos? Ainda não tendes fé?"*. Aquele silêncio era um apelo à fé. Um apelo urgente: "Convertei-vos", "convertei-vos a mim de todo coração" (2,12). Aquele silêncio nos chamou "a aproveitar esse tempo de prova como *um tempo de decisão"*. Naquele silêncio ressoaram as palavras de Francisco: "Não é o tempo do teu juízo, mas do nosso juízo: o tempo de decidir o que conta e o que passa, de separar o que é necessário daquilo que não o é. É o tempo de reajustar a rota da vida rumo a Ti, Senhor, e aos outros"[672].

Integrando esses aspectos, pode-se ter na arte e na beleza uma sólida manifestação daquilo que é genuinamente humano: a capacidade de criar, de gestar em si mesmo um mundo novo, onde a arte é encontrada não apenas nos museus mas também no cotidiano da vida, gerando um contexto de paz e alegria. Acreditar na arte como um caminho de beleza em tempos de crise e pandemia é, de fato, uma manifestação de fé e esperança. "A esperança convida-nos a reconhecer que sempre há uma saída, sempre podemos mudar de rumo"[673]. Essa mudança remete a pessoa ao Deus que não abandona, que não se fecha aos apelos do mundo, mas se manifesta como Beleza Encarnada.

3.6. Conclusão

Após a pesquisa e a realização de algumas experiências, pode-se perceber a importância da *via pulchritudinis* na formação humano-cristã do catequista. Nesse sentido, o Museu Sagrada Família – Catequese e Arte traz uma grande contribuição para a ação evangelizadora. A formação do catequista é essencial para a implantação do Itinerário de Iniciação à Vida Cristã com inspiração catecumenal. Sem formação, o catequista encontrará grandes dificuldades no exercício do seu

---

672. FRANCISCO, PP., Por que sois tão medrosos? Ainda não tendes fé?, p. 21.

673. LS 61.

ministério. Criar um espaço de formação que favoreça o encontro com a arte é um modo de resgatar a relevância da beleza na vida humano-cristã. Esse tema está muito presente no Magistério da Igreja e, de modo especial, no discurso do Papa Francisco, que, se referindo aos museus do Vaticano, reconhece o museu como um espaço que transmite a mensagem evangélica através da obra de arte.

> Por outro lado, qual é a principal função das obras recolhidas nos museus do Vaticano, se não aquela de transmitir os conteúdos da fé através da arte? Aqui, como talvez em nenhum outro lugar, predomina a ideia de *via pulchritudinis*, ou seja, uma abordagem da beleza entendida como caminho de evangelização e de formação humana[674].

Diante dos desafios de um novo tempo, a Igreja precisa do testemunho alegre e fiel de quem assume o papel de educador da fé, superando a ideia de *status* ou voluntariado e assumindo essa identidade como missão, como resposta à vocação. Para isso, faz-se necessário criar espaços formativos onde a beleza se torne a educadora. Não se pode aprisionar a novidade da Beleza que é, sempre, um acontecimento gerador de um encantamento devido ao anúncio do Evangelho, que "é fascinante porque é uma Notícia bela, boa, alegre, cheia de esperança"[675].

A sede de beleza é, de fato, a sede de Deus, que move e inspira o itinerário de formação do Museu Sagrada Família. Como uma das moradas da Beleza, o museu é uma fonte na qual se pode beber da água que gera encantamento pelo Evangelho. Nesse espaço, a sede da Beleza é apresentada como uma realidade humana e vital para a formação com catequista. Somente com essa sede é possível gastar tempo diante da arte e aprender com ela, deixando-se envolver num profundo diálogo místico, que favorece o encontro transformador, capaz de fazer da pessoa do catequista um discípulo missionário. Como discípulo, busca, conhece, dialoga e segue a via da beleza como expressão da sua missão, testemunhando com a própria experiência que sem a Beleza não existe caminho que indique um verdadeiro sentido para a vida humana e, nesse caso, para a vocação e a missão do catequista.

A arte de formar catequistas pela via da beleza é, de fato, um caminho que deve ser conduzido por atributos da própria Beleza, principalmente pela experiência mística e de fé. São dimensões que devem delinear o processo formativo. É preciso trilhar um caminho com leveza, de modo integrado, no qual brincar é também rezar, ato no qual se manifesta o belo, a Beleza.

---

674. FRANCISCO, PP., La mia idea di arte, p. 34.

675. DC 107.

Ao tratar desses aspectos, pode-se dizer que o que se busca nesta proposta formativa aqui delineada é uma eterna novidade que extrapola métodos conservadores e se arrisca em maneiras novas de se viver um processo formativo, sem deixar de lado os aspectos fundamentais que, de fato, foram e são importantes: os valores e temas que o tempo não muda, mas ressignifica, por se tratar de questões humanas e de fé encarnada em uma realidade.

Nesse itinerário, cabe educar no sentido de levar os catequistas a compreenderem que a via da beleza se cria e se manifesta pela dimensão pascal. O encontro com a arte e as experiências estéticas e criativas precisam ser reinterpretados pela ótica de uma beleza que revela Cristo. A beleza cristã transcende a estética ou qualquer outro modo de entendimento. Essa é a novidade que transpõe conceitos de beleza e que não acontece nos eventos da vida. A formação pela via da beleza insere o catequista numa pastoral orgânica, numa ação evangelizadora em que se integram todas as dimensões da vida e da comunidade, sem divisões, repletas de comunhão, num encontro com Cristo envolvendo o catequista em sua totalidade.

> O encontro com Cristo envolve a pessoa em sua totalidade: coração, mente, sentidos. Não diz respeito somente à mente, mas também ao corpo e, sobretudo, ao coração. Nesse sentido, a catequese, que auxilia na interiorização da fé e, com isso, dá uma contribuição insubstituível para o encontro com Cristo, não está sozinha no caminho rumo a esse objetivo. A essa finalidade concorrem as demais dimensões da vida da fé: a experiência litúrgica-sacramental, as relações afetivas, a vida comunitária e o serviço aos irmãos e irmãs, de fato, elementos essenciais para o *nascimento do homem novo* (Ef 4,24) e para a transformação espiritual pessoal (Rm 12,2)[676].

Uma formação que se dá pela via da beleza pode elucidar ao catequista as dimensões objetivas da fé e da vocação que assumiu na Igreja. A beleza e a arte, que se tornam um itinerário formativo, presentes no Museu Sagrada Família – Catequese e Arte ou no cotidiano da vida, não devem reforçar uma postura subjetiva, do "gosto ou não gosto", mas sim educar para uma objetividade mediadora de uma clareza, configurada pela intelecção e pela percepção no seguimento a Jesus Cristo. Por essa via, é possível chegar ao verdadeiro sentido da missão de evangelizar: "evangelizar não significa prioritariamente 'levar uma doutrina'; significa, sim, fazer-se presente e anunciar Jesus Cristo"[677].

---

676. DC 76.

677. DC 29.

Contudo, sem ter a intenção de decifrar por completo um assunto tão profundo, recorda-se que a fragilidade do serviço eclesial, no que tange à formação humano-cristã do catequista, pode estar na ausência de uma formação objetiva e bela, cujos sentidos são aprofundados num itinerário espiritual, *mistagógico* e litúrgico. Nesse caminho de formação, purificam-se sentimentos e ocorre uma educação para a missão, sem que se cultivem apegos nocivos a um esteticismo vazio, incapaz de manifestar o testemunho da fé.

A via da beleza é, pois, um caminho de participação concreta na vida pastoral da Igreja. Não se sustenta com belezas efêmeras, que distraem momentaneamente; é, de fato, uma via que revela um Rosto e uma certeza: a "Beleza é uma Pessoa!"[678]

---

678. PASTRO, C., Arte sacra, p. 2.

Conclusão

As surpresas desse caminho afetam diretamente a ação evangelizadora da Igreja; apresentam contextos que se desdobram em dilemas pastorais, que norteiam momentos históricos, ainda mais o que se vive em torno da crise e da pandemia da Covid-19. De fato, "os tempos difíceis são os mais oportunos" para lançar-se numa proposta criativa em torno da evangelização. Caminhar pela via da fé faz da crise uma manifestação de possibilidades, capaz de realimentar a esperança numa atitude resiliente. Perante a "renovada consciência da evangelização no mundo contemporâneo", constata-se a relevância de se propor espaços e itinerários de formação humano-cristã com catequista, como manifestação da criatividade, fruto do encontro com a "Beleza que salva o mundo", tendo em vista responder aos apelos da evangelização diante de um mundo globalizado, onde a cultura do descartável imprime um modo de formação da identidade, com impacto direto na educação da fé.

Desde seu início, a Igreja, por onde passou, teve diante de si a missão de ser sinal, testemunha e mediadora da presença de Deus na história e na vida de cada pessoa, e essa continua sendo sua prioridade. É a "casa da alegria do Evangelho", que foi acolhido e se deixa comunicar em cada geração. Como testemunha da Beleza encarnada, a Igreja, atenta aos sinais dos tempos, não se deixa calar, mergulha em sua história de vida e fé, reencontra em si mesma sinais das surpresas de Deus e, numa atitude de extrema beleza, reapresenta ao mundo seu maior tesouro: a fé em Jesus Cristo.

O novo Diretório para a Catequese (2020) apresenta a via da beleza no capítulo que trata sobre a identidade da catequese, destacando que a "via da beleza é a via da evangelização". Reapresentar o tema da beleza na catequese, de certo modo, é uma ação profética, pois aponta para as experiências das primeiras comunidades que viviam a via da beleza integrada aos processos de evangelização como expressão *querigmática* e *mistagógica*, onde o anúncio estava, sempre, ligado à beleza dos ritos e celebrações.

Diante dos desafios atuais, a via da beleza é uma resposta para a comunicação de uma mensagem, que salva através da verdade e do bem. Evangelizar por essa via é apontar o caminho da gratuidade, da "fraternidade e amizade social", que se contrapõe a um modelo cultural movido pela força dos interesses econômicos e midiáticos, os quais fortalecem a cultura do descartável. Assim, é necessário que a catequese evangelizadora encontre um caminho capaz de educar a fé, tendo em vista uma ação sociotransformadora. Deve ser uma verdadeira expressão da Beleza, principalmente embasada nas reflexões do Concílio Vaticano II e no retorno às fontes, que se encontram no patrimônio histórico e artístico da Igreja, pois, por onde passou, a Igreja testemunhou a sua fé em expressões de arte e beleza.

Para a superação de uma realidade fragmentada, ainda mais no ambiente eclesial, é necessário que o catequista amplie a compreensão do seu papel no Itinerário de Iniciação à Vida Cristã e na catequese permanente, não apenas educando a fé como transmissão de conteúdo, mas também, sobretudo, colocando-se diante de uma Presença, a partir de um encontro que favoreça a integração com a pessoa de Jesus Cristo, fonte e princípio de uma vida nova.

Formar catequistas pela via da beleza, tendo em vista assumir o seu protagonismo no Itinerário de Iniciação à Vida Cristã com inspiração catecumenal, é motivo de esperança na ação evangelizadora da Igreja que, movida pelo Espírito Santo, envia o catequista ao encontro de gestantes, crianças, jovens, adultos e idosos, integrando nessas fases a pessoa com deficiência que, em meio a uma cultura plural, anseia por conhecer a beleza, a bondade e a verdade da fé cristã.

Assim, espaços formativos como o Museu Sagrada Família – Catequese e Arte, lugar de fé e cultura, apontam para o despertar de uma utopia que resgata, na vida e na missão do catequista, o princípio da "cultura do encontro", que se dá através da arte como manifestação da beleza. A missão de educar a fé é, também, a de preservar o testemunho de catequistas que no passado deram a vida pelo anúncio do Evangelho e a de renovar, no presente, esse "ministério tão antigo" na vida da Igreja, como um serviço de grande valor para o anúncio e a atualização da fé cristã na cultura.

O Museu Sagrada Família – Catequese e Arte é um ponto de esperança, um lugar do diálogo, aberto ao acolhimento de artistas, catequistas, arquitetos, professores, liturgistas e outras pessoas, que podem recorrer a esse espaço como um ponto de convergência. Nesse local, as diferenças se encontram na linguagem simbólica da arte, promovendo a formação do catequista num espaço que não se fecha em si mesmo, fragmentando o processo formativo, mas sim se abre a uma interação que promove a interlocução como manifestação da Beleza, que gera "fraternidade entre todos".

Ter, nos espaços urbanos, um lugar de fala na forma de um museu que se constitui através da via da beleza é, de fato, uma abertura para um novo paradigma de formação com catequista. Proporciona-se uma formação por meio de exposições de arte e, consequentemente, do encontro com interlocutores, apresentados sob diversas óticas impressas nas obras artísticas. Cabe à Igreja, nos dias de hoje, colocar-se numa atitude de saída, gerando espaços de diálogo que anunciem e eduquem a fé, tocando dimensões profundas da pessoa e da sociedade.

Nesse espaço, rompe-se a prática de uma formação com catequista baseada apenas no universo teórico, abrindo possibilidade para um itinerário formativo que educa pela experiência. Desse modo, contribui-se para a construção da identidade do educador da fé, que muito colaborará com a realização de uma catequese afetiva e vivencial, totalmente envolvida com a liturgia. Isso favorece ao interlocutor o encontro com a Beleza, que, em sua profundidade, toca o coração e gera o discípulo missionário para uma "Igreja em saída".

Propor um itinerário de formação com catequista em forma de museu não é uma tarefa fácil; a superação de preconceitos ainda é um desafio para uma compreensão mais ampla do conceito de espaço formativo para o catequista na sua relação com a arte. Mas não se pode negar que cada espaço que se constrói no âmbito pastoral é, de algum modo, uma resposta a uma realidade concreta, "um lugar de fala", onde o espaço tem voz e se torna símbolo de fé, arte e expressão da caminhada histórica e eclesial de um povo.

No percurso desta pesquisa, foi possível compreender que, para a grande maioria dos catequistas da comunidade, o museu é uma realidade que se fez próxima, resgatando a importância e a dignidade de um ministério tão valioso na vida e na missão da Igreja. É um espaço vivo, que acolhe e insere no caminho e que educa os sentidos, promovendo a conversão do pensamento e do coração. As mudanças na cultura e na sociedade sempre afetaram o entendimento do conceito de museu, fazendo desse espaço um lugar de formação de consciência e tornando urgente projetos e espaços de formação com catequista. O Museu Sagrada Família – Catequese e Arte é um ícone de memória e profecia, uma resposta aos anseios de centenas de catequistas que clamam por projetos e espaços de formação. É memória por ter a capacidade estrutural de preservar um itinerário de catequese, em seus tempos e suas etapas, como um retorno às fontes da Igreja primitiva. É profecia por apresentar um caminho de formação que desperta para a *via pulchritudinis*, como um meio de evangelização que acena para a centralidade de um itinerário formativo, tendo como eixo o encontro com Jesus Cristo.

O desejo de contribuir para a formação com catequista pela via da beleza e, ao mesmo tempo, para uma melhor assimilação daquilo que se propõe num itinerário com inspiração catecumenal favoreceu o esforço em desenvolver uma pesquisa a partir de uma experiência prática e teórica, que aponta para um novo paradigma formativo, a começar por uma comunhão entre a pessoa do catequista, o espaço e o projeto, um itinerário pela via da beleza. A realidade cultural, diante de uma perspectiva que prepara para a vida humano-cristã, agrega um universo de possibilidades, que se revelam diante da construção e da desconstrução de conceitos geradores de inquietações e manifestados em atos criativos, fruto de quem se deixou envolver e conduzir pela mensagem do Evangelho.

A compreensão em torno da via da beleza é uma abordagem presente no universo da teologia e que tem sido retomada no Magistério da Igreja, a partir de uma proposta de reencontro com um aspecto de grande importância na ação evangelizadora. A beleza, que se pode encontrar na arte, é algo que nasce com o cristianismo. Mas a superação de uma compreensão apenas estética, tornando-se capaz de acolher a dimensão da beleza na experiência de sofrimento e morte na cruz, leva a um paradigma da via da beleza como um caminho de comunhão, capaz de revelar a totalidade e a unidade de um rosto que se fez Beleza, seduz, converte e envia. Portanto, é uma experiência fundamental para o itinerário e o espaço de formação humano-cristã com catequista. Assim, a formação se faz numa dimensão Pascal pela vivência da beleza que se fez Pessoa.

Nesta pesquisa, alguns limites se sobressaem, tamanha a profundidade do tema pastoral, que converge a todo instante para questões de âmbito teológico--espiritual. Além disso, aponta para uma compreensão de museu catequético que, em si, não tem a pretensão de esgotar o conceito de museu e arte, conceito este que sofreu influências do universo clássico e do contemporâneo, com nuances inspiradas principalmente pelo interesse e pelo mercado de arte. Sem ter a pretensão de esgotar conceitos, procuramos delimitar a investigação que reflete sobre museu como espaço de diálogo entre catequese e arte a partir da formação humano-cristã do catequista pela via da beleza – o ponto que agrega todos esses aspectos.

Como estudos futuros, sugerimos a criação de projetos similares que atendam aos anseios da formação com catequista em vários contextos eclesiais; bem como a investigação de aspectos artísticos presentes no itinerário do museu e a influência para a educação cristã, não só a do catequista mas também a de toda a comunidade. Convém, ainda, um aprofundamento dos processos de criação que perpassam a vida do artista em sua proposta caquética pela via da beleza, apresentada na obra de arte cristã em geral, e assim, num âmbito abrangente, compreender o lugar da arte na história da Igreja e sua contribuição na ação evangelizadora.

Acreditamos que o trabalho cumpriu seu objetivo: apresentar algumas contribuições a partir da relação entre catequese e arte, tendo em vista a reflexão teológico-pastoral, sobre a construção de um espaço que se traduz em itinerário de formação humano-cristã com catequista, propondo uma melhor compreensão da dimensão simbólica, que envolve o Museu Sagrada Família – Catequese e Arte, o qual, desde a sua concepção, tem suas raízes na *via pulchritudinis*.

Ampliando o horizonte para uma nova cultura na concepção de espaços e projetos de formação com catequista, a presente tese cumpre seu papel ao chamar a atenção para um aspecto de extrema importância, principalmente para leigos e leigas, nesse período em que o Papa Francisco lança a Carta Apostólica em forma de *motu proprio, Antiquum Ministerium* (2021). Por meio dela, institui-se o ministério de catequista, e ele exorta toda a Igreja a perceber o valor desse ofício eclesial, tocando no aspecto fundamental que deve permear esse ministério: a formação humano-cristã do catequista, levando em conta as experiências com a catequese e o caminho de maturação da fé; e, acima de tudo, uma formação bíblica, teológica, pastoral e pedagógica.

Neste tempo de mudanças aceleradas, em que a cultura do descartável toma proporções gigantescas e o mundo vive vários dilemas devido a uma crise sanitária, a formação com catequista deve levar em conta aspectos estruturais, que envolvem uma "nova antropologia", afetando diretamente a vocação do catequista, e que podem ser vistas a partir de novas manifestações de arte e espaços de exposição. Mas uma coisa é fato: em "tempos de violência", em que a morte se torna tão evidente, o itinerário de formação deve propor um caminho de encontro com o sentido da vida a partir de um anúncio *querigmático* e *mistagógico*, que se dá pela via da beleza. Diante da depressão social e, muitas vezes, eclesial, com impacto direto nas vocações na Igreja, se não reencontrarmos o caminho da arte e da beleza, estaremos perdidos.

Torna-se urgente a retomada do tema da beleza como via de acesso ao Mistério. Aos catequistas de hoje, mais do que anunciar a verdade e a adesão ao bem de maneira fragmentada e, às vezes, rígida, precisam passar por um processo de conversão sobre a concepção da formação humano-cristã a partir da via da beleza. Nesse sentido, essa via passa a ser um caminho de comunhão entre o conteúdo da fé cristã e sua práxis, apresentando grandes benefícios para experiências de fé que compõem o itinerário de formação com catequista.

A fim de exercer o ministério, atuando na Iniciação à Vida Cristã com inspiração catecumenal e na catequese permanente, tendo em vista a formação de discípulos missionários, o catequista precisa de espaços formativos que proponham o encontro com a arte, com a Palavra, com questões mais profundas da sua existência. Deve ocupar espaços que eduquem os sentidos de modo humano-cristão; espaços que o conduzam na assumpção de uma nova identidade, tendo em vista a acolhida de um mistério a favor da evangelização, a serviço da Igreja.

Urge apresentar um caminho que introduza o catequista no tema da beleza como um itinerário, que o conduza à centralidade da sua vocação e da sua missão a partir de um caminho vivencial, que toca o coração e renova o ardor no ministério, superando, assim, a fragmentação, o cansaço, o desânimo, o medo, e abrindo a "Porta da Fé", que aponta o caminho da alegria, da criatividade, do belo, do lúdico e do místico. Sendo assim, acreditamos que uma formação que aconteça pela *via pulchritudinis* é a direção que favorece ao catequista a alegria de viver a vocação em harmonia com três aspectos fundamentais – a bondade, a verdade e a beleza – para seguir como discípulo missionário e anunciar o rosto luminoso de Deus, em Jesus Cristo, pela ação do Espírito Santo, como testemunha da Beleza que se fez Imagem, numa profunda comunhão.

Posfácio

> *O que era desde o princípio, o que temos ouvido, o que temos visto com os nossos olhos, o que temos contemplado e as nossas mãos têm apalpado no tocante ao Verbo da vida – porque a vida se manifestou, e nós a temos visto; damos testemunho e vos anunciamos a vida eterna, que estava no Pai e que se nos manifestou –, o que vimos e ouvimos nós vos anunciamos, para que também vós tenhais comunhão conosco. Ora, a nossa comunhão é com o Pai e com o seu Filho Jesus Cristo.*
> 1Jo 1,1-3

Quando li a tese de doutorado de Pe. Jordélio, maravilhada, interessei-me pelo seu itinerário de vida: onde nasceu, onde viveu, o despertar de sua fé, pois a arte sacra é vida, mas, conforme nos revela o evangelista João, a vida *zoé*, a vida enxertada em Cristo, que salva da morte. Não há como separar a vida e a fé. Só quem vive esse Mistério carrega em seu coração as verdades de fé.

Nascido em Vitória da Conquista, Pe. Jordélio é o décimo primeiro filho do casal Joaquim e Edilce, que contavam com a ajuda da avó viúva para educar as crianças enquanto trabalhavam na lavoura, depois no comércio de pães. Traz na memória o testemunho de fé de seu pai, que, marcado pela serenidade, sempre ensinou o valor pela terra e pelo pão. A mãe, devota de Nossa Senhora Aparecida, exercia seu dom de liderança nos círculos bíblicos da comunidade. Esses encontros o despertaram precocemente para a leitura e a reflexão da Palavra.

Como não havia padre residente na paróquia, a comunidade fazia a celebração da Palavra. Assim, com o testemunho de fé de seus pais, da comunidade e de sua catequista, Jordélio foi alimentando sua vocação. Confessa com alegria seu desejo: "Sempre desejei ser padre para ajudar a comunidade".

Você é sal da terra e Luz do mundo (Mt 5,13) – essa passagem do Evangelho o instigou profundamente desde a tenra idade; inquietou-o tanto, até ele chegar ao discernimento da escolha da vida para a qual seu coração o impulsionava: o sacerdócio. Aos 12 anos, tornou-se catequista atuante na pastoral da Paróquia São Bento – Ibicoara[679]. A fundamentação bíblica é central na sua vocação.

Ordenado presbítero em 2002, tem um extenso currículo, porém seguiu rumo ao seu desafio maior: transformar o itinerário catequético – Tempo do *Querigma*, Tempo do Catecumenato, Tempo da Purificação e da Iluminação e Tempo da *Mistagogia* –, criar espaços de arte, museus. É um novo paradigma de museu, marcado pela *via pulchritudinis*, a Beleza como o transcendental divino esquecido nos últimos séculos, cuja prioridade filosófica era o Bem e a Verdade. A Beleza, portanto, não era considerada essencial. Deus, porém, criou o mundo e viu que era *Kalos*, Belo, nos descreve o livro do Gênesis.

De 2007 a 2016, foi pároco da Paróquia Sagrada Família em São Caetano do Sul-SP, onde iniciou e terminou seu inovador projeto: criar espaço para o belo, com assessoria dos artistas Cláudio Pastro e Lúcio Américo e do catequeta Pe. Eduardo Calandro. Seguiu a obra percorrendo também um caminho espiritual.

Idealizou um museu como espaço vivo de encontro entre a arte e a Igreja, ponto essencial que passa certamente pelo cuidado espiritual dos artistas e daqueles que se propõem a evangelizar. Falar de arte de forma concreta, sem discussões teóricas e abstratas.

A experiência da Salvação, de ser regenerado para uma vida que consegue superar a morte, é o que certamente pode mudar de forma radical a relação entre a arte e a Igreja. O catequista deve experienciar para poder transmitir e ser um condutor no caminho mistagógico. Para isso, precisa ter o discernimento de que uma coisa é a arte, aquela que normalmente caminha de acordo com o ritmo das exposições, das galerias e da tendência da crítica; outra coisa é a arte religiosa em geral, que em si mesma também pode ou poderia fazer parte da arte da galeria; mas ainda outra coisa é a arte sacra ou arte litúrgica.

Pe. Jordélio teve a coragem de reafirmar essas verdades que facilitam o diálogo entre a Igreja, os artistas e os catequistas. O catequista deve-se deixar atrair pelo Mistério, descobrir que, para se alimentar do verdadeiro conteúdo da vida, é preciso renunciar aos próprios esquemas mentais, à própria vontade; de joelhos, com humildade, admitir a existência real do Mistério e assim tornar-se um vaso pronto a acolher a revelação, e pelo testemunho de vida comunicar o Mistério, cuja transmissão ocorre através de um envolvimento da pessoa, uma interpenetração mútua por meio de uma livre adesão. A arte assim entendida é um verdadeiro e próprio caminho de conhecimento da verdade – verdade entendida como vida, a

---

679. Pequena cidade, situada aos pés da Serra do Sincorá no parque Nacional da Chapada Diamantina, lugar em que viveu até os 18 anos; cidade de sua família, Diocese de Nossa Senhora do Livramento-BA.

vida que permanece, que não falha, isto é, o amor de Deus. A arte, a real, a grande arte da vida, precisa da possibilidade de recorrer aos conteúdos absolutos, isto é, aqueles que não dependem do homem ou do próprio artista. O cristianismo, com a revelação do Deus Uno e Trino, oferece à arte uma explosão de criatividade, a verdadeira Beleza, o Cristo. E aquele que se deixa iniciar pelo fascínio da Beleza sente-se parte do mundo no qual é iniciado.

A Beleza, como uma realidade viva, tem uma capacidade de envolvimento real e, ao aceitar essa comunhão, faz-se parte dela e do seu conteúdo simbólico que é comunicado através dos caminhos interiores, exigindo que então a própria pessoa nomeie as realidades que está experimentando, dando-lhes também uma nova expressão, isto é, uma nova beleza.

O verdadeiro significado da arte e da beleza é o cenário da Encarnação e da Transfiguração, e a Encarnação não é um conteúdo qualquer, mas sim, como diz Pavel Florensky: "A Verdade revelada é o Amor e o Amor realizado é a Beleza".

Acho que hoje certamente não estamos acostumados a considerar a arte uma forma de conhecer a verdade, e as consequências são prejudiciais tanto para o conhecimento quanto para a arte; prejudiciais ao conhecimento porque há o risco do cisma entre a verdade e a vida, de se banir a verdade da vida. Eis a importância essencial na criação de espaços que facilitem a contemplação da arte mistagógica.

O trabalho que Pe. Jordélio nos propõe e que executa é trazer a arte de volta à Igreja, não imediatamente como um espaço litúrgico, mas como uma área de vivência e de conhecimento do homem contemporâneo, da cultura que ali se respira, da evangelização, até mesmo como caminho e meio de formação sacerdotal e religiosa e como contexto pastoral. Estou convencida de que o leitor que entrar nestas páginas poderá valorizá-las tanto para a sua própria cultura, como alimento para a alma, quanto para a consolidação da competência e da ampliação da visão sobre o assunto. Como testemunhou João em sua primeira carta (1Jo 1-3), ouvir, ver, contemplar para viver e anunciar a fé!

Profa. Dra. Wilma Steagall De Tommaso
Doutora em Ciências da Religião, professora convidada do Museu de Arte Sacra de São Paulo e professora pesquisadora do LABÔ da PUC-SP.

Bibliografia

AGOSTINHO. *Confissões*. Petrópolis: Vozes, 1988.

ALBERICH, E. *A Catequese na Igreja de hoje*. São Paulo: Salesiana, 1983.

ALBERICH, E. *Catequese evangelizadora*: manual de catequética fundamental. São Paulo: Salesiana, 2004.

ALBERICH, E.; BINZ, A. *Formas e modelos de catequese com adultos*: panorama internacional. São Paulo: Salesiana, 2001.

ALEIXANDRE, D.; VELASCO, J. M.; PAGOLA, J. A. *Olhos fixos em Jesus*: nos umbrais da fé. Petrópolis: Vozes, 2014.

ALMEIDA, A. J. *ABC da Iniciação Cristã*. São Paulo: Paulinas, 2010.

ALTOÉ, A. *Itinerário de Jesus*: espiritualidade e pedagogia do seguimento – caminhos de espiritualidade. São Paulo: CCJ, 1995. v. 1.

ALVES, R. *A educação dos sentidos*: conversas sobre a aprendizagem e a vida. São Paulo: Planeta, 2018.

ALVES, R. *A eternidade numa hora*. São Paulo: Planeta, 2017.

AMADO, J. P. Mudança de época e conversão pastoral: Uma leitura das conclusões de Aparecida. *Atualidade Teológica*, ano XII, n. 30, p. 301-316, set./dez. 2008.

ANTUNES, O. F. *A beleza como experiência de Deus*. 2. ed. São Paulo: Paulus, 2010.

ARIAS, F. L. *Projetar o espaço sagrado*: o que é e como se constrói uma Igreja. Brasília, DF: Edições CNBB, 2019.

ARROYABE, M. L. A. F. *Ócio estético valioso en la poética de Aristóteles. Pensamiento*, v. 70, n. 264, p. 453-474. set./dez. 2014.

ASSEMBLEIA PLENÁRIA DOS BISPOS. *Via Pulchritudinis*: o caminho da Beleza. Tradução de Cláudio Pastro. Cidade do Vaticano: Loyola, 2006.

BALTHASAR, H. U. V. *Glória*: una estética teológica. Madrid: Encuentro, 2011.

BARCITO, D. Museus dos Estados Unidos coletam objetos da pandemia. *Jornal Folha de São Paulo*, p. A13, 27 abr. 2021.

BARRIOS, T. H. *El seguimiento del Señor del primer al segundo testamento*. Bogotá: Pontificia Universidad Javeriana, 2007.

BECKER, U. *Dicionário de símbolos*. São Paulo: Paulus, 1999.

BELL, J. *Uma nova história da arte*. São Paulo: Martins Fontes, 2008.

BELLO, M. dal. *Cristo nell'arte del rinascimento*. Cidade do Vaticano: Lateran University Press, 2017.

BENAZZI, N. (org.). *Arte e spiritualità*: parla reallo spirito e creare arte. Um'antologia supercorsidi fede e creazione artistica. Bologna: Centro Editoriale Dehoniano, 2005.

BENJAMIN, W. *Obras escolhidas*: magia e técnica, arte e política, ensaios sobre literatura e história da cultura. 8. ed. São Paulo: Brasiliense, 2012. v. I.

BENTO XVI, PP. *Audiência geral*, Cidade do Vaticano, 31 ago. 2011. Disponível em: ht tps://www.vatican.va/content/benedict-xvi/pt/audiences/2011/documents/hf_ben-xvi_aud_20110831.html. Acesso em: 11 abr. 2019.

BENTO XVI, PP. *Carta Encíclica Deus Caritas Est*. São Paulo: Paulus, 2006.

BENTO XVI, PP. *Discurso dirigindo-se aos artistas, organizado pelo Pontifício Conselho da Cultura*, Cidade do Vaticano, nov. 2009. Disponível em: https://www.snpcultura.org/pcm_bento_xvi_artistas_1.html. Acesso em: 14 abr. 2020.

BENTO XVI, PP. *Discurso do Papa Bento XVI aos dirigentes e funcionários dos Museus do Vaticano*, Cidade do Vaticano, 23 nov. 2006. Disponível em: https://www.vatican.va/con tent/benedict-xvi/pt/speeches/2006/november/documents/hf_ben-xvi_spe_20061123_musei-vaticani.html. Acesso em: 13 out. 2020.

BENTO XVI, PP. *Nell'ano della fede*. Cidade do Vaticano: Vaticana, 2013.

BENTO XVI, PP. *O espírito da música*. Campinas: Ecclesiae, 2017.

BENTO XVI, PP. *Verbum Domini*: exortação apostólica pós-sinodal sobre a Palavra de Deus na vida e na missão da Igreja. São Paulo: Paulinas, 2010.

BENTO XVI. *Carta Apostólica sob forma de Motu Proprio Porta Fidei*. São Paulo: Paulinas, 2012.

BERDIAEV, N. *Le sens de la création*: um essai de justification de l'homme. Tradução de Julien Cain. Paris: Desclée de Brower, 1955.

BERNARD, A. C. *Teologia Mística*. São Paulo: Loyola, 2010.

BIANCHI, E. *et al*. *Viste da Fuori*: l'esterno dele chiese. Magnano: Qiqajon, 2017.

Bíblia de Jerusalém. São Paulo: Paulus, 2006.

Bíblia do Peregrino. São Paulo: Paulus, 2011.

BIERNASKI, Côn. A. *et al*. *Ensayos de reflexión catequístico-pastoral e investigación catequética*. Buenos Aires: AICA, 2008.

BLIXEN, K. *A Festa de Babette*. São Paulo: Cosac Naify Portátil, 2012.

BOESPFLUG, F. *et al*. *Il pensierode l'immagini*. Magnano: Qiqajon, 2013.

BOESPFLUG, F. *et al*. *Liturgia e arte*. Magnano: Qiqajon, 2011.

BOLAÑOS, A. R. *Inquietudes Catequísticas hoy*. Medellín: Procuraduría de los HH. de las EE.CC, 1980.

BOROBIO, D. *Catecumenado e Iniciación Cristiana*. Barcelona: Centre de Pastoral Litúrgica, 2007.

BUBER, M. *Eu Tu*. 5. ed. Tradução de Newton Aquiles Von Zuben. São Paulo: Centauro, 2001.

BUREN, D. Funzioni del museo. *In*: CHIODI, S. *Le funzioni del museo*: Arte, museo, pubblico nella contemporaneità. Florença: Le Lettere, 2009. p. 51-58.

BUX, N. *et al. L'arte, la bellezza e Il magistero dela chiesa*. Segni: EDIVI; Lamezia Terme: Sette colori, 2012.

CALANDO, E.; LEDO, J. S. *Catequese com Adultos*: Itinerário II. Livro do catequista. São Paulo: Paulus, 2022.

CALANDRO, E.; LEDO, J. S. A Catequese edificadora da Igreja. *Revista Paróquias e Casas Religiosas*, ano 5, n. 28, jan./fev. 2011.

CALANDRO, E.; LEDO, J. S. *Celebrando a vida*: catequese com o ventre materno. Goiânia: Scala, 2015.

CALANDRO, E.; LEDO, J. S. *Psicopedagogia Catequética*: adolescentes e jovens. São Paulo: Paulus, 2010. v. 2.

CALANDRO, E.; LEDO, J. S. *Psicopedagogia Catequética*: adultos. São Paulo: Paulus, 2011. v. 3.

CALANDRO, E.; LEDO, J. S. *Psicopedagogia Catequética*: crianças. São Paulo: Paulus, 2010. v. 1.

CALANDRO, E.; LEDO, J. S. *Psicopedagogia Catequética*: pessoa idosa. São Paulo: Paulus, 2011. v. 4.

CALANDRO, E.; LEDO, J. S. *Roteiro de formação com catequistas*: o saber e o saber fazer a catequese. Petrópolis: Vozes, 2011.

CALANDRO, E.; LEDO, J. S.; GONÇALVES, R. *Pedagogia da presença*: o saber estar, saber sentir, saber servir do catequista. São Paulo: Paulus, 2020.

CALVANI, C. E. *Teologia da arte*: espiritualidade, igreja e cultura a partir de Paul Tillich. São Paulo: Fonte; Paulinas, 2010.

CANSI, B. *Catequese e educação da fé*. Petrópolis: Vozes, 1993 (Coleção Catequese Fundamental, 13).

CARVALHO, C. T. A arte sacra na antiga paróquia de São Caetano: fragmentos de uma história. *Revista Raízes*, ano XXI, dez. 2009.

CASEL, O. *O mistério do culto no cristianismo*. São Paulo: Paulus, 2009.

CASTEL FRANCHI, L.; CRIPPA, M. A. (orgs.). *Iconografia y Arte Cristiano*. Madrid: San Pablo, 2012.

CASTILLO, J. M. *A humanidade de Jesus*. Petrópolis: Vozes, 2017.

CASTRO, A. L. S. *O Museu do sagrado ao segredo*. Rio de Janeiro: Revan, 2009.

Catecismo da Igreja Católica. 10. ed. São Paulo: Loyola, 1999.

CELAM. *Documento de Aparecida*: texto conclusivo da V Conferência Geral do Episcopado Latino-Americano e do Caribe. São Paulo: Paulus; Paulinas; Brasília, DF: Edições CNBB, 2007.

CELAM. *Evangelização no presente e no futuro da América Latina*: documento de Puebla. São Paulo: Paulinas, 1979.

CELAM. *III Semana Latino-Americana de Catequese*: um caminho de um novo paradigma para a catequese. Brasília, DF: Edições CNBB, 2008.

CELAM. *Manual de catequética*. São Paulo: Paulus, 2007.

CELAM. *Manual de Liturgia*: a celebração do mistério pascal: fundamentos teológicos e elementos constitutivos. São Paulo: Paulus, 2005. v. 2.

CELAM. *Manual de Liturgia*: a celebração do mistério pascal: os sacramentos: signos do mistério. São Paulo: Paulus, 2005. v. 3.

CENTRO ALETTI. *L'intelligenza spirituale del sentimento*. Roma: Lipa, 2018.

CHAGAS, M. de S.; STORINO, C. M. P. Os museus são bons para pensar, sentir e agir. *Musas (IPHAN)*, v. 3, p. 6-8, 2007.

CHITTISTER, J. *Fogo sob as cinzas*: uma espiritualidade da vida religiosa contemporânea. São Paulo: Paulinas, 1998.

CIRILO DE JERUSALÉM. *Catequeses Mistagógicas*. Tradução de Frederico Vier. Petrópolis: Vozes, 2004.

CLARELLI, M. V. M. *Il Museo nel Mondo Contemporaneo*: la teoria e laprassi. Roma: Carocci editore, 2011.

CNBB. *Anúncio Querigmático e Evangelização Fundamental*. Brasília, DF: Edições CNBB, 2009.

CNBB. *Catequese Renovada*: orientações e conteúdo. Brasília, DF: Edições CNBB, 2009. (Documentos da CNBB, 26).

CNBB. *Catequese, Caminho para o Discipulado e a Missão*. Brasília, DF: Edições CNBB, 2009.

CNBB. *Catequistas para a catequese com adultos*: processo formativo. São Paulo: Paulus, 2007. (Estudos da CNBB, 94).

CNBB. *Diretório Nacional de Catequese*. Brasília, DF: Edições CNBB, 2006. (Documentos da CNBB, 84).

CNBB. *Diretrizes Gerais da Ação Evangelizadora da Igreja no Brasil*: 2011-2015. São Paulo: Paulinas, 2011.

CNBB. *Diretrizes Gerais da Ação Evangelizadora da Igreja no Brasil*: 2008-2010. São Paulo: Paulinas, 2011.

CNBB. *Escolas Bíblico-Catequéticas*: um processo pedagógico vivencial e catecumenal. Caderno de estudo. [não publicado].

CNBB. *Iniciação à Vida Cristã*: itinerário para formar discípulos missionários. Brasília, DF: Edições CNBB, 2017. (Documentos da CNBB, 107).

CNBB. *Iniciação à Vida Cristã*: um processo de inspiração catecumenal. Brasília, DF: Edições CNBB, 2009. (Estudos da CNBB, 97).

CNBB. *Itinerário Catequético*. Brasília, DF: Edições CNBB, 2014.

CNBB. *Ministério de Catequista*. Brasília, DF: Edições CNBB, 2007. (Estudos da CNBB, 95).

CNBB. *Orientações para adequação litúrgica, restauração e conservação das Igrejas*. Brasília, DF: Edições CNBB, 2021. (Estudos da CNBB, 113).

CNBB. *Terceira Semana Brasileira de Catequese*: Iniciação à Vida Cristã. Brasília, DF: Edições CNBB. 2010.

CNBB; GRILLO, A. (orgs.). *Ritos que educam*: os sete sacramentos. Brasília, DF: Edições CNBB, 2017. (Vida e Liturgia da Igreja, 4).

COLI, J. *O que é Arte*. São Paulo: Brasiliense 1995.

COMISSÃO PONTIFÍCIA PARA OS BENS CULTURAIS DA IGREJA. *Carta circular sobre a necessidade e urgência da inventariação e catalogação dos bens culturais da Igreja*. Caderno 1. Brasília, DF: Edições CNBB, 2017.

COMISSÃO PONTIFÍCIA PARA OS BENS CULTURAIS DA IGREJA. *Carta circular sobre a função pastoral dos museus eclesiásticos*. Caderno 3. Brasília, DF: Edições CNBB, 2017.

COMISSÃO PONTIFÍCIA PARA OS BENS CULTURAIS DA IGREJA. Constituição *Sacrosanctum Concilium. In: Documentos do Concílio Vaticano II*: constituições, decretos, declarações. 21. ed. Petrópolis: Vozes, 1966.

COMISSÃO PONTIFÍCIA PARA OS BENS CULTURAIS DA IGREJA. Decreto *Christus Dominus*, sobre o múnus pastoral dos bispos na Igreja. *In: Documentos do Concílio Vaticano II*: constituições, decretos, declarações. 21. ed. Petrópolis: Vozes, 1991.

COMISSÃO PONTIFÍCIA PARA OS BENS CULTURAIS DA IGREJA. *Gravissimum Educationis. In: Documentos do Concílio Vaticano II sobre a Educação da Juventude*. São Paulo: Paulinas, 1966.

COMISSÃO PONTIFÍCIA PARA OS BENS CULTURAIS DA IGREJA. *Lumen Gentium*, sobre o múnus pastoral dos bispos na Igreja. *In: Documentos do Concílio Vaticano II*: constituições, decretos, declarações. 21. ed. Petrópolis: Vozes, 1991.

COMISSÃO PONTIFÍCIA PARA OS BENS CULTURAIS DA IGREJA. *Projeto de Pastoral da Cultura*. Caderno 2. Brasília, DF: Edições CNBB, 2017.

CONCÍLIO ECUMÊNICO VATICANO II. *Compêndio Vaticano II*: constituições, decretos, declarações. 21. ed. Petrópolis: Vozes,1991.

CONCILIUM: Revista internacional de teologia. Petrópolis: Vozes, 1971.

CONGREGAÇÃO PARA O CLERO. *Diretório Catequético Geral*. Petrópolis: Vozes, 1971.

CONGREGAÇÃO PARA O CLERO. *Diretório Geral para a Catequese*. 5. ed. São Paulo: Paulinas, 2009.

CONGREGAÇÃO PARA O CULTO DIVINO. *Ritual de Iniciação Cristã de Adultos – RICA*. 4. ed. São Paulo: Paulinas, 2011.

COSTA, E. P. *Princípios básicos da museologia*. Curitiba: Coordenação do Sistema Estadual de Museus; Secretaria de Estado da Cultura, 2006.

COSTA, E. P. *Princípios básicos da museologia*. Curitiba: Secretaria de Estado da Cultura, 2006.

CUENCA, M. (org.). *Aproximación multidisciplinar a los estudios de ocio*. Bilbao: Universidad de Deusto, 2006.

CUENCA, M. *Ocio humanista*: Dimensiones y manifestaciones actuales del ocio. Bilbao: Universidad de Deusto, 2000.

DANTO, A. C. *O abuso da beleza*. São Paulo: Martins Fontes, 2015.

DENZINGER, H. *Compêndio dos símbolos, definições e declarações de fé e moral*. São Paulo: Paulinas; Loyola, 2007.

DIDAQUÉ. *O catecismo dos primeiros cristãos para as comunidades de hoje*. Tradução de Ivo Storniolo, Euclides Martins Balancin. 15. edição. São Paulo: Paulus, 2008.

DIDI-HUBERMAN, G. *Diante da Imagem*. 2. ed. São Paulo: Editora 34, 2017.

DIDI-HUBERMAN, G. *O que vemos, o que nos olha*. 2. ed. São Paulo: Editora 34, 2010.

DOTRO, R. P.; HELDER, G. G. *Dicionário de Liturgia*. São Paulo: Loyola, 2006.

ECO, U. (org.). *História da feiúra*. Rio de Janeiro: Record, 2007.

ECO, U. *Arte e beleza na estética medieval*. 4. ed. Rio de Janeiro: Record, 2018.

ECO, U. *História da beleza*. 6. ed. Rio de Janeiro: Record, 2017.

ELIADE, M. *O sagrado e o profano*: a essência das religiões. São Paulo: Martins Fontes, 1999.

ESTIVILL, D. *La Chiesa e l'arte secondo il Concilio Ecumenico Vaticano II*: note per un'ermeneutica nella continuitá. Cidade do Vaticano: Lateran University Press, 2012.

EVDOKIMOV, P. N. *Teologia dela bellezza*: L'artedell'icona. Milão: San Paolo, 2017.

FEDERICI, T. *La mistagogia dela Chiesa*. Roma: Edizioni Liturgiche, 1988.

FERREIRA, G.; COTRIM, C. (orgs.). *Escritos de artistas*. Rio de Janeiro: Zahar, 2006.

FERREIRA, N. C. *Adultos na fé*: a formação do catequista para uma catequese com adultos. Apucarana: Diocesana, 2004.

FERRY, L. *Homo aestheticus*: a invenção do gosto na era democrática. São Paulo: Ensaio, 1994.

FINGERMANN, S. *Elogio ao silêncio e alguns escritos sobre pintura*. São Paulo: BEĨ, 2007.

FIORES, S.; GOFFI, T. (orgs.). *Dicionário de Espiritualidade*. São Paulo: Paulinas, 1989.

FISCHER, E. *A necessidade da arte*. 9. ed. Rio de Janeiro: Guanabara Koogan, 2002.

FISICHELLA, R.; LATOURELLE, R. (orgs.). *Dicionário de teologia fundamental*. Petrópolis: Vozes, 1994.

FLORES, C. *Olhar, saber, representar*: sobre a representação em perspectiva. São Paulo: Musa, 2007.

FLORISTÁN, C. *Para compreender o catecumenato*. Coimbra: Gráfica de Coimbra, 1988.

FORTE, B. *Breve introdução aos sacramentos*. São Paulo: Paulinas, 2013.

FOUCAULT, M. *A hermenêutica do sujeito*. São Paulo: Martins Fontes, 2010.

FOWLER, J. W. *Estágios da fé*: a psicologia do desenvolvimento humano e a busca de sentido. São Leopoldo: Sinodal, 1992.

FRANCISCO, PP. *Antiquum Ministerium*: Carta Apostólica em forma de "motu proprio" pela qual se institui o ministério de catequista. São Paulo: Paulus; Brasília, DF: CNBB, 2021.

FRANCISCO, PP. *Carta Apostólica Candor Lucis Aeternae*: no VII centenário da morte de Dante Alighieri. Cidade do Vaticano, 2021.

FRANCISCO, PP. *Carta encíclica Fratelli Tutti*: sobre a fraternidade e a amizade social. Roma: Librería Editrice Vaticana, 2020.

FRANCISCO, PP. *Carta encíclica Laudato Si'*: sobre o cuidado da casa comum. São Paulo: Paulus, 2015.

FRANCISCO, PP. *Carta encíclica Lumen Fidei*. Brasília, DF: Edições CNBB, 2013.

FRANCISCO, PP. *Discurso no Encontro com os representantes do V Congresso Nacional da Igreja Italiana*. 2015. Disponível em: https://www.vatican.va/content/francesco/pt/speeches/2015/november/documents/papa-francesco_20151110_firenze-convegno-chiesa-italiana.html. Acesso em: 5 maio 2020.

FRANCISCO, PP. *Evangelii Gaudium*. São Paulo: Paulus; Loyola, 2013.

FRANCISCO, PP. *Homilia do Papa Francisco: Festa da apresentação do Senhor no templo*: XXII dia mundial da vida consagrada. 2 fev. 2018. Disponível em: https://www.vatican.va/content/francesco/pt/homilies/2018/documents/papa-francesco_20180202_omelia-vita-consacrata.html. Acesso em: 5 maio 2021.

FRANCISCO, PP. *La mia idea di arte*: a cura di Tiziana Lupi. Cidade do Vaticano: Edizioni Musei Vaticani, 2015.

FRANCISCO, PP. *Por que sois tão medrosos? Ainda não tendes fé?* Brasília, DF: Edições CNBB, 2020.

FRANK, A. *O diário de Anne Frank*. 30. ed. Tradução de Ivanir Alves Calado. Rio de Janeiro: BestBolso, 2014.

FREIRE, J. B. *Educação de corpo inteiro*: teoria e prática da educação física. São Paulo: Scipione, 2005.

FREIRE, P. *Pedagogia dos sonhos possíveis*. São Paulo: Unesp, 2001.

FUENTES, V. *Espiritualidade Pastoral*. São Paulo: Paulinas, 2008.

GABEL, J. B.; WHEELER, C. B. *A Bíblia como literatura*. 2. ed. São Paulo: Loyola, 2003.

GALEANO, E. *As palavras andantes*. Porto Alegre: L&PM, 2017.

GALIMBERTI, U. *Rastros do sagrado*. São Paulo: Paulus, 2003.

GASDA, É. E. (org.). *Sobre a Palavra de Deus*: hermenêutica bíblica e teologia fundamental. Petrópolis: Vozes; Goiânia: PUC-Goiás, 2012.

GILSON, É. *Introdução às artes do belo*: o que é filosofar sobre a arte? São Paulo: Realizações, 2010.

GITTON, J. *Últimas palavras*. Lisboa: Editorial Notícias, 2000.

GOMBRICH, E. H. *A história da arte*. 16. ed. Rio de Janeiro: LTC, 1999.

GOMPERTZ, W. *Isso é arte?* 150 anos de arte moderna do impressionismo até hoje. Rio de Janeiro: Zahar,2013.

GONZÁLEZ, L. J. *Ser criativo*: libere seu artista interior com a PNL. São Paulo: Paulus, 2003.

GRANET, D.; LAMOUR, C. *Grandes e pequenos segredos do mundo da arte*. Rio de Janeiro: Tinta Negra, 2014.

GRELOT, P. *Homem, quem és?* 2. ed. São Paulo: Paulinas, 1982.

GRÜN, A. *La bellezza*: sobre la alegría de vivir. Maliaño: Sal Terrae, 2016.

HADAD, J. Museu Sagrada Família – Catequese e Arte, ano, 2014, (6:27) https://youtu.be/6W0erlnFMTM?si=ObFWonZpdpuI3VYG. Acesso em: 22 de maio de 2021.

HARAZIM, D. *O instante certo*. **São Paulo: Companhia das Letras, 2016.**

HARRIS, L.; ARCHER, G.; WALTKE, B. (ed.). *Dicionário Internacional de Teologia do Antigo Testamento*. São Paulo: Vida Nova, 1998.

HAUGHT, J. F. *O que é Deus?* Como pensar o divino. São Paulo: Paulinas, 2004.

HEIDEGGER, M. *A origem da obra de arte*. São Paulo: Editora 70, 2010.

HOFFMANN, J. *Curadoria de A a Z*. Rio de Janeiro: Cobogó, 2017.

HUIZINGA, J. *Homo Ludens*: o jogo como elemento da cultura. 4. ed. São Paulo: Perspectiva, 1996.

HUYSSEN, A. *Culturas do passado-presente*: modernismos, artes visuais, políticas da memória. Rio de Janeiro: Contraponto, Museu de Arte do Rio, 2014.

IGREJA CATÓLICA; MOSTEIRO NOSSA SENHORA DA PAZ (Itapecerica da Serra-SP). *Antífonas do Ó*. São Paulo: Paulinas, 1997.

II CONGRESSO INTERNAZIONALE DI CATECHESI. *Il catechista, testimone del mistero*. Cidade do Vaticano: Pontifício Consiglio per la Promozione dela Nueva Evangelizzazione, 2018.

Il Regno Attualità e Documenti. Bologna: Il Regno, marzo 2018. Bisettimanale.

INSTITUTO SUPERIOR DE PASTORAL CATEQUÉTICA. *O itinerário da fé*. Petrópolis: Vozes, 1965.

IRMÃO NERY. A catequese e as conferências do episcopado da América Latina e do Caribe. *Encontros Teológicos*, v. 21, n. 3, p. 91-120, 2006.

IRVINE, C. *A arte de Deus*: o fazer-se cristão e o significado da celebração religiosa. São Paulo: Loyola, 2009.

JOÃO PAULO II, PP. *Carta aos artistas*. São Paulo: Paulinas, 1999.

JOÃO PAULO II, PP. *Carta Encíclica Redemptoris Missio*: sobre a validade permanente do mandato missionário. São Paulo: Paulinas, 1991.

JOÃO PAULO II, PP. *Discurso do Papa João Paulo II aos participantes do I Congresso Nacional do Movimento Eclesial de Empenho Cultural*, 16 jan. 1982. Disponível em: https://www.vatican.va/content/john-paul-ii/pt/speeches/1982/january/ documents/hf_jp-ii_spe_19820116_impegno-culturale.html. Acesso em: 18 jan. 2020.

JOÃO PAULO II, PP. *Exortação Apostólica Catechesi Tradendae*. Petrópolis: Vozes, 1980.

JOÃO PAULO II, PP. *Fides et Ratio*. São Paulo: Paulinas, 1998.

JOÃO XXIII, PP. *Carta Encíclica Mater et Magistra*: sobre a evolução da questão social à luz da doutrina cristã). São Paulo: Paulinas, 1961.

JOHNSON, C.; JOHNSON, S. *O espaço litúrgico da celebração*: guia litúrgico prático para a reforma das igrejas no espírito do Concílio Vaticano II. São Paulo: Loyola, 2006.

KIEFFER, J. F. *Mille images d'évangile*. Paris: Les Presses D'ille de France, 2000.

LADARIA, L. F. *Introdução à antropologia teológica*. São Paulo: Loyola, 1998.

LE GOFF, J. *Histoire et mémoire*. Paris: Gallimard, 1988.

LEDO, J. S. *Museu Sagrada Família – Catequese e Arte*. Goiânia: Scala, 2016.

LELOUP, J. Y. *O ícone*: uma escola do olhar. São Paulo: Unesp, 2006.

LENVAL, L. D. *Silêncio, gesto e palavra*. Lisboa: ASTER, 1961.

LIÉBAERT, J. *Os padres da igreja [séculos I – IV]*. 3. ed. São Paulo: Loyola, 2013.

LIMA, L. A. *A catequese do Vaticano II aos nossos dias*: a caminho de uma catequese a serviço da Iniciação à Vida Cristã. São Paulo: Paulus, 2016.

LONGHI, R. *Caravaggio*. São Paulo: Cosac Naify, 2012.

LOPRESTI, G. *Beni Culturali e Didattica*: come e perché usar el'arte religiosa nell'insegnamento dela relligione cattolica. Roma: Il Cerchio, 2018.

LUCADO, M. *A grande casa de Deus*: um lar para o seu coração. 5. ed. Rio de Janeiro: Casa Publicadora Assembleia de Deus, 1995.

LÚLIO, R. *Il libro dell'amico e dell'amato*. Magnano: Qiqajon, 2016.

LUSTOSA, O. de F. *Catecismo católico no Brasil*: para uma história da evangelização. São Paulo: Edições Paulinas, 1992.

MACHADO, R. C. de A. *O local de celebração*: arquitetura e liturgia. São Paulo: Paulinas, 2001.

MACIEL, M. E.; ABREU, R. Antropologia dos museus: um campo de estudos em expansão. *Horizontes Antropológicos*, n. 53, 18 maio 2019.

MANGUEL, A. *Lendo imagens*. São Paulo: Companhia das Letras, 2001.

MARASCA, M. *Psicopedagogia dellos viluppo*. Rovereto: Osiride, 2004.

MARCHESINI, R. *La rivoluzione nell'arte*: una sfida ala bellezza del creato. Crotone: D'Ettoris Editori, 2016.

MARIANI, A. F. Estigmatinos: 80 anos na cidade. *Revista Raízes*, ano XVI, dez, 2004, p 45-55.

MARIANI, J.T. Sete oferecimentos... Sete instrumentos...Sete sacramentos. *Revista Raízes*, ano XXXI, jul, 2019, p. 25-30.

MARIANI, C. B.; VILHENA, M. A. (orgs.). *Teologia e arte*: expressões de transcendência, caminhos de renovação. São Paulo: Paulinas, 2011.

MARIN, D. (org.). *Vie del bello in catechesi*: estética ededucazione alla fede. Mappano: Elledici, 2013.

MARTINES, R. *Vademecum di Museografia*. Roma: Pontifício Instituto Bíblico, 2014.

MARTO, A.; RAVASI, G.; RUPNIK, M. I. *O Evangelho da Beleza*. São Paulo: Paulinas, 2012.

MASI, D. *Criatividade e grupos criativos*. Rio de Janeiro: Sextante, 2003.

MENDONÇA, J. T. *Nenhum caminho será longo*: para uma teologia da amizade. São Paulo: Paulinas, 2012.

MENEZES, I. P. de. *Arquitetura sagrada*. São Paulo: Loyola, 2006.

MENEZES, I. P. de. *Bens culturais da Igreja*. São Paulo: Loyola, 2006.

MERTON, T. *A via de chuangtzu*. Petrópolis: Vozes, 1969.

MIRANDA, E. E. de. *Corpo*: território do sagrado. São Paulo: Loyola, 2000.

MIRANDA, M. de F. *Inculturação da Fé*: uma abordagem teológica. São Paulo: Loyola, 2001.

MONDIN, B. *O homem, quem é ele?* Elementos de Antropologia Filosófica. São Paulo: Edições Paulinas, 1980.

MONDZAIN, M. J. *Imagem, ícone, economia*: as fontes bizantinas do imaginário contemporâneo. Rio de Janeiro: Contraponto, 2013.

MONRABAL, M. V. T. *Música, dança e poesia na Bíblia*. São Paulo: Paulus, 2006.

MONTEIRO, A. T. *O ícone vazio*. São Paulo: Green Forest do Brasil, 2000.

MONTEIRO, R. F. *Jogos dramáticos*. 7. ed. São Paulo: Ágora, 1994.

MORAES, A. O. de. *Pulchritudo tam antiqua et tam nova*: A Estética Teológica de Agostinho em Confissionum X, 27,38. 2001. Dissertação – Pontifícia Universidade Gregoriana, Roma, 2001.

MORAES, A. O. de; CALANDRO, E. A. A Iniciação à Vida Cristã a partir de Aparecida. *Pesquisas em Teologia*, v. 1, n. 1, p. 1-21, dez. 2018.

MORAES, F. F. de. *O espaço do culto à imagem da Igreja*. São Paulo: Loyola, 2009.

MORENO, J. L. *Fundamentos do Psicodrama*. São Paulo: Summus, 1983.

MORENO, J. L. *O teatro da espontaneidade*. São Paulo: Summus, 1984.

MORENO, J. L. *Quem sobreviverá?* Fundamentos da Sociometria, Psicoterapia de Grupo e Sociodrama. Goiânia: Dimensão, 1992. v. 1.

MOTTA, J. M. C. *Jogos: repetição ou criação?* Abordagem psicodramática. 2 ed. São Paulo: Ágora, 2002.

MUSAS – Revista Brasileira de Museus e Museologia. Rio de Janeiro: Instituto do Patrimônio Histórico e Artístico Nacional, Departamento de Museus e Centros Culturais, 2007. n. 3.

MUSEU Sagrada Família – Catequese e Arte de S.C. do Sul. [*S. l.: s. n.*], 2016. 1 vídeo (!6 min). Publicado pelo canal Fernando C. Villafranca. Disponível em: https://www.youtube.com/watch?v=Y-pIAyx_gXo. Acesso em: 7 ago. 2023.

NACHMANOVITCH, S. *Ser criativo*: o poder da improvisação na vida e na arte. 5. ed. São Paulo: Summus, 1993.

NOVAES, A. *O Olhar*. São Paulo: Companhia das Letras, 1988.

OBRIST, H. U. *Caminhos da Curadoria*. Rio de Janeiro: Cobogó, 2014.

OITICICA, H. *Museu é o mundo*. Rio de Janeiro: Beco do Azougue, 2011.

OLIVEIRA, M. J. D. D. *Universo Orante*. Fátima: Secretariado Nacional de Liturgia, 2018.

OLIVEIRA, R. M. *O Movimento Catequético no Brasil*. São Paulo: Paulinas, 1980.

OSTROWER, F. *Criatividade e processos de criação*. 30. ed. Petrópolis: Vozes, 2014.

PAOLUCCI, A. *Arte e bellezza*. Bréscia: La Scoula,2011.

PARRAVICINI, G. *La tenerezza de Dio*: Le ícone russeraccontano l'Amore. Milano: San Paolo/Paoline, 2014.

PASTRO, C. A arte a serviço da Beleza. [Entrevista cedida a] Isabella S. Alberto. *Revista Passos*, n. 83, junho de 2007. Disponível em: www.pucsp.br/fecultura/texto/via_da_bele za/arte_servico_beleza.html. Acesso em: 11 jun. 2020.

PASTRO, C. *A arte no cristianismo*: fundamentos, linguagem, espaço. São Paulo: Paulus, 2010.

PASTRO, C. *Aparecida*: guia da Basílica Nacional de Nossa Senhora Aparecida. Apareci-da: Santuário, 2013.

PASTRO, C. *Arte sacra*. São Paulo: Paulinas, 2001.

PASTRO, C. *Guia do espaço sagrado*. São Paulo: Loyola, 1999.

PASTRO, C. *O Deus da beleza*: a educação através da beleza. São Paulo: Paulinas, 2008.

PASTRO, C.; COLOMBINI, E. E.; COLOMBINI, F. *Aparecida*. Aparecida: Santuário, 2013.

PAULO VI. *Exortação Apostólica Evangelli Nuntiandi sobre a Evangelização no Mundo Contemporâneo*. 18. ed. São Paulo: Paulinas, 2005. (Coleção a Voz do Papa, 85).

PAVÉS, J. R. *Los Sacramentos de la Iniciación Cristiana*: Introduccioón teológica a los Sa-crametnos del Bautismo, Confirmación y Eucaristía. Toledo: Instituto Teológico S. lIden-fonso, 2006.

PELIKAN, J. *A imagem de Jesus ao longo dos séculos*. Santa Cecília: Cosac Naify, 2000.

PELLICIOLI, A. *Fonti bibliche dell'arte sacra*: come le Sacre scritture hanno influenzato la produzione artística dela civilitá occidentale. Verona: Fede e Cultura, 2018.

PEREIRA, E. V. de O. Música Sacra, uma conceituação. *In*: MUSEU DA MÚSICA; SCHO-LA CANTORUM. *Cadernos de música*. Itu: Museu da Música e Schola Cantorum, 2015. ano V. n. V.

PHAIDONEDITORS. *30.000 Years of Art*: The Story of Human Creativity Across Time & Space. Londres: Phaidon, 2015.

PLAZAOLA, J. *Historia y sentido del arte Cristiano*. Madrid: Biblioteca de Autores Cris-tianos, 2010. v. 50.

PONTIFÍCIA COMISSÃO PARA A CONSERVAÇÃO DO PATRIMÔNIO DAS ARTES E HISTÓRIAS. *A formação dos futuros presbíteros e os bens culturais da Igreja*. Roma, 15 out. 1992. Disponível em: https://www.vatican.va/ roman_curia/pontifical_commis sions/pcchc/documents/rc_com_pcchc_19921015_futuri-presbiteri_it.html. Acesso em: 15 out. 2020.

PONTIFÍCIO CONSELHO PARA A PROMOÇÃO DA NOVA EVANGELIZAÇÃO. *Di-retório para a Catequese*. São Paulo: Paulus, 2020.

PRETTO, H. E. *Em busca de vida nova*: vida religiosa como exigência cristã. São Paulo: Paulinas, 1997.

PROENÇA, G. *História da arte*. 17. ed. São Paulo: Ática, 2014.

PROVÍNCIA SANTA CRUZ. *Nossa memória*. Rio Claro: Arquivo da Cúria Provincial, 1994. v. 2. n. 1.

QUEZINI, R. *A pedagogia da iniciação cristã*. São Paulo: Paulinas, 2013.

QUINTÁS, A. L. *La belleza de la fe*: Romano Guardini em suplenitud. Bilbao: Desclee, 2018.

RAHNER, K. *O desafio de ser cristão*. Petrópolis: Vozes, 1978.

RAMOS, A. D. (org). *Sobre o ofício do curador*. Porto Alegre: Zouk, 2010.

RANCIÈRE, J. *O destino das imagens*. Rio de Janeiro: Contraponto, 2012. (ArteFíssil).

RATZINGER, J. *Introdução ao espírito da liturgia*. 4. ed. São Paulo: Loyola, 2015.

RATZINGER, J. *Jesus de Nazaré*: do Batismo no Jordão à Transfiguração. São Paulo: Planeta do Brasil, 2007.

RATZINGER, J. *Teologia da Liturgia*: o fundamento sacramental da existência cristã. Brasília, DF: Edições CNBB, 2019.

RAVASI, G. *et al*. *La bellezza*: un dialogo tracredenti e non credenti. Roma: Donzelli, 2013.

READ, H. *A educação pela arte*. São Paulo: Martins Fontes, 2011.

RIES, J. *O sagrado na história religiosa da humanidade*. Petrópolis: Vozes, 2017.

ROCCHETTA, C. *Teologia da Ternura*. São Paulo: Paulus, 2002.

RODIN, A. *A arte*. São Paulo: Intermezzo, 2016.

RUBIO, A. G. *O Humano Integrado*: abordagens de antropologia teológica. 2. ed. Petrópolis: Vozes, 2007.

RUBIO, G. A.; AMADO, P. J. (orgs.). *Espiritualidade cristã em tempos de mudança*: contribuições teológico-pastorais. Petrópolis: Vozes, 2009.

RUPNIK, M. I. *A arte como expressão da vida litúrgica*. Brasília, DF: Edições CNBB, 2019.

RUPNIK, M. I. *Il cammino dela vocazione cristiana*. Roma: Lipa, 2007.

RUPNIK, M. I. *Il discernimento*. Roma: Lipa, 2004.

RUPNIK, M. I. *Il rosso dela piazza d'oro*. Roma: Lipa, 2013.

RUPNIK, M. I. *L'arte dela vita*. Roma: Lipa, 2011.

RUPNIK, M. I. *L'Arte, memoria dela comunione*. Roma: Lipa, 2018.

RUPNIK, M. I. *Segundo o Espírito*: a Teologia Espiritual no caminho com a Igreja do Papa Francisco. Brasília, DF: Edições CNBB, 2019. v. 11.

SANS, P. T. C. *Pedagogia do desenho infantil*. 2. ed. Campinas: Alínea, 2007.

SANTANA, L. F. R. *Liturgia no espírito*: o culto cristão como experiência do Espirito Santo na fé e na vida. Rio de Janeiro: PUC-Rio, 2015.

SANTANA, L. F. R.; DAMIÃO, S. A. A inculturação da liturgia. *Pesquisas em Teologia*, v. 3, n. 5, p. 66-86, jul. 2020.

SANTO IRINEU. *Contra as heresias*. São Paulo, Paulus, 1995. (Patrística).

SANTORO, F. A via pulchritudinis e a Nova Evangelização na América Latina. *REB*, v. 66, n. 261, p. 64-88. jan. 2006.

SANTOS, L. P. *Catequese ontem e hoje*. Porto Alegre: Escola Superior de Teologia São Lourenço de Brindes; Caxias do Sul: Universidade de Caxias, 1979.

SCHMEMANN, A. *Per La vita del mondo*: il mondo come sacramento. Roma: Lipa, 2012.

SCHNEIDER, T. (org.). *Manual de Dogmática*. Petrópolis: Vozes, 2008. v. 1.

SCHÖNBORN, C. C. *A Sua immagine e somiglianza*. Torino: Lindau, 2008.

SCHOPENHAUER, A. *Metafísica do belo*. São Paulo: Unesp, 2003.

SCRUTON, R. *A alma do mundo*: a experiência do sagrado contra o ataque dos ateísmos contemporâneos. 2. ed. Rio de Janeiro: Record, 2017.

SCRUTON, R. *Arte e imaginação*: um estudo em filosofia da mente. São Paulo: Realizações, 2017.

SCRUTON, R. *Beleza*. São Paulo: Realizações, 2013.

SCRUTON, R. *O rosto de Deus*. São Paulo: Realizações, 2015.

SEGURA, S.; CUENCA, M. *El ocio em la Grecia clássica*. Bilbao: Universidad de Duesto, 2007.

SPIDLÍK, C. T.; RUPNIK M. I. *La fede secondo leicone*. Roma: Lipa, 2011.

SPIDLÍK, C. T.; RUPNIK M. I. *Teologia pastorale*: a partire dalla belezza. Roma: Lipa, 2018.

SPIDLÍK, C. T.; RUPNIK, M. I. *Teología de la evangelización desde la belleza*. Madrid: Biblioteca de Autores Cristianos, 2013.

TABORDA, F. *Nas fontes da vida cristã*: uma teologia do Batismo-crisma. São Paulo: Loyola, 2012.

TAFT, R. F. *Liturgia, modelo di preghieraicona di vita*. Roma: Lipa, 2012.

TAVARES, S. S. Liturgia: lugar da teologia: a relevância de um antigo princípio. *REB*, v. 66, n. 261, p. 5-25, jan. 2006.

TENACE, M. *La bellezza, unità spirituale*. Roma: Lipa, 2018.

TEOLOGIA EM QUESTÃO (TQ): Escatologia e beleza. Taubaté: Faculdade Dehoniana, 2010. n. 17.

TEPE, V. *Nós somos um*: retiro trinitário. Petrópolis: Vozes, 1987.

TERRINONI, U. *Projeto de Pedagogia Evangélica*. São Paulo: Paulinas, 2018.

TILLICH, P. *Teologia da cultura*. São Paulo: Fonte, 2009.

TOMAN, R. (org.). *Renaissance*: art – architecture – sculpture – culture. Bath: Parragon, 2011.

TOMATIS, P. (org.). *La liturgia alla prova del sacro*. Bréscia: Liturgiche, 2011.

TOMMASO, W. S. de. *O Cristo Pantocrator*: da origem às igrejas no Brasil, na obra de Cláudio Pastro. São Paulo: Paulus, 2017.

TRÉVEDY, F. C. *La bellezza della liturgia*. Magnano: Qiqajon, 2003.

TRÉVEDY, F. C. *La liturgia, arte e mestiere*. Magnano: Qiqajon, 2011.

TREVISOL, J. *Educação transpessoal*: um jeito de educar a partir da interioridade. São Paulo: Paulinas, 2008.

V. V. A. A. *Dicionário de catequética*. São Paulo: Paulus, 2004.

VALADIER, P. *Il sentire dela bellezza*: arte, morale e religione. Bologna: Centro Editoriale Dehoniano, 2014.

VERDON, T. *Breve storia dell´arte sacra cristiana*. Brescia: Queriniana, 2012.

VERDON, T. *Il catechismo della carne*: corporeità e arte cristiana. Siena: Cantagalli, 2009.

VIRILIO, P. *Estética da desaparição*. Rio de Janeiro: Contraponto, 2015.

WARE, K. *La rivelazione della persona*. Roma: Lipa, 2015.

WECHSLER, S. M. *Criatividade*: descobrindo e encorajando. Campinas: Psy, 1993.

WOLFE, G. *A beleza salvará o mundo*: recuperando o humano em uma era ideológica. Campinas: Vide Editorial, 2015.

WUST, P. *Incertidumbre y riesgo*. Madrid: Rialp, 1955.

XAVIER, S. M. F. A Matriz Sagrada Família na arte dos Irmãos Gentili. *Revista Raízes*, ano XIV, dez. 2002, p. 36 -38.

ZAK, L. *Trindade e imagem*: aspectos da teologia mística de Vladimir Losskij. São Paulo: Ave-Maria, 2012.

ZANI, R. M. O Direito Canônico e o patrimônio cultural da Igreja. *Revista de Cultura Teológica*, v. 10, n. 39, p. 91-110, 2005.

ZOLADZ, R. W. Vel. *Profissão artista*. Rio de Janeiro: Aeroplano, 2011.

Série Teologia PUC-Rio

- *Rute: uma heroína e mulher forte*
Alessandra Serra Viegas
- *Por uma teologia ficcional: a reescritura bíblica de José Saramago*
Marcio Cappelli Aló Lopes
- *O Novo Êxodo de Isaías em Romanos – Estudo exegético e teológico*
Samuel Brandão de Oliveira
- *A escatologia do amor – A esperança na compreensão trinitária de Deus em Jürgen Moltmann*
Rogério Guimarães de A. Cunha
- *O valor antropológico da Direção Espiritual*
Cristiano Holtz Peixoto
- *Mística Cristã e literatura fantástica em C. S. Lewis*
Marcio Simão de Vasconcellos
- *A cristologia existencial de Karl Rahner e de Teresa de Calcutá – Dois místicos do século sem Deus*
Douglas Alves Fontes
- *O sacramento-assembleia – Teologia mistagógica da comunidade celebrante*
Gustavo Correa Cola
- *Crise do sacerdócio e escatologia no séc. V a.C. – A partir da leitura de Ml 2,1-9 e 17–3,5*
Fabio da Silveira Siqueira
- *A formação de discípulos missionários – O kerigma à luz da cruz de Antonio Pagani*
Sueli da Cruz Pereira
- *O uso paulino da expressão μὴ γένοιτο em Gálatas – Estudo comparativo, retórico e intertextual*
Marcelo Ferreira Miguel
- *A mistagogia cristã à luz da Constituição Sacrosanctum Concilium*
Vitor Gino Finelon
- *O diálogo inter-religioso para uma ecologia integral à luz da Laudato Si'*
Chrystiano Gomes Ferraz
- *A glória de Jesus e sua contribuição para a formação da cristologia lucana*
Leonardo dos Santos Silveira
- *A ecoteologia do Santuário Cristo Redentor à luz da encíclica Laudato Si'*
Alexandre Carvalho Lima Pinheiro
- *Ser presbítero católico – Estudo sobre a identidade*
Eanes Roberto de Lima
- *A pedagogia de YHWH e o seu povo diante da Lei – Uma análise de Dt 31,9-13*
Daise Gomes da Costa
- *Por uma Teologia fundamental latino-americana – Desafios para compreensão da revelação a partir dos pobres*
Flavio José de Paula
- *A Via da beleza na formação humano-cristã com catequista*
Jordélio Siles Ledo
- *A sucessão profética entre Elias e Eliseu e sua relação com os limites de seus respectivos ciclos narrativos – Estudos Exegéticos de 2Rs 1-2*
Doaldo Ferreira Belem

Conecte-se conosco:

f facebook.com/editoravozes

◎ @editoravozes

🐦 @editora_vozes

▶ youtube.com/editoravozes

🟢 +55 24 2233-9033

www.vozes.com.br

Conheça nossas lojas:
www.livrariavozes.com.br

Belo Horizonte – Brasília – Campinas – Cuiabá – Curitiba
Fortaleza – Juiz de Fora – Petrópolis – Recife – São Paulo

 Vozes de Bolso

EDITORA VOZES LTDA.
Rua Frei Luís, 100 – Centro – Cep 25689-900 – Petrópolis, RJ
Tel.: (24) 2233-9000 – E-mail: vendas@vozes.com.br